iHuman
新民説

成为更好的人

谨以此书献给我的导师

——张国华教授

沈家本传

（修订本）

李贵连——著

广西师范大学出版社
GUANGXI NORMAL UNIVERSITY PRESS
·桂林·

图书在版编目（CIP）数据

沈家本传 / 李贵连著. -- 修订本. --桂林：广西师范大学出版社，2017.11
ISBN 978-7-5598-0358-0

Ⅰ. ①沈… Ⅱ. ①李… Ⅲ. ①沈家本（1840-1913）—传记 Ⅳ. ①K825.19

中国版本图书馆 CIP 数据核字（2017）第 241225 号

出　版：广西师范大学出版社
广西桂林市五里店路 9 号　邮政编码：541004
网　址：http://www.bbtpress.com
出版人：张艺兵
发　行：广西师范大学出版社
电话：（0773）2802178
印　刷：湛江南华印务有限公司
广东省湛江市霞山区绿塘路 61 号　邮政编码：524002
开　本：889 mm × 1 240 mm　1/32
印　张：17　　字数：390 千字
版　次：2017 年 11 月第 1 版　　2017 年 11 月第 1 次
定　价：98.00 元

目录

修订版前言

本书原版撰写于上世纪末，2000 年由法律出版社发行，迄来十又七年。

对于这样一本学术性著作，当时我并没有考虑它的销路。不想，几年后就有人告诉我：书店已买不到这本书了，而且市面上还出现一本编写结构、甚至文字有些雷同的出版物。他建议我约请出版社再版，并追究“抄袭者”的责任。然而，我对再版本书的兴趣不高，因为当初约请我撰写本书的贾京平先生和原来的责任编辑都已离开法律出版社，便没有心思找出版社的其他编辑商讨再版事宜。至于抄袭，我觉得并不算太坏，起码抄袭者是认可这本书的，也读懂了这本书，不然无法抄袭。再者，抄袭之作能够出版，无形之中增加了社会对传主沈家本的认知。至于追究，算了吧！

古人云：“十年生死两茫茫。”本书出版十多年来，我国社会的变化太大了。欣慰的是，整个社会对沈家本的认知也在不断增强。且不说这些年研究沈家本的论著数量与日俱增，单就《沈家本未刻书集纂》《沈家本全集》（全集是不是全，另当别论）等书的出版，以及沈家本故居——枕碧楼被北京市西城区政府确定为文物保护单位，加以清理修缮，并交由最高法院管理，就足以让人振奋。希望本书的修订再版，能为扩大社会对沈家本的认知更添砖瓦。

本书再版缘起于2012年。那一年，我与广西师范大学出版社范新先生在武汉相遇。第二年，先是拙作《什么是法治——由贵族法治到民主法治》由该社出版，在社会上产生了一些影响，紧接着，他提出不仅要再版《沈家本传》，更拟定了系列出版计划。稍后，又有多家出版社与我联系，希望本书能交给他们再版。“君子重然诺”，我虽不敢自命什么君子，但从来不爱食言，既然答应了广西师大出版社，就不想再作变动，也就婉言谢绝了其他出版社的邀请。

付梓之际，写上这几句话，聊作说明，并向促成本书再版的各界人士表达感谢！

李贵连

2017年8月21日于京北寓所

现代法治：沈家本的改革梦（代自序）

——沈家本逝世百周年祭[1]

1913 年 7 月，北京湖广会馆，由北京法学会主持的沈家本追悼会在这里举行。在社会各界送来的诸多挽联中，有一条是这是这样的：

法治导先河巨典修成笔挟风霜难易字；
作人开广厦宗工遽杳手栽桃李未成荫。

这是一条概括沈家本改革实践的挽联。法治（Rule of law），更确切地说，宪政法治，是当年沈家本主持改革的理想。

在西方法的影响和冲击下，清政府为了挽救危局，终于走上

1　该文写于 2013 年，时值沈家本过世一百周年。谨以此文纪念这位中国法近代化的奠基者。

法律改革之路。而在这场影响深远的中国法律近代化运动中，沈家本作为清末法律改革的主持者，他对改革的态度，他对西方法的理解，他的思想和行动，都对这场改革产生无可置疑的重要作用。法治，特别是法治中的审判独立，是他的改革理想，也是晚清法律改革者的理想。他是这一理想的追求者和实践者。

沈家本（1840—1913），清代著名法学家和立法专家。字子惇，又作子敦，号寄簃。浙江归安（今浙江省湖州市）人。同治三年（1864 年）进入清朝刑部做官，光绪九年（1883 年）考中进士，仍然留在刑部做官，是地道的传统中国士大夫。历任刑部直隶，陕西、奉天各司主稿，兼秋审处坐办，律例馆提调。以对传统法学（律学）的精熟，被官场和士大夫所推许，“以律鸣于时”，是当时刑部最出色的司员之一。光绪十九年（1893 年）出任天津知府，因“以宽大为治”“用律能与时变通”，而受到时人称誉。后来调任直隶首府保定府知府。在此期间，因董福祥甘军过境，捣毁保定北关外法国教堂，引起中外交涉。他据理与法国传教士力争。为此，在八国联军占领保定期间，被侵略军拘留近四个月。从光绪二十七年（1901 年）起到宣统三年（1911 年）止，历任清朝刑部侍郎（副部长）、修订法律大臣、大理院正卿（最高法院院长）、法部侍郎（副部长）、管理京师法律学堂事务大臣（校长）、资政院副总裁、袁世凯内阁司法大臣（部长）等职。1910 年，中国第一个全国性的法学学术团体北京法学会成立，被推为首任会长。在中国传统法律转轨、中西法律和法学融合，以及中国近代法学兴起的过程中，他起了承先启后的作用。

1901 年，慈禧太后下令变法，规定除三纲五常万世不易外，“令甲令乙，不妨如琴瑟之改弦”，取外国之长，补中国之短。两江总督刘坤一、湖广总督张之洞，率先响应，根据这一谕令，先后提出改革旧的审判制度和监狱制度，以及仿照西方法律，制定中国自己的矿山法、铁路法、商法和交涉刑法等一系列奏议。在此期间，张之洞参预与英国的商约谈判，提出中国改革法律、英国放弃在华领事裁判权的要求。在取得英国代表马凯的同意并写入条约以后，光绪二十八年（1902 年），清朝廷正式下达法律改革之诏，责成袁世凯、刘坤一、张之洞，“慎选熟悉中西律例者，保送数员来京，听候简派，开馆纂修，请旨审定颁行”。根据清廷的谕旨，袁世凯、刘坤一、张之洞联衔保举沈家本、伍廷芳主持法律改革工作。同年四月六日，以“务期中外通行，有裨治理”，收回“国家利权”为目的，清廷正式任命沈家本、伍廷芳“将一切现行律例，按照交涉情形，参酌各国法律”，进行改革，拉开了法律改革序幕。

一、中西法治宗旨之异

发生在 19、20 世纪之交的法律改革，是中国近代史上非常重要的一次改革。在沈家本等努力下[1]，这次改革开启了中国法律现代化之门。中国法律向近代演进，中国水土第一次移植西方的法治。沈家本是法治，特别是法治中审判独立的追求者和实践者。

作为晚清法律改革的主持者，沈家本熟悉我国的古代法治（Rule by law），对西方法治也有深入洞见。但是，从现有的材料看，在主持法律改革之前，没有发现他对西方法治有什么了解。1900 年八国联军占领保定城，侵略者加给他的切肤之痛，导致他的思

1 之所以用“等”，是因为这种改革，只有沈家本一个人是不可能有太大、太多的作为的。只有整个改革群体，甚至对立的群体的合力，才有可能使改革取得最佳效果。

想急剧转变。1899年秋天撰写、1907年面世的《刑案汇览三编序》，记述了他的这一转变。

《刑案汇览三编》是沈家本保定知府任内，在保定府署编定的起自道光十八年的刑案。编完这本巨著后，他把自己一生对清朝刑案，同时也是对中国传统法律的认知，写进杀青后的书序。这篇书序中的两段话，真实地记录了他的心路转变历程。

这两段话中的第一段说：

> 夫刑名关系重要，其事之蕃变，每千头万绪，其理之细密，如茧丝牛毛。使身膺斯责而不寻绎前人之成说，参考旧日之案情，但凭一己之心思，一时之见解，心矜则愎，气躁则浮，必至差以毫厘，谬以千里。往往一案之误，一例之差，而贻害无穷，岂不殆哉。《汇览》一书，固所以寻绎前人之成说以为要归，参考旧日之案情以为依据者也。晰疑辨似，回惑袪而游移定，故法家多取决焉。顾或者曰：今日法理之学，日有新发明，穷变通久，气运将至。此编虽详备，陈迹耳，故纸耳！余谓：理固有日新之机，然新理者，学士之论说也。若人之情伪，五洲攸殊，有非学士之所能尽发其覆者。故就前人之成说而推阐之，就旧日之案情而比附之，大可与新学说互相发明，正不必为新学说家左袒也。[1]

这段话直接说出了他花那么多时间编辑这本书的目的。用今天学

1 沈家本：《刑案汇览三编序》，沈家本撰，邓经元、骈宇骞点校：《历代刑法考·附寄簃文存》卷六，中华书局，1985年，第2225页。

者们的语言，就是为他的付出做价值论证。己亥年（1899 年），经过戊戌变法，“法理之学日有新发明”，新学已经出现。虽然已届花甲（虚岁）之年，他也知道中国已出现一种不同于传统的“新法理”[1]。但是，他还是不无顽固地说：“理固有日新之机，然新理者，学士之论说也。若人之情伪，五洲攸殊，有非学士之所能尽发其覆者。故就前人之成说而推阐之，就旧日之案情而比附之，大可与新学说互相发明，正不必为新学说家左袒也。”也就是说，他知道新“法理”，也不排斥这种外来的新“法理”，但是看重的仍然是传统的司法经验的价值。

但是，曾几何时，修订法律大臣沈家本就把自己以前的这种价值判断推翻了。丁未年，也就是公历 1907 年，《寄簃文存》八卷刊行[2]，收入 1899 年所写的这篇序。在这篇序文的末尾，他加上了我要引述的第二段话：

> 此编抄撮于京邸，编订于天津、保定两郡署，见者谓宜公诸世。余方筹剞劂之资，旋值庚子之变，事遂中辍。忽忽又八九年矣。今日修订法律之命，屡奉明诏，律例之删除变通者，已陆续施行。新定刑法草案，虽尚待考核，而事机相迫，施行恐亦不远。此编半属旧事，真所谓陈迹故纸也。芟薙之功，待诸来日。姑记其缘起于此。丁未仲冬。[3]

---

1 据笔者的寡闻陋见，这里出现的“今日法理之学”中的“法理”，是近代中国最早出现的，用古代“法理”一词对接西方“法理”，含有西方“法理”意味的汉语新词。

2 1907 年的《寄簃文存》八卷不同于《沈寄簃先生遗书》中的《寄簃文存》八卷。

3 沈家本：《刑案汇览三编序》，沈家本撰，邓经元、骈宇骞点校：《历代刑法考·附寄簃文存》卷六，中华书局，1985 年，第 2226 页。

八年前坚信前人“成说”、旧日“案情”有其特有价值，“大可与新学说互相发明”；八年后认定这些“成说”“案情”为“陈迹故纸”。前后变化如此之大，很容易让人怀疑沈家本是因为当了法律大臣，做了大官，为保官升官，作秀迎合新潮流。

当然这只是一种怀疑，既无根据，也不公道。就我个人的认识而言，我认为他的这种前后变化是“凤凰涅槃，浴火重生”。

20世纪快要结束的时候，我写过一篇文章，题目叫做《保定教案与沈家本被拘考》[1]，探讨的就是这个问题。撰写《刑案汇览三编序》的时间是己亥年，在此之前是戊戌年，之后是庚子年——这些是稍微知道一点中国近代史的人，都不可能不知道的年份。但是，一般人知道戊戌变法，却不一定知道变法前发生在保定北关外的教案，更不知道这个教案给沈家本埋下的灾祸；知道庚子年有义和团、八国联军，有北京被占、慈禧西逃，却不一定知道洋人南下、占领保定。因为戊戌年的北关外教案，沈家本被关押四个多月，命悬一线，最后仅以身免。死里逃生的沈家本如同凤凰涅槃，浴火重生，做了修律大臣，为他所依托的王朝命运，为他所挚爱的国家，为他所亲见的同僚鲜血，为他个人所蒙受的屈辱，愤而激变。“公孙遗爱圣门推，论学原须并论才。国小邻强交有道，此人端为救时来。”这首诗成于脱离虎口后不久，赞赏春秋时期郑国子产铸刑鼎，但与其说是歌咏子产，毋宁说是他的自我抒怀。只要知道铸刑鼎中叔向与子产的辩论，就不难明白“国小邻强交有道，此人端为救时来”的隐喻。更何况，他的修律大

1　李贵连：《保定教案与沈家本被拘考》，《比较法研究》第1期，2000年，第94—109页。

臣职位，与其说是慈禧太后任命的，毋宁说是法律制度的历史性转型把他推上去的。

庚子年的切肤之痛，使他主持法律改革以后，很快就接受了从海外传来的西方法。又由于他对中国传统法造诣的精深博大，他很快就究明西方法与我国传统法的差异。对这种差异，他没有长篇大论的理论论证，但有明确的表述，而且往往一语中的。例如，关于中西审判制度，他说：

> 西国司法独立，无论何人皆不能干涉裁判之事。虽以君主之命，总统之权，但有赦免，而无改正。中国则由州县、而道府、而司、而督抚、而部，层层辖制，不能自由。
>
> 西法无刑讯，而中法以考问为常。西法虽重犯亦立而讯之，中法虽宗室亦一体长跪。此中与西之不能同也。[1]

中西司法审判的差异如此，法治也是这样。在《新译法规大全序》中，他开篇就指出：

> 《管子》曰："立法以典民则祥，离法而治则不祥。"又曰："以法治国则举措而已。"又曰："先王之治国也，使法择人，不自举也，使法量功，不自度也。"其言与西人今日之学说，流派颇相近，是法治主义，古人早有持此

1　沈家本：《裁判访问录序》，沈家本撰，邓经元、骈宇骞点校：《历代刑法考·附寄簃文存》卷六，中华书局，1985年，第2235页。

说者，特宗旨不同耳。[1]

西方有法治，中国也有自己的法治。但是，中国自古就有的法治，与西方法治并不完全相同，只是“颇相似”而已。相似在什么地方呢？相似在“以法治国”“使法择人”“使法量功”等表面形式上。这种形式上的“相似”，无法掩盖二者的“宗旨”，亦即精神内核的天渊之别。二者的宗旨在什么地方呢？他论证说：

> 今者法治之说，洋溢乎四表，方兴未艾。……或者议曰：以法治者，其流弊必入于申、韩，学者不可不慎。抑知申、韩之学，以刻核为宗旨，恃威相劫，实专制之尤。泰西之学，以保护治安为宗旨，人人有自由之便利，仍人人不得稍越法律之范围。二者相衡，判然各别。则以申、韩议泰西，亦未究厥宗旨耳。[2]

直到今天，西方学者对法治的解释仍然是言人人殊。但是，不管西方对法治有多少解释，西方法治不同于古代“法治”，这是中外学者的共识。“以刻核为宗旨，恃威相劫，实专制之尤”。这是中国的传统法治。“以保护治安为宗旨，人人有自由之便利，仍人人不得稍越法律之范围”。这是西方法治。“二者相衡，判然各别”。对中西法治这种一言中的的区分，就当日而言，似乎连

---

1 沈家本：《新译法规大全序》，沈家本撰，邓经元、骈宇骞点校：《历代刑法考·附寄簃文存》卷六，中华书局，1985年，第2242页。

2 沈家本：《法学名著序》，沈家本撰，邓经元、骈宇骞点校：《历代刑法考·附寄簃文存》卷六，中华书局，1985年，第2240页。

天才的言论骄子梁启超也稍逊一筹。这位花甲之年才开始通过翻译而接触西方法律的老翁，短短几句话，就使人洞若观火，实在无法不使人佩服他的法学渊深，以及由此而来的洞察力。

正是基于这种思想的指导，所以他反对当时国内的古今中西门户之见，力主博采古今中西的善法，改弦更张，制定适合中国国情的现代法，实行现代法治，来挽救国家民族的危亡：

> 方今世之崇尚西法者，未必皆能深明其法之原本，不过借以为炫世之具，几欲步亦步、趋亦趋。而墨守先型者，又鄙薄西人，以为事事不足取。
>
> 夫古法之不同于今而不行于今，非必古之不若今，或且古胜于今。而今之人习乎今之法，一言古而反以为泥古，并古胜于今者而亦议之。谓古法之皆可行于今，诚未必然，谓古法皆不可行于今，又岂其然。西之于中，亦犹是耳，值事穷则变之时，而仍有积重难返之势，不究其法之宗旨何如，经验何如，崇尚者或拘乎其墟，而鄙薄者终狃乎其故。[1]

总之，“立法以典民，必视乎民以为法而后可以保民”，“因民以为治，无古今中外一也”。因此，“我法之不善者当去之，当去而不去，是之为悖。彼法之善者当取之，当取而不取，是之为愚。夫必熟审乎政教风俗之故，而又能通乎法理之原。虚其心，达其聪，

1　沈家本：《裁判访问录序》，沈家本撰，邓经元、骈宇骞点校：《历代刑法考・附寄簃文存》卷六，中华书局，1985 年，第 2235 页。

损益而会通焉，庶不为悖且愚乎”。[1]

具备这样的洞察力，能对中西法治做如此精辟的分析，他的价值取向不言自明：“近今泰西政事，纯以法治，三权分立，互相维持。其学说之嬗衍，推明法理，专而能精。”[2]泰西各国，“十九世纪以来，科学大明，而研精政法者，复朋兴辈作，乃能有今日之强盛，岂偶然哉？”[3]日本采用西法而强，“益知法治之说为不诬矣”。[4]奉行法治主义之意，跃然纸上。

二、移植外国法，建构“宪政法治”法律制度

但是，理性的认识，不等于理论体系的建立，已届垂暮之年的老翁，虽然希望通过“法治”使中国和西方、日本一样强盛起来，然而他已没有精力为这个法治建构理论体系。他只能在职分范围内，通过“斗法”[5]，把自己的“法治”理想灌注到制度的建构中。这种建构是多方位的，第一步则是法律制度的变革。

晚清法律改革，虽然只有短短的十年，但是可以划分为两个阶段：1902年到1906年的“新政”阶段，重点在于对旧律的改造。

---

1 沈家本：《裁判访问录序》，沈家本撰，邓经元、骈宇骞点校：《历代刑法考·附寄簃文存》卷六，中华书局，1985年，第2235—2237页。

2 沈家本：《法学名著序》，沈家本撰，邓经元、骈宇骞点校：《历代刑法考·附寄簃文存》卷六，中华书局，1985年，第2239页。

3 沈家本：《政法类典序》，沈家本撰，邓经元、骈宇骞点校：《历代刑法考·附寄簃文存》卷六，中华书局，1985年，第2241页。

4 沈家本：《新译法规大全序》，沈家本撰，邓经元、骈宇骞点校：《历代刑法考·附寄簃文存》卷六，中华书局，1985年，第2243页。

5 沈氏女婿汪大燮有“改官制事，非变政，实斗法”之论，十分精当。晚清变法，实在是官僚争权“斗法”的大战场。沈家本如果没有“对中国官场逻辑的谙熟”，不会“斗法”，在当时的官场，恐怕寸步难行。

就沈家本的思想而言，改造旧律的目的，落脚点主要是收回领事裁判权。1906年至1911年，由于宣布预备立宪，法律改革重点在围绕“立宪”，制订适于“宪政”时代的新律。由于新律要到“宪政”施行后才能实施，因此，这个阶段还必须继续改造旧律，使之成为“宪政”前的适用法律，因之有《大清现行刑律》的颁布施行。

这一阶段，沈家本在“折衷各国大同之良规，兼采近世最新之学说，而仍不戾乎我国历世相沿之礼教民情”思想的指导下，对传统法律进行大刀阔斧的改造。首先删除《大清律例》内“一时权宜”“无关引用”或“久经停止”，以及重复出现的例文三百四十四条。接着，本于治国之道“以仁政为先”，削除凌迟、枭首、戮尸、缘坐、刺字等传统法律中最残酷最野蛮的部分，又以“中外法律最不相同者，莫如刑讯一端”，废除传统的刑讯制度（不彻底）；为削减死罪条目，以死罪条目既“繁且重”，将有死罪之名，无死罪之实的戏杀、误杀、擅杀三项罪名，由死罪改为流徒；修改《秋审条款》，删除旧文，纂集新事，将原有一百八十五条减为一百六十五条；以推行宪政、权力分立、行政不应干涉司法为由，奏请停止中央的九卿会审制和地方的督抚布政使会审制；依据西方“尊重人格”的思想，删除奴婢律例，奏请严格禁止买卖人口；以死刑在闹市当众执行有违“明刑弼教”之义，将死刑执行由公开改为秘密，由明刑转为隐刑；以“立法必先统于一，法一则民志自靖”为由，奏请在法律上化除满汉畛域，删除《大清律例》内“满汉罪名畸轻畸重及办法殊异之处”，使国内各民族适用同一法律；并以“万物之生机，必周流而始能便利”，变通旗民不准与民人交换买卖土地的禁令，等等。宣统元年（1909年），他吸收上述改革成果，通过删除、修改、修并、移改、续纂等方法，将《大清律例》改造为《大清现行刑律》，沿用近两千年的笞、杖、徒、流、死五刑之名被废除。这部吸收了西方法精神的《大清现行刑律》，被时人和后人誉为中国传统法典中最后且最进步的一部。

由于宪政需要法治，第二阶段的法律改革，是为宪政编制推行法治的法律文本，即制订各种近代法典。这一阶段，他的理想是为中国建造一个法治制度框架，希望中国能因“法治”而强盛。这正是这个时段他的著述频频出现“法治”，并对中西“法治”进行区分的原因。这不是我的推测，1907 年他被重新任命为修订法律大臣后所上的奏疏，说得十分清楚：

> 窃维法治主义为立宪各国之所同，编纂法典实预备立宪之要著。臣等自审懵昧，重任恭膺，仰窥宵旰之忧勤，环顾国民之殷望，夙夜祗惧，莫可名言。受命以来，逐日公同商酌，谨拟大概办法，为我皇太后、皇上敬陈之：
>
> 一、参考各国成法，必先调查也。日本变法之初，调查编订阅十五年之久而后施行。就我国今日情势言之，较诸日本，益形迫切，而事关立法，又何敢稍涉粗疏？拟一面广购各国最新法典及参考各书，多致译材，分任翻译；一面派员确查各国现行法制，并不惜重资延订外国法律专家，随时咨问。调查明彻，再体察中国情形，斟酌编辑，方能融会贯通，一无捍格。此为至当不易之法。
>
> 一、任用编纂各员宜专责成也。宪政编查馆原奏内称，分派提调、纂修等员及延聘东西法律名家各节，应俟开馆后，由该大臣等拟具章程，奏明办理等语。臣等悉心酌核，拟设提调二员，由臣等督饬筹办全馆事宜，一俟慎选得人，开单请旨简派，以昭郑重。此外纂修、

协修各员，容臣等甄择通才，奏调到馆。任用之方，以明定课程，优给薪水为主，总期有专责而无冗员，庶收指臂之助。聘用外国法学专家未可轻率，自当妥订合同，以防流弊。至体查中国礼教民情，所包者广，断非臣等之孤陋所能自信。拟略仿吏学馆章程，分省延请咨议官，待以宾师之礼，用资受教。

一、馆中需用经费宜先筹定也。开办用款，如建设馆舍，添购书籍、印字机器等项，核实估计，约需银两万两。常年用款，如调查、翻译、薪水、纸张、印工、饭食等项，约计每年需银十万两。库储支绌，臣等固所深知，但使可从简略，讵敢稍涉铺张。惟是立法事宜关系全国，既非一手足之烈，亦非一朝夕之功，所有需用经费均系再三确核，力求撙节，无可再减。拟恳天恩饬下度支部照数拨给，俾臣等有所藉手，用竣开单奏销，咨部备案。以上三端皆切要之事，如蒙俞允，臣等自当殚竭心力，以冀有成。俟开馆后拟具章程，奏明办理。[1]

奏疏开篇就说“法治主义为立宪各国之所同，编纂法典实预备立宪之要著”。这种为各国立宪所同的“法治”，当然是从外面拿来的西方现代法治。编纂实行这种法治的法典，既然是“预备立宪之要著”，那么，编纂者就必须明白知道“西法之宗旨”，也就是西方法律的精神实质。而要知道明白西方法律的精神，就要研究西方的法律法学。而要研究西方的法律法学，当时最重要的

1　清朱寿朋编，张静庐等校点：《光绪朝东华录》第五册，中华书局，1958年，总第5765—5766页。

工作就是翻译外国的法律法学著作。用他的话说，就是“欲明西法之宗旨，必研究西人之学，尤以编译西人之书”，“参酌各国法律，首重翻译”。这是“会通中西”的前提条件。因此，从修订法律馆开始工作之日起，他就极为重视外国法律法典和法学著作的翻译工作。不但不惜重金聘用专攻法政的回国留学生担任翻译，而且为求译文准确，译员每译成一种法律，他就要与原译之员，“逐字逐句，反复研究，务得其解”，深恐翻译失实，而致采用有误。他对西方法律法学的了解，就是通过这种“逐字逐句，反复研究”而取得的。在他的主持下，修订法律馆终于在不到十年的时间里，把日、德、法、英、美、俄等世界主要国家的一百多部法律、法典和法学著作，比较准确地翻译成中文，从而使法律改革获得了必要的参照系。

仿照西方法律来制定新律，是晚清法律改革的重要任务，也是中国实行西方式法治的前提，用今天的话来说，就是要“有法可依”。在翻译研究外国法律已经取得一定成效的基础上，沈家本选定日本法律，把日本明治维新后仿照欧法而制定的新法作为楷模，聘请日本法律专家为顾问，排除守旧派的各种干扰，完成了《刑事民事诉讼法》《破产律》《大理院审判编制法》《法院编制法》《大清新刑律》《大清刑事诉讼律》《大清民事诉讼律》《违警律》《国籍条例》《大清民律》《大清商律》等法律和法典的起草。这些草案，有的于经过反复修改后由清廷颁布，作为正式立宪后的法律实施，有的则因清朝被推翻而仍为草案。颁布的法典，在民国成立之后大多被修改而施行，草案则被继续反复修改，成为后来立法的蓝本。

“法治国”首先要有现代法治之法律文本。不管清帝国的当政者们搞的是真立宪还是假立宪，这些白纸黑字写着的法律文本，都是为宪政法治制定的法案。经过激烈的争论，宪政法治必备的人权保障、罪刑法定、审判独立等基本价值，一一写入文本，并成为这些文本的精髓。

三、融合中西，推行审判独立

清廷宣布预备“立宪”后，沈家本是一位坚定的司法 / 审判独立主义者[1]。他既是当时司法 / 审判独立的理论阐述者，同时又是实践者。

（一）著《历代刑官考》，论证：“政刑权分”中西相合

为论证中国古代也有近代法治国家所要求的审判独立的传统，沈家本特著《历代刑官考》，在考察中国历朝刑官沿革的基础上，指出：

> 成周官制，政刑权分。教官之属，如乡师、乡大夫、州长、党正，各掌其所属之政教禁令，此持政权者也。刑官之属，如乡士、遂士、县士、方士，各掌其所属之讼狱，此持刑权者也。……近日欧洲制度，政刑分离，颇与周官相合。[2]

---

1 “司法独立”是近代以来的常用词。但是笔者觉得，“司法独立”没有“审判独立”确切。现在称作“司法”的机构太多，容易使人误解这些带有“司法”的机关都要独立。

2 沈家本：《历代刑官考上》，《历代刑法考·历代刑官考二卷·四》，中华书局，1985 年，第 1962 页。

《历代刑官考》成书于1909年，正是清廷筹建各级审判厅，将审判权从各级行政官手中剥离之际。因此，人们尽可讥评他以古代“刑官”比“欧洲制度”的幼稚浅薄，批评他“司法独立非惟欧西通行之实例，亦我中国固有良规”之论的妄谬。但是，我们无法否认该书在社会转型时期为当时各级审判厅奠基的理论意义；而就论证方法而言，也无法断言他的方法就一定比其他论证方法的效果逊色。实际上，就当时的环境而言，如果不用这种“托古改制”或“复古改制”的手法，而直接用西方理论去阐述司法/审判独立在中国的必要性，它的效果究竟有多大，实在令人怀疑。

（二）派员考察日本裁判制度，确认“司法独立与立宪关系至为密切”

如果说，《历代刑官考》是从中国传统说明司法/审判独立在中国的可行性，那么，调查日本裁判制度，则是实地考察司法/审判独立在东方国家的实效，近距离地观察和探讨西方司法独立之本原。

光绪三十一年（1905年）九月，他和伍廷芳专摺奏请派员考察日本的裁判制度。1906年，董康、麦秩严、熙桢、王仪通接受委派，在日本司法省特简参事官斋藤十一郎、监狱局事务官小河滋次郎的协助下，分赴日本各处裁判所及监狱详细参观。通过半年多的调查访问，他们将见闻所及，撰写裁判四章、监狱二十二章，缮具清单进呈上奏。

通过考察，沈家本确信日本“国力之骤张基于立宪，其实司法独立隐收其效”。在列举行政官兼任司法的四大害处之后，他斩钉截铁地指出“司法独立为今刻不容缓之要图”。

（三）引入律师制、陪审制

律师是职业法律人群体的重要组成部分。律师制和陪审制是西方司法/审判独立的重要制度。特别是英美法系国家，在案件的审判过程，陪审团、律师会制约法官，使其依法审判案件，不能肆意妄为，从而避免司法专横。

清末最早提请采用律师制和陪审制的法案，是1906年的《刑事民事诉讼法草案》。在《进呈诉讼法拟请先行试办摺》中，沈家本、伍廷芳明确提出：

> 考欧美之规制款目繁多，于中国之情形未能尽合。谨就中国现时之程度，公同商定简明诉讼法，分别刑事、民事，探讨日久，始克告成。推原其中为各国通例而我国亟应取法者，厥有二端。
>
> 一、宜设陪审员也。《周礼·秋官》：司刺掌三刺之法。三刺曰讯万民，万民必皆以为可杀，然后施上服、下服之刑。此法与孟子"国人杀之"之旨隐相吻合，实为陪审员之权舆。秦汉以来，不闻斯制。今东西各国行之，实与中国古法相近。诚以国家设立刑法，原欲保良善而警凶顽，然人情诪张为幻，司法者一人，知识有限，未易咸知，宜赖众人为之听察，斯真伪易明。[1]若不肖刑官，或有贿纵曲庇，任情判断，及舞文诬陷，尤宜纠察其非。拟请嗣后各省会并通商巨埠及会审公堂，应延访绅富商

---

1 以上恐怕不是他们的真实见解，洋博士伍廷芳不会有此见解，沈家本恐怕也不是真如此。盖策略乎？

民人等，造具陪审员清册，遇有应行陪审案件，依本法临时分别试办。如地方僻小，尚无合格之人，准其暂缓，俟教育普被，一体举行。庶裁判悉秉公理，轻重胥协舆评，自无枉纵深致之虞矣。

一、宜用律师也。按律师一名代言人，日本谓之辩护士。盖人因讼对簿公庭，惶悚之下，言词每多失措，故用律师代理一切质问、对诘、覆问各事宜。各国俱以法律学堂毕业者给予文凭，充补是职。若遇重大案件，即由国家授予律师。贫民或由救助会派律师，代伸权利，不取报酬补助，于公私之交，实非浅鲜。中国近来通商各埠已准外国律师办案，甚至公署间亦引诸顾问之列。夫以华人讼案藉外人辩护，已觉捍格不通，即使遇有交涉事件，请其伸诉，亦断无助他人而抑同类之理，且领事治外之权因之更形滋蔓，后患何堪设想。拟请嗣后凡各省法律学堂俱培养律师人才，择其节操端严，法学渊深，额定律师若干员，卒业后考验合格，给予文凭，然后分拨各省，以备办案之用。如各学堂骤难造就，即遴选各该省刑幕之合格者，拨入学堂，专精斯业，俟考取后，酌量录用，并给予官阶，以资鼓励。总之，国家多一公正之律师，即异日多一习练之承审官也。[1]

在这种思想的指导下，新法案用明确的条款对此作出规定。但是，这些条款同样遭到张之洞逐条逐句的批驳（即按语）：

---

1 《修订法律大臣沈家本等奏进呈诉讼法拟请先行试办摺（并单）》，《大清法规大全》卷十一，第四册，政学社，第112页。

第一百九十九条　凡律师俱准在各公堂为人辩案。

按：泰西律师成于学校，选自国家，以学问资望定选格，必求聪明公正之人。其刑官多用此途，优者得入上议院，寄以专责，考以事功。而律师与承审各员同受学堂教益，自不敢显背公理，中国各官治事，所治非所学，任官又不出专门。无论近日骤难造就如许公正无私之律师，即选拔各省刑幕入堂肄业，而欲求节操端严法学渊深者，实不易得。遽准律师为人辩案，恐律师品格尚未养成，讼师奸谋适得尝试。且两造若一贫一富，富者延律师，贫者凭口舌。则贫者虽直而必负，富者虽曲而必胜矣。

第二百五条　凡通商口岸公堂中外交涉之案，有外国官陪审者，亦可准外国律师上堂为人辩案。

按：律师虽非官吏，辩案实系公权。各国公权无有许外国人者，故各国律师无有用外国人者。中国通商口岸，以外人有治外法权之故，不得不用外人为律师。然以法律承认之则可不必。至“外国官”三字，范围太广，易滋辩论之端。查交涉案件，有外国官陪审者，此外国官必系驻扎该处之领事。中国所称之治外法权，实外国所称之领事裁判权，言领事而有裁判之权也。如领事以外，有彼国使臣派来之官，只可谓之观审人员，不得以陪审论。至领事临时所遣之翻译，虽可在旁问供。然此时非翻译之资格，乃领事之代表，是其地位本与领事无异，不得浑称为外国官。来条约文牍于此节，甚为含糊。亟应申明以清界限。拟请各条内，所有外国官字样，均改为领事官，以示领事以外不许有裁判权之意。

第二百七条　外国律师有犯上条情节，照会该国陪审员或领事官，禁止上堂辩案。如有应科罪者，由该国领事自行办理。

按：上条所载情节，如故意不敬，或语言轻侮等类，则所犯尚轻。至教唆、诬告、欺骗等项，教唆罪依日本、德国刑法，均照正犯。法国刑法教唆罪无专条。诬告罪日本则照伪证罪定。而伪证又分曲庇陷害，其曲庇陷害者分处禁锢、罚金，因陷害而被告人已处刑者全坐，死刑减一等。德法两国均重伪证罪，而诬告罪反轻。其欺骗之罪，日本德国均处重禁锢、罚金，与法国之处监收罚金同。所不同者罚金数目之多寡。本法声明照会该国陪审员、领事，由领事自行办理。无论领事陪审，难保不临时迴护。且此等有失主权之事，乃竟于诉讼法内一并宣布，通行天下。无论问心不安，且适为外人所窃笑矣。

第二百八条　凡陪审员，有助公堂秉公行法，于刑事使无屈抑，于民事使审判公直之责任。

按：外国陪审员之制仿自英吉利。英人重公德，能自治，故陪审员有益而无损。法、德诸国仿之，已多流弊。盖为陪审员者，非尽法律专家，逞其臆见，反复辩论。既掣问官之肘，又延判决之期。欧洲学说已有抉其弊者。日本裁判制度多仿西洋，然区裁判所只设判事一人，地方裁判所以上，有陪席判事而无陪审员。所以然者，亦以日本人民无陪审员程度故也。中国束身自爱之绅士必不肯至公堂，即问官以陪审重要之故责以义务，科以罚金，必有甘受惩罚而不愿涉足公门者。其肯到堂陪审者，非干预词讼之劣绅，即横行乡曲之讼棍。以此辈参列陪审，岂能助公堂秉公行法耶！[1]

然而，这种反对声音最终未能阻止中国引进律师制度的步伐。

四、创建法律学堂，开展近代法学教育

时下爱说法律人，养成法律人是推行法治不可缺少的重要方面。职是之故，在改革旧法、翻译外法、制定新法的过程中，沈家本极为重视中国近代法教育和法学研究。在他的多方奔走和主持下，中国近代第一所全国性的法学教育学校——京师法律学堂，于1906年在北京开办。他以修订法律大臣身份兼任该学堂的管理大臣（校长），几年之内，“毕业者近千人，一时称盛”。

近代法学教育，其始应为1895年的北洋大学堂。如果再早一点，可以上推到1869年同文馆“国际公法”课程的开设，但正规而有系统的法学教育，应该是始自1906年由他主持开办的京师法律学堂。这是一所为新设各级审判厅培养法官的学校。在京师法律学堂的示范作用下，各类法学教育机构在全国各地迅速成立，从而掀起了清末民初中国近代第一次法学教育高潮。为促进法学研究的深入，在他的推动下，全国性的法学学术团体——北京法学会，于1910在北京成立，并由他出任第一任会长。在此基础上，他还推动创建法学研究所，创刊《法学会》杂志。围绕北京法学会，中外学者云集，同人相聚，讲说新理，推演旧义，

---

1 赵德馨主编：《张之洞全集》，第4册，武汉大学出版社，2008年，第317—318页。

盛极一时。可以说，他是中国近代法学当之无愧的开路人。

五、结语

回顾沈家本的法治理论与实践，可以看出：模范列强，制定“宪政”之法；在“宪政”之法的规范下，实行司法 / 审判独立；开展近代法学教育，养成近代法律人。这就是沈家本晚年致力法律改革的理想。这种理想，就是法治的理想。对于他的这种理想和付出，时人是认同肯定的。1913 年北京湖广会馆追悼会挽联，除本文开篇那条外，还有：

所谓今之皋陶取申韩法治精神务去其毒；
不愧古时儒者习马郑经生事业而会其通。

老成人尚有典型愿共和国民为法治国民大辂椎轮谁祖述；
万间厦广庇寒士是同堂纪念即千秋纪念山邱华屋感存亡。

藏之名山传之其人并世著作家一代文章推师表；
民吾同胞物吾同与共和法治国千秋功伐在刑书。

但是，沈家本的这种法治追求理论贫乏。晚清立法修律是专制帝王政治权力危机的产物，而不是理论成熟的民众政治行动。沈家本接受的是帝国皇帝的修律任命诏书，他是清帝国的修律大臣，而不是君主立宪国或共和国议会推举的法律起草委员会主任。

他主要从救亡角度接受西方法治，认为实行西方式的法治就能强国救国。由于主客观上的这些原因，理论缺失便在所难免。这是20世纪初年法律改革者追求西方法治的死穴。

理论缺失在什么地方呢？

现代法治的原则是人权保障和分权。沈家本说过，申韩法治是专制之尤，也就是集权。西方法治是三权分立，互相维持，使人人都有自由的便利，又不超越法律的范围。但这仅仅是几句话，是纲，没有展开，没有理论体系。在人权保障上，“礼法之争”可以说是围绕人权的法律论战。法派当时就提出，制定新法的一个重要目的就是保护人权。还有禁革买卖人口，废除奴婢律例，都可以说是人权的保障。但同样缺少理论体系的支持。

司法独立是沈家本法治追求的重要部分，在理论上他做过一些论证，分为两层：一是通过分析传统中国行政兼理司法的四大弊害，来间接说明司法独立在近代中国的必要性；二是司法独立已成各国的潮流，而且是中国古已有之的良规。

沈家本归纳的行政官兼理司法存在四大弊害，简言之是：行政官员没有专门的法学知识；胥吏容易营私舞弊；上诉制度流于虚设，相关法规几乎形同具文；它的存在有碍于收回领事裁判权。[1]这种论证，没有触及行政官兼理司法制度本身与传统君主专制之间的必然关系。司法独立制度本身的独立价值——作为贯彻西方权力分立的重要制度设计，以保障公民的自由和权力——实际上被有意无意地抽掉了。在西方，不论是英美等普通法国家还是法德等大陆法系国家，司法独立制度的建立，是为了保证有超然于

1 沈家本：《寄簃文存》，商务印书馆，2015年，第198—199页。

诉讼双方之上的公正裁判者，防止各式各样的专断权力对公民权利和自由的侵犯，尤其是抵御国家本身和作为国家代表的当政者（也就是通常所说的公权力）对公民的威胁，使司法成为人民权利的最后庇护所。这方面的论证，沈家本着墨不多，他只简略地说“司法独立，与立宪国关系至为密切”[1]。但是，两者“密切”在何处？立宪国优于专制国的地方何在？这些问题都没有论及。为什么？是不敢论、不想论还是不知道无法论？现在找不到答案。司法独立停留在操作层面上，这种功利性的司法独立观只会产生更功利的“法治”理论。这种工具主义层面上的司法独立和“法治”，在相当大的程度上揭示了它在近代中国的命运。

为什么会这样？原因在时代。

唐德刚常说时势比人强。近代法治，不论是君主立宪下的君宪法治国还是民主立宪下的“共和法治国”，都是西方近代国家模式。这种模式，以“宪政”为前提。不管这种“宪政”是民主的还是君主的，抑或是君民共主的，搞宪政就要分权。但是，清帝国的“立宪”，是在内外交困的局面下，为稳定自身统治权力而被迫宣布的“立宪”。它要的是集权，而不是分权，是借立宪集权于皇帝，集权于清朝贵族。这种“立宪”，不但不同于西方的民主立宪，与日本的“君主立宪”也相距甚远，甚至还是导致清帝国被迅速推翻的重要原因。

在这样的环境中，沈家本按照自己的理想而构建的制度，其实际状况会怎样呢？

民国成立，汪庚年在他的《上大总统及司法总长条陈司法独

1 《调查日本裁判监狱报告书》卷前奏疏。

立书》说："前清时代，无论普通行政、司法行政，莫不以侵犯司法为常例。"行政官"强揽司法权，以售其舞文弄法之伎俩而遂其私"。而"审判官之判决案件，其拟律之判决文必先受本厅长官之删改，再受法部之核稿，往返驳诘，不得其许可，其谳即不能定"。在法官的任用上，"司法大臣之任用司法官也，一差一缺，纯以金钱献媚的多寡为标准。巧立章程，以便其迁就；破坏法律，以逞其私心"。其结果，"一般毫无法律知识者，皆以金钱或声气之能力，蟠踞于其中"。而就沈家本极为关注的京师监狱而言，"北京之模范监狱，其建筑之目的不在改良监狱以改良罪质，乃有调剂私人，多派监工委员，假土木以夥分国库之支出而已"。[1]

钱基博清末曾在江西发审局做过事，下面是他的经历：

> 辛亥革命前二年，我年二十三岁。江西按察使陶大均读了我的文章，认为我青年可以有为，就托我同乡廉南湖先生介绍，邀我到江西去筹办司法改良。我一到江西，看到司法黑暗重重，省城发审局刑讯酷滥；按察使署刑幕把持。首席刑名老夫子陈绳之，徒子法孙，播满全省各府各县；府县人民上控案件，几乎无一准理！陈绳之因为我是陶臬台特约的人；我一到，就来看我，和我商量，案件不必过问，各府县一年四季节敬（端阳中秋，冬至和年）分我一股。我当然坚决谢绝，恐怕他心里不安，告诉他说："陶臬台约我来，商量司法制度如何改良；并不要我问案件。老夫子办案辛苦；府县节敬，我

1 《盛京时报》1912年4月21、24、25日，转引自台湾《中华民国建国文献·民初时期文献》第一辑，《史料二》。

如何敢分润！”因就和他商量司法改良，当前从两事下手：一停止刑讯。一改良监狱。他一口赞成。我草一说帖，上陶臬台。陶臬台人极长厚，认为积习难挽，然而不妨做；商量先从省城发审局做起。发审局提调，系南昌府知府；我的说帖交去；发审委员一致说：“刑讯停止，供无从问！”此事就告搁浅！我退一步，想专致力于监狱改良；我去看新建县知县梁某，请求参观监狱。梁知县陪我巡视一周；当然讲不到“人道”两字；然而我觉得走马看花，不够了解；因为典史管监狱，典史衙门就在监狱旁面（边）；自己请示在典史衙门住半月；吊（调）监犯名册，每日提一两个犯人，随便闲话。梁知县大不安，早晚来陪我谈天。我劝他回去治事，不要陪我。他不肯。住了三天，我也只得回去，见陶臬台，告以所见。陶臬台恻然，筹了一笔经费，并且自己捐了二百两银子，交梁知县，吩咐他：“监房一律离地五尺，铺木板。监沟淤塞，一律开浚。”梁知县亦捐了俸银一百两。又指名一老犯人，所谓龙头者，以其虐待同犯，无恶不作；由梁知县自己吊案重办，详申改徒为流，充军到边远地方去；讲不到如何改良，暂时减少一些残酷！到了明年，陶臬台死在任上，我也就回家乡；然而问刑衙门之刑讯不人道，深深埋在我的心头！[1]

1 “钱锺书父亲钱基博的自我检讨书”，1952 年，《独角兽资讯》，发表于 2010-12-22 13:09:00。

总之，清帝国被迫的“立宪”，是沈家本通过司法独立来推行近代中国“法治”的理想受挫的关键原因。

可以肯定的是，通过改革者的努力，大理院终于从刑部剥离出来，一部分地方审判厅也从知县知府衙门剥离出来，中国破天荒有了大理院和各级审判厅这样的专门审判机构。这是进步，应该肯定。但是，前面说了，沈家本的法治实践并没有解决行政干涉司法问题。更为糟糕的是，民国以后枪杆子干涉司法，比行政干涉司法更可怕。到1928年南京国民政府搞司法党化，要党员司法，党义司法，这是历史的进步，还是历史的退步？这一点留给后人去思考。不过，当时的一些学者认为这是革命。当时一位有名的学者，他的一本书的书名就叫《法律的革命》[1]。

“七十三、八十四，阎王不请自己去”。1913年端午节，这位改革者阎王不请自己去了。这不是一个好日子，悲愤的屈原就是这天投江的。眼睁睁看着自己拼老命所搞的改革收到这样的果实，现实太残酷太无情了。“可怜破碎旧山河，对此茫茫百感多。”[2]老人吟咏着，叹息着离开了这个世界。

1 黄右昌：《法律之革命》，北京大学法律研究社，1929年。

2 《枕碧楼偶存稿》卷十二，《梦中作》。（以下简称《偶存稿》。）

序

归安沈寄簃（家本）先生为中国清末民初的法学大家，也是我国法制现代化的奠基者，其宏功伟业素为国人所共知。北京大学法学院法律史教研室主任、博士生导师李贵连教授，穷廿载的时光，从事于沈氏生平学术及功业之研究，在本书出版前，先后刊行有：《沈家本年谱初编》（1989年北京大学出版社版）、《沈家本与中国法律现代化》（1989年光明日版出版社版）、《沈家本年谱长编》（1991年台北成文出版社版）三种专书，为沈氏即寄簃先生之学（沈学或寄簃学）研究者所必读。

此外，李教授更致力于沈氏事迹及遗稿采访及搜求，其成果颇为丰硕。1996年北京中国社会科学出版社曾刊行《沈家本未刻书集纂》两巨帙，其中所收“旧抄内定律例稿本”六卷（793—906页），即李教授1994年东渡日本，在东京东洋文化研究所图书馆中所求得之版本。原本虽有署名，李教授仍反复推敲，就纸张、文笔上之线索及特点，均未丝毫疏忽或遗漏，并向沈氏后人沈厚铎先生求证，终于慎重断定，确为沈氏之遗稿。其为学之谨严不苟，可见一斑。

1990年，为纪念沈家本诞生一百五十周年，在杭州西子湖畔所举行之“沈家本法律思想国际学术研究会”，虽由余之旧识、已故前北大法律学系主任张国华教授所具名召开，其规划及实际会务多由李教授主之。当时，台湾学者王泽鉴、蔡墩铭、张伟仁、杨建华（已故）等诸先生及余个人，曾蒙邀请与会，但均因故未能成行。李教授并在该会议中提出“沈家本研究三题”一文（收入《博通古今学贯中西的法学家》一书，1992年陕西人民出版社版）。1992年为纪念沈氏诞生一百五十二周年，在台召开之“中国法制现代化之回顾与前瞻国际学术讨论会”，虽系基于余之倡议，其始念殆系出于李教授西湖会议之启迪，故可谓于李教授之间接推动。该台北之会系由余及戴东原先生（时任台湾大学法学院长）、已故杨日然先生（时任台湾“中国法制史”学会理事长）三人组成委员会共同筹备，曾有多位大陆学者应邀，亦因故未能成行，李教授曾惠赐《沈家本与晚清变法修律》一文，由台湾著名中国法制史学者黄源盛教授代为宣读，余则忝为该文评论人。该论文因其引证之广博，分析之深入，言前人所未言，在会议中极受赞扬。（该文收入《中国法制现代化之回顾及前瞻》一书，1993年台湾大学法学院出版。）

李教授之著述及搜遗，及经李教授所直接间接推动而召开之上述两岸两次会议及其刊行之论文，推动了两岸及国际间沈学或寄簃学之研究。由于李教授之上引业绩，可以公平地说，李教授诚为沈氏之隔代知己，他本人已亦为研究沈学即寄簃学之权威。

于此，更应一言者，沈氏一生为中华法系承先启后伟大人物，沈氏先后任职刑部（后改法部）四十年，其剔历府、道、臬司之八年间，其职掌亦及于狱讼。沈氏一生精研清代律例，并及其渊源所由自的唐明律，沈氏与其为刑部部曹时之堂官长安薛云阶（允升）先生，两人均为我国传统律例之集大成者。唯沈氏在其最后近十年中，膺命受任修律大臣（1902 年迄 1911 年），取法当时欧陆法制（参酌英美法），起草现代化的法典，编译介绍外国法典及法学，成立法律学校培养法律人才，从而展开了我国法制的现代化。故沈氏之志业远远超迈薛氏，而为我国法制史上空前而光耀后世之巨人。

现值神州大地全面奋起，创建社会主义之市场经济机制下之法学、法制之际，其着眼点盖为在秉持保留中国特色之原则下，与举世各国共同接受之共同规范接轨。此为神州大陆产业经济之赓续急速升高所必需，亦为配合在全球步入 21 新世纪之地球村之趋势所应然。是则，沈氏在 1902 年起之际遇，正与今日神州大陆之法律、法学工作者相埒。当年，沈氏面对过时的义理及旧势力之阻挠，所表现之道德之勇气及坚毅，以及其卓越的吸收新知取精用弘之能力，其高瞻远瞩及超前立法，亦足后人深思或效法。李教授经由其沈学即寄簃学之论著，呈现吾人眼前中沈氏之法律经验及建言，足对吾人生激励及启迪之效。是此则李教授对斯学之贡献，实有裨于现实，岂止发沈氏之潜德幽光而已。

余与李教授自 1990 年，以信函论学订交始，因两岸学术交流之日趋繁密，时有攻错之益，可谓余深为钦佩之忘年交。兹以其新著《沈家本传》付梓在即，嘱余为序，深感荣宠，乃缀数言，以申庆幸及祝贺之意。

黄静嘉谨序，时年七十又五

（前第三及第四届台湾“中国法制史”学会理事长）

第一章 家世和青少年时代

一、宦迹不显的诗书世家

（一）湖州城编吉巷

地处太湖南岸的湖州城，是一座历史名城。明、清两朝，这里都是湖州府治。在清朝，它还是归安县和乌程县的县治。城中的一条小河将整座城一分为二：一边是归安县，一边是乌程县。一座不太大的城市中，既有府治，又有两个县治，这在当时的中国并不多见。这样的行政建置，为这座历史古城增添了不少有趣的异地审案故事。其中一个，名曰“汤圆案”，就是这样记述的：

据说，某一年归安县新来一位郑姓知县，因断案神明而有“郑青天”之称。一天，城外一个农民进城为女儿办嫁妆。他在乌程县所辖的一个点心铺吃完汤圆后，发觉身上没有铜钱而与店主商量先记账后还钱。店主以本小利薄、互不认识为由拒绝。无奈之下，农民只好留下一个银元，声明待后拿铜钱来换。但是，当农民办完事来换银元时，店主拒不交换。农民走投无路，求救一位赵姓讼师。讼师对他说，这个地方是乌程县辖地，告到乌程县，你的亏就吃定了。只有告到隔河的郑青天那里，你才不吃亏。你如果愿意挨打几鞭子，我告诉你办法。在讼师的指导下，农民来到归安县衙，故意冲撞郑知县的仪卫。在郑知县喝令打他的时候，他说："我是乌程县民，你是归安县官，你不能打我，应该把我送到乌程县。"郑知县很生气，说："天下官管天下百姓，你在我这里犯事，我就有权打你。"农民心甘情愿挨了他的几鞭子，打完后掏出状纸就告状。郑知县说："你的事出在乌程县，你到乌程县告去。我是归安知县，不能审理。"农民说："天下官管天下百姓，这不是你刚才说的吗？老爷你怎么一下就变卦了。"郑知县笑了，终于接过这个农民的状纸，异地审案，在很短的时间里，就还了这位农民的清白。[1]

湖州城地处富庶的太湖边，毗邻美丽的莫干山。这里人杰地灵，名人辈出，形成了悠久的人文传统。有趣事，也有盛事，同时还有惨事。就惨事而言，除了历史上的几次屠城之祸外，清朝文字狱给这座历史名城留下极为伤心的记忆。康熙二年(1663年)庄廷鑨史案，由罢黜归安知县关之荣所发动。仅此一案，便有数百文人墨客横死刀下。"避席畏闻文字狱"，庄案开清代文字狱之先河。它为湖州士子，也为天下士子留下数不清的噩梦。

道光二十年七月二十二日，公历1840年8月19日，位于归

1 徐珂：《清稗类钞·讼狱类》，中华书局，1986年，第1131页。

安县属的湖州郡城南门内编吉巷口的沈家，一个新的生命呱呱落地。[1]翻遍现有的记载，这个小生命降生前和降生时，都没有发现什么瑞兆。但是，他以后的经历，却与中国法律法学紧紧联系在一起。他就是讲解、解读中国近现代法律与法学无法回避的人物——沈家本。

一般的中国人，特别是舞文弄墨的文化人，恐怕没有不知道1840年的。即使不知道1840年，也知道鸦片战争，这是中国历史的转折点。1840年，划分了中国的古代和近代；1840年，划分了独立的中国和半殖民地的中国；1840年也划分了中国的封建社会和半封建社会。中国的国家社会，在1840年鸦片战争的炮声中急剧演变。造物主让沈家本——本传的传主，降生在这样的年代，这就注定了他一生的命运。他必须随着这个国家、这个社会、这个民族的起伏动荡而起伏动荡。

翻翻中国历史的陈年旧账，七月二十二日也不是什么好日子。这一天，鸦片战争期间，中国方面主战派的首领林则徐遭到道光皇帝的申斥。骚扰澳门关闸的英国兵船虽然被清兵击退，但是渤海湾的英国兵船却从白河口出发游弋辽东。

战云迷漫，伴随沈家本降生的是中华民族中的灾难、国家的沉沦。他在这个时代降生，也就无法回避这个时代。

（二）家世

时至今日，我们尚无法了解沈家本的童年生活。资料阙如，

---

1 沈家本会不会降生杭州俞家？笔者有这种怀疑。原因是沈家本说沈丙莹当年赘姻俞家。另外，同治十一年沈家本丁父之忧，曾重访外祖父俞焜故宅并赋诗，中有“杖履追随记昔年”之句。但笔者没有确切材料，说明他出生在杭州俞宅，故以编吉巷为其出生地。

文不足征也。至于他的世系，现有四种记录可供参考。一是沈氏考取举人的补行咸丰辛酉科并同科壬戌恩科朱卷履历；二是考取进士时的光绪癸未科会试朱卷履历；三是光绪癸未同年齿录；四是沈家本祖父沈镜源晚年所作《蓼庵手述》中的《世泽纪略》《先行纪略》《自叙行略》（下称《三略》，均收入沈家本晚年所编《沈氏家集》）。依据上述四种资料，列沈氏世系如次：

十二世分支祖沈祝，字东生。

十一世祖沈经，字北桥。

十世祖沈朝元。

九世祖沈文逊。

（以上沈氏远祖，《三略》及辛酉壬戌科履历等均未提及，仅见于光绪癸未科朱卷履历。）

八世祖沈复初，字敬桥。明代邑庠生。据《三略》，敬桥先世居湖州城北朱洪村浒稍桥。自敬桥起，迁居湖州郡城浮星桥。沈镜源以敬桥为本宗之祖。

七世祖沈天应，字济寰。敬桥次子。清顺治时，以运粮功议叙选授金华协标守备，居京师打磨厂。后以失察海寇罢官归里。

六世祖沈铨元，字霞峰。济寰次子。科举无名，为人作幕四十余年，以佐治功议叙县丞。行年八十，才回到湖州故里。

五世祖沈良本，字西城。沈镜源虽然称其“忠厚端谨，乡里推为祭酒”，家道显然中落。

高祖沈逢龄，字巽斋[1]。其因“生计艰难”，已无法谈书，为

1 光绪癸未科会试朱卷履历作：“高祖逢龄，字舜庸，国学生。”《世泽纪略》作：“祖巽斋公，以生计艰难，不得已栖身为椽吏。”兹从《世泽纪略》。参见徐世虹主编：《沈家本全集》第七卷，中国政法大学出版社，2010年，第27页。（以下简称《全集》。）

生存计，“不得已栖身为椽吏”，后被拔为库书，“赋税出纳，一秉勤慎”，不但家境丰裕，本人也纳粟而为太学生。

曾祖沈国治，字琴石，号韵亭。安邑庠生，二十二岁为诸生。受知于不少达官显宦。乾隆三十年（1765 年），乾隆南巡江浙，亲往行在献诗献赋，得乾隆嘉奖。但前后省试十八科，终未考中举人。由于一生埋首举业，不善经营，以致家业日蹇。

祖，沈镜源，字席怀，号蓼庵。家道中落，生计艰难。嘉庆三年（1798 年）考中举人，但会试却屡次榜上无名。乾隆定制：举人三科会试不中，挑取其中一等者以知县用，二等者以教职用。这就是清代的大挑制度。嘉庆二十二年（1817 年），沈镜源因屡试不中，赴京大挑，不幸没有入选。道光六年（1826 年），他变卖家产，再次进京应挑，被列为二等。次年，即被选授庆元县（今属浙江龙泉县）教谕。道光八年（1828 年），他奉命赴任，一直至道光十三年（1833 年），才告病返乡。

本生父沈丙莹，字晶如，号菁士。道光壬辰科举人（1832 年），乙巳恩科进士（1845 年）。沈丙莹尚有兄沈丙辉、弟沈麟书，均早夭。麟书自幼为镜源所喜爱，随往庆元教谕任内。镜源因他的早夭颇受打击，为之作《麟书小传》，并指令沈家本承麟书之宗祧。[1] 故一般记载均作：沈家本“父讳麟书”，“本生父讳丙莹”。

1840 年，沈家本就降生在这样一个宦迹不显的诗书世家，屡世科举，屡世不显。在小生命降生之时，他的前面，已有嫡兄、嫡姐各一，另有本生胞兄家树，后来又有本生胞弟彦模、家启、家霖。这是一个庞大的家族。家族的承传和希望，就同时落在他

1　参见《全集》第八卷，第 30—31 页。

们的身上。几十年痛苦的科举之路，是历史的重压，也是家族的重压，他们无法回避。他们的命运，从降生之日起便无法逆转。

二、北京——童年和少年

（一）师承

道光十二年，沈丙莹乡试中式，考取举人。次年，由沈镜源同年端木鹤田、俞铁花为媒，聘俞焜次女为妻。同年八月，沈丙莹成婚入赘俞家。

俞焜，字昆上，浙江钱塘人。嘉庆二十五年（1820年）进士，改庶吉士，授编修。道光十三年（1833年）迁御史，十七年（1837年）授河南彰德府知府，旋擢永定河道，调湖南衡永郴桂道，一度署理湖南按察使。咸丰九年（1859年）在杭州督办团练抵御太平军。第二年，太平军忠王李秀成攻杭州，俞焜率众抗击，死于城破之时，赐谥文节。

光绪三十二年（1906年），沈家本校刊《沈氏家集》，在后识中说，在沈镜源晚年，沈家“家计益艰”。沈丙莹中举之次年，他即辞庆元教谕之职，回归湖州故里。沈丙莹赘姻俞氏后，“俞太夫人奁资尚充，赎田典屋，皆俞太夫人之资也”。从“赎田典屋”，到沈镜源辞世，《蓼庵手述·宗谱》记录沈家地产计有：

坟山：乌程管五十一庄妙嘉山地四十亩共一单；又一亩；又高山四亩，另各一单；又笋山三亩六分，另一单。

田地：归安管公堂田十八亩五分三厘。除现存沈晶如户下三亩七分七厘印单，现有余六户，共田十四亩四分五厘，地七亩九分。计单六纸。公堂原额田十四亩三分五厘。十七年四房赎置补完三亩七分七厘。每年轮收米二十一石一斗七升，地租九千文。蚕毕收。十七年四房自置田二亩五分二厘五毫，收米二石七斗七升。十七年另买场田二亩五分七厘，单立沈振武户，每年另自收租。[1]

据此，在沈家本出生时，沈家虽不富有，但也不贫穷。沈家本童年当无衣食之苦。

沈丙莹考取举人后，随即两次参加礼部会试，均未中式。沈家本五岁那年，即道光二十五年（1845 年），沈丙莹再次北上京师，参加会试。这一次，时来运转，不但考中进士，同时补官刑部，为陕西司主事。沈丙莹对这次金榜题名并授官刑部，十分高兴，作《授官刑部宿四川司示徐子舟同年》一诗以述怀：

王李魁奇士，当年此唱酬。
于今三百载，犹说白云楼。
鞅掌功名簿，停年日月遒。

1 参见《全集》第八卷，第 31—32 页。武新立《明清稀见史籍叙录》（金陵书画社，1983 年）有《蓼庵手述一卷》稿本。据武先生对此稿本摘要，即为沈家本所辑《沈氏家集·蓼庵手法》。但稿本账目篇，为《沈氏家集》本所无。武先生录账目内容如次："丙申年（道光十六年）十二月三十日，借给归邦其钱三十千文，田单图票经折作抵，议定按月付利钱一千文，付至丁酉年（道光十七年）三月止，结欠至本年戊戌（道光十八年）六月，计共该加利钱十四千文。"武先生称："这是惊人的高利剥削。"据此，笔者以为：一、沈家本刊刻《沈氏家集》时，删掉了部分内容。二、沈家除田地之外，在湖州城内，可能还有钱铺之类的产业。

寂寥怀古迹，谁与继风流？[1]

沈丙莹在刑部为官，仕途基本顺利。他在刑部十二年，由陕西司主事而致广西司员外郎，再迁为江苏司部郎中。在刑部，他"熟于律例"，"为上官所重"[2]；"沉默畏慎，不求自异而勤于其职，能以律意傅狱情，多所平反"[3]。但是，由于"肃顺弄权，招之，谢不往"[4]，他的升迁并不快，在刑部十二年，仅为司员而已。他的刑部经历和勤谨作风，对沈家本影响颇深。徐兆丰在《春星草堂集跋》一文中曾指出，"君（指沈家本）之学术禀承有自"。[5]

沈丙莹为官不久，即将家眷接往京师。沈家本随父在京就读。同年齿录、光绪癸未科会试朱卷履历等，开列一长串受业师的名单：

程心斋夫子，讳庆余。

韩夫子。

闵连庄夫子，讳霈曾。两淮余西盐场大使。

族伯响泉夫子，讳涛。道光丁酉举人，仁和县学教谕。

孙竹亭夫子，讳国治，余杭县附生。

陈子裳夫子，讳黄理。江苏廪贡生，候选盐大使。

周岷飖夫子，讳学源。咸丰壬子（1852年）进士，翰林院侍讲学士。

姨丈沈文定夫子，讳桂芬。道光丁未（1847年）进士，

1 沈丙莹：《春星草堂集·诗二》，《全集》第八卷，第61页。

2 《归安县志·沈丙莹传》。

3 施补华：《春星草堂集序》，《全集》第八卷，第37页。

4 《归安县志·沈丙莹传》。

5 徐兆丰：《春星草堂集跋》，《全集》第八卷，第123页。

兵部尚书，协办大学士。

刘朗屏夫子，讳琦。咸丰戊午（1858年）举人，国子监助教，贵州广顺州知州。

王莘鉏夫子，讳繂。同治癸亥（1863年）进士，户部主事。

龚叔雨夫子，讳自闳。道光甲辰（1844年）进士，工部左侍郎。

宗室睦莽夫子，讳瑞联。咸丰癸丑（1853年）进士，兵部尚书，补行辛酉壬戌科浙江乡试正考官。

董瑞峰夫子，讳兆奎。同治壬戌（1862年）进士，江西广信府知府，补行辛酉壬戌科浙江乡试副考官。

边雪坡夫子，讳厚庆。道光乙巳进士，浙江萧山县知县，补行辛酉壬戌科浙江乡试同考官。

张午桥夫子，讳丙炎。咸丰己未（1859年）进士，前广东廉州府知府，即选道。戊辰科会试同考官。

黄泽臣夫子，讳毓恩。同治乙丑（1865年）进士，四川夔州府知府，甲戌科会试同考官。

杨蓉浦夫子，讳颐。同治乙丑进士，翰林院侍读，丙子科会试同考官。

丁巡卿夫子，讳振铎。同治辛未（1871年）进士，浙江道监察御史，丁丑科会试同考官。

这些受业师，很多是科举考试时的考官。[1]在此之中，见诸沈

---

1 《补行咸丰辛酉科并同治壬戌恩科》，朱卷履历，仅列刘琦以上名单。

家本文字并具影响的，或者说影响较大的，当为闵连庄和沈桂芬。

闵连庄既是沈丙莹的朋友，也是沈家本在京读书的老师。沈氏一直十分怀念这位少年时代的老师。同治二年，沈家本随父在贵阳任内，曾赋诗表达自己对老师的思念：

对菊感旧

先师闵连庄先生有花癖，尤爱菊。秋时必购百余种供书室中，函丈之前，当获领略清趣。今远游竹国，向野人家移植数十本，叠作小山，嘉宾宴集，仿佛如昨，而先师谢世已两载矣。瘦影相对，不禁怆然。

瘴雨蛮烟里，篱东也有花。
却因芳讯早，难忘昔游赊。
种好还能记，香稀未足夸。
飞觞频脱帽，非复绾双丫。

叠得峰三面，依稀侍坐时。
久深梁木痛，忍赋落英辞。
遗草鞠人诰，凄怀花太医。
宣南寻旧梦，犹自傍缁帷。[1]

在蛮烟瘴雨的西南边陲，他缅怀着老师谆谆教诲。自己长大了，老师却已离开了人间。“凄怀花太医”，先师的身影只能在梦

---

1 《偶存稿》卷八，《全集》第七卷，第116页。

中去寻找。哀伤之情不能自制，流露出他与闵连庄深厚的师生之谊。

沈桂芬是沈家本姨父，同治二年即出任山西巡抚，曾任清廷都察院左都御史、兵部尚书、总理各国事务衙门大臣、军机大臣等要职，是同光重臣之一。有的论者认为，沈桂芬在同光时期的重要性，不仅在于他的身任要职，更在于他是当国恭亲王奕䜣的灵魂，左右奕䜣的人物。[1] 据《清史稿》《清史列传》本传所载，他既是一个“遇事持重”“谙究外情”的官僚，又是一个服膺儒家学说，堪为楷模式的人物：“躬行谨饬，为军机大臣十几年，自奉若寒素，所处极湫隘，而未尝以清节自矜。”[2] 对这位长辈兼老师，沈家本一生都十分敬重。从现在所能看到的沈氏日记中可以看出，无论在京在外，两者往来都十分密切。光绪年间，沈桂芬在京逝世。沈家本执礼极恭，天天守灵，直至最后，亲自将灵柩送出北京。

（二）读书

在中举之前，沈家本读了哪些书？这是一个需要探究的问题。《清史稿》本传对此只有十四字的记载：“少读书，好深湛之思，于《周官》多创获。”[3] 他无所述。

《周官》即《周官书名考古偶纂》[4]。此书旨在纠明人郎兆玉[5]《周官古文奇字》之错。沈氏序云：

---

1 刘厚生《张謇传记》说：“那拉氏垂帘，恭王当国，起先恭王的灵魂，是吴江沈桂芬，后来是高阳李鸿藻。”参见上海书店出版社版，1985 年，第 129 页。

2 赵尔巽编：《清史稿》卷四三六，中华书局，1977 年，第 12365—12366 页。王钟翰：《清史列传》卷五十二，中华书局，1987 年版，第 4099—4103 页。

3 赵尔巽编：《清史稿》卷四四三，中华书局，1977 年，第 12447 页。

4 沈氏《墓志铭》作《周官书名考古》。现已汇入中国社会科学出版社 1997 年版《沈家本未刻书集纂》。

5 郎兆玉，字完白，明代仁和人，万历进士。

曩阅郎兆玉《周官古文奇字》一篇，颇多舛错，心甚惑之，而未暇纠正也。近读仪征阮氏《周官校刊记》，于此经字义改证綦详。固取郎氏旧书分为七类，正其伪，删其谬，补其缺。郑注多引故事（谓初献于秘府所藏之本也。其民间传写不同者则为今书），间录可备参改者别列一门，即摘取阮记附于每字之下，更杂取段氏《汉书考》、惠氏《礼说》及诸字书、韵书之说。其偶有参酌暨蠡测所及者，用"按"字加"〇"字以别之。未阅月积成一册，以视郎书似较详明。惟成童后专力举业，六书之学未获穷流溯源，兼以家鲜藏书，未由检校，纰缪知不免矣。姑录出以备案头考究云尔。[1]

"成童后专力举业"，这是记实之话。按其家风，这是他的必由之路。虽然"六书之学未获穷流溯源"，但是对一本成名之作进行舛错，以正其伪，以删其谬，以补其缺，也不是浅尝辄止者所能为。特别是这种古文字考据之书，更非浅学者之所能。《清史稿》以"好深湛之思""多创获"以概其少年时代学业，非虚言欤。

1861 年，他离京前赴其父贵州任所。以后四五年间，辗转湘黔。虽然时事艰难，仍不忘读书。同治乙丑，他就几年所读之书作《借书记》。书前小引，记述了自己的求书之苦与读书之乐：

1 《全集》第五卷，第 869 页。

余喜书，暇辄手一篇。然健忘，掩卷不能举一字，可矧也。家素藏书不多，既攻举业，又无暇多读书。十年之恨，与吾家攸之同矣。洎入楚来，以道远且阻，书多置不携，惟向人借观，颇有荆州之难。因叹有书者，不可不多读，尤不可不稳读，"姑待"二字误人不少"。[1]

不能"姑待""多读""急读"，他就是以这种精神，在动荡不定的年月里，孜孜不倦地苦读。据《借书记》，他一共读了三百四十八部书，非常杂驳：有经史，也有子集；有神仙，也有怪异；有国内，也有国外，还有清朝的禁书。总之，被一般士人目为"不正经"的书，都列入他的眼底。如《仙吏传》《柳毅传》《龙女传》《妙女传》《神女传》《枕中记》《离魂记》《再生记》《才鬼记》《灵鬼志》《穷怪录》《幽怪录》等神仙鬼怪之书；《圜容较义》《测量法义》《几何原本》《同文算指前编》《海录》《新释地理备考全书》《全体新书》等早期西方传教士以及近期西洋的译作。

特别使人惊异的是，明末清初黄宗羲的《明夷待访录》也被他笔记录入《借书记》。黄氏此书，一般被认为在19世纪90年代，因梁启超、谭嗣同的地下刊印才得以流行。对"明夷待访"四字的解释，梁启超、章太炎两先生还有一段公案，而早在1860年代，沈氏即读该书，并对"明夷待访"做了解释：

明夷待访者，言当明夷之世，而冀当局者如箕子之见访也。所条并为治大法，欲革百王之弊，以复三代之

1 《借书记引》，《全集》第六卷，第793页。

盛。□端冠以顾亭林先生书，其推服良深。惟“建都”一条，亭林先生亦非。[1]

可惜的是，他虽读《明夷待访录》，但该书对梁启超、谭嗣同那样的震烁，在他身上并未发现。为什么会这样？看来是其时未至，1860年代初的中国，一般士人即使读到，也无法理解的。

三、遭时多故，辗转湘黔

1913年，时任民国临时大总统的袁世凯，派人到沈家本灵前致祭。其中“遭时多故，辗转湘黔”一句，是对沈家本青年时期，在湖南、贵州颠沛流离生活的真实写照。

（一）父亲外放

沈家本何年到京师？现在尚无明确的资料记载。按沈丙莹1845年考取进士并补官刑部，沈家本时年五岁。以此相推，他可能在当年，或翌年随母到京师居住。咸丰十一年（1861年）举家南行贵州，被困黄河渡口，他在日记中说：“忆甲寅胜芳回浙，道出东平，因兵差旅店挤满，在三官庙小车店暂息一宵，前后光景相似，一为之甚，而今再矣。”[2] 甲寅是咸丰四年，公历1854年，时沈家本十四岁。“回浙”，系从京师返回浙江湖州。据此，他在十四岁以前即已随父客居京师，这一点是没有疑问的。

沈丙莹为官京师，沈家本随任就读。咸丰七年（1857年），

1 《借书记》“明夷待访录”条，《全集》第六卷，第877页。

2 沈家本：《辛酉日记》“四月初九”条，《全集》第七卷，第382页。

在做了十多年的刑部司员之后，沈丙莹改官都察院山西道监察御史。“其始官刑部也，勤于其职，遇疑狱多平反，而不自表襮以博赫赫名。”[1]清朝官场，京官做过几年，最好是放外任，否则就会一辈子做穷京官。沈丙莹在京师为官十多年，直到咸丰九年才有幸外放为贵州安顺府知府。贵州是边远穷省，而且正值兵乱。他不能不赴任，又不知道到贵州后，会给他和家人带来什么样的结果。赴任途中所作《过卢生祠题壁》，表达了他当时的心情：

浪着朝衫十五春，饱尝冷暖软红尘。
一麾遥指南天去，辛苦黄粱梦里身。

万事如棋迹亦陈，谁分假假与真真。
欲酬揽辔登车志，入梦何妨暂一巡。[2]

（二）滞留京师

沈丙莹在京师为官，全家居住宣南坊。外放贵州时，因路途遥远，且前途未卜，故眷属暂留京师，准备南返浙江湖州。但是，他离京不久，太平军忠王李秀成即率师入浙。战火纷飞，沈家本南行受阻，全家由宣南坊移居会馆。沈家本作《整装南归，袁江沦陷，道阻不果行（庚申）》诗，记其当日情景：

零雪涂方戒，迟徊百虑覃。

1　徐兆丰：《春星草堂集跋》，《全集》第八卷，第 123 页。
2　沈丙莹：《春星草堂集 · 诗三》，《全集》第八卷，第 83 页。

暮云栖屋角，春雨梦江南。
程滞依依燕，门留劫劫骖。
清淮烽火恶，消息畏频探。[1]

传来的都是坏消息：李秀成挥师入浙后，安吉被占，长兴被占，家乡湖州被围。浙江省会杭州被围，二月二十七日城破，外祖父俞焜战死，没有过门的原聘妻子郑氏死于战乱。天京大会战，清军江南大营被攻破，江苏丹阳、常州陷落。每一条消息，都使他惊心动魄。“消息畏频探”，这就是他蹋处京师的写照。特别是杭州的失陷，外祖父的死难，在他的心上留下难以抚平的伤痛。《悲武林》记录了他当日的悲痛心情：

角声促，吴山足。
鼓声哀，西湖曲。
鼓角动天地，湖山亦遭辱。
旌旗不飞扬，落日停台黄。
昔日销金锅，今日瓦砾场。
苏公堤上唤春鸟，城西日日泣枯草。[2]

初尝亲人离散死亡之痛的同时，已经成人的他，又体验到官场变化造成的炎凉人世。《二犬记》记录了这位初涉世事的年轻人，对封建末世官场人情的凝思。

---

1 《偶存稿》卷七，《全集》第七卷，第 94 页。
2 《偶存稿》卷七，《全集》第七卷，第 95 页。

京师多梁上君子，积俗然也。旅居之家，多畜犬以司警。谓其胜于持时专当者。

家大人官西曹，卜居宣南坊，畜二犬，一苍瘦而挚，一黄肥而猛，夜不虚吠，吠必有盗。一夕，盗至，已下屋，由外院入内院，二犬吠随之不少懈，盗上屋跳。自是频夕至终不得逞，乃绝迹。佥曰：二犬之功也。然外人来，当白昼亦必吠，示欲挞之状，则噬更猛，每至窘不得移步。非有导者，虽贵客亦然。犬若以己之职分当尔，不以人之贵贱贫富而有所上下于其间，其性之忠亦如此。岁己未，家大人出守黔中，留眷京师。庚申道梗，南归不成行，暂移居会馆。二犬随至，司警如故，时无贰心。时余家居内院，乡人之旅京者居外院。二犬终日守内院，即至外院，亦帖耳服人，不入内不吠，一若知此地为公共之地，于人己之界极为分明也者。殆又忠一之心之所发露欤？

吾尝观世之人，富贵者尊之畏之，且谄事之；贫贱者卑之鄙之，且呵叱之；不问己之职分居何等，但视人之位分为进退。又尝见世之为友朋及为仆从者，当主人得位时，惟主人之颜色是听；一旦事势异，即反唇相诋，怀贰心，甚且设阱以相陷，复下石焉。若二犬者可谓忠一矣。辛酉春，举家赴铜仁，出国门时，二犬随车行及门而返，依依然有不忍舍状，道远不能从也。

辛酉冬，家大人去任，友仆中有怀贰心者。余感其事不能忘二犬之忠一也，故记之。[1]

这是一篇小文。这样的小文，在沈家本的文字中并不多见。

---

1 《偶存稿》卷五，《全集》第七卷，第 74 页。

他将“人”与“犬”作对照，在某种意义上，可以说是对“人”的亵渎。但是，人类进化脱离动物而丧失纯真的本性后，有时确乎比不上动物。他用活灵活现的文字描绘犬的忠纯，鞭挞人性的卑污丑恶。炎凉世态，在他刚刚涉世之时，就在脑海中打下深刻的印记。20世纪初年，他主持法律改革，力主尊重人格、削除奴婢律例，或许种根于此。

京师滞留的窘境远未结束。第二次鸦片战争的战火迫近京师。七月五日，大沽北岸炮台被英法军攻占；七月七日，天津被占；八月四日，通州失陷；八月八日，咸丰皇帝自圆明园北走热河；八月十二日侵略军进至北京朝阳门外，二十二日进占圆明园，二十九日进入北京城；九月五日，在额尔金的命令下，圆明园火光冲天，燃烧三日，世界名园，成为瓦砾。

北京城风声鹤唳。七月二十七日，传说咸丰皇帝巡幸木兰，逃离京城。消息传出，人心惶惶。蹋处会馆的沈家，终于离开会馆前往西山避难。《七月二十七日出都，道中口占》记述了当日逃难的凄惶情景：

仓猝驱车去，倭迟古道斜。
西风枯碧草，白日走黄沙。
宫阙连烽火，关山泣鼓笳。
木兰秋狝地，回首阵云遮。[1]

八月二日，咸丰同意英国侵略者的议和条件，接受城下之盟。

1 《偶存稿》卷七，《全集》第七卷，第97页。

得到这个消息，沈家本带领全家，返回会馆。

八月初五日入都

闻道王楠使，金人已许成。
鲸波当暂息，鹤唳不须惊。
且喜帆无恙，还疑鼓乍鸣。
梦魂今夜定，安稳板舆迎。[1]

但是形势的发展，不容他梦魂安定。因为英法使臣觐见咸丰，向咸丰跪拜呈递国书之争，双方谈判再次破裂。咸丰下令拘留巴夏礼等三十九人，对英法宣战。不想腐朽的御林军不堪一击，二万多人的僧格林沁部，迎战人数仅三千五百人的英法联军，结果一触即溃。八里桥一战，骄横不可一世的胜保被一枪击落马下。战不能战，咸丰在万般无奈中，把议和全权转交恭亲王奕䜣，自己带领后宫侍卫，远走热河。

皇帝丢下他的子民逃走了，北京城人心汹汹。八月九日，沈家本带着全家，再次离京到西山避难。

初九日复出都，感赋三章

刚报平安火，星躔遇角张。
将才推卫霍，国是问汪黄。

1 《偶存稿》卷七，《全集》第七卷，第 97 页。

幸陕思唐室，征辽感宋皇。
艰难膺重寄，宏济仗贤王。

竟卖卢龙塞，空闻血战鏖。
乘轩难使鹤，升木孰教猱。
密画中行策，虚持属国旄。
凤城天五尺，杂虏任游遨。

刁斗严军令，勤王尚有兵。
前茅孙叔将，细柳亚夫营。
感慨谁投笔，阽危欲请缨。
桃源何处是？山墅计行程。[1]

第二次出京，他和全家暂住西山柿子园周氏山庄。秋日渐深，便在风风雨雨中度过中秋。哀鸿声起，重阳又到。北望京城，圆明园火光熊熊；南望湘黔，老父消息全无。“一声哀雁起秋凉，午夜衔芦为底忙？我有愁心何处寄，梦中随尔过潇湘。”[2] 战火离乱中，这个刚刚涉世的青年，发出了这如歌如泣的低吟。

经过一个多月的凄风苦雨，留守全权大臣恭亲王奕䜣，终在刺刀之下接受了侵略军提出的全部条件。九月十五日，咸丰批准中英、中法《北京条约》。侵略军满载劫掠而来的财宝，退出北京。九月二十日，沈家本一家再次回到北京城中。城外，圆明园余烬未息，城内六街依旧，景物萧条。侵略者的铁蹄肆意践踏清王朝

1 《偶存稿》卷七，《全集》第七卷，第 97 页。
2 《偶存稿》卷七，《全集》第七卷，第 98 页。

的王畿，使其心情十分沉重。

九月二十日复入都

侧闻高会宴南宫，宾主雍容礼数崇。
万国语言通译象，三军面目化沙虫。
血沉沧海苌魂碧，烟锁阿房楚炬红。
岁币但增三十万，乃知寇准是孤忠。

六街景物叹萧条，画角悲鸣暮复朝。
数点城乌啼月冷，千群胡马向风骄。
羽书直北关山远，飞舰征东壁垒遥。
宇内兵戈今未息，暂栖人海挂诗瓢。[1]

短暂的颠沛流离结束了，但是更长更远的征途在等待着他。

（三）漫漫湘黔路

青年沈家本留京，在战火中艰难度日。他的父亲，外放贵州的沈丙莹处境同样艰难。

沈丙莹就任贵州安顺府知府时，正值张秀眉领导贵州苗民起义。当时贵州全省，苗民起义军和以汉族人民为主体的“号军”“教军”，人数多达几十万。石达开脱离太平天国后，率部西行，先遣队也进入了贵州。清王朝派往贵州的各级官吏，处在义军的重

1 《偶存稿》卷七，《全集》第七卷，第 99 页。

重包围之中，封疆大吏甚至不敢出贵阳城一步。派出镇压义军的官兵，腐朽不堪，屡战屡败。沈丙莹曾作诗记述了当时的情况：

鸭子塘

谁使豺与虎，窜迹来羊场？
羽书催进兵，兵扎鸭子塘。
巢穴凭高昨直入，指顾擒贼兼擒王。
坏云飞来奸计堕，阵前鏖兵阵后火。
我师弃甲寇鸱张，几使妖氛逼城下。
水西健儿人交誉，意气凌厉谋胡疏。
吁嗟乎！前车颠覆后车顾，矧乃此身经跌仆。
纷纷乌合复招募，戒之戒之勿再误。[1]

另一首《马鬃岭》，也反映了起义军击败官军的情形：

烽火日告警，兵屯马鬃岭。
岭上材官解衣卧，侦逻无人宵柝静。
诘朝贼队纷来攻，睡眼相看犹朦胧。
将领为戮士卒死，草腥血染胭脂红。
吁嗟乎！军中鼾息真儿戏，尔罪身歼岂足蔽。
为何敢窃死绥名，觍与忠魂褒一例。[2]

---

1 《春星草堂集·诗三》，《全集》第八卷，第 86 页。
2 《春星草堂集·诗三》，《全集》第八卷，第 86 页。

这次战役，显然是官兵全军覆没。沈家本在其他著作中，也有所述及，应该是根据沈丙莹对他的描述。

贵州来人，也谈到黔中光景。“军务败坏，非贼之势张，实国之饷绌。……饷难为继，民不聊生，贼氛遍野，旋扑旋炽，贼日多而民日少，安望太平日乎。”[1] 无钱养兵，便纵兵略民。民不堪略，便起而反抗。“贼日多而民日少”乃出自当日官僚之口，充分道出了“黔乱”的乱因。官军的腐败，曾一度造成贵州首府贵阳城的危急。“城内调齐不过二千人，守备因缺饷无可布置。幸尔时贼势虽炽，无意攻城，得以瓦全。”[2]

作为清王朝的地方长官，沈丙莹负有守土之责。他痛惜官兵的失败，无情镇压人民的反抗。但是作为一个比较廉洁的官吏，他也痛恨官兵的腐败，特别是“团丁”“团兵”的无恶不作。他的纪事诗《三桥团》和《新堡营》，反映的就是这样的思想。

三桥团

三桥团，三桥团，团丁张牙如封猫。
谁家乡兵新放逐，五十六人夜投宿。
投宿不纳言龃龉，团丁凭怒心胆粗。
仓卒缚人同缚猪，磨刀霍霍骈首诛，
髑髅满地红模糊。
吁嗟乎！我朝好生古无比，议狱年年诏缓死。
奈何太阿之柄团丁操，杀人如麻敢至此！

1 《辛酉日记》“正月十五日”条，《全集》第七卷，第 367 页。
2 《辛酉日记》“正月十六日”条，《全集》第七卷，第 368 页。

新堡营

新堡营，屯乡兵，
乡兵恣睢一何恶，賩赕穷搜妇女掠。
朝打东寨粮，暮焚西村房，
栅豕桀鸡食不足，决水猎取鱼满塘。
青衣青帕补笼族，冤愤填胸杀机伏。
潜行霁雾戈矛森，帐下模糊惨遭戮。
吁嗟乎！祸生口腹锋刃撄，性命仅比鸿毛轻。
早知性命鸿毛轻，何不捐躯死敌留芳名。[1]

谁是贼，谁是匪，读了这些诗歌，人们已经不难做出自己的判断。既然官兵们“朝打东寨粮，暮焚西村房”，那就难怪补笼族人“冤愤填胸”将他们全数歼灭。沈丙莹惋惜官兵的惨死，因为他们是专制王朝的统治支柱，但是“性命反比鸿毛轻”，长期的儒家民本思想熏染，又说明他还是知道正义属于谁。父子相传，后来的沈家本深受他的影响。

咸丰十一年正月初四，忙着拜客的沈家本，接到父亲自上年十一月十六日寄来的信函，告诉他，“黔中军务如恒，田师（按：田兴恕所领由湖南到贵州的军队）抵省后，按兵不动，逍遥自在，甚不可解”。并拟署理铜仁府知府。铜仁府“界连楚南，尚称平静。拟仲冬廿四日赴任至铜，即谋接眷计。如铜仁能稍润行囊，

1 《春星草堂集 · 诗三》，《全集》第八卷，第 86 页。

即由长沙章门返浙”。[1]得到这封信，沈家本曾一度犹豫，因为这一年正是乡试之期。如到贵州，便不得不放弃这次考试。而科举对于他这样的读书人来说，该是何等重要。“秋试一层尚费踌躇。在明眼人当此时势，功名一道，大可淡然。惟我辈攻举子业，所为何事，倘不逐队入闱，情理似说不去。况家计萧条，或者侥幸万一，未必不能自开生路，为糊口计则然也”[2]。功名、生计，加上战乱而来的路途阻隔，使他迟迟拿不定主意。

二月二十三日，沈家本病中接父函，告知上年腊月已抵铜仁，十六日按铜仁知府印。由于道路阻塞，加上大病未愈，他仍在迟疑之中。三月十六日，再接父函，命其收拾一切，定计南行。父命难违，他不能再犹豫了，终于决定本月底南下赴黔。

三月二十六日，京师的风沙遮天蔽日。沈家本护送着母亲，带着弟妹，一行九辆车浩浩荡荡，从京师彰仪门起程，踏上漫漫征途。姨丈沈桂芬等前来送行。风沙扑面，马蹄声碎。车过芦沟桥，他不禁想起去年避难西山，曾经由此经过。两番渡桥，心中涌起莫名的感慨。

三月二十六日出都，大风重度芦沟桥

漫云男子志桑蓬，又理晨装驿路中。
风色不分天上下，河声难辨浦西东。
摧蹄石卵雷鸣转，扑面沙痕雨点同。

1 《辛酉日记》“正月初五日”条，《全集》第七卷，第 365 页。
2 《辛酉日记》“正月十四日”条，《全集》第七卷，第 367 页。

回首去年鸿爪印，桥头太息恨无穷。[1]

这是一次非常艰难的旅程。从三月二十六日动身，直到六月初八日，历时两个多月，才抵达贵州铜仁沈丙莹任所。其时清军与捻军正在河北、河南鏖战。他们一家在途中曾一度失散。四月初九日过黄渡口，日记录下当时的困境：

初九日，晨，晴。五更开车，时寅初，因抢河故趁早也。三十里五驿镇，廿四里马村。路人云，冈园渡已移向南二十里。绕道二十里至颜家庄，则渡口又移向北二十五里。打饍后又回至新寨口，时方晌午，狂风陡作，惊心动魄，声震天地。俟至申牌，风势愈甚，飞沙走石，对面不见人，因回至七十里马庄宿。村僻惟小车店一处，土屋三间，苇床三只，秽气薰蒸，殊不可一瞬。而食无他物，惟向卖粮翁买得小米粥，权作晚餐。即在车中假寐，惟慈闱及壬、菱二弟、连喜四人在苇床暂息。此等境地，不跋风尘，安得尝之。[2]

当时行旅之艰，可见一斑。对此不同寻常的经历，他不但记其事，而且以诗咏其事：

1 《偶存稿》卷七，《全集》第七卷，第 100 页。按《辛酉日记》三月二十六日，第四句作“河声还始浦东西”；第五句作“摧蹄石子雷鸣转”；末句缺“无穷”二字，参见《全集》第七卷，第 381 页。

2 《辛酉日记》“四月初九日”条，《全集》第七卷，第 382 页。

新寨口度黄河书事

未明戒徒御，屈指渡河早。
渡口舛南北，往复转迂道。
夫子迷楚津，问途遇野老。
鲰生溷风尘，仆仆胡懊恼。
行行来渡头，午暄变晴昊。
狂澜动天地，奔飙荡城堡。
沙石乱飞走，万骑骤惊扰。
长年共束手，相戒勿轻訬。
回车荒店冷，屋破还隘湫。
敧仄床支龟，秽浊肆同鲍。
从者饥难兴，食并乏恶草。
但逢卖浆翁，黍糜胜松麨。
想彼芜蒌亭，公孙佐新造。
真人历戈马，豆粥欣一饱。
行旅每艰苦，更事念不少。
危坐輫轓中，竟夜梦魂悄。
诘朝风力衰，衣裳遽颠倒。
乱流不可渡，长河泻浩浩。
方舟理篙楫，邪许腰态拗。
时或张轻帆，飞送疾于鸟。
彼岸诞先登，回首望晶淼。
恻恻歌公无，惕然色犹愀。
早食趋前村，风定看东杲。

仆痡马亦瘏，我姑酌清醥。[1]

从京师出发，他边行边吟，以行吟诗人般的心态，对待旅途中的蹇踬。诗歌一路相随，以消除他身心的疲劳。

自三月二十六日出都过芦沟桥，沈氏带着弟弟，护送母亲，过保定，走邯郸，渡黄河进入河南；又经襄城、叶县、新野，来到湖北；在樊城由陆路改为水路，出荆门经沙市，过长江到达湖南，五月十六日，经过近五十天的行程，来到常德。由春到夏，前面等待他的是最为艰险的最后一段旅程。

五月二十日，经过一番准备，沈氏一行解维开船四十里，即遇大风雨。“是日俗传为分龙日，风雨至暮始止。水长数尺。是日麻阳、毛栏二只被风覆水”。江湖风波恶，真是言不虚传。二十三日，进入沅陵瓮子洞，“舟从山麓行，山腰凿石成路，仅容半足，石中穿以铁索，水手均援索而行”。二十四日过青浪滩，“河中悉大磐石，舟行湍湍而水流甚，砰訇如雷霆之疾走。将至洞庭溪，舟浅于石。舟子入水，移时始出浅，而船行已进水矣。幸系裂缝，补葺即开。行未及三里，至有滩处，石满河中，舟行石隙中，水流阻不得进。篁绳□断，舟仍打下，幸未撞石上。令舟子换新篁，始得过洞庭溪”。“行未里许，新篁复断”。[2]最后，加请六人，才过萧家湾深潭，走出青浪滩。

饱尝风险，历时两个多月，六月初八日，他终于结束了这段艰难的旅程，到达铜仁。

1 《偶存稿》卷七，《全集》第七卷，第 103 页。

2 《辛酉日记》“五月二十日”条，《全集》第七卷，第 389—390 页。

（四）铜仁——长沙

从六月初八日到十二月初八日，半年时间，沈家本在其父铜仁知府任所，一面课第读书，一面帮助其父料理府中事宜，包括审理案件。铜仁是座山城，风景优美。他身处美好大自然的环抱中，面山而歌，嬉水而唱：

铜江秋泛

夕阳半在岭，掩映红树巅。
放棹暮秋沚，山水澄且鲜。
泠泠碧流泻，梢梢青林牵。
瓜皮艇子小，容膝良安便。
缘行石罅中，与石相摩研。
容窄更屈曲，湍急难洄沿。
裸跣波涛中，推挽如蚁旋。
时或荷以首，时或承以肩。
老孱敢自爱，饥冻谁见怜。
譬彼入寒狱，不睹阳光暄。
生计竟托此，造物非无遍。
穷日始舣舟，隔溪渔火圆。
梦中疑雨来，觉知倚滩眠。
此时众籁寂，惟闻水潺湲。[1]

1 《偶存稿》卷七，《全集》第七卷，第109页。

这是一幅铜江船民行船图，铜江的水色山光使他心醉，“裸跣波涛”，用头用肩推动船行的船民让他敬佩，同时也让他同情。“生计竟托此，造物非无遍。”造物主也太不公平了。

但是，在大动乱的年代，山城也不安静。加上官场的腐败倾轧，沈丙莹在铜仁始终只是署理知府，十一月上就被他人取代。据沈家本后来追述，沈丙莹从安顺府到达铜仁府任内后，正值铜仁邻郡思州府属之路溪教军发动起义，“教匪谋于路溪举旗起事。先大夫诇知之，预为备。贼至，亲乘城守御，炮毙其悍酋。贼退路溪，复亲率团勇，越境攻之，贼散走，次第擒获著名匪首数十人，事遂定”[1]。他越境作战，为清王朝立下了汗马功劳，并未得到任何奖励。其原因就在于他镇压路溪教军起义以后，当时的贵州贵东道道员韩超[2]路经铜仁，“有所希望于先大夫”，但是沈丙莹正忙于筹兵筹饷，没有给韩超送礼，韩超为此怀恨在心。韩超回到省城贵阳，官运亨通，初署贵州按察使，即“进谗于当事者，以王云来代。王云者，湘中小吏，以资得官，曾以四百金执挚于韩门下者也”。据沈家本日记，在交接知府事宜过程中，王云还以事务不清为由，多方刁难。十二月，韩超由臬司权巡抚事，“先大夫返省闲居”。沈丙莹不但“有功”未赏，竟还丢了乌纱帽。

早在催促沈家本入黔之日，沈丙莹就有如在铜仁能稍充宦囊即回湖州老家的打算。而今在铜仁任所不足一年，囊中羞涩如

---

1 《星鞄馆随笔后记》，《全集》第八卷，第 278 页。

2 韩超，字南溪，直隶昌黎人。武职起家，道光时即发贵州为官。咸丰十一年署理贵州按察使，旋署贵州巡抚。参见《清史稿》卷四百二十，中华书局，1977 年，第 12139—12140 页。

故，只好仍留在贵州待命。但是官场如此险恶，黔局如此混乱，对眷属而言，最好还是离黔。该让他们到哪里去呢？回京师？当时京师政局动荡，肃顺等顾命大臣正与后宫激斗。回浙江老家？杭州又再度被围，炮火连天。都不是好去处。筹思再四，只好让他们先到湖南长沙。长沙近贵州，战火大体平息，又有自己的老朋友在彼。然而，铜仁到长沙，路途也不安顺。他们原定十一月二十二日动身。由于石达开部与官军仍在必经之地浦市一带交战，所以直至十二月初八日才正式开船。

船开动了，回顾半年在铜仁的经历，沈家本感慨万千：

十二月初八日由铜仁赴长沙道中作

又别卢阳去，匆匆逼岁华。
宦途成苦海，流寓当还家。
尘世风波恶，江湖日月赊。
桃源经两度，洞口锁烟霞。[1]

护着母亲，带着弟妹，在兵荒马乱中经过二十多天的行程，终于在春节来临前到达长沙。路途的艰难，使他虽然经常骂“贼”恨“贼”，但官兵的劫掠也使他愤怒。路过浦市，“浦市几成白地，沪溪县城亦烧矣”[2]。“浦市系江练所毁。此地兵练，民亦甚苦之，不亚于长毛也”[3]。

1 《偶存稿》卷七，《全集》第七卷，第 109 页。
2 《辛酉日记》“十二月初九日”条，《全集》第七卷，第 408 页。
3 《辛酉日记》“十二月十四日”条，《全集》第七卷，第 409 页。

过浦市纪事三章

沅之浒，贼为鼠。
沅之府，兵为虎。
连云列战格，飞鸟不敢舞。
明旦扬旌徽，中宵震金鼓。
问君胡不挥天斧，贼馆昨夜已无虏。

贼聚如兔窟，我垒无一卒。
贼奔如豕突，我津予之筏。
偃旗间道走，疾于穿云鹘。
雷鸣巨炮轰江东，满山楼阁烟尘中，
男啼女哭走何从？
噫！豺狼在邑，狐狸人立。
巢堂燕雀，城隅鸣唈。

击鼓其镗，寇饱远飏。
前门拒虎，后门进狼。
可怜千万户，一炬成焦土。
自来苦贼尤苦兵，夺吾衣食猪吾宇。
君不闻贼如梳，野有庐，
兵如篦，村为墟。[1]

1 《偶存稿》卷七，《全集》第七卷，第109—110页。

对官兵的这种谴责，是从他的父亲那里继承过来的。不过，他的思想似乎比沈丙莹更激进一点，把“兵”放在比“贼”还坏的位置上。沈丙莹没有做过这种比较。

十二月二十五日，沈家本带全家进入长沙，经俞同甫介绍，租住长沙东茅巷彭宅，开始了新一年的等待。

二十五日达长沙

长沙卑湿地，千古怨湘流。
贾子悲沉赋，春陵愿徙候。
乃今羁客至，都作乐郊投。
祀事黄羊罢，残年逝不留。[1]

（五）长沙羁客

长沙，这个沈家本外祖父曾经做过官的地方，他以前虽然没有来过，然而也不陌生。但是初到长沙，他首先想到的还是贾谊。当年贾子悲长沙，今天他也到这里，并且和贾谊一样，不知何时才能离开。草草收拾，除夕就到了。但愿驱邪的鞭炮，能逐走过去一年的厄运。

除夕一过，就是同治元年。北京城中，宫廷内经过残酷的杀戮，肃顺等人，杀的杀，放的放。两宫垂帘，恭亲王奕䜣议政。“去年黄河清凡九次，凤鸣岐山，五星聚奎”[2]是祥兆。爆竹声中，他

1 《偶存稿》卷七，《全集》第七卷，第 110 页。
2 《壬戌日记》“正月初九日”条，《全集》第七卷，第 413 页。

和朋友们议论着，盼望一个好的年头。

正月十一日，已经外任礼部左侍郎的姨丈兼老师沈桂芬来到长沙。他们彻夜长谈，谈京城政局，谈江浙战况，谈沈丙莹贵州的处境。最后，他们认为，沈丙莹因系“实缺人员，他省不能奏留。惟有捐双月道，俟后请咨赴选，则道出湘南即可奏留矣”[1]。这只是设想，能否行得通，还待以后。

这是一个痛苦的年代。作为一个血气方刚的青年，他不知道自己的命运会发生什么变化。他不但看不见将来，连明天会出现什么事情，也无法预料。眼前有的只是异乡异客，有家不能归，有父不能随。

客梦

迢迢羁旅身，郁郁还乡思。
莫道隔江湖，梦中时一至。[2]

为了从这种痛苦中解脱出来，他和一干文人一样，把自己的情怀融入诗歌：

寓怀四首

湘水东流去杳然，采兰江上几洄沿。
苌华忍作无家咏，蓬梗真同不系船。

1 《壬戌日记》“正月十二日”条，《全集》第七卷，第414页。
2 《偶存稿》卷八，《全集》第七卷，第111页。

窗下常临求米帖，杖头谁贷买书钱。
季鹰未遂莼鲈志，三楚句留别有缘。，

结庐陶令心偏远，隐市梅生迹许同。
草与阶平希过客，花无帚扫住奚童。
学荒却恨蟫编少，性拙何嫌獭祭工。
膥柱一炉书一卷，不知门外马嘶风。

井闾到处化为墟，衮衮红尘不可居。
促膝漫谈天下事，放怀且读古人书。
匣惟宝剑真知我，室有寒毡永伴予。
莫道故乡风景好，湖山回首倍凄如。

不愁知己天涯少，莺许为邻月作朋。
一枕云山寻旧梦，半窗风雨惜残灯。
诗书而外客无好，鞠跽相将余未能。
高咏太冲招隐句，漫持螬李笑於陵。[1]

沈家本在长沙侍养母亲的同时，一边读书，一边课第读书。另外，他随时探听浙江和贵州两个地方的消息。这一年是新朝开始，政局一变。京外，曾国藩正式就任两江总督，统辖江苏、安徽、浙江、江西四省军队，统一各路官兵，集中对付太平军。但是，战局并无起色。传到长沙的消息，以贵州和浙江为多，而且特别

1 《偶存稿》卷八，《全集》第七卷，第 111 页。

不好。贵州方面，官场败坏。沈丙莹离开铜仁，沈桂芬为他拟定的方案没有结果，他只好前往贵阳闲住；安顺府有缺，但是谋者太多，未能如愿，只好继续赋闲。铜仁府自沈丙莹走后，由小吏出身的王云（字小峰）继任知府。“王小峰调集闵家场乡门团首，勒缴府兵钱文。彼处集团数百人。王怒，即出队用炮轰毙团丁十余人，团遂散，暗行勾结石阡教匪下窜。分四股，一扰闵家场，一扰太平场。……石阡危甚，思州派五百人往援，贼势甚张，恐不能解围也”[1]。铜仁危急，“府勇到处掳掠，故民心变，上五洞均从贼矣”[2]。官逼民反，黔东成了火海。贵阳方面，兵骄将悍，官不能制。署理云贵总督潘铎到贵州办理案件，与贵州提督田兴恕冲突，“田大怒，声言欲与开仗，制军（按：指潘铎）亦遂将就了事”[3]。官场的败坏，导致内部涣散无力，义军趁势长驱直入。“长发窜入，猖獗异常。官兵不出战，任其深入。大定、安顺、平远、黔西界，均有贼踪。黔西州汪之屏，于总沈宏富（按：田兴恕部下）败入州城时，犹百计媚之，以三百金买一美赠之，沈因竭力保汪。官场至此，扫尽官常矣”[4]。

浙江传来的消息令他坐卧不宁。年前杭州城破，年后传来湖州被围。这是他的根，祖坟亲族都在这里。“湖城本可保守，所恃者环城皆水，贼不能直薄城下。不意大雪严寒，河冰坚结，贼马任意驰骋，太湖亦成冰道。吾兵口炮船均被冻住不能动，贼势益鸱张矣”[5]。湖州“城中米已罄，自三月初一日起，每人发三合，

1 《壬戌日记》“四月初六日”条，《全集》第七卷，第421页。
2 《壬戌日记》“五月初三日”条，《全集》第七卷，第424页。
3 《壬戌日记》“九月初十日”条，《全集》第七卷，第434页。
4 《壬戌日记》“十一月初四日”条，《全集》第七卷，第439页。
5 《壬戌日记》“二月二十八日”条，《全集》第七卷，第417页。

十一日已停。兵饷亦罄，沿户搜括以给之。油亦罄，搜寻芝麻打麻油以食。点灯用桐油，蜡早如洗，缚火把以代。如再无援，即多作饿殍也”[1]。“湖城粮绝，以药充饥，树皮草棍，均取以代食”[2]。五月二十九日，最令他害怕的消息传来：湖州城于本月初三日被攻破。

异乡异客，秋雨秋风，湖州城内的火光，被饿死、被杀死的一张张熟悉的脸在眼前闪现，挥之不去。“鼙鼓三江急，尘氛两浙延。乡关归瓦砾，骨肉泣刀鋋。桑梓情徒切，萍蓬迹自怜。”虽然已过三更，但是他辗转反侧，无论如何也睡不着。起来伫立阶下，除了风声雨声，周围是这样的静寂。他低首吟哦：

秋雨

拥衾不成梦，凉思动今宵。
之子处幽迥，秋风增寂寥。
孤灯荧悄悄，落木和萧萧。
莫向空山听，羁魂声里销。[3]

爆竹声逐走这痛苦年份的最后一天。新一年大局面虽然没有多大变化，但是贵州传来消息，韩超已被撤职，张亮基入黔为巡抚，并奉命查办韩超与提督田兴恕。闲居贵阳的沈丙莹得布政使龚叔雨推荐，张亮基命他代理贵阳府知府，三月廿七日正式接印任职。

1 《壬戌日记》“四月十九日”条，《全集》第七卷，第 422 页。
2 《壬戌日记》“四月二十八日”条，《全集》第七卷，第 423 页。
3 《偶存稿》卷八，《全集》第七卷，第 113 页。

四月二十六日，结束长沙的旅居生涯，沈家本再次入黔。

（六）连天烽火逼贵阳

又是一番艰难的旅程。湘黔虽然已有往来两次的经验，但是那样的年头，是走一次害怕一次。途中不但有“贼”有“匪”；各处团练乡丁，散兵游勇，和“贼”“匪”并无什么区别，甚至比“贼”“匪”更可怕。除此之外，还有厘卡差役。“正安州差役势甚鸱张，足以挟制官长，乡民受［甚］（其）累”。所经地方，乡民“有逃避未归者，有未开店门者。嗟夫，练之祸民也”。不仅如此，连所雇夫役也不可靠，夫头陈士隆竟然逃走，“随身拜匣被其背去，内均紧要之件，殊怕人也”[1]。只好报官追缉。这样停停走走，直到六月二十三日，走了近两个月才到达贵阳。

沈丙莹得署贵阳知府，系出于贵州布政使龚叔雨的推荐。接印上任后，得巡抚张亮基的信任，“遇事尽言，多所区画”。张亮基的奏摺，各种政治、军事方案，都由他代拟。在他的协助下，“数月间黔事有起色”[2]。在此期间，虽然也有意外之事，如九月二十日深夜，“总兵全祖垲斗率数十人破门而入，直入内室之庭，醉甚蹶焉，故未打寝门。幸其下人尚不多事，嗣经田副将劝之去。敏其意，则局中发米未厌其欲，恃醉而来也。来势汹汹，父亲未之见”[3]。一名武夫竟敢带人夜闯知府衙署，沈丙莹虽然生气，告假三日不出，这段时间，是沈丙莹在贵州为官最为得意的时期。但官场风云变幻，他代理贵阳太守不久，总督劳崇光便来黔办理教

---

1 《癸亥日记》“六月初七日”“初八日”“十一日”条，《全集》第七卷，第458—459页。

2 《贵阳官文书偶存后记》，《全集》第八卷，第292页。

3 《癸亥日记》“九月二十日”条，《全集》第七卷，第465—466页。

案。入黔途中，遭到起义军的阻截，得总兵沈宏富相救得脱。入黔后，为报救命之恩，劳崇光保奏沈宏富署理贵州提督。沈宏富原为田兴恕旧部，所部官兵，毫无纪律，十分腐败。“所部多妇孺，民出御贼，而兵反劫其家”。劳崇光知沈宏富之所为，而置之不问。沈家本对此愤懑不平，曾赋诗《贵阳有感十首》，发泄了这种不满：

贵阳有感十首

（其八）

手持龙节下南天，圣主深恩起左迁。
风月清谈宗庾亮，爪牙威势蓄严年。
治兵胜算归操纵，柔远嘉谟费斡旋。
共道公廉能体国，却教别庋使君钱。

（其九）

背嵬子弟出衡湘，妇女随军气不扬。
诸将非无豨突勇，千营曾比虎贲强。
捷书空说降黄佐，酋长何人缚鬼章。
岂是晋师甘退舍，连宵弃甲太仓皇。[1]

离贵阳仅一百二十里的开州府，被义军包围七年而不解。官军屡吃败仗。牧守戴鹿“恃民团与贼相抵”。沈宏富部往救，民团与义军在前面作战，沈部官兵趁机“前往村中到处掳掠，民心

1 《偶存稿》卷八，《全集》第七卷，第 117 页。

遂变”[1]。九月初，义军首先突破北门沈部守地，戴鹿自杀，开州被攻陷。

义军向贵阳推进。在这危急存亡之秋，作为一郡之守，沈丙莹虽为文职，也手执戈矛，日夜亲自巡视四城。紧随父亲身后，沈家本走上贵阳城头。十月初七日，“二更后忽藩署来传，探得扎佐大营已失矣。父亲至总局后出门查夜，四鼓始回署”。“初十日，父亲连日查夜，今夜少息，县尊代”。十二日，修文失陷，距省仅五十里。“三十日，阴。父亲于昨晚三更查夜，天明始回，省息即上衙门，直至末刻始回。少坐又上局、上院，三鼓始回，即得警报，水田坝、三江桥官营尽失，兵练退至红边、白牙一带边。正拟少（坐），适获要犯，与蔡植三同讯。四鼓又上城，遥见东北火光衅天，人心惊惶。探悉乃溃练焚烧民房，非贼也”[2]。这些日记，真实记录了沈氏父子当日在贵阳的紧张状况，今日读来，仍然使人惊心动魄。沈丙莹“权事贵阳，城围方急，日筹军食修战具，夜巡城上与士卒姁姁语，倦则宿其帐中。旬月间，须发尽白”[3]。后人之言，容有夸饰，但是，当日贵阳城头，确为沈氏父子之一厄。

这一惊心动魄的经历，在沈家本的脑海中烙下深深的印记。

贵阳有感十首

（其三）

玉华峰下笋舆经，清水江头战血腥。

---

1 《日南随笔》卷六“吊戴高山诗”条，《全集》第七卷，第 270—271 页。

2 《癸亥日记》十月，《全集》第七卷，第 467—470 页。

3 施补华：《春星草堂集序》，《全集》第八卷，第 37 页。

借寇民都思爱日，平蛮天未敛妖星。
危城保障须全白，古戍萧条草自青。
休说乖西山色好，尚闻群盗集畬丁。[1]

感赋三首

（其一）
连天烽火逼城隈，鼙鼓声酸画角哀。
小丑跳梁偏有技，元戎飞檄岂无才。
登陴五夜城乌寂，蜚语三人市虎猜。
淮雨别风难逆料，趋庭且覆掌中杯。[2]

贵阳城最后得赵德光军的救援，得以保全。而沈宏富虽然丧师折兵，因得劳崇光信任，以及劳氏的心腹仆人郭五、郭七（两郭为沈宏富的换帖兄弟）从中说项，所以，除由张亮基奏请由林自清代替沈宏富为提督外，并未受到其他处分。沈丙莹忠于职守，但是，由于沈丙莹不受两郭的拉拢，“不能降心以相从”，遭二郭忌恨，进谗言于劳崇光，从此“遂不安于其位矣”[3]。

沈丙莹离开安顺府，署铜仁府，权贵阳府，时间很短，且不得志，“铜仁十月，贵阳八月，先厄于韩，后厄于劳”[4]，处处被排挤。最后，被人举劾。这时，湖州战火基本停息，于是他决计辞官归

---

1 《偶存稿》卷八，《全集》第七卷，第116页。
2 《偶存稿》卷八，《全集》第七卷，第117页。
3 《贵阳官文书偶存后记》，《全集》第八卷，第292页。
4 《贵阳官文书偶存后记》，《全集》第八卷，第292页。

里。同治三年（1864年）正月十六日，元宵刚过，沈家本便随同父亲离开贵阳。父子两人，经贵州大定，渡赤水河，越磨盘山，达四川泸州，然后顺长江而下，到达长沙。会齐亲人后，再顺长江而下，打算回到浙江湖州老家。

第二章

前尘似漆渺难知

——三十年的刑曹和科举生涯

结束了颠沛流离的湘黔之行后，沈家本开始步入中青年时代的科第及刑曹生活。这个时期长达三十年，科举与刑曹并行，个人和家庭变化都很大。科第方面，他轻而易举地考取了举人，但会试进士，却屡次名落孙山，直至过了不惑之年，才金榜题名，考取进士。刑曹生活方面，由于个人的努力，他很快以律鸣于时，成了一名精通律例、能得心应手处理各种复杂案件的刑部司员。这个时期，由于醉心科第，他为考取进士而被八股文所困近二十年。反复出入科场和三十年漫长的刑曹生活，使他的思想经常处于消极、悲观甚至绝望的状态。他毕竟是一个笃学深思的人，尽管处境不佳，有时甚至屡逢逆境，在经史考证和律学研究方面，仍然成就斐然。

一、乡试中举

同治三年（1864年），沈家本随父离开贵阳，在湖南长沙汇合母亲后顺江东下，直达上海。到上海时，沈家本与父亲分手，遵父命由海道北抵山东烟台，最后从烟台直达北京。

父亲丢了官，对他和他的全家，当然是一个沉重的打击。但他毕竟还很年轻，还有漫长的人生，有圆父辈之梦的机会。“我从雪中来，山围光璀璨。彳亍瓦砾场，掩映情尤惋。劫余灰未寒，旅梦凄欲断。……世事逢颠危，局外空扼腕。行止皆由天，喜悼亦各半。旅魂少安舒，壮游真漫汗。中夜起舞时，荒鸡隔岭唤。”[1]凄怆悲凉的歌声中，不乏青年的豪情壮志。归途都是壮丽的山川，大自然激发了他诗人的情怀：

二十七日磨盘山道中，乌踆东上，出行来第一遭也，慨赋长句

黔山高与蜀山连，千里沉阴不计年。
兵火难期他日靖，客旌却喜早春悬。
纵来嶂叠峦重地，好是云开日见天。
莫笑劳人情草草，一肩行李意萧然。[2]

车过雪山关：

1 《偶存稿》卷八，《全集》第七卷，第117页。
2 《偶存稿》卷八，《全集》第七卷，第118页。

石磴回盘鸟不翔，玉峰高迥接天阊。
层冰霤积千年雨，峭冷林飞六月霜。
古寺华鲸鸣乍遏，长途疲马走还僵。
何如塞外探奇景，万里寒云拥大荒。[1]

舟下空舲峡：

三峡猿声午夜闻，《竹枝》唱彻楚山云。
诗家妙悟新城老，言象胥忘自不群。[2]

来到岳阳楼：

湖水东流去，斯楼万古存。
五言高杜孟，千里下湘沅。
碧落浮空阔，青山入吐吞。
同怀渺何处，独自一凭轩。[3]

读了这些诗，笔者十分疑惑，浪漫气质的诗人，为何会与冰冷冷的法律结缘？但是二者最终结合了，这大概就是今人爱说的“二律背反”吧。冰冷的法律需要温暖的人文关怀。

在长沙，沈家本已有意单独入京：

---

1 《偶存稿》卷八，《全集》第七卷，第 119 页。
2 《偶存稿》卷八，《全集》第七卷，第 120 页。
3 《偶存稿》卷八，《全集》第七卷，第 120 页。

到长沙后将入都

牂牁江口汨罗阴，杖履追随拓素襟。
曾结左思招隐念，更伤王粲远游心。
难忘积习担书簏，怕听哀歌扣剑镡。
此日挂帆江海去，春晖忍读孟郊吟。[1]

他如此急速进京，是为了什么呢？日记断记，诗文没有明确的回答。光绪十三年（1887年），他在刑部参加京察。京察前，他赋诗二首，诗前序云："腊八京察过堂，计自甲子到部八过堂矣。"[2]甲子年正好是同治三年，距光绪十三年，整二十四年。京察三年举行一次，所以光绪十三年的京察是第八次。以此计算，他这一年匆匆进京，显然是到刑部报到任职。另据《墓志铭》："安顺公（按：指沈丙莹）以忤时解官归，公（按：指沈家本）才弱冠，即援例以郎中分刑部，公之学律自是始。"[3]从这节记载也可说明，他这次进京的目的是到刑部任职。

从上海到烟台，沈家本乘坐的已不是木船，而是洋轮。在烟台，他少作停留，拜访老朋友——心岸居士。

烟台访心岸居士留别三章

旧梦宣南记几回，雪泥天末断鸿猜。

1 《偶存稿》卷八，《全集》第七卷，第120页。
2 《偶存稿》卷九，《全集》第七卷，第134页。
3 《吴兴沈公子惇先生墓志铭》，《全集》第八卷，第978页。

三年磨蝎蛮中住，万里乘鳌海上来。
别久顿教惊喜并，语多总以乱离该。
时艰一面千金值，门外骊驹且漫催。

笔耒长悬研不肥，秋风依旧褐为衣。
桂林羞对银蟾照，杏苑空看玉燕飞。
游子生涯随处觅，使君高谊近来稀。
自怜卜式功名薄，望断蓬瀛青琐闱。

绿槐高处一蝉鸣，又敞离筵促去程。
静摄羡君成慧业，奔驰笑我为浮名。
广渠门畔车尘俗，镜海楼前水月清。
日下正多青鸟使，双鱼还许故人烹。[1]

战乱以后，老朋友骤然相见，喜悦之情，跃然纸上。他羡慕朋友不问世事、悠然自得的隐居生活，为自己南北奔走求取功名而羞愧，同时对未来的前途感到渺茫。在老朋友的面前，他尽情地吐露自己的心事。

同治四年，浙江补行咸丰十一年辛酉科乡试。他到刑部时间虽然不长，也不能放弃这一机会。于是六月十九日，他由北京起程，先到天津。二十八日，他从紫竹林登上轮船“行如飞”号，七月初四日到达上海，初七日雇船前往湖州，十二日回到编吉巷旧宅。父子兄弟稍作团聚后，二十一日在其父陪同之下，前往杭州应试。

1 《偶存稿》卷八，《全集》第七卷，第 120—121 页。

这是他等待多年，不惜千里赶赴，拼力为之一搏的考试。可能是太兴奋又太紧张的缘故，到杭州没几天，他的旧疾又发作了。一连几天，他的头剧痛，浑身发热，胸膈不通，饮食不进。一直到八月初八日开试，他虽然精神不支，痼疾未愈，只是为了这难得的机会，仍然扶病入场。

扶病入场

远踰江海赋归来，献艺风檐寸晷催。
扶病莫嫌腰瘦损，月明三五强衔杯。[1]

自咸丰季年以来，浙江乡试便因战乱而停止。乡试消息传出，全省士子云集，经历两度战火、已经残破不堪的杭州城顿时热闹起来。进场入考士子，仅绍兴一地就达二千二百多人，宁波次之，有一千六百多人，杭州又次，则一千有奇，台州来了八百多人。相比之下，嘉湖地区少多了，仅七百多人。金、严、温、衢、处五府人数最少。全省共约九千一百余人。近万士子，角逐有限的举人，这就是当年的科举考试。

初九日，天刚亮，试题发下来了。“头题：君子无众寡无小大无敢慢。[2]首题：得一善则拳拳服膺而弗失之矣。三题：禹思天下有溺者一节。[3]诗题：红树碧山无限诗，得诗字”[4]。也许是积之

1 《偶存稿》卷八，《全集》第七卷，第121页。
2 《乙丑日记》“慢”作“恸”，补行咸丰辛酉科并同治壬戌恩科朱卷作“慢”。从朱卷。
3 朱卷，三题全称为：“禹思天下有溺者由己溺之也，稷思天下有饥者由己饥之也，是以如是之急也。”
4 《乙丑日记》“八月初九日”条，《全集》第七卷，第480—481页。

日久，他吮笔挥毫，二鼓，文诗皆脱稿。第二天，誊正删补，便交卷出场。

十二日考《易》《书》《诗》《春秋》《礼》。《易》题为“君子黄中通理”;《书》题为“知人则哲，能官人，安民则惠，黎民怀之”;《诗》题为“自今以始岁其有”;《春秋》题为“秋，郯子来朝（昭公十有七年）”;《礼》题为“五声六律十二管，还相为宫也”。[1]

十五日第三场，“三鼓，题纸来，提笔直书，手僵痛亦不顾也。申刻完卷交进即出场。策题为经学、史学、考课、衣服、兵制”[2]。

多年苦读，他对这次应试似乎胸有成竹，三场一挥而就。出场后，他的心情很好，游西湖，访灵隐，登雷峰，拜岳坟。战火后的杭州，“沿堤至平湖秋月，惟存败壁，堤上柳树无一株存者，令人徘徊不忍去”。“昭庆寺止存铜佛一尊，雨淋日炙，无顾而问者”。“南北两山树木尚有存者，多被湘军砍伐作柴卖钱”。“登高一览，惟见残垣断壁，荒烟缭绕”。

凌波远眺，西湖风景如故，雷峰塔巍然独峙。除此之外，还有什么呢？

湖上感赋

山色湖光黯淡愁，西风容易又残秋。
荒亭寂寞泉空咽，断碣模糊客遍搜。
烟拥平桥天棘满，云封古殿瓦松稠。

---

1 《乙丑日记》“八月十二日”条，《全集》第七卷，第481页。
2 《乙丑日记》“八月十五日”条，《全集》第七卷，第481页。

我来欲问句留处，石径苍凉夕照收。[1]

飞英塔是湖州城的一大景观，也是湖州的象征。前几年，塔遭雷击，沈家本时在长沙，闻讯颇为不快，认为这是湖州文运衰败之象。应试后，他虽然胸有成竹，心中还是有难以压抑的担忧。重阳过了，报录人来到编吉巷口，这时才释怀，在近万士子的角逐中，他成功了。虽非解首，中式第六十二名，也不算后。他的朋友关梅生则中式第一百五十二名，湖州文运回来了。

编吉巷口人声嘈杂，贺客盈门。热闹一阵以后，再返杭州，拜见房师，翻读考卷。笔者手边有他头场的试卷。但是很惭愧，笔者不研读八股文，无法评论他的试卷。原文冗长，不便照录。下面将他的房师荐批录入如下：

全部三场荐批："首艺理明机圆，词无庞杂，次、三清畅，诗妥。经艺稳洁一律。五策清洁。"

首场头题批："一气挥霍之中仍处处典切，禀经酌雅，洁净精微。"

首题批："清而腴，疏而畅，沙明水净，尘障一空。"

三题批："从以是二字着笔，故语语有颜子在。不矜才，不使气，灵光四映，元著迢迢。"

诗批："自然浑雅。"[2]

就批语看，是不错的。

人生总是悲喜相间。正当沈家本沉浸在中举后的欢乐中，从北京传来他父亲谋复职而失败的消息。沈丙莹送儿子到杭州应试

1 《偶存稿》卷八，《全集》第七卷，第122页。

2 朱卷后批语。

后，即赴北京，经多方疏通，得两宫皇太后的召见，终于有机会述职、诉说贵州的官场和自已的在黔经历。按正常情况，能够得到引见的官员，一般都会给予留用。但沈丙莹的运气不佳，“引见后竟奉罢休之旨，下文竟难设法，为之焦灼”[1]。更糟糕的是，父亲奉旨罢休尚未到家，四弟病危，旋即辞世。在此期间，一位与沈家本有着生死之交的朋友的死讯也传到编吉巷。他异常悲痛：

哭吉甫五首

（其一）

人生若浮云，聚散洵无端。
饥来驱我去，别君辞长安。
方谓暂分手，定知会面难。
踟蹰执君裾，欲去仍盘桓。
悲风飒然来，一语含辛酸。
生别意恻恻，死别泪澜澜。
神往形已隔，永诀当何言。
莫歌《蒿里》曲，曲罢徒增叹。

（其五）

海内索知心，知心久寥寂。
抱此孤介姿，所如遭挥斥。
惟君察区区，相视成莫逆。

1 《乙丑日记》“十二月初九日”条，《全集》第七卷，第488页。

君性厌纷华，我亦爱泉石。
我性恶浮薄，君亦喜朴直。
春华良可宝，努力崇明德。
置身三代上，颓风尽变易。
方期竟此志，骤来恶消息。
夜阑灯灺余，欷歔展遗墨。
平生道义交，斯人难再得。
我欲招君魂，迢迢关塞隔。
魂分好归来，枫月明故国。
穗帷旷遗影，犹自念畴昔。
梦绕松陵墟，人琴杳难识。[1]

有道是乐极悲生。造物主经常捉弄人，既给欢乐，又给人悲苦，总不愿意使人事事如意，一帆风顺。造物主让沈家本顺利中举，中举后的这些不快，似乎又向他预示：后面的路并不平坦。

二、索米长安感岁华

造物主确实在捉弄他。1865年，他一试中举，但以后的会试却连连受挫，“乙丑举于乡，复困于礼部试，癸未始脱举籍。此数十年中，为八比所苦，不遑他学”[2]。几十年沉湎科举，耗尽青春年华而不悔，这是他诗书世家的本色，也是他的悲哀。在参加科举考试的同时，他在刑部为郎，经过长期历练，成为刑部出

1 《偶存稿》卷八，《全集》第七卷，第122—123页。
2 《寄簃文存小引》。

色的法律专家。

（一）会试落榜

同治五年（1866年）二月初九日，处理完四弟的丧事，他动身赴京。沈丙莹自京师返乡，在烟台乘“大鹏鸟”轮南下，正好与他在上海相遇。父子相见，自有一番说不尽的话。稍事盘旋，沈丙莹便打道回乡，他则于三月初八日继续北上。在烟台得病小住，二十二日乘船到达天津，四月初四日抵达北京，暂住会馆。稍事休息，即到刑部销假。他的原聘妻子、起居注主事郑训之女郑氏，已于咸丰十一年在郡殉难，死于战火。现在，他已二十六岁，早已过了成婚年龄。因此，沈丙莹在京为他重新定婚山东候补运同陈瑞麟长女。四月廿一日，沈家本拜会媒人，翌日同至陈宅过礼。

是年秋，为庆祝平定太平军、收揽人心，清廷决定举行丙寅恩科会试。刚刚考取举人的沈家本，虽然已到刑部销假，主要精力还是放在这次会试上。去年乡试的成功增强了他的信心，试场的感觉也还不错。所以，从通州试院出来，他颇为得意。

通州试院戏作四绝句

平生足未踏虞庠，此日风樯费校量。
走马看花才一霎，漫将命运论文章。

虫书鸟篆太支离，大诰盘庚佶屈奇。
濡墨吮毫粗点定，一行官烛四更时。

张冠李戴洵奇事，西抹东涂有秘传。

篇幅未终真绝倒，奚奴背笑阿侬颠。

过眼战场迷五色，未闻方叔怨东坡。
但教不把初心负，沧海遗珠莫遽诃。[1]

他本望在会试中一举成名，但时运不佳，他落榜了。

会试落榜，他回到刑部继续任职。洞房花烛夜，金榜挂名时，这是读书人的理想。但鱼与熊掌实难两全。他的年纪已经不小，任职刑部也需要人料理家事，而父母又不在身边。因此榜上虽无名，生存与生活仍需要他完婚。完婚后，他由会馆移居大安南营日南坊。移居，一是新婚后需要一个安定的家；再是这里地近海王邨，既便求书，又可减少交游，专力攻读。他的移居诗，对此有比较明确的表述：

秋仲移居大安南营

巢痕新卜日南坊，容膝能安陋不妨。
室有遗书刚插架，门多老树不成行。
默观大化悲秋士，闲访遗村近海王。
曲巷自来车辙寡，懒随征逐少年场。[2]

新居远离闹市，来客稀少，古木葱茏，偏僻幽静，屋陋书满，这正是他的理想住处。

1 《偶存稿》卷八，《全集》第七卷，第124页。
2 《偶存稿》卷八，《全集》第七卷，第124页。

（二）破书生涯

自丙寅（同治五年，1866年）第一次会试落榜，到癸未（光绪九年，1883年）金榜题名，前后时间长达十八年。这正是史家所称道的“同光新政”，或曰“同光之治”“光绪新政”时期。国家、社会包括他的家庭都有极大的变化。国家而言，慈禧太后通过玩弄各种政治手段，终于登上权力的顶峰，掌握了中国的命运；洋务运动蓬勃开展，进入鼎盛时期。末代王朝的统治处于相对稳定时期。就家庭而言，他父母先后在同治年间谢世。但就他自己而言，除了年龄的增长、子女相继出生之外，科举和刑部之职似乎都没有多大的变化。

1. 湖州守制，福州幕居

同治九年（1870年）十月，他的父亲逝于湖州。按照传统礼制，他向刑部请假，从京师回到家乡，为父守制。处理完丧事，翌年四月初一日，动身入闽，前往福州。他的姐丈潘霨（字伟如，江苏吴县人）时任福建布政使。在上海，因谢孝和等船，他稍作停留。上海变化很大，即如交通而言，人力车就增加不少。但他对洋人的管理甚不以为然：“沪地小车向来极少。闻去年自崇明江北来者不下三四千辆。每（辆）鬼子月收钱二百文，予票一张，一月一换，无票者不许做生意，每月计可得钱数百千。如此搜括，非鬼不能。”[1]字里行间，充满夷夏之分，也显示了他对现代经济管理的无知。

四月十九日，沈家本乘坐“行如飞”轮到达福州，当即住进

1 《辛未日记》“四月初八日”条，《全集》第七卷，第499页。

潘霨衙署。潘霨既是他的亲戚，也是至为亲密的朋友。他来福建，显然是来助潘氏，作潘氏幕客，所以到达后便读左宗棠督浙奏稿。他一边帮助潘氏处理公事，一边读书。书读得很杂，既有《诗》《书》，或是历史、地理，也有农医。福州是通商口岸，中外交涉案件也比较多，“神仙粉”案即被他详细记入日记中：

六月廿九日，“近日粤东有送神仙粉者，颇闹事。谣云：食之，男则腿肿，女则腹胀致死，人情皇惑。凡有持粉者，见辄殴死，已四五人。其经官拿获正法者亦四五人。东莞石龙镇尤甚。闻已将夷人教堂拆毁一间。言神仙粉从夷人医馆来。此间南门外有丹国人，在井边哈水，为土人痛殴，谓其持粉投入井中，其实并无是事。官赏该夷人二十元了案”。

七月初二日，“是日拿获散神仙粉匪犯一名，乃土人捆送者。据供系侯官人，向来做裁缝。身带药数十包，五色俱备。供系有病自食。福州赵太守令该犯自食，即不能言语”。

七月初三日，广东传来消息说：“神仙粉一事，羊城谣言不一。东莞地方归城内及石龙镇教堂焚毁，烧死鬼子三人，中国人十数人。瑞中堂（按：指瑞麟）派兵三千及（兵）船六只前去，亦不敢动手也。”

七月初五日，福州“前日所获神仙粉匪犯，讯得实系疯子，所带之药已令自食净尽，但胡言乱语。赵守将该犯锁在大门，令百姓观之”。

七月二十二日，“是日鬼子照会，言长乐县、古田县民人将教堂拆毁，一英一美，亦粤东样子也。漳州府拿住散神仙粉人犯，讯系夷人主使，不问明白，即行正法，亦可谓草率弥缝矣”。[1]

1 《辛未日记》“六月二十九日”至“七月二十二日”条，《全集》第七卷，第505—506页。

神仙粉，闹动两省。又是拆教堂，又是杀人犯，闹来闹去，神仙粉到底是否毒品也没有搞清楚。最后，只好草率了结。这就是当日的官场。在这里，他第一次接触到与他的命运和事业直接相关的中外交涉案件。

也许是水土不适，或者是“晦气尚未脱”，他在福州，不但老是患病，而且湖州来信，家人也诸多不安。九月中旬，他决定回去。廿九日登上“万年清”轮，十月初十，回到湖州。从离家到回来，前后半年多一点。

父死期年，已届安葬之时。现存弟兄，他年纪最长，主持安葬事宜，是他的责任。所以，他一到湖州，便四处寻觅墓地。最终与张氏家族商定，以产价四百千，正金四十千，张族画押十七人、每人洋四元，共七十元代价，购妥张氏白龙山活石头之地。接下来是修墓，请湖州名士陆心源撰写墓志铭，书写刻石，移灵，直至翌年正月廿日结束释服。

料理完丧事，他来到杭州，辞见省中官员，领取咨文。自乙丑乡试，他已八年未到杭州。在此期间，他重游西湖。在外祖父俞焜故宅上兴忠巷取斯堂前，面对瓦砾荒草，外祖父的抚爱和教导，仿佛仍在眼前。他低首徘徊，心潮涌动，挥笔为记：

访取斯堂故址

宅依屐岭占名泉，杖履追随记昔年。
砥行恪循诸葛诫，论文勤读史公编。
伤心碧血沾襟地，回首青灯继晷天。

剔石披榛空想像，招魂难续楚骚篇。[1]

要离开杭州了，这次一去，不知何日再来，也许永远也不会再来。他来到二龙山俞焜墓前，与外祖父洒泪作别：

俞文杰公墓

拱木阴凄宿草平，碧峰环卫夕阳明。
阶前芳酝寒初酹，烬后遗编录未成。
不分浮华推宅相，还将文字念平生。
羊昙重到西州路，零落山丘涕泗横。[2]

2. 科场失意，乞米长安

回湖州稍作安排，他便启程回家。在上海，这次乘坐的是洋人的轮船，初九"夜半浪颇大，所卧床架斗然坍塌，为之一惊。诸客有头破臂伤者，余幸无恙。今年轮船颇多失事，有装米太重而遇礁者，有遇雾而伤一丁礁者。粤洋法船与美船遇于雾中相击而伤，法船伤轻，修整尚能行走，美船伤重而沉，惟船主、火夫数夷人乘小舟而逸，余鬼及华人五十余皆见海龙王关"[3]。这算是一场小惊吧，录出以见当日旅行之艰。

回到北京，销假、问候亲朋之后，又回复过去那一套生活：读书，做八比试帖，官场应酬，刑部案牍。异常枯燥，十分无味。

1 《偶存稿》卷九，《全集》第七卷，第128页。
2 《偶存稿》卷九，《全集》第七卷，第128页。
3 《壬申日记》"四月初九日"条，《全集》第七卷，第524页。

自丙寅会试落榜，戊辰（1868 年）会试虽然是挑取誊录第一句，但毕竟落榜。辛未（1871 年）遭父丧停科。壬申（1872 年）回京后，他接连参加甲戌（同治十三年，1874 年）、丁丑（光绪三年，1877 年）、庚辰（光绪六年，1880 年）三科会试，但都名落孙山。清朝士人的进身之路，通常是三条：科举、捐纳、军功。后两条路，对他来说，没有可能，也没有希望。就他的家庭生活状况而言，他虽然没有衣食之忧、饥寒之迫，但也无力拿出大笔现银让他走捐纳之路。咸同之际，不少士子投笔从戎，以致功业彪炳；现在已非其时，家庭和本人也不具备这种素质。军功之路无门，家族传统和本人所长，只能让他走科举之路。因此，尽管他对科举非常厌烦，但还是必须走下去。因为只有考取进士，他才有飞黄腾达、进入上层官僚集团之望。“数十年中，为八比所苦”，这后日的追忆，正是当年的写实。

在这条漫长艰难的道路上，屡试不中，精神所受的创伤难以言表，意志也一度消沉。

同治七年，他在《漫赋》一诗中，初露了这种心态：

西来秋色最萧疏，人境翛然也结庐。
静约树声风紧处，寒留花影月明初。
青衫落拓贫非病，白眼揄揶壮不如。
欲向崆峒倚长剑，半生豪气未消除。

白云南望愿难赊，索米长安感岁华。
彩笔何曾干气象，破书依旧寄生涯。
身非骐骥才甘让，心在鲈鱼梦转差。

塔古亭高归去好，碧湖烟水共浮家。[1]

弟弟们在家中也寄希望于他。但他是那样的无奈：

答子文

饥来驱我复何之，乞米长安岁月驰。
夕照金台残叶下，秋风碧浪破帆迟。
新诗却寄三千里，旧梦重寻十二时。
不到千山今六载，青青松柏好扶持。[2]

凄怆悲凉，却又无可奈何。只有碧湖水、飞英塔，才能给他一点安慰。

光绪五年（1879年），又一次落榜后，他度过三十九岁，进入不惑之年。韶华流逝，科名未就，事业无成。这种思想表现得更为强烈：

四十初度率赋五章

雪泥鸿爪讯从头，弹指光阴去不留。
硕望未能追马郑，高踪安得附羊求。
知还倦鸟归深树，学钓灵鳌信直钩。
卌载蹉跎终莫补，劳劳尘世等浮沤。

---

1 《偶存稿》卷八，《全集》第七卷，第125页。
2 《偶存稿》卷九，《全集》第七卷，第129页。

朱门冠盖集严终，蹑迹香尘逐软红。
痴梦争寻蕉下鹿，豪情笑叱柳前骢。
强弹冯铗声难就，妄学齐竽曲岂工。
勋业行藏何限事，倚楼看镜寂寥中。

踽凉情状最堪嗤，燕市骑驴彳亍时。
敢诩芝兰参臭味，岂防瓜李避嫌疑。
诗书结契真偏淡，酒肉论交久易离。
针曲枉教磁石引，朱弦三叹证心期。

梦里家山也当归，客中情事是耶非。
偶沽浊酒供清酌，为买新书典旧衣。
儿耐畚盐方索笑，妻甘荆布亦知几。
碧湖风物难忘却，鲈脍初登蟹渐肥。

云司匏系岁华迁，早悟朱丝暗里牵。
小草知难供世用，散材幸得遂天年。
疲骖偃蹇驱常后，老鹤氋氃舞不前。
漫道尘机无日息，此生终结看山缘。[1]

连续落榜的打击是如此之重，以至连日记也一改详记会试经过的习惯。在《庚辰日记》中，我们发现，记录会试的文字，仅剩“进

---

1 《偶存稿》卷九，《全集》第七卷，第130页。

场”“出场”寥寥几字，连试题是什么，也不作记录了。

3. 金榜题名，进士及第

失望难熬中迎来癸未年。三月初八日，他带着弟弟，兄弟三人同时进场。试题发下来，第一场三题分别为：

知其说者之于天下也，其如示诸斯乎？

文理密察足以有别也。

其事则齐桓晋文，其文则史。

诗题为：

花开鸟鸣晨。得晨字。

他自感思路枯窘，直至三鼓才脱稿，疲极而卧。接着二场、三场，考得筋疲力尽。

四月十一日，会榜揭晓。精诚所至，金石为开，造物主终被感动。他考中了，名列第二百零三名贡士。房师、内阁中书周云章对他的荐批也很好：

第一场：沉雄深厚，一气呵成；次确切不浮；三有笔有书，足征根柢；诗工。

第二场：《易》《书》《礼》三艺考核明确；说经铿铿；《诗》艺亦组织鲜明；《春秋》持论名通，甚有见解。

第三场：五策旁推典证，洞悉源流。

按下来复试，取到二等第四十八名。四月二十一日殿试，取列二甲第一百名进士。最后的朝考，因诗中用错二字，取列三等第六十二名。

自乙丑举于乡，直至癸未中式，前后经过近二十年的努力，方才如愿以偿，酬其科举之志。很可惜，他的父亲已长眠湖州，无法分享他金榜题名的欢乐。

在考取进士之前，他的主要精力集中在八股文上，只是“间或从事经史考证之书”[1]。他偏爱经史，但为考取进士，他无法将自已的精力投入自己喜好的书籍。从日记可以看出，作会文几乎占去了他绝大部分的时间。然而他对经史的考证虽然是“间或”进行，成效仍然卓著。著作计有：

《诸史琐言》。包括《史记琐言》三卷，《汉书琐言》五卷（《墓志铭》作六卷），《后汉书琐言》三卷，《续汉书志琐言》一卷，《三国志琐言》四卷。

《古书目四种》。包括《三国志注书目》二卷，《世说注书目》三卷，《续汉书志注书目》三卷，《文选李善注书目》六卷（《墓志铭》作《李善文选注引书目》六卷）。

（以上两种著作，除《文选李善注书目》六卷外，其他均已收入《沈寄簃先生遗书》乙编。《诸史琐言》并于1963年重版新本，独成一书。）

《说文引经异同》二十六卷，《附录》二卷（《墓志铭》作《说文引经异同》二十五卷，又《附录》一卷）。

《三国志校勘记》六卷（《墓志铭》作七卷）。

《古今官名异同考》一卷。

1 《寄簃文存小引》。

《日南读书记》十八卷。

《汉书侯国郡县表》一卷。

《奇姓汇钞》一卷。

《吴兴琐语》一卷。

《金井杂志》一卷。

（后面这些著述，长期未能刊行。现已收入1999年中国社会科学出版社出版的《沈家本未刻书集纂》。）

（三）以律鸣于时

光绪丁未（1907年），沈家本编纂《寄簃文存》工竣，作小引曰：

> 余性钝拙，少攻举子业，进步极迟。乙丑举于乡，复困于礼部试，癸未始脱举籍。此数十年中，为八比所苦，不遑他学。间或从事经史考证之书，若古文词未之学也。[1]

这段话，概括了他考取进士以前的生活，没有提及他在刑部的工作。光绪己丑（1889年），他编辑《压线编》，也有一段小引：

> 余承乏西曹，癸未捷南宫后，始留心亭疑奏谳之学，公宗讨论，不敢自菲薄。雪堂友人不以为菲，当簿书丛积之时，尝以奏牍来相諈诿，为之拟稿，积久遂得若干篇，汇而存之，亦足以备稽考。秦仲明《贫女》诗云："每恨年年压金线，为他人作嫁衣裳。"此亦压线之类也，因

1 《寄簃文存小引》。

以二字题其端。[1]

这节小引，概括了他考取进士后，以刑部案牍为主体内容的生活。把这两节小引合起来，便构成他外放天津以前半个多世纪的经历。

笔者以为，他的这两段小引，都是大实话，没有丝毫夸张之态。癸未以前，由于他有考取进士，在刑部又仅为候补郎中，因此主观和客观，他都不可能把精力放在刑部案牍上。查阅现存日记，也确实如此。现在所存日记，起自辛酉（1861 年），迄于壬子（1913 年）。从甲子进部，到癸未考取进士，前后二十年，能看到他十五年的日记。在这十五年的记录中，他到刑部办事的记录不多，更难看到他对具体案件的审理和对案牍的具体处理。这种状况，和癸未以后截然相反。考取进士，引见以后，他以原官即补，由候补刑部郎中变为刑部正式郎中。接着任刑部奉天司主稿兼秋审处坐办、律例馆帮办提调、协理提调、管理提调。担子一天比一天重，责任一天比一天大。他再不能清闲自在地读经史，必须把主要精力放在积压如山的案牍上。因此癸未以后日记，做会文的记录是没有了，经史的读书记录也很少见，大量的是案牍以及读律的记载。

1. 潘祖荫之叹

但这并不是说，在考取进士以前，他完全不以案牍为意。实际上，秉承家学渊源，以及贵州其父任所的办案历练，他到刑部任职不久，即“以律鸣于时”。据《墓志铭》载，他考取举人后，“回

1 《压线编序》，《全集》第二卷，第 333 页。

京供职，历充直隶、陕西司主稿。时吴县潘文勤为尚书，公尝为同舍郎某拟稿进。文勤诧其不类平日所为，诘之。某以实对。文勤叹曰：吾固知非沈君不办此也。公之以律鸣于时又自是始”[1]。

潘文勤即潘祖荫，为乾隆名臣潘世恩之孙。江苏吴县人，字伯寅。光绪五年至光绪九年任刑部尚书，八年、九年兼军机大臣。同舍郎，当为他刑部所在司的同僚。他为同僚代笔拟稿，潘祖荫一眼就看出所拟之稿出自先生之手，可见当日他在刑部的声名。但是他为同僚所拟何稿，《墓志铭》未加说明。《压线编》小引则直言该书是代同僚所拟之稿的汇集。也许这次让他扬名的稿件即在此书之中，而究竟是哪一篇，仍无法考证。

据笔者所见，沈家本此期法律方面仍有专作。这些著作计有：

《内定律例稿本》（又作《旧抄内定律例稿本》六卷）。这是清嘉庆、道光、咸丰三朝秋朝审黄册出语的汇集。出语，是指秋朝审案件经九卿会议后，刑部缮写黄册，对各案所作的结论性意见。本书录三朝各类出语一千一百一十六条，以若干条为类而设一目。卷一至卷六，目数次第为：七目、七目、十一目、十九目、二十一目、十四目，总计七十九目。一目或数目之前，沈家本就该目或数目之出语加以撮要，点明该类案件“实”“缓”之要，然后按案件时间顺序逐一录入该类出语。本书为国内记录沈氏著述行状之作所不列。笔者于1995年在日本东京大学东洋文化研究所见此抄稿，携之归国，现收入《沈家本未刻书集纂》。

《学断录》。学断，学习断案之谓。沈氏既名之“学断”，亦显系刑部早年任职之作。本书从史书中录出，然后按语抒发己意。

1 《吴兴沈公子惇墓志铭》，《全集》第八卷，第978页。

全书记录四案：

（1）后魏刘辉之狱，录自《魏书·刑罚志》；

（2）宋安绪之狱，录自《文献通考》卷一百七十；

（3）宋檀偕之狱，录自《文献通考》卷一百七十；

（4）宋阿云之狱，录自《宋史·许遵传》。

又从《文献通考》《大学衍义补》中录出王安石、司马光、邱浚等对该案的讨论。

综观“出语”的撮要以及案语的分析，沈氏任职刑部即精于律例，诚非虚言。下面，录引一条撮要，以见其概：

> 十五岁以下幼孩杀人之案，除谋故等项应入情实外，如系斗杀，必实有凶暴情节，伤多近故，无一可原。及死更幼稚，死系双瞽、笃疾、理曲、欺凌、迭殴多伤者，方入情实，余俱缓决。至老人杀人，有彼此强弱不同。如以弱抵强，虽伤多亦可缓决；若犯本强健，而死者懦弱衰迈，或系幼孩笃疾，辄肆行迭殴，情伤俱重者，自应入实。其谋故杀等项，亦与凡人同。[1]

用词不多，即将此类案件分析得精到入微。

2. 律学著作

考取进士以后，沈家本“专心法律之学”[2]，“所讲求者，案牍之文，多作狱治驳诘之语”[3]。在部十年，无日不以纂述为事。十

1 《全集》第一卷，第 150 页。

2 赵尔巽编：《清史稿》卷四四三，中华书局，1977 年，第 12447 页。

3 《寄簃文存小引》。

年之中，撰写了大量的法律著作。这些著作计有：

《刺字集》五卷，于光绪十二年（1886年）刊刻成书。付梓之日，时任刑部侍郎的著名法学家薛允升，特为之作序，大加推誉："其考据之详明固不待言。予尤叹其用意之深厚。使读是书者知若者应刺，若者不应刺，若者旧俱应刺而今可不必刺，不致一误再误，则仁人君子之用心，其裨益岂浅鲜哉？"[1]是什么深厚的用意使他如此赞叹呢？沈家本自己所作之序答复了这个问题。这篇序是他的第一篇法学理论著述。照录如次：

> 刺字，古墨辟遗意也。墨一名黥。《鲁语》："中刑用刀锯，其次用钻笮。"韦昭曰："笮，黥刑也。"班固《白虎通·五刑篇》："墨者，墨其额也。"高诱《战国策》注曰："刻其颡，以墨实其中曰黥。"韦昭《国语》注曰："刀墨，谓以刀刻其颡，而墨窒之颡额也。"此三说相同。许叔重《说文》："黥，墨刑。在面也。"郑康成《周礼》注曰："墨，黥也。先刻其面，以墨窒之。"此二说相同。《酉阳杂俎》引《尚书刑德考》曰："涿鹿者，凿人颡也。黥者，马羁笮人面也。"然则古者墨辟有刻颡、刻面之分矣。
>
> 唐虞三代，墨居五刑之一。汉文帝除肉刑，当黥者髡钳为城旦舂，而墨刑遂废。自后则有《晋令》："奴婢亡，加铜青若墨黥，黥两眼。后再亡，黥两颊上。三亡，横黥目下。皆长一寸五分，广五分。"此今刺逃人之意也。宋太始中，有劫窃遇赦，颊黥"劫"字之制。梁天监初，

1　薛允升：《刺字集序》，《全集》第二卷，第261页。

定律"劫，身皆斩。遇赦降死者，黥面为'劫'字"，盖即昉于太始。此今刺强盗之意也，然第施之一事一时者耳。《唐律》十二篇，不言刺字，殆尚无此制欤？石晋天福中，始有刺配之法。宋参用其制，凡应配役者傅军籍，用重典者黥其面。犯盗者刺环于耳后：徒、流，方；杖，圆；三犯杖，移于面。迨其后科禁日密，刺配特繁，孝宗时增至五百七十条，臣僚多议其重，历请裁定。元承宋制，然颇疏略。亦越前明，其法加详。国朝因之损益尽善矣。顾历久相沿之成式，暂时变通之章程，例文有未能悉备者，曹司遵用，仅有传钞之本。历年既多，律例屡经修改，而此书久未重编，援引每多窒碍。甘泉董氏刻《刺字例辑》二卷，但就钞本复加增益，其中重贻疏谬，未遑删定。乾隆癸丑，震泽沈湘葵孝廉沾霖辑有《刺字便览》一卷，虽称简要，亦多阙略。岂以此属五刑之末，其见于条例、章奏者，散而难稽欤？将所谓品式备具、莫有苟且者谓何也？

夫刺字亦国宪也，窃尝推原其旨。盖以凶蠹之徒，率多怙恶，特明著其罪状，俾不齿于齐民，冀其畏威而知耻，悔过而迁善。其间或有逃亡，既可逐迹追捕，即日后别有干犯，诘究推问，亦易辨其等差。是所以启其愧心而戢其玩志者，意至深也。独是良民偶罹法网，追悔已迟，一膺黥刺，终身戮辱。善乎《宋志》之言，曰："面目一坏，谁复顾藉？强民适长威力，有过无由自新。"然则手持三尺，可于此稍忽乎哉？况乎本律所未明言，他例所未该载，不深悉其同异而明究其源委，引用错谬，即干吏议；起除重补，惨等剥肤，亦司其事者之过也。

家本云司承乏，沉理簿书，傅古亭疑，每深祗懔。因与同司郭存甫主事安仁参商，取旧本重编而类区之：曰通例，挈其纲也；曰条例，详其目也；曰免刺，条款示别也；曰备考，阙疑也。附以处分各例，又所以志警惕也。编既成，颜之曰《刺字集》。虽不足为律例之支流，其亦可以补法家之采择乎！至夫律义精微，管蠡未逮，例案繁博，见闻不周，则匡谬砭误，正有待于明律之君子。[1]

"独是良民，偶罹法网，追悔已迟，一膺黥刺，终身戮辱"。这种批判，直指刺字这种野蛮落后刑罚对人体的残刻，对人格的侮辱。希望通过这本书，尽量缩小这种刑罚的适用范围，这就是他的用意。也正是因为有这样一种用意，所以在20世纪初他主持修订法律以后，首先奏请在法律上革除这种刑罚，并且经他的努力，终于在法律上将刺字之法革除。

《刺字集》现在只有光绪版。在20世纪初成书的《历代刑法考·分考七》中，他对《刺字集》做出如下说明："光绪丙戌（1886年），余辑《刺字集》五卷，付之手民，以备官司援引。复汇辑自古刑法有关刺字者成《刺字考》一卷。非徒考厥源流，亦藉以究其得失。今刺字已奏准删除，《刺字集》一书已同故纸，惟此卷尚可备考古者之参稽，因编入《历代刑法考》内，而删去旧名。"[2]

《压线编》一卷。本书小引说明成书经过及编订目的，前已引录。本编汇录沈家本为律例馆、江苏司、奉天司、直隶司、四

---

1 《刺字集自序》，《全集》第二卷，第261—262页。

2 《刑法考·分考七》，《历代刑法考（一）》，中华书局，1985年，第226页。（以下简称《刑法考》。）

川司同僚代拟案牍十二件。

《律例杂说》一卷。本书是对《大清律例》中各种刑名、罪名的解释。

《刑法杂考》一卷。本书是对律例中，诸如五刑、赦、老少废疾收赎、犯罪自首、徒流迁徙地方、吏律、擅离职役、户律、礼律、兵律、贼律、盗田野谷麦、谋杀人、杀一家三人、殴祖父母父母、父祖被殴、诉、诬告、犯赃、续通鉴、伪造铜钱、捕亡、断狱、淹禁、官司出入人罪、有司决囚等第等刑名、罪名的源流的考释。

《奏谳汇存》一卷。这是光绪十五年至光绪十九年，沈家本在刑部审理案件、结案后拟定的，以刑部名义上奏的奏稿汇集。

《驳稿汇存》一卷。这是光绪八年（1882 年）至光绪十五年，沈家本在刑部草拟的对各省上报案件的批驳。全书共辑入三十个案件，最后一篇为《变通军流徒犯办法说帖》。这篇说帖，旨在解决军流徒犯在配所逃亡问题。

《雪堂公牍》一卷。这是沈家本光绪十四年、十五年、十八年在刑部办理案件的公牍汇集。

《秋谳须知》十卷。秋审是清朝刑部最重要的工作之一。本编是沈家本依据自己在秋审处任职所获的经验和对秋审条例的理解，对清朝秋审所做的全面记录，是研究清朝秋审制度的重要材料。

《刑案删存》六卷。本编所辑为嘉、道、咸、同、光（二十年以前），刑部所办刑案。嘉、道偶见一二案。刑部直接审理的案件，一般都是重要案件。故本编对诸如戊午科场案、肃顺逆案等清代著名大案，均有详细记录。“删”，指删去一些不重要的；“存”，则存其重要者。这是一部研究晚清政治法律的重要材料。

《日南读书记》十八卷。这是沈家本阅读《易》《书》《诗》《周礼》《礼记》《左传》《公羊》《谷梁》《论语》《孟子》《尔雅》等经典的读书笔记汇集。此书不纯为法律著作，但阐述了很多法律问题。

《文字狱》一卷。

以上著述，经学界多年努力，除《文字狱》外，均已出版发行。

光绪十六年（1890年）十二月，沈家本与同僚集款重刻《唐律疏议》。书成，他为之序云：

> 《唐律疏议》三十卷，唐长孙无忌等奉敕撰。国朝《四库全书》所收录，并附见于名家书目中。惟坊间传本甚希，读律之士，艰于购觅，叙雪同人，爰鸠赀重刻，以广传布。工既竣而序之曰：律者，民命之所系也，其用甚重而其义至精也。根极于天理民彝，称量于人情事故，非穷理无以察情伪之端，非清心无以祛意见之妄。设使手操三尺，不知深切究明，而但取办于临时之检按，一案之误，动累数人；一例之差，贻害数世，岂不大可惧哉？是今之君子所当深求其源而精思其理矣。
>
> 自魏李悝著《法经》六篇，汉萧何、叔孙通、张汤、赵禹递相增益，马融、郑康成以海内巨儒，皆尝为之章句，岂非以律意精微，俗吏所不能通晓欤？魏晋以降，渐趋繁密。《隋律》简要，而唐实因之。史称：高祖诏裴寂等，更撰律令，凡律五百，丽以五十之条；流罪三，皆加千里；居作三岁至二岁半者，悉为一岁；余无改焉。太宗又诏房玄龄等复定旧令，议绞刑之属五十，皆免死而断右趾。即而又哀其断毁支体，除其法，为加役流三千里，居作二千。其后，玄龄等遂与法司增损《隋律》，降大辟为流

者九十二，流为徒者七十一。高宗又命长孙无忌等，偕律学之士，撰为《疏议》，即是书也。

名"疏"者，发明律及注意；云"议"者，申律之深义及律所不周不达。若董仲舒《春秋决狱》，应劭《决事比》及《集驳议》之类，盖自有《疏议》而律文之简质古奥者，始可得而读焉。尝考元魏太和中置律博士时，儒说十余家，诏但用郑氏章句，不得杂用余家。《唐律》本隋，由魏而周而隋，渊源具在。然则唐律之疏议，虽不纯本太和，而郑义多在其中。《汉律》虽亡，其意犹赖以考见，深可宝贵。况我朝定律，监古立法，损益归于大中，而所载律条，与《唐律》大同者四百一十有奇；其异者，八十有奇耳。今之律文与《唐律》合者，亦什居三四。沿波讨源，知其所从来者旧矣。则是书非即功令之椎轮、法家之津筏欤？

至由是书而深求乎古今异同之原，讲明乎世轻世重之故，晰奇阐微，律无遗蕴，庶几傅古亭疑，情罪相准，无铢黍毫发之爽，是又在善于读律者。光绪十有六年十二月，归安沈家本撰于秋曹之叙雪堂。时董成其事者，汉阴张麟阁郎中成勋，武进冯申甫郎中钟岱也。[1]

"律者，民命之所系"，立法要研究"天理""人情"，司法必须深求法律之源，精思法律之理，以期在适用法律之时，"情罪相准"。这是他重刻《唐律疏议》的目的，也是他对法律价值作

1 《重刻唐律疏议序》，《刑法考（四）》，第 2207—2208 页。

用的认识。这篇序文，以及前录《刺字集序》，是他三十年刑曹生涯习律的总结。所称“以律鸣于时”与“法律专家”，不是时人及后人对他的夸饰美誉，而是他的盖棺定议。

（四）磨驴陈迹踏年年

光绪四年（1878年）八月二十五日，沈家本在日记中记道：

> 看《申报》中《懒则致贫说》，中有“懒于晋接，则托言不事奔竞以鸣高”之语，颇与余情状相合。为之哑然。[1]

“哑然”，苦笑之谓。这是他对自己在刑部为官的自白。按晚清官场惯例，像沈家本这样的六部司员郎官，要想在官场得到升迁，就必须外放各省道府，再由道府逐步升迁，或为疆吏，或为部院大臣。就古代国家任用官吏而言，这种制度比哪一个朝代的制度都要完善。因为六部司员，多为科举出身。中央任职，做的多为文牍工作，没有行政、司法方面的实际治理经验。经过外任，有了实际经验，再予提拔。用今天的话说，通过这样的磨炼，既有理论又有实践，这样的官员，就是管理国家的好手。这套制度对稳定清朝二百多年的统治，起了重要作用，但由于专制政治的痼疾，在晚清末造，也被官僚们破坏无遗。

按照惯例，京曹外放，必须通过京察。“京察大典，即古之三载考绩，归吏部考功司掌之。各署一等人员，皆由该部堂官择其优良者，出考语，咨送吏部核定。间有驳回者，故各部皆有备

---

1 《戊寅日记》“八月二十五日”条，《全集》第七卷，第640页。

一等者一二人防之。列二等者照旧供职。列三等降或调”[1]。京察三年一次，只有考列一等者才有升迁外放之望。而且每部只有一人，由各部长官决定。这样一来，各部司员之间的角逐，便势所不免。有人描述清朝同光时候的京察就说：

近年风气，日坏一日。每届京察，堂司各官，上下营营，举国若狂。瞻徇情面犹弊之轻者，贿赂潜行恐亦未必无之。不论才守，不论资格，并不论例案，不论文理。所保非贵近子弟，即浮华少年。但藉当差勤奋一语，掩饰耳目。其实平日点派差事，大半由请托而来，豫为一等地步，并非熟悉部务，实有勤劳。……今之所谓才者，不过奔走勤，应对捷耳，若此者何足为才？且每无守，习俗移人，人才难得。[2]

这就是沈家本读《申报》而“为之哑然”的原因。在刑部三十年，不论是“才守”“资格”还是“例案”“文理”，他都是佼佼者。特别是癸未以后，所任职的秋审处、律例馆，都是刑部最重要的机构。“刑部政事皆在秋审处。凡部中要人皆致力于秋审”[3]。不宁唯是，我们从他的日记中还可以发现，当时刑部的重要案件、重要奏稿，都由堂官点名交给他审理，让他办稿。光绪十六年慈禧太后和光绪皇帝拜谒东陵，刑部堂官特点薛允升随驾。薛允升又特点沈家本为随员之一。所以要沈家本随行，为的是处

1 崇彝：《道咸以来朝野杂记》，北京古籍出版社，1982 年，第 4 页。

2 震钧：《天咫偶闻》卷五，文海出版社，1966 年，第 340—341 页。

3 崇彝：《道咸以来朝野杂记》，北京古籍出版社，1982 年，第 4 页。

理沿途的叩阍事件。正月十五日，慈禧和光绪起驾的第一日，即有叩阍者二起。以后，每天都有叩阍者，多时一天达十多起。这些叩阍案件，都必须当天处理完毕，因此要选择干练司员跟随，这正是薛允升特别要他随行的原因。

用今天的眼光看，由于沈家本精通律例，刑部的重要派差都有他的份，但是升迁外任却沾不上边。最后，与他一起编撰《刺字集》的郭存甫主事也外放了，而他仍然是一名老司员。才干与境遇之间的反差，漫长而又呆板枯燥的刑部案牍生涯，不能不使他经常流露升沉牢落之感、归隐碧湖之念。

光绪十一年（1885年）九月，同僚何忪僧出诗相示。读了他的诗，沈家本感慨不已，当即和诗一首，以消胸中的块垒：

忪僧以二闸观荷诗出示，忆丁卯九夏，与客放舟闸下，不觉二十年矣。流光已去，归梦难成，慨赋长句，即用原韵

泥听笼铜鼓报衙，寻芳每惜日西斜。
多君逃暑香擎藕，记我追凉巧副瓜。
廿载似尘催逝景，万人如海惯浮家。
客中略说乡关事，六月苕溪胜若邪？[1]

光绪十三年，沈家本在刑部已述二十四个春秋，腊月八日，他又一次参加京察。京察前，他赋诗两首，以推磨老驴自喻，对

1 《偶存稿》卷九，《全集》第七卷，第131—132页。

京察既寄希望又不抱希望，流露出颇为悲观失望的情绪：

腊八日京察过堂，计自甲子到部八过堂矣，口占二律呈乃秋曹长

登场傀儡暗牵丝，郎府依乌逝景驰。
题柱名谁田凤媲，停年格漫左雄訾。
七条弦激琴曾奏，九转丹成鼎尚迟。
廿四韶华同一瞬，前尘似漆渺难知。

何自为郎滥备员，磨驴陈迹踏年年。
幸逢儒雅同曹选，喜诵清新好句传。
守拙分居灵运后，蜚声多愧照邻前。
于今西府寒蝉噤，鸣凤朝阳待上贤。[1]

这一年的另一首诗，也表露出这种情绪：

将赴叙雪堂，在奉天司与乃秋同事话司中事，率成二绝句

惯为他人作嫁衣，年年压线计全非。
而今彳亍随班去，羽换宫移曲又希。[2]

1 《偶存稿》卷九，《全集》第七卷，第 134 页。
2 《偶存稿》卷九，《全集》第七卷，第 134 页。

“惯为他人作嫁衣”，做了那么多的嫁衣，穿上嫁衣的人早就“出嫁”了。自己蜚声在外，却仍然身为司员，像拉磨老驴，围着身边的案牍转而已。“前尘似漆渺难知”，委屈、悲凉之感流于言表。从以上诗句可以看出，二十多年漫长的刑曹生活，已使他厌倦。在刑部司员中，他虽然以精湛的法律知识，以自己的办案才能而扬名，但是“磨驴陈迹踏年年”。在司员的位置上，他不但过了而立之年、不惑之年，而且已是半百之年了，总不能为人作“嫁衣”而了此一生吧。这些诗反映的就是这种情绪。

消极情绪产生的原因，是当时官场的腐败、黑暗。沈家本在性格中趋于淡泊、清静、以才处世的特点，与官场中的钻营弄巧、勾心斗角、互相倾轧是格格不入的。二十多年的官场生活，官场中的各种丑恶现象，使他实在难于忍受。诗言志，这几年所赋的诗，很多都是这种对现状不满的内心情绪的发泄。为使读者了解他的全部人格，笔者不惮其烦，选录几首：

叠前韵答乃秋少鼎

难将别调写琴丝，赢得虚声日下驰。
劳我以生原是幻，送人作郡又何訾。
渐鸿先路争相逐，老骥长途到岂迟。
珍重荣名金石寿，素心未许众人知

云亭联步厕常员，射策金銮最少年。
怕说远游偏我久，爱吟佳什向人传。
哀时庾信情何极，薄宦冯唐齿在前。

三复新诗梅鹤句，愧无清德继高贤。[1]

潘问楼出诗相示，大有牢落之感，即步其韵以答之

漫说官场似积薪，云楼偏许著吟身。
久为日下蜚英客，同是风尘溷迹人。
折狱良才声望重，登瀛异数品题新。
愧无邹衍雕龙手，吹律能回黍谷春。[2]

前诗既答，重有所感，复叠前韵二首以质问楼

莫论前薪与后薪，软红畴是自由身。
趋衙而外无多暑，作郡从来惯送人。
愿勖清名三代古，静观世态百般新。
尘缰绊我肩难卸，抱牍云亭廿九春。

负荷怀惭旧析薪，牵丝未许便抽身。
论交幸有知心友，阅世偏多冷眼人。
争望云霄寻路远，闲携霜叶写诗新。
鲁戈难返西驰曜，菊又荣秋竹又春。[3]

这些诗，是他的心灵写照。奔竞、倾轧，自古以来，封建官

---

1 《偶存稿》卷九，《全集》第七卷，第134页。
2 《偶存稿》卷九，《全集》第七卷，第137页。
3 《偶存稿》卷九，《全集》第七卷，第138页。

场就是如此。造物主既然安排他进入这个大染缸，而他又要保持起码的人格，他就不能免除这种有如炼狱般的煎熬。在这个大染缸中，“折狱良才”是没有用的，“清德”更是书呆子的自我安慰。他用诗安慰自己、安慰朋友，相信“老骥”不会比“渐鸿”后到，但是胸中块垒并未消除。身处这样的环境，他寄情山水。广渠门外西南二里外的南河泡，是他和友人常到之地。但是，江山胜迹，杯中美酒，月白风清，柳絮杨花，也只能排除暂时的痛苦，而不能消除他内心的煎熬：

王虎文、冯悦轩招游北河泡，观荷雨甚不果。往午饮于天宁寺塔射山房（七月七日），方坤吾首唱索和即步其韵

（其三）
临觞动乡思，倦怀三径荒。
胡为苦形役，人海渐躯藏。
近惭流水逝，远愧飞云翔。
孤蝉苦已歇，归鸟方成行。
故园渺何处，江河广无梁。
登此清净境，洗我千结肠。[1]

以酒浇愁愁更愁。行云流水只能洗他的千结肠。他疲倦了，他要回到碧湖去，回到父辈的身边。

1 《偶存稿》卷九，《全集》第七卷，第137页。

光绪十九年，他已五十三岁，到刑部任职已三十年，他的消极情绪到了极点：

问楼以新春遣怀二律见示，即步其韵

番风早送隔年春，客舍偏惊百态新。
故里空留三亩宅，知交半是二毛人。
案多积牍休嗤俗，家有遗书不算贫。
惭愧云亭过十考，流光奄忽若飙尘。

誉咎全无学括囊，最多忧患是名场。
屈平尚欲随驽马，甄宇由来取瘦羊。
薄宦久经谙世味，高歌翻羡作诗狂。
柳芽将茁花将发，好把香醪荐木皇。[1]

“薄宦久经谙世味，高歌翻羡作诗狂。”这就是他当时的内心世界。可以说，他对前程已不抱什么希望了。然而，就在这个时候，其命运却发生了变化。第十次京察，他被列为上等。中秋刚过，八月十九日早晨，他套车正要进署，苏拉送信，他被简放天津知府。天津虽非直隶首府，但在当时可与首府保定相比，与他的父亲沈丙莹外放的贵州相比，更不能同日而语了。经历三十年的苦熬，年过半百，他终于得到外任机会。

1 《偶存稿》卷九，《全集》第七卷，第 138 页。

出守津郡留别同人

云亭抱牍点朝班，荏苒韶华已卅年。
交淡偏多同志乐，援疏幸遇长官贤。
谬登上考虚声负，滥叙劳资异数迁。
此日一麾津海去，何时重与话尊前？[1]

从此以后，他便步入外官生活了。

1 《偶存稿》卷九，《全集》第七卷，第138页。

第三章 外官任上

沈家本这次外任，确实很突然，也很幸运。继昌所著的《行素斋杂记》说："癸巳冬，林绍年授云南昭通守，王鹏寿授江西南昌遗缺守，沈家本授直隶天津遗缺守，皆截取班也。"[1]

我们查阅他的日记，八月上半月，除在刑部处理秋审案件之外，便是卧病在床。"十九日晨起，套车正欲进署，杨苏拉来送信言，奉旨简放天津府知府。妇稚皆不信。十下钟，李玉坡同年着人送旨谕来。午刻往访玉坡，知津守邹岱东因病出缺，遂有是命。玉坡已饬供事代备谢恩摺，午刻送来。恭阅一过，即令于今夜呈递"[2]。从中可知，当日外放天津，实出意料之外。

1 继昌：《行素斋杂记》，上海书店出版社，1984年，第14页。
2 《癸巳日记》"八月十九日"条，《全集》第七卷，第813页。

一、外放天津

（一）强持手版趋跄拙

年过半百，终于能得一外任，且放在咫尺之内的天津，他和全家当然高兴不已。第二天，他进宫请训。日记中记载：

> 二十日，丑刻，至西苑门。今日上赴颐和园请安，办事略早。九卿公所待漏，五下钟叫起完。排在第二起（第一起长沙府赵环庆），至德昌门他塔少憩。五下一刻，太监至，言叫了。随至勤政殿东屋，太监掀帘进门。至军机垫子之下，免冠碰头谢恩。仍冠趋进，至御案侧跪候，垂询毕退出。
>
> 你是刑部？
> 你在衙门多少年？
> 你在审处？
> 你是截取。
> 你多大岁数？
> 你出过外差没有？
> 你哪人？
> 你那里地方好。
> 你几时走？
> 你好好去做。
> 你下去。[1]

---

1 《癸巳日记》“八月二十日”条，《全集》第七卷，第813—814页。

光绪皇帝召见，就问了他这几句话。召见不在乎问话，而在乎事实。得到召见，他就可以启程到天津赴任了。因此，召见后，他随即拜访军机大臣张之万、刑部尚书贵恒。他们是他的老师，但没有见着人。接着拜见薛允升，商讨他走后由谁接替他的乌布职务。再访军机大臣许庚身。许氏告诉他："此缺为海疆繁剧，上为缺择人，斟酌良久。"光绪对他寄托了希望。

要离开任职三十年的京师了，他必须处理两件事：一是拜别亲朋好友。为此，出京前，几乎日日召饭宴请。二是大女出嫁。召见后的第三日，即由叶尔恺（伯皋、柏皋）、朱霍生为媒，将长女许配汪大燮（伯唐）。

汪氏为钱塘大族。清末民国时期，汪大燮活跃外交政界，曾一度出任北洋政府总理。汪、沈联婚，因汪氏丧妻，早在沈家本得旨外任前，即已商妥。汪大燮致汪康年信函，曾多次道及。录出如次：

> 兄（按：指汪大燮）回京后，来说媒者纷纷，陈杏孙堂妹、宝渠太守女（年廿六岁）言之最力，子修、紫泉两丈之言尤力，其次则沈子（登）[惇]（湖州人）比部之女，年廿三，在京生长，言者亦众且力。沈实缺郎中，秋审处京察一等，道府在即，言在京则赘，出则按济云。兄意颇难决，吾弟能有以教我否？千万千万。在京开宅子甚不容易，而其势已必然，非大有依倚不可，现已姑以开年再说复之。[1]

---

1 《汪康年师友书札》，上海古籍出版社，1986年，第641页。

此书署定时间十一月廿七日。据“开年再说复之”，当为光绪十八年（1892年）。又：

兄回京后说媒者多而有力，说者甚至合多人向柏皋大作其揖，以期必成，柏皋颇为受挤，前函已略述之。兄行事总太老实，不及吾弟（按：指汪康年），伯皋远矣。陈氏女生长上洋，说年廿六，恐尚过之，一切皆难妥贴，兄以函商二叔为词。柏皋所说湖州沈氏较为相宜，……沈为湖州世家，子敦比部京察优等将外任，大致前函已略言之。据萧哥云，夏秋间陈仲英太守来京，曾与述及，言此女尚能持家，陈、沈亦内亲也。[1]

又述结姻过程云：

兄姻事早说定，因前妇未周年，八月廿四日缠红，原定十一月十八日娶，乃沈翁放天津，云出京在即，再三催迫，遂定九月廿四，于廿九移寓仁钱馆，为婚事也。……廿四赘姻之后，即住大安南营，将来来信即寄彼处可也。其居为潘伟如中丞居，与沈至戚，可免租云。[2]

笔者在此，之所以比较累赘地引述汪大燮的信函，目的有二：一是汪氏弟兄，不但是钱塘望族，且其思想属于当时的新派。沈

1 《汪康年师友书札》，上海古籍出版社，1986年，第645—646页。
2 《汪康年师友书札》，上海古籍出版社，1986年版，第665页。

氏求与汪氏联姻，显然不以其新派思想为忤；二是据笔者在北京石经山所见沈氏存留零星材料有《沈寄簃先生遗书》，刊刻、募集款项，其主持者赫然为汪大燮，可知沈氏这个女婿对他的作用。

九月廿四日，汪、沈联姻完毕。“署津守李公病甚，津令为李搏霄同年，催令早到省也”[1]。因此，他只好谢绝各种邀请宴饮，十月十八日将眷属暂留京师，只身先行赴任。

天津府隶直隶，直隶总督原驻保定。自同治九年十一月清廷设北洋通商大臣，由直隶总督兼任北洋大臣起，因天津地理位置的重要，清廷明令直隶总督，每年春融开冻后，移驻天津；冬令封海，再回保定。藩、臬两司，则常驻保定。沈家本赴任时，虽然天津尚未封海，总督仍驻天津，但要参拜两司，故先到保定。其时直隶一带，连年水灾，老百姓流离失所，满目凄凉。路过窦店打尖，费尽心思也买不到农村常见的鸡蛋，他感慨万端，赋诗记其事说：

窦店口占

莫嗤见卵求时夜，荒店先谋二卵难。
粗粝但能供一饱，何须苦恋大官餐。[2]

第二天，从松林店起行，又口占一首：

1 《癸巳日记》“十月十六日”条，《全集》第七卷，第816页。
2 《偶存稿》卷九，《全集》第七卷，第138页。

松林店早行

四更漏转策霜啼，雪净沙平月色低。

满目荒莱生计苦，连村到晓不闻鸡。[1]

还没有到任，他就体察了前途的艰难。

到达保定后，参拜藩、臬两司，呈缴吏部凭证。他久居京师，对外官的站班很不熟悉。拜见两司后，他颇为感慨：

久习京曹礼数宽，骤侪外吏整衣冠。

强持手版趋跄拙，细认头衔辨别难。

缅想昔年都会盛，幸逢今日海疆安。

循良遗迹仪龚遂，报最应惭咏素餐。[2]

向来所熟悉的京曹礼数，在这里已行不通，他要重新学习，辨认外官的头衔等级。不但如此，他还要学习与外国人交往的礼数。十一月初，他到达天津，在直隶总督李鸿章的催令下，正式拜印升座，接印视事。第三天，他随李鸿章到新医院出席招待洋人的宴会，首次大开眼界：

初九日下午六点钟，中堂在新医院宴客外国人，前往陪侍。到者二十余人，女医士亦在座。新医院者洋医学堂也。聘洋医为师，学（上）[生]四十人。院新落成，

1 《偶存稿》卷九，《全集》第七卷，第139页。

2 《偶存稿》卷九，《全集》第七卷，第139页。

张筵为贺，宴外国人。列长筵，中堂为主人居中坐。各国使臣暨司道以下，凡与宴者以次围坐。坐次预定，以纸牌写衔名，依牌自入坐，不让食。有食单。人各一器，一器至，人各自食，亦不让。酒五六种随意饮，亦不让。食毕，中堂即各散。[1]

这是他第一次接触西方文化，从饮食开始。以前在京师，他肯定看过洋人；读《申报》，对西方文化也会有一定的了解，但是没有直接接触的记录。这是首次，从此结下与洋人、西方文化的不解之缘。

（二）治尚宽大

从光绪十九年（1893年）冬至光绪二十三年（1897年）夏，沈家本任天津知府共三年半时间。《清史稿》本传说他"治尚宽大"[2]，但没有列举实例。《甲午日记》，有李鸿章派办遵化案记录，但未列内容。而乙未、丙申、丁酉三年日记又已失去。职是之故，他在津到底如何"治尚宽大"，无从稽考。《墓志铭》据以佐证为："津俗极剽悍，喜械斗。前守持之严，风少敛。公履任，以宽大为治。群不逞之徒以为可欺也，聚百人哄于市。公饬役擒其魁四人，戮之，无复敢犯者。"[3]津民闹市案，资料阙如，详情无法了解。不过，可以看出，沈家本在天津任职，非一意为宽，实际上仍然使用封建统治者惯用的宽猛相济的手法。

---

1 《癸巳日记》"十一月初九日"条，《全集》第七卷，第817页。

2 《清史稿》卷四百四十三，中华书局，1977年，第12447页。

3 《吴兴沈公子惇墓志铭》，《全集》第八卷，第978页。

《墓志铭》记录的另一件事是，他在担任天津知府期间，重建因同治九年“天津教案”而被烧毁的望海楼。楼成以后，民间流行各种传说。适在此时，又查获拐卖孩童人犯，而谣传传教士拐卖儿童正是“天津教案”的导火线，一时民气沸腾，大有一触即发之势。为了平息民愤，沈家本迅速查清案情，将拐卖孩童人犯立即处死。当时有人提醒他说，按照《大清律例》的规定，拐卖孩童没有使用迷药，不能处死刑。他回答说，这是特殊情况，不能以“常例”论处，坚持将罪犯处死。由于他的及时处理，很快就平息了民愤。因此，《墓志铭》说他“用律能与时变通也”[1]，就是说，他不拘守死条文，能按照不同情况灵活运用法律。

三十年刑曹阅历，使沈家本积累了丰富的办案经验。他临案不凭主观臆断，注重实地调查，和具有各种特长的人反复商讨，弄清案情，尊重书本而又不死守书本，因时制宜地灵活适用法律，这是难能可贵的。《沈寄簃先生遗书·寄簃文存》卷五《补〈洗冤录〉四则》所记对郑国锦一案的审理，就是一个明显的例证。下面将原文录出：

> 直隶天津县郑国锦，因奸商同奸妇王氏谋杀本夫刘明身死一案。缘郑国锦与刘明，先不认识。王氏系刘明之妻，刘明带同王氏并子刘黑儿，在天津县城寄住。郑国锦亦在天津，扎针治病。嗣王氏患病，刘明延郑国锦给王氏看病，医治痊愈。刘明即令黑儿认郑国锦为师，时常往来，郑国锦乘间与王氏通奸，刘明并不知情。光

1 《吴兴沈公子惇墓志铭》，《全集》第八卷，第978页。

绪十八年二月间，郑国锦至刘明家内，捏称有病，不能出外行走，王氏即留郑国锦在伊家住歇。因房屋无多，同炕睡宿。刘明、王氏一边睡歇，郑国锦与刘黑儿另睡一边。每逢集期，刘明一早出外赶集，郑国锦即与王氏续奸，被刘黑儿看破。刘明生气得病，即向王氏声称，病痊全家回籍。郑国锦恋奸情热，起意将刘明谋害。向王氏商允，乘刘明患病，假以针治为名，将其致死。遂与王氏向刘明劝说，给其针治，刘明不允。三月十七日四更时，郑国锦料知刘明病中无力，可以用强针治。时刘黑儿睡熟，郑国锦即起身骑压刘明两腿，一手揿住上身，刘明不能运转。王氏在旁看视，郑国锦在刘明脐上一寸部位禁针之水穴内，连扎三针。刘明声喊，刘黑儿惊醒睄看。刘明曾说，郑国锦与王氏将其害死。郑国锦将针拔出，刘明移时殒命。郑国锦将尸棺殓，捏称病故，通知尸兄刘长清来津。刘长清信实，带同刘黑儿将尸棺搬回原籍埋葬。郑国锦与王氏私自成为夫妇，一同过度。

旋经天津县访拿审供，详由臬司，扎委天津府检验。余时承乏天津，率同静海县知县史善诒、候补知县李应培，驰赴静海所属之杨官店村，督同李、史二令，饬令尸兄刘长清、尸子刘黑儿，指明已死刘明坟冢眼，同掘去坟土，起出尸棺，舁至尸场，开棺查看：该尸身皮肉销化无存，饬令仵作侯永等，将骨殖逐一检出，用温水刷洗净尽，如法检验。已死刘明骨殖，仰面顶心骨骨缝浮出，用丝绵试验，能挂。囟门骨近左现红色，向日光照视，如瓜子大一点，明透骨缝浮出，系应伤。又上下牙齿生成二十八个，脱落二十一个，内一个系旧日脱落无存，余俱存 。朽三个，其正中牙根并近左第一、二、三各牙骨，俱现红色，亦系应伤。委系虚怯处所受伤身死。检查郑国锦原供称，在死者水分穴扎三针。据医书内载：水分为禁刺之处，其为因此致死无疑。当即提同尸兄、尸子及犯、证人等，逐一明白指示，并令仵作，按件给予看明。郑国锦及郑王氏——即刘王氏，虽供词翻异，而顶心骨之浮出，囟门骨及牙根骨之现红色，当场饬令伊等细看，伊等不能狡混。随与到案人证一同具结。由府详司，旋经省局将王氏、郑国锦照律拟罪，结案。

按：用针死者，《洗冤录》但有“重竭逆厥”之名，而无验尸检骨之法。此案余奉扎后，即念事隔数年，势须检骨。而如何检法，无例案可凭，颇觉为难。因思凡人下体虚怯处受伤身死者，必有应伤见于上。《洗冤录》云：“凡伤下部之人，其痕皆现于上。男子之伤，现于牙根骨里。”又《备考》云：“肚腹、小腹，乃中焦、下焦，皮骨易溃之所，案经日久，无凭验视，惟检头顶骨、囟门骨居中至正处，确有圆围三四分许，红赤色。”又《疑难杂说》：“将人致死，经久尸肉腐烂，无迹可凭，但检囟门骨，必浮出脑壳骨缝之外少许，其骨色淡红，皆因罨绝呼吸，气血上涌所致。”此数说者，以理推测，当可援以为据。当经咨调京师仵作侯永到津，先向讨论，该仵作亦持此说。迨经检验，则牙根及头顶骨之红赤色，囟门骨之浮出，与所推测者一一相符，得以定案。可见事理贵能会通，未可以古书所未及，而遂忽略之。此案验法，为《洗冤录》所未载，故并案情详录之，以备参考。庶检察官不至无所适从焉。

附记

刘明所理之地，在村外半里许。开检时，系正月下旬，雪后冻未解，而坟内独未冻。询之土人，言此坟当下雪时，旋积旋化，群以为异。开棺时有蛇一条，蟠蛰其中，殆其地气独暖故也。

刘黑儿曾供称，伊父死后，伊拾得小纸包一个，内系水银。伊先不认识，郑国锦告知，是药虱之用。故承审官或疑是毒死，开棺时，先用银钗在尸骨胸前土内搅翻良久，细验胸前各骨，并无颜色，可决其非毒死也。[1]

从沈家本对这个案子的记录中可以看出，他对《洗冤录》既遵循又不死守。为弄清郑国锦的死因，他特从京师调来有经验的仵作侯永，一起查勘，一起讨论，最后不但使案情水落石出，还弥补了《洗冤录》的不详不尽。

（三）由来师克在人和

"天下兴亡，匹夫有责。""先天下之忧而忧，后天下之乐而乐。"这是传统中国士大夫的入世情结。古往今来，这种将个人命运与国家命运相维系的情怀，激励不少士大夫投笔从戎，将自己的智慧才华奉献国家。沈家本一生，虽然从来没有投笔从戎之举，但他的身上，深深地烙上这种传统的印记。从青年到老年，从刑曹到修律大臣，如此情绪，愈到后来愈是强烈。

1. 筹边慎莫付庸才——《续海防论》中法战争

由于天然地理位置，中国自古以来都是有海无防，尤其在技

1 《补洗冤录四则》，《刑法考（四）》，第 2193—2195 页。

术落后的古代社会，大海本身就是防。明朝以来，虽有倭寇入侵，都是小股干扰，无碍大局。1840 年以后，情况变化了，西方列强挟持先进的坚船利炮，从海上破关而入，海防成了中国存亡的生命线。从魏源起，中国士大夫们就倡议筹海。进入同光时代，用今天的话说，海防成了当日士大夫们或者说精英们的热门话题。

沈家本秉承先辈们的传统，早在英法联军火烧圆明园之时，就发出“感慨谁投笔，阽危欲请缨”的呼喊。在同光之际的海防讨论中，他不以位卑职微而敢忘忧国、置身事外。光绪五年除夕，在满城鞭炮声中，他伏案疾书，撰写《续海防要论》，倾注他对国家命运的关切。此文仅见他的日记，照录如下：

> 海防事宜既已得其要领，而经费宜筹不可须臾缓也。以中国地大物博，无事之时岁中筹措数十万金固自易易，原不必取供于地丁漕粮，致惟正之供不足以给度支也。又不必设卡抽厘，税及鸡豚，析及锱铢，朘削民之脂膏，以致闾阎受累，有民穷财尽之虞也。计自各省开设通商口岸，所榷之税，若能先与各国公使相商，妥立章程，我用我法，专以岁中所入用作海防，经费自能绰有余裕，惟在得人以经理焉耳。即如洋药一项，昔日因此致失和好，今人藉此视作正税，现将换[约]之时，何不即将此款与各国公使反复辩论明晰，每箱烟土入口加抽若干。即或虞价值顿昂，而吸烟之人既已视为性命，则须日耗多金，亦所弗吝。是所抽仍在吸烟之人，而于人贩运商之人固可依然利获三倍也。推之疋头烟酒以及杂等物，亦可仿照西例，参酌其中，一律加抽。在西商只求畅销得利，若能开诚心布公道，俾情意浃洽，心志悦服，未必

不允。此则取资于入口者也。至于出口之货，固以茶丝为大宗，然能普劝民间多为种植，善为饲养；及出售之时，又严饬经手之人，务拣选上等货物，然后售与西商，毋搀杂，毋作伪，则西商可以赚利，自必争相购办，而又轻其税以便销流。其或可以种棉开矿之区，悉本商力，以次第举行，则财源可裕而缓急可恃也。此则取资于内地者也。至于节流之法，又须统全局以兼筹。查今者税关所雇之洋人，轮泊所用之员役，非不时更调，即过于优崇。同一关吏也，或妻子房租有给；同一管驾，或薪水额外开支。试思岁中所入，只有此数，何堪若斯之滥费乎？夫当时事艰难之秋，在在需用，即涓滴归公，且虞不给。初不解何人倡此，以致为厉阶也。夫省有用之费，以成有用之举，理财者所宜首务也。今者言及海防，无不以经费难筹为虞，亦尝计及于此否？开财源，节财流，倘务财无成，兼筹则有济，其要在汰冗员、去贪吏而已矣。又如台湾一岛，其北则宜于茶，其南则宜于蔗，而麦稻二种则遍地皆宜。若广招徕，勤开垦，自用轮船招揽贩运，而于平安、淡水、苏澳、鸡笼各处皆设立总商，以为经理；商力不足，则朝廷拨帑济之，谅不数年，而税项又多一进数也。至于商船必须领牌，邮政又需创办，所有便民利国之事，历不举行，则经费□尚虞支绌乎？

然有可战之器，尤须得能战之人。欧洲诸大国，所以能纵横宇内，雄视寰中者，以战舰之内，上自督带，下至工役，无不经练习、慎挑选，量能授职，各当其才。微特驾驶之法，进退之宜，胸中了然无或能谬，即大敌当前，炮弹纷飞，波涛汹涌，亦能各守纪律。心志不扰，胆气自豪。故死生所关，胜负所系，视为固然，并无纷扰。以之守险而险可守，以之摧敌而敌可摧也。若中国炮船所有人员，工役则与之殊科，非全船雇用西人。而各官互相滥保，其视为名利之薮，蝇营狗苟以图得缺者，且更纷纷皆是也。夫雇用西人以资得力，在往来洋海捕盗缉私，勤能□著。试思，一旦中外失睦，有事战争，其所雇之西人将仍留供职乎？抑将听其辞去而置身局外乎？听其辞去，则仓猝之间安更得人以承其乏？虽有战舰亦成无用之器，甚且转以资敌。若仍留供职，又恐非我族类，其心必贰。此真事之万难委曲求全，而又不可不早为之虑及也。今之视轮船为名利之薮者固所在皆是矣。其最足□□者曰管驾，次曰大副，次曰管队。非不外观有耀庞然自大也。然试与西国之船主参观而并论，□特优绌立形，抑且贤否不侔矣。出其稍通各国语言文字，稍明驾驶机宜得失，固渺不可得。甚且有目不识丁，俨同没字牌之诮者，更何论战守之事乎！且其弊尤在于不耐劳苦，惟知嗜利。闻有船主缺出，则不吝以先出二三千金钻营谋干，及得补授，逞胸臆作威福，人役悉为更换，非有情面□进苞苴，不能仍留船中，故终日惟以营私罔利为事，而于操练巡防率皆故事。奉祈无事则欺蒙掩饰，有事则推诿溃逃。日本扰台之时，兵船水手潜逃回闽者无日不有。若仍不加整顿，可为寒心。今幸海晏河清，安抚如故。而每船抵埠，管驾诸贵人则登岸访友寻惟恐不暇。而大副官队亦相率效尤。惟略饬水手各司乃职。即船中有暇日□，惟偃息在床，未闻有一人振刷精神，督饬人役，按时操练也。一旦日影渐西，又轮流登岸，是更有何事可期尽心？此中国炮船之积习也。

然则救弊补偏，在力反其所为而已。管驾无幸得之人，则战守必能讲求于平日。阖船无冗惰之卒，则士气思奋。而又拔才能、优粮糈、严功过，勤训诲。(河)[何]船用于守，(河)[何]船用于战，安居之时如临大敌，规条必肃，器械必精；短于战者不妨用于守，长于守者不必用于战。尤须以时课其能否，明于水道，熟于沙线，遇风涛而知趋避，没深渊而不坠溺，老弱必汰，嗜好必除，凡倩人替代操演之习务使悉除，所用炮手惟令各管其炮位，若有妄燃虚击，立斩以徇。此皆制胜之要著，而善守之□事，尚豫筹于无事之日者也。[1]

这篇洋洋洒洒的海防要论，不见其著述，仅见其日记，是何原因，不得其详。[2] 本篇主旨可用两句话加以概括：发展资本主义经济以筹集海军经费；消除海军内部的腐败以提高海军的战斗力。这两个问题，触及当时海防的根本。

这样说，并非笔者偏爱过誉。此文完成于光绪五年除夕。查光绪三年海防议论，当时清廷定海军经费每年四百万两，到光绪三年应拨付一千二百万两。但实际情况是，三年只落实二百万两。传统的农业经济，不可能支付现代海防开支，这是极为浅显的道理。只有发展现代经济，以现代经济去支撑现代海军，才是出路。

---

1 《己卯日记》"除夕日"条，《全集》第七卷，第 685—686 页。

2 笔者曾推测，本文或代潘霨所拟之稿。文中述台事甚详，沈家本亦不曾到台湾。而潘霨在日本扰台时，为福建布政使，亲赴台湾调度防守事宜。由潘霨发表上述语论，实在再合适不过。

有经费还必须有治军之人，没有治军之人，由全国人民的血汗积聚的军费，就会变成腐败军人享乐之资。因此，筹集海防经费的同时必须整顿海军，否则即使投入大笔经费，仍然是有海无防，重蹈覆辙。

这是一篇切中时事的论作。接着而来的中法战争，极为残酷地为他的这篇文章作了注脚。光绪十年（1884年）七月的马尾海战，南洋水师全军覆没。他忧虑担心的事情终于成了现实。这还有什么好说的呢？内忧外患中，他只好把自己的思绪寄托诗酒。

拟老杜诸将五首

唐时郡县汉河山，五季抢拧始设关。
尚待金函颁日下，永留铜柱镇云间。
武襄壁垒秋风肃，黔国旌旗夕照殷。
自古岩疆承正朔，陪臣犹得觐天颜。

貔貅十万顿边城，五夜风清卷旆旌。
岂谓不曾逢一虏，哗然遂已走千兵。
漫嗟杀气蛮中恶，犹喜烟尘宇内清。
每听鼓鼙思将帅，临戎谁是李西平。

富良江外起狼烽，漏雨颓云战垒重。
夸诞未闻诛马谡，桀骜枉自斩刘封。
维州险隘虽云失，勃海储胥尚足供。
悉怛谋降须驾驭，莫教解甲事耕农。

麟阁何人姓氏标，日南兵气未能消。
经年毒雾沉丹徼，昨岁妖星动碧寥。
塞隧讵无左司马，漏师偏有寺人貂。
扶苓比景休轻弃，曾奉先皇玉帛朝。

连朝飞电羽书来，屶崱峰头画角哀。
江静血腥横岛屿，夜深磷火满楼台。
时危竟上平戎策，战苦难擎饮至杯。
九省兵戈方未艾，筹边慎莫付庸材。[1]

2. 几人移戍枕戈眠

如果说前述对海防的议论，还是隔岸观花之见，那么，就任天津知府第二年爆发的甲午中日战争，便给沈家本补上了实际体验这一课。天津是直隶总督兼北洋大臣驻地、中方指挥战争的中枢。他作为天津府最高地方长官，不可能置身事外。这一年的日记，详记了这次战争，是了解这次战争的第一手资料。国内外研究甲午战争的资料很多，很可惜，当日出自这位地方长官之笔的战争记录，一直湮没无闻，这实在是一件令人遗憾的事。为补甲午战争史的这种史料阙如，笔者将他日记中有关战事的重要记录录出。这些记录虽有超越本传记范围之虞，笔者以为还是很有必要。

五月初三日。朝鲜东学党滋事，占据全州道城。

六月十二日。朝鲜东学党滋事，国王为乞师，先

1 《偶存稿》卷九，《全集》第七卷，第130—131页。

派叶军门志超、聂军门士成统领七营前往。我兵甫至，贼即星散。而日人从而生心，陆续派兵万数千驻于汉城。我军在牙山相距二百余里。我驻朝使臣袁蔚亭观察，欲我军进扎汉城，中堂恐生事不许。叶欲移平壤亦不许。日欲朝鲜改易西洋服色，归伊保护，朝王不肯。俄、英转圜，日不退兵。前月二十六日，中堂有备战一摺，久未得消息。今日有电者，圣意决战。即日添兵前往。卫汝贵统盛字步队二十营，由鸭绿江（初意大同江，今大同江已有日船，故改道）；吴育仁拨四营，江自康统带，雇英国商船高升、飞鲸、图南二艘，载往釜山口。二十四日，图南二十开，飞鲸二十一、高升二十二开。图南江自康统两营，飞鲸所载之兵已登岸。二十三八下钟，高升至，为日舰拦截。先遣六人来，令开往仁川、船主不肯。六人去，即开炮将高升击中。广乙、广甲、济远三船护送，广乙系铁皮船，开七十余炮，惜船身不固，旋为日舰击沉。济远被日炮打中三百余下，船上官带方伯谦逃避船内，大夫、二夫连开两炮，旋被日炮轰毙。炮夫又开一炮，日舰始不追。铁皮广甲亦驶回。又操江运船一艘，载有洋枪三百枝，饷银四万，为日人连船掳去，并开。先于二十一，日人在汉城者打入王宫，御林出来抵御，轰毙日兵数十名，众寡不敌遂败溃。朝王、闵妃、大院君皆被掳拘禁。遂将中国使馆打毁，电杆砍断，故电报不通。此信由外国水电来，并闻日人已发兵攻我陆军。叶军在牙山无后应，危哉！

七月初二日。闻叶军在牙山与倭人三次接场，先小胜，后共杀倭人二千余，系二十五六日之事，聂士成之力居多。然军火不继，恐终难支持耳。中人之在日及朝鲜者，倭人之在中者，均归美国保护。

七月初七日，闻叶军廿七、初一两次失利，诸将存亡无的耗也。江自康两营大约全军覆没。毅军四营、左宝贵奉军八营已抵平壤，人少不敢轻进。盛军沿途逗留，日二三十里，至今未到平壤。统领卫汝贵贪而刻，军心不固，此军亦可危。海军则全无心肝。中堂以临敌易将，兵家所忌，故不肯更易。岁糜六百万，九年于战，竟不能得毫末之用，可叹可恨。

七月十一日。津道来召，病卧不能起。与李少云太守内室见。因今日电信，倭船二十二艘，昨日下午至威海，互击未敌（距炮台远），船回略驻，又西进，夜过旅顺，亦互击，未伤。恐其北窜，地方震动，欲办团以安民心。与少云约定明日序李搏霄至置公议。

七月二十二日。今晨得平壤电，言叶、聂二军门全军而出，将至平壤。所统尚存三千七百余名，伤亡者二百数十人。

七月二十三日。午后关道送来平壤电信，叶、聂二军的今晨安抵平壤（马玉昆发）。此与中国体面大有关系。

八月十三日。平壤电信，言左军马队渡江巡哨，遇倭兵千余，接仗伤彼六十余名，我兵伤者二人。又一日，卫军派队过江，甫渡一营，倭兵猝至，我军伤者二十余人，即退回，并将浮桥拆去。卫达三不听叶军门调度，卫欲赴前敌，叶阻之不止，致有此小挫。

八月二十一日，海军十一艘护送铭军赴义州，甫抵岸下锭，遥见倭船十二艘驶来。我船赶即生火。倭船排一字阵，我船分为两行（德人汉纳根在定远船上，拉同丁汝昌共坐将台，言今日你要走，我即将洋枪打你。丁迫于势，故未走）。副将邓世昌驾致远快船，将汽机开足铣机，放一鱼雷，四枪击沉其最后之大船，倭船四面环攻，又击沉其船二，致远船亦被倭炮击沉（邓世昌为英人在水中救起，一臂伤，未死）。两军互相开炮。方伯谦管带济远船先逃。经远、杨威二船子药放还，搁于浅，被倭人火弹所焚，或言失火自焚。济远船首先逃遁，致超勇撞为两截。倭人旋退去，盖子药亦尽也。我军剩船七、受伤者四，须修五礼拜。此十八日之事。十六日，平壤之师为倭人元山之军所袭，左宝贵阵亡，盛军溃，叶军亦溃，退至义州。聂军门时在安州，师少而全。马玉昆所统毅军未溃，军装亦未失，有炮七尊，亦亲自督同运回，当是庸中□□者。闻元山领事用重贿遣一朝鲜人密告平壤诸军，言倭军万五千人，由元山袭平壤，如以一军扼扬德，倭人即难退出，而平壤诸军不悟也。其败也，皆人人所预料及之者，而当轴不悟也。傅相奏请宋祝三军门总理奉省边防。宋言他军不听号令。须募三十营。不知旨意如何？

八月二十三日。德人汉纳根自海人回，带同受伤之德人四名见中堂，并言方伯谦之先逃。中堂始据以入告。丁提督乞病假，刘步蟾代理。

八月二十八日。方伯谦于昨日正法。

九月初二日。翁官保于昨晚到津，今晨例服见中堂，复至运署少坐。

九月初三日。翁宫保于今晨放棹回京。翁宫保之来，闻奉密旨。或言上有不信傅相之意，命来察看。或言太后命来安慰傅相，令好好办理，中朝不遥制。太后之意在和也。又闻翁有随员数人，分起来津，密查事件，亦不知所查何事。[1]

以上是甲午战争期间，中方指挥机构所在地地方长官的当日实录。从这些记录中，我们可以发现，字里行间，处处流露他的不满。每年花几百万金钱训练军队，但是危急之秋，人们看到的却是贪生怕死被德国军官用手枪逼上指挥台的将领、临阵逃命的军官；互不统属，互不配合，畏葸不前，自行其是的军队。种种丑恶，使他痛心，使他愤怒。而他只是一个小小文官，无法左右局面，只好将这些愤怒写入诗篇。

有感六首

辛廖未契八风龟，言发盈廷议出师。
指画局中推老算，牙开塞上等儿嬉。
雄罴合遣鬖狮搏，飞兔谁教跛鳖追。
回首湘淮诸将帅，不堪今日又听鼙。

汉家疆域属幽州，浿水初平四郡收。
天佑朱蒙开版宇，土分青社树王侯。

1 《甲午日记》，《全集》第七卷，第824—829页。

访求旧俗娴弓马，仰望中朝拜冕旒。
欲问荀杨遗垒处，萧萧风起荻芦秋。

大同江上水泓泓，飞渡何须缚木罂。
独有史儒能效节，公言杨镐不知兵。
碧蹄馆外军容墨，风月楼边杀气横。
养士金钱过百万，于思弃甲听舆评。

鼍矶岛接海云东，旌旆悠悠夕照中。
险列千山修壁垒，曲藏一水聚艨艟。
却看对马师方出，不道文龙帐已空。
争说乾元九节度，堂堂郭李亦无功。

大凌河外列营连，刁斗森严起暮烟。
有士从军横槊赋，几人移戍枕戈眠。
轻言决战唐房琯，垂老临戎汉马贤。
一夜数惊神志定，帐中高卧壁何坚。

休言绛灌战功多，引领三边听凯歌。
未见元戎求卫霍，已闻爱将戮樊何。
军冲能扼摩天岭，胜算难寻望海埚。
寄语塞垣诸父老，由来师克在人和。[1]

---

1 《偶存稿》卷十，《全集》第七卷，第141—142页。

甲午战争的失败，不幸又为他的海防论所言中。“养士金钱过百万，于思弃甲听舆评”，“却看对马师方出，不道文龙帐已空”，“一夜数惊神志定，帐中高卧壁何坚”，这是何等沉痛的语言。最后“寄语塞垣诸父老，由来师克在人和”，是他对这次战争的总结。甲午战争期间，清朝统治者内部矛盾重重，这是清朝军队失败的原因之一。但内部矛盾的根源是什么？他没有说下去，也说不出来。实际上，清王朝在甲午战争中失败，根本原因是专制制度本身。统治阶级的内部矛盾，军队的腐败，其根源都在这里。要使人的精神振奋，就必须改革国家制度。甲午的这种实际体验，不能说不是他后来变法改革的动力之一。

沈家本一生著述丰富，论兵文字则屈指可数。《枕碧楼偶存稿·文一》存两篇论文兼论人之文：一为《岳忠武恢复论》，一为《曲端论》。

《岳忠武恢复论》旨在驳斥岳飞用兵不能恢复北方领土、南宋再造是秦桧之功的论调。这篇驳论，以岳飞所处时代，金国君臣是否上下一心，金国宗族诸王是否毫无私心、都忠于国家，金国兵将是否仍如过去一样勇锐，南宋军队能否抵挡金之劲族，金国民气是否强于南宋民气，金国气运是否才兴盛而南宋的气运是否完全衰败等几个方面立论。最后得出结论说，这几个方面，均非不可恢复论者所说的那样，如执行岳飞的军事计划，南宋完全可以恢复北方领土。南宋的失败，关键在于秦桧“画淮之计既坚，言恢复者皆其所忌”，宋高宗“无恢复之心，甘以小朝廷求活”。所以，岳飞“恢复之策非惟不能用，且为其所忌”，终于被宋高宗和秦桧以金牌召回，加以杀害，恢复北方领土之宏愿遂化为乌有。[1]

《曲端论》一文，旨在辨明是非曲直，好恶惩劝。张浚和曲端都是南宋将领，曲端带兵在陕西抗拒金兵，为张浚部下。沈家本在这篇文章中，列举很多事实，论证了曲端的功罪，指出曲端“外刚而内忌，不欲人出已上分其功”，一生罪大于功，而张浚“知端之可用而不能善用端，浸淫于众人之口而不加深察，遂使端不以罪死”，而以谗言杀曲端，这是他颇令人叹惜之处。结论是：不能把张浚杀曲端，与秦桧杀岳飞相比。两者是非曲直各不相同。曲端死有其罪，张浚之过在于以谗杀曲端，而不以罪杀曲端。曲端虽然有罪，但是“持重严整，能与金人角”，如果张浚善于用人，让曲端独挡陕西一面，那么泾原可以不丢失，被金人占领的关陕之地也可徐图恢复。[2]

这两篇文章，以兵事论人，是否就甲午战争诸事而发，他自己没有说明，不过从“由来师克在人和”句来看，则颇有借古人之事论今之失的意思。

二、保定任上

光绪二十三年夏，沈家本由天津调任保定知府。保定是直隶首府、京师大门，地位十分重要，而且还要主持直隶发审局事务，因此公务之累，甲于天津。

这是一个思想大动荡的年代。在沈家本就任保定知府翌年，即发生戊戌变法。他的女婿汪大燮，是变法运动的支持者，大燮

---

1 《偶存稿》卷一，《全集》第七卷，第3—6页。

2 《偶存稿》卷一，《全集》第七卷，第7—8页。

兄弟汪康年还是积极的参与者。但根据现有材料，未见他对变法持何态度。从所存文字记载看，他既没有明确支持变法，倒向新思潮，也没有明确站在变法的对立面，基本是同情理解。另一方面，保定知府任内，因保定教案导致被侵略军非法拘留并险遭不测的经历，则使他终生难忘。

（一）穷则变，变则通

1. 积久法遂敝——保定府试

这个时期，沈家本虽然没有明确的变法思想，但由于自己所受的八比之苦，对科举考试，颇有变通的想法。外任天津知府，他就主持天津府试，调守保定后同样主试。光绪二十三年九月，保定郡试。试前的《九月保定郡试，率成长篇示龚达夫太守寿昌及襄校诸公》，初次流露他的这种变通思想：

直沽楝花老，郡试齐诸生。
清河菊方茂，诸生齐会城。
一年试两郡，俨亦持文衡。
此郡学十七，附以驻防兵。
济济三千余，锐志跻庠黉。
文字骤填委，五色真迷睛。
高轩集群彦，令誉何觥觥。
秦晋齐鲁吴，滇池共辽京。
太守斲轮手，渤海传家声。
襄校资众力，荟萃尤持平。
穷日费搜讨，午夜神屏营。
遗珠庶无憾，月旦符公评。

锁院清昼静，活火茶刚烹。
兴酣发狂言，四筵且勿惊。
国家尚文教，取士沿前明。
缅想初盛时，人人知治经。
克阐圣贤旨，颇撷诗书精。
发为经世业，廊庙多耆英。
积久法遂敝，违越先民程。
三通廿四史，高阁徒充盈。
剽窃与涂抹，土饭尘为羹。
矫矫蓬峤选，楷法尤风行。
浮华猎世誉，轻俊要科名。
持此以用世，所用非所能。
自治且未足，远略畴能胜。
故弦声不调，张之贵乎更。
穷通通则变，《易》义含恢弘。
因循玩岁月，异说将纵横。
及时各自奋，庶几道能兴。
我知庙堂上，柱石多忠贞。
愆忘固所戒，虚车亦当惩。
仔肩肯独负，风气开林烝。
闻者噤不语，但觉心怦怦。
蒿目亦徒尔，垒块消何曾。
白衣正送酒，且进龙头枪。
诘朝试事毕，霜气凝空庭。[1]

1 《偶存稿》卷十，《全集》第七卷，第142页。

按照他的说法，这是“兴酣”所发的“狂言”。“狂言”狂在对科举制度的批评。通过科举取用的人才，“自治且未足，远略畴能胜”。因此，他主张按照《易》之所云“穷则变，变则通，通则久”之义，加以变革。改革科举制度，是戊戌维新者们的一大变革措施。在这里，沈家本虽然没有提出具体的变通措施，但他显然是赞同对科举制度进行改革的。

通观他这一时期的文字，他似乎对“分科”比较感兴趣。戊戌五月十五日，百日维新正在进行之中。这一日，他读陆桴亭《论学校书》。日记将陆氏之论全录，且作按语，提出分科设想，今录如次：

> 陆桴亭《答郁仪臣论学校书》：
>
> 秦制：学法令者以吏为师。秦特法令不善耳，若法令而善，则学而后入政礼，孔子所谓“道之以政，齐之以刑”也。至汉则不然，虽有学校而无学校之制。听天下自为学术，而上之人从而杂用之。故汉治最杂，有用儒术者，有用黄老者，有用申韩刑名者。然汉虽未尝以学校教人，未尝以教法坏天下之人才也。晋唐以后则又不然。治天下初未尝文章词赋，而教人学作文章词赋，至于学成而售矣，则又使之委而弃之，而用吾所谓居官之法律。是学校之制，三代善教，秦不善教，汉不用教，而晋唐则又教坏人才而后用之也。
>
> 沈氏按云：
>
> 此一段论学校能得其本。今日时文即晋唐之文章词赋也。近奉明谕，改为策论矣。然策论而蹈共只与时文

何殊。且时文有法度可循，策论则支离掇拾，猝不能抉其是非。故看时文易，而看策论难。康熙年间，旋改旋废，其如此欤！今欲力洗蹈共之习，亦难责实而已。责实之道亦非一端，取其所长，略其所短，其在分科之法乎！[1]

从这段文字看，对于否定时文，他的态度是明确的。以策论代替时文，他也反对。用什么取代呢？他的意见是“分科”，但是态度并不十分明朗坚定。

2. 青山惨埋骨——戊戌挽歌

京城百日维新闹得轰轰烈烈。但是咫尺之近的保定，似乎并未受到什么影响。唯五月二十二日，光绪皇帝诏改各省大小书院为兼习中学西学之学校，以省会之书院为高等学堂，郡城为中等学堂。诏下一月有余，书院改学堂之风才吹到保定。时直隶绅士公函直隶总督荣禄，请将保定莲池书院改为省城高等学堂，畿辅学堂则改为保定郡城中等学堂。消息传出，堂中诸生哗然。荣禄将诸绅意见入告，而布政使与按察使意见不一。沈家本周旋其间，基本倾向是改为学堂。除此之外，他的日记，看不见保定的维新之风。他本人基本置身维新之外。八月初九日，西太后已重新垂帘三日，汪大燮从上海发来电报，请他派人将京师家眷接往保定，他还“不知何事”[2]。但是，当得到确切消息后，他对蒙难之人极为同情。八月十四日“是晨，闻杨深秀、杨锐、谭嗣同、林旭、刘光第、康广仁，已于十三日正法。党祸至此惨矣哉”[3]。“六君子”

1 《戊戌日记》“五月十五日”条，《全集》第七卷，第 838 页。
2 《戊戌日记》“八月初九日”条，《全集》第七卷，第 847 页。
3 《戊戌日记》“八月十七日”条，《全集》第七卷，第 847—848 页。

的刘光第，是他的癸未同年，当年会试，他中式第二百零三名，后面第二百零四名即为刘光第。而今同年横尸菜市口，他怎么会不感到悲惨呢。他同情，但似乎对变法又不甚理解。就在这则日记的天头，他赋诗以志哀悼，同时又认为他们为浮名而死，很不值得。其诗曰：

书事

之奇尽室行，伯玉近关出。
君子见机作，必不俟终食。
哀哉褦襶子，营营竞触热。
浮名婴网罗，羁绊曷遗脱。
自首竟同归，青山惨埋骨。
千秋万载后，畴秉董狐笔。[1]

“褦襶子”乃不晓事者之谓。他以不晓事者喻死难之人，以“浮名”而痛其死，看来他对变法运动的理解实在有限。但他毕竟是以心智促国家强盛的开明正直官僚，所以对他们的死难寄予深切的同情，希望史家能直书其事，留之青史。

（二）北关教案

就在变法期间，保定北关法国教堂被毁，教案发生。沈家本作为保定知府，全力投入这起教案的处理，前后时间二十二天。

1 《偶存稿》卷十，《全集》第七卷，第 144 页。

对这起教案，《墓志铭》这样记述的：

北关外有某国教堂，甘军过境毁之。公闻变，即偕清苑令驰往。而当路慑于外人之势，遽派员查办。于是教士亦电告其留京主教，百端要索，势张甚，卒偿金五万两，且与以清河道旧署。犹不可，以郡廨东偏为道署旧址，应划归教堂为辞，将许之矣。公独持府志龂龂辩，教士始无言以退。于是又知公于外交能守正不阿如此。[1]

有关保定北关教案资料甚少。笔者过去讲这个教案，也以这一段文字为据。但是，这段文字毕竟太笼统。因此过去说这段历史，也只好概而言之。

这起教案从发生到结案，历时不长。但是它为日后沈家本被侵略军拘留并险遭不测，埋下祸根。为此，笔者多年寻求本案详情。感谢沈厚铎先生，他向笔者出示乃祖《戊戌日记》。特别值得庆幸的是，这本日记还是现存沈氏日记中少有的亲笔手记。所记虽然是极难辨认的草书，但是它详细录下了本案的全过程。根据沈家本日记、《德宗景皇帝实录》，汇录本案如下：

1. 甘军滋事

五月十八日日记：

归署已日暮，正吃晚饭间，忽县中来报：北关外甘军打毁法国教堂，将洋人殴伤捆绑入营。饭罢，臬台传见。

---

1 《吴兴沈公子惇墓志铭》，《全集》第八卷，第978页。

即往。途遇张西园，约出北关弹压，嘱先往。即至臬署，偕马东园刺史同见。即同出北门，时阴云四合，大雨如注，势不能行。在光顺酒店避雨约两钟许。雨渐小，冒雨至甘军吴管带处。西园在彼。询悉：今日傍晚时，有甘军中营哨官何文海、刘万喜二人带领路过法国教堂门首，问一卖瓜小童："此何处？可进内一游否？"童云："可。"二人即推入进内。堂中人拦阻。不服，口角争殴。堂中人闭门将二人捆起。该哨勇丁闻信，纠众前往，打入堂内，将何哨官抢出，打毁门窗什物。洋教士杜保禄、华教士王海艺皆受伤。勇丁又将两教士及一工人拖至营中，势汹汹将欲焚堂。该营管带姚兴垒（旺），赴正定不在营，帮带刘姓前往弹压，勇丁始归营。清苑陈令赴该堂勘验，并至营中安慰两教士，劝令回堂，两教士不肯，非派兵百人护送不可。时已子刻，猝不克派兵弁目。先归署，作两禀，禀藩、臬二宪，丑初始安息。[1]

变法初起，西太后即拟策动政变。四月二十七日，任亲信荣禄为直隶总督北洋大臣，统辖北洋军队。旋调西北董福祥甘军入卫京师，归荣禄节制。保定北关教案，就是甘军入卫，途经保定，与教堂冲突所起。从上录沈氏当日日记看，教案之起，为鸡毛蒜皮小事。兵士对教堂颇感新鲜，想去教堂看看。从小童回答，可知教堂平日亦允许人入内观看。但是，因为这些人是当兵的，所以教堂不允许。甘军向以无纪律闻世，不让进则偏要进，最后打

1 《戊戌日记》，《全集》第七卷，第838—839页。

入毁物。一起教案即由此发生。

清政府待民如虎，对洋人则胆小如鼠。教案发生甚易，处理则十分困难。沈家本处理此案，看来是非常冷静的。接下来，是保定北关教案处理过程。

2. 送回教士

五月十九日日记：

> 三钟即起。五钟陈令来，言五鼓时已将两教士陪送出营，进城暂寓北街庆祥客店，其一人遣令回堂。即偕至臬署见，又偕至藩署见。臬台亦至藩署。藩宪言，已据昨禀电禀督宪矣。目前办法必须先将教士送回，再议了结之法。当嘱陈令将堂中人侯镇东找出，令伊劝驾。又派章令焘会同陈令先往堂中，将打毁门窗什物，眼同该堂中人开具一单存案。复赴吉祥店劝教士回堂，言非有兵役不可，并欲在该堂门首扎两帐房常行以保护。向张西园相商，而西园不肯。言非奉帅谕不能派兵。经臬台往说，西园始允派二十人、保易军派八人，在该堂常以驻扎。陈令复往劝驾，教士始允回堂。旋以天晚，兵役不齐，言定明日午前十钟护送回堂。[1]

将毁坏门窗什物登记存案、劝教士返回教堂，处理井井有条。但是拿鬼容易送鬼难。甘军可以强力将他们捆到军营中，送回去就费周折了。洋人们有治外法权保护，俨然太上皇，连皇帝都怕。

---

1 《戊戌日记》，《全集》第七卷，第839页。

甘军这一时之忿，又能把他们怎么办呢？谚云：吃不了兜着走。甘军吃不了，但是兜着走的却是地方官。

五月二十日，谕旨下发荣禄：

谕军机大臣等，电寄荣禄，保府教堂，被董福祥兵毁坏，两教士被殴，带至营中。法使已照令总署。荣禄电称，此案由外设法拟结，着即赶紧办理，务须速了。省城重地，甘军勇丁，何得任意滋事。并着转电董福祥，认真弹压，以后如该军别有滋闹情形，定惟该提督是问。[1]

这样严厉的命令，荣禄不敢怠慢，不但急催保定，而且亲自从天津派人帮同办理。

五月二十日日记：

晨赴臬署，见藩台亦至。津电来，令先多派兵役送教士回堂，并派张道莲芬帮同办理，与现在所办相合。归署得教士为函，言保伊命方肯回去。余恐其藉此延俄，即亲赴庆祥劝慰。该教士忻然归。陈、章二令送往。初议教士归后，陈令偕姚管带前往见面，即可解释前嫌。而教士不欲姚往，盖欲藉此要挟，一见面反不好说也。侯镇东言，堂中有电予总教杜国良（按：疑日记有误。北京天主教大主教时为樊国梁[Pierre-Marie-Alphonse Favier]，本年一月三十日到任），明日十钟电来，当有说

1 《德宗景皇帝实录》卷四二〇，《清实录（五十七）》，中华书局，1987年，第502页。（以下简称《光绪实录》。）

法。姑俟之。亥刻，臬台已传见，津上又来电，催令速了。已拟一电，令往与藩台商定即发。同见者东园、瑞伯、任侯，即偕往藩署，将覆电商定。[1]

3. 初次谈判

二十一日日记：

晨，张西园来。又赴臬署见臬台，言：昨日督电添派姚道文栋来，我等必须先办有眉目，方不落人后。令即往与教士面议此事。午后约同梁敬之太守、马东园直刺、陈、章二令，及西园城戎，于五钟至该堂。询知该堂京电才到，即与教士晤面。杜保禄将京电持示，乃法文，无人能识。据杜言，樊总教电称：第一款，滋事勇弁须惩办，我不要他脑（戴）[袋]，我不要他性命，但照《大清律》办，我不要利害声名。第二款，教堂在北关外，从前常有兵勇滋事，中国官员势难保护，要在城内给予有住屋地基一处，将该堂互相换掉。第三款，移堂之时，要地方官护送进堂，不要人说我外国人害怕跑了。第四款，我教士受伤不要养伤之费，夫役受伤要给养伤费。第五款，打毁门窗什物要赔偿。能如所请，即可在外议结。当与诸君进城，先至藩署见，令将此议请臬台拟电速发。遂至臬署将此议禀明。归来在上灯后矣。是日张观察自津来。

1 《戊戌日记》，《全集》第七卷，第839页就1860年代出现的诸多教案而言，樊国梁的五款条件，并不为苛。五款的关键是第二款，其他各款很难说它不公道。撇开传教性质不说，就此了结，并不算太失体面。问题出在天津来人身上，特别是二十二日手执荣禄令箭的姚文栋，也就是《墓志铭》所云“当路慑于外人之势，遽派员查办”的查办人。我们且看他以后的日记所记。

4. 不矜畴与汝争功——总督特派员

五月二十三日：

> 往拜姚观察。即至藩署。臬台、张、姚观察先后至。姚本定九钟赴教堂，直至午后始往。姚虑前日所议未经开单，或有反覆，故前往索一单来。酉刻，赴臬署。藩台，高道台，姚、张二道先后至，张西园亦至。姚取索单大致相符。惟第二款改为要公所地基，其意不可测。其单系半开红纸，亦何足为据？而姚之意得甚。公拟与中堂发电，姚主笔，作为初次定议。藩宪将“初次”二字删去。姚意不怡而未发也。散时亦已上灯。[1]

同时，清廷再次电谕荣禄云：

> 谕军机大臣等，电寄荣禄。保定教堂一案，前谕荣禄，赶紧查办，迄今尚未据覆。现办情形如何？已否了结？

---

1 《戊戌日记》，《全集》第七卷，第840页。

着即日电奏。[1]

以往教案，都远离京城。这次不同，在家门口，而且是甘军肇事。所以，清廷不能不急。但是，你急你的，保定官僚内部却不急在了结，而急在争功。

五月二十四日日记：

早六钟，臬台来函言：中堂覆电来言，所议五条，当妥即照议速结。令八钟赴藩署会商未尽事宜。七钟出门拜张观察，见。又至丰备仓一看，即赴藩署。姚先至，臬台良久始来。坐次，言及移堂。余言：既许移堂，必有地基以应之，丰备仓似可作备选。姚云：此意不可露，如欲如此办，我即不管。姚又欲一人独发一电。其意欲将教士等先借一地以居之，事结后再与磋磨，盖欲一人居功，而将为难之事诿诸地方也。藩宪言，一人独发电，中堂将疑我等有意见，发电亦须联衔。龂龂相争，历巳午两时之久始联函发电。

饭后，往见臬台言：姚公早晨来谓，此事为府县办糟。此后会议，不可令府县知。臬台与之辩论数回，并欲一人发电，阻之不可。午前在藩署委曲牵就而始肯联衔。其意盖谓移堂一事不可骤允之也。然其初到时曾言此五者皆不可不允，不允反觉小气，何其自相矛盾也。余谓：移堂一事，前此开议时并未允许，而姚到堂中即

1 《光绪实录》卷四二〇，《清实录（五十七）》，第506页。

慨然允之，此时何从挽回？闻伊明日欲遣翻译生询赔费数目，必须令陈令偕往，方与初议不断气。否则，如侯镇东者不羁縻之即生枝节矣。臬台以为然。瑞伯言，姚到堂中大声言，此事皆由府县保护不力，中堂派我来查办，府县皆须参处。杜保禄云：微府县之力，我等无命矣。姚又言：中堂命我来专办此事。杜保禄云：甚好，即请定议。姚则又言：移堂之事，尚须商之府县。是日酉刻，姚连得堂中两书。前一书我等赖有府县保护，万不可将府县参处。后一书则要淮军公所及旧道署内，予一处与教堂掉换。姚得书大窘而赴藩、臬两处，商定如何覆之。臬台云：伎俩毕露矣。近来熟悉洋务大率如此等辈，人才之乏，可胜浩叹。[1]

5. 京城结案

五月二十五日（日记）：

赴臬署见。臬署言：今晨得中堂电，此事已在京议定，可不必聚讼矣。中堂电言：前因杜教士有须候樊主教覆电之语，当派胡直牧良驹入都，与樊主教面商办法。兹按胡牧电，樊主教云：第一款，教士受伤自医，无庸给费。惟夫役伤三名，每名给百金。第二款，教堂门窗被毁并遗失各件，无须赔偿。惟北关地势孤悬，拟向城挪移，将清河道旧署互相调换，不给改造迁移之费。第三

1 《戊戌日记》“五月二十四日”条，《全集》第七卷，第840页。

款，滋事勇丁、哨弁，照中国军律惩办，地方官免议，移堂之日，请府县设筵款待以彰交谊。樊主教一面照会公使自行议结等语。查与该司等所议大致相符。有恤费而无赔偿，亦为省便。已饬胡牧告知樊主教转电杜教士遵照，望即依此议结，切速具电以凭电奏。

时藩宪亦在座，言昨日姚之窘状。臬台言，君等今日即往与定议。因侯镇东为姚招往，当约四钟前往。届时与敬之，瑞伯、任侯四人赴堂，知伊堂电未至（北河电竿坏），当将津电说与杜听。杜言：既在外议决，何以樊国良又在京如此办。惟中国有上司，我亦有上司，樊主教即我之上司。既如此说，我亦无可说，惟须俟电到看相符合否。旧道署亦须勘视一番，再行定议。[1]

六月二日，保定北关教案由荣禄派人在北京画押签字结案。在办理过程中，沈家本在案发后即赶赴现场，制止事态的扩展；然后多次与杜保禄协商，让他先回教堂；最后，据樊国梁提出的善后意见，计划用丰备仓地址与教堂掉换。这就是他的全部方案。但是，他的方案被姚文栋搅乱。保定不能速结，荣禄派人到北京与主教樊国梁结案。结果，掉换的地址不是丰备仓，而是清河道旧署；赔偿也由原来工役每人百金，变为五万金。这样的结局，荣禄很满意：“赔费既少，地方官又免参处，办理甚属持平。”[2]清廷也很满意：“谕军机大臣等，电寄荣禄。电悉，教案办结，尚属妥速。甘军驻扎保定，诚恐日久生衅。着就保定省北涿州一带

1 《戊戌日记》“五月二十五日”条，《全集》第七卷，第840—841页。

2 《戊戌日记》“六月初二日”条，《全集》第七卷，第842页。

地方，酌量移扎处所，与董福祥电商妥办。”[1] 但是沈氏不满意：“省中业已办有眉目，何至以道署遽予之耶？政令如此，可发一叹。”[2]

6. 荒祠寂寞英灵护——地界交涉

案子已经签字画押，沈家本再不满意也无法挽回。剩下的问题就是划界交割迁址。道署后面有坟庙一块，不属道署旧址范围。前面有东西科房马号。他带人先行丈量。除去这前后两块地方，道署面积为十亩零六厘，房一百三十四间。凝望这片土地，他的心潮起伏，实在不愿将它交给教堂。但是，荣禄所派胡良驹，带着从北京来定界的教士林懋海已到保定，局面已无法挽回。为保留署后坟庙，他和林懋海之间就墓地是否归属道署旧址进行辩论：六月初八日，“至旧道署，与法人林懋海定地基界限，龂龂者甚久。”[3] 他以康熙名臣韩菼为道署所撰碑文为据，证明坟庙不在道署范围之内。在他的辩驳下，双方始议定，将署前东西科房马号，以及署后民房官地一块，共二亩九分七厘，与道署十亩零六厘，合计十三亩，与教堂掉换。《墓志铭》所云：教士“以郡廨东偏为道署旧址，应划归教堂为辞。将许之矣。公独特府志龂龂辩，教士始无言而退”[4]，即指此地之争。议定回署，思绪万千，夜不能寐。起来挥笔作诗，记下这次争议：

清河道旧署建于康熙四十一年，有韩文懿公菼碑文记事

慕庐文笔擅当时，剔藓剜苔共读碑。

---

1 《光绪实录》卷四二一，《清实录（五十七）》，第 515 页。

2 《戊戌日记》“六月初二日”条，《全集》第七卷，第 842 页。

3 《戊戌日记》“六月初八日”条，《全集》第七卷，第 842 页。

4 《吴兴沈公子惇墓志铭》，《全集》第八卷，第 978 页。

闲坐豆棚诸父老，争将旧事说康熙。[1]

六月初九，法国教堂迁往道署。他到教堂新址，按约定派人护送教士进城，并设席为贺。历二十二天，教案全部结束。

回到署中，在夜深人静之际，他浮想联翩。他回想这次教案的全过程，由教案想到国家民族；由国家民族，想到身居庙堂的官员，想到各级官吏。痛心疾首之余，磨墨吮毫，挥笔赋诗，发泄他的愤慨。

六月初九日书事

铜虎符分使廨雄，枉将经始记韩公。
许田璧假谋何狡，汉寺经来事讵同。
及此竟非孤始愿，不矜畴与汝争功。
临漪亭北莲池侧，遗碣摩挲夕照红。

景教东来孰厉阶，枉申高议众相排。
和宫远仿唐祆寺。邸第弘开汉稿街。
鼍吼但闻长夜鼓，虎头空忆旧时牌。
荒祠寂寞英灵护，留得清阴覆古槐。[2]

教案办结了，没有给他记过，当然也不会为他记功。但是，他的心情不能平静。他幼读诗书，受儒家思想熏染极深，始终对

---

1 《偶存稿》卷十，《全集》第七卷，第 143 页。
2 《偶存稿》卷十，《全集》第七卷，第 143—144 页。

洋人没有好感。但拿洋人的某些生活行为与清朝官场行为相较，他又对后者感到可叹可恨。如在教堂搬往道署新址之时，教堂“一草一木皆不动”，交给清朝官方。而营务处搬运旧道署杂物，“活树一株亦锯去。相形之下，可发一叹”。[1]

还有，该年九月，董福祥甘军又在芦沟桥与修铁路洋人相斗，起因仅为一条巴儿狗。“洋人有一小巴儿狗，甘军索之不与，以致互殴。”最后甘军占铁路，“女鬼子用枪放伤甘勇二人，甘军群起将车站打毁，枪毙工匠一名，洋人亦受微伤”，导致“洋人全数回津，停工不做”。在他看来，“洋人之骄横，甘军之滋事，皆可恶也”。[2] 内治败坏，外患深入腹心。他对当时的时局看得非常清楚，但他没有解国家民族于倒悬的力量。

（三）《刑案汇览三编》

戊戌政变后，荣禄内调，直隶总督改由裕禄担任。沈家本得裕禄之信，被举荐。光绪二十五年（1899 年）三月，光绪皇帝下诏引见：

> 裕禄奏，敬举贤能各员，请旨录用一摺。除道员杨文鼎业经存记外，直隶试用道任之骅，候补道汪瑞高、黄建笎、吴廷斌、王仁宝，保定府知府沈家本，天津府知府荣铨，候补知府李荫梧、梁丹铭，候补知州秦奎良，候补知县曹景郕，记名提督郑才盛、梅东益，大沽协副将

---

1 《戊戌日记》六月初八日条，《全集》第七卷，第 842 页。

2 《戊戌日记》九月十五日条，《全集》第七卷，第 850 页。

韩照琦，着分次给咨送部带领引见。[1]

这是分次引见，直到九月，他才应召进京。从光绪十九年离开京师起，屈指算来，已届六年。再次回京，而且又是觐见光绪，所以他的情绪很好。《重到京师》可见其喜悦之情：

几日霜风速我行，西山爽气若相迎。
江湖更作觚棱梦，尊酒重修主客盟。
燕觅故巢偏冷落，马寻熟路尚分明。
者回未听玲珑曲，畴与殷勤唱渭城。[2]

亲朋相迎，旧僚相驾，虽然年纪老了，仍然算是春风得意。二十五日，光绪将他召见，命他仍任保定府知府，“以道员尽先即补”[3]。

1. 静里听松见道心——人生思索

沈家本自来多病，这次进京，旅途风霜加上京师应酬，回到保定，他就病了。病榻之上，追忆自己六十年生涯，思绪万千。迟暮之年，油然思乡，他赋诗给留在家乡的亲人沈云抱：

病中思乡颇切，率成七言十绝句，寄示云抱

病肺尝吟工部句，养身未熟长桑书。

---

1 《光绪实录》卷四四一，《清实录（五十七）》，第810页。
2 《偶存稿》卷十，《全集》第七卷，第145—146页。
3 《光绪实录》卷四五一，《清实录（五十七）》，第960页。

官斋拥被难成梦，却忆青山有敝庐。

夕阳影上驿西桥，如许风光拍手招。
春水鳞鳞山鬌鬌，还从惨绿数芳韶。

楼上看山寒扑面，双苕溪上是吾家。
芒鞋重踏溪山路，第一先尝紫笋茶。

关心妙喜山中竹，莫笑清贫太守馋。
可是无田归亦得，为他苦笋脱朝衫。

老桂先公亲手植，欣欣生意早秋天。
木犀香至曾闻否，好与同参五味禅。

静里听松见道心，小轩还是读书林。
旧围解带谁量得，历尽冬春雨雪侵。

笼鹅巧仿龙皮扇，搏蟹轻摇鸭嘴船。
携得芷畦残帙在，好将土物续遗编。

牢落人生五百年，摩挲铜狄意凄然。
灯前苦忆东坡句，风雨匡床久独眠。

手泽书存盥露披，礼堂审定复何时。
阿咸念汝多辛苦，黄卷青灯夜课迟。

午枕暂抛书帙乱，丁帘不卷药炉香。
欲知乡思今多少，梦绕龙山闸水旁。[1]

老年思乡，已是人之常情。更遑论老病交加，乡思更切。读了这十首诗，仿佛使人觉得，他已回到家乡，抚摸着家乡的一草一木，漫步在家乡的青山绿水之中，翻阅着先祖先公的页页文稿。这是他思念家乡最深的一组诗。多年的归田之思，在病榻上得到最深的表达。

在病中，他反思历史，以自己六十年生活的体验，对各种自然现象的观察，凭着赋诗，阐述自己对国家兴衰治乱、是非得失的观感。

借史以论治：

偶然作十首

（其一）
秦皇举六合，写放诸侯宫。
阿房筑咸阳，属之雍门东。
营建正亟亟，璧遗山鬼逢。
二世萌侈泰，欲竟先人功。
广集骊山徒，督责犹未终。
项王西入关，一炬光熊熊。
土木与兵戈，天人潜相通。

1 《偶存稿》卷十，《全集》第七卷，第 146 页。

茅茨土阶上，帝德何其崇。

（其六）

张汤性阴鸷，鼠磔任智数。
郅都称公廉，鹰搏少平恕。
汉初敦朴风，陵替世不悟。
我读酷吏传，终篇见深虑。
网漏吞舟鱼，古人示大度。
治道纵劫持，谁能禁怨怒。

咏物以言害：

（其四）

蛇医一寸腹，衔冰竟吐雹。
蜂虿尾渺小，辛螫亦有毒。
慎毋轻细微，巨害每潜伏。
常流见若咫，悠忽无远目。
所贵防未然，先几哲人烛。

咏水、油、泥的关系：

（其五）

水油不相入，水沉油则浮。
水泥易相合，水浑泥必稠。
莫恶水上油，油去水可留。
莫患水中泥，泥澄水仍浏。

不澄亦不去，秽浊终为忧。
静言验物性，毋忽泥与油。

借事以明志：

（其八）
昔闻卖饼师，天怀本清旷。
腹果闭门卧，笛声发高唱。
邻有阳翟贾，叩门来相访。
深心付重寄，千金启宝藏。
自此勤钩稽，筹算构意匠。
笛声更不闻，营营走俗状。
清夜矍然悟，敬谢主人贶。
归来甘穷饿，四壁物无长。
卖饼多余晖，笛声复悠飏。
陋巷何萧条，吾真幸未丧。

借物以明已不随流俗：

（其十）
桂树从南来，植之于西园。
经秋蕊皎洁，入春枝披翻。
纵逐候荣悴，不受人寒暄。

高柯本离俗，勿共凡庸论。[1]

他据传统思想材料言修身、论治国，从一个侧面表述他的世界观，也从一个侧面反映出，在新学旧学已剧烈交锋的19世纪末，他的基本思想坐标仍然是旧学。

2.《刑案汇览三编序》——旧说与新（法）理

早在刑部任职期间，沈家本就准备续纂《刑案汇览》。调任天津后，他将一应材料带往任所。这一年，《刑案汇览三编》杀青。《刑案汇览》向被论者视为有清一代之治法。瞿同祖先生的名著《中国法律与中国社会》，便多取材于此。《刑案汇览三编》，承《刑案汇览》和《刑案汇览续编》之后，汇道光、咸丰、同治、光绪四朝刑案于一篇，为四朝治法之鸿篇巨帙。编纂告竣，沈氏为之序曰：

> 《刑案汇览》，前编六十卷，续编十六卷，纂订者会稽祝松庵，刊行者歙县鲍季涵也。前编所集，有说帖、成案、通行、邸抄，以及《所见集》《平反节要》诸书；而以说帖为最多，约居四之二，成案居四之一。续编所集惟说帖、成案、通行、邸抄，而无他书。成案居四之三，说帖仅十之一，其中有道光十三、十四等年交馆之案。当时核复未具说帖者五十九件。此两编纂订之不同也。
>
> 从前刑部遇有疑似难决之案，各该司意主议驳，先详具说帖呈堂，如堂上官以司议为是，由司再拟稿尾（复

1 《偶存稿》卷十，《全集》第七卷，第147—148页。

外省之语曰稿尾)，分别奏咨施行。若堂上官于司议犹有所疑，批交律例馆详核，馆员亦详具说帖呈堂。堂定后，仍交本司办稿，亦有本司照复之稿。堂上官有所疑而交馆者，其或准或驳，多经再三商榷而后定，慎之至也。道光中，渐有馆员随时核复，不具说帖之事。去繁就简，说帖遂少。光绪庚辰以后，凡各司疑难之案，一概交馆详核。于是各司员惮于烦也，遂不复具说帖，馆员亦不另具说帖，径代各司拟定稿尾，交司施行。自是馆事日繁，而各司多不讲求，因有人才牢落之叹。虽经堂上官谆谆告诫，而积习相沿，未之能改，故说帖亦寥寥罕见，所可采者，惟成案矣。

余官西曹三十年，癸未秋在奉天司主稿，凡议驳之案，必先具说帖，或拟定稿尾，再请交馆。奉天辖东三省，该省官吏，多不知刑名事，每年应驳之稿，有多至百余件者。余固不敢惮烦，而同司僚友亦互相讲求，颇获切磋之益。夫刑名，关系重要，其事之蕃变，每千头万绪；其理之细密，如茧丝牛毛，使身膺斯责，而不寻绎前人之成说，参考旧日之案情，但凭一已之心思，一时之见解，心矜则愎，气躁则浮，必至差以毫厘，谬以千里。往往一案之误，一例之差，而贻害无穷，岂不殆哉！《汇览》一书，故所以寻绎前人之成说，以为要归；参考旧日之案情，以为依据者也。晰疑辨似，回惑祛而游移定，故法家多取决焉。

顾或者曰：今日法理之学，日有新发明，穷变通久，气运将至。此编虽详备，陈迹耳，故纸耳。余谓：理固有日新之机，然新理者，学士之论说也。若人之情伪，五洲攸殊，有非学士之所能尽发其覆者。故就前人之成说而推阐之，就旧日之案情而比附之，大可与新学说互相发明，正不必为新学说家左袒也。

鲍之《续编》说帖，迄于道光十七年冬季，成案迄于道光十四年，通行迄于道光十八年秋季，邸抄迄于道光十八年九月。自是以后，无人续纂以接其绪。鄂省刻有一编，所采仅咸丰、同治两朝，亦未完备，与鲍书不能相接。余尝得抄本《驳案集成》一书，起道光十八年，讫三十年，凡三十二卷，系律例馆原本，不知为何人所编，实可以接鲍书之绪。又得抄本道光十八年以后之《馆稿》八册，可以补《集成》之未备。光绪戊子秋，余承乏律例馆，复得裒集咸丰、同治、光绪年事，如是者五年。癸巳秋，擢守天津，不复与馆事。尔后见闻遂寡，间采通行数件，他未及也。丁酉夏，调守保定，省中诸幕僚见此书，咸怂恿付梓，因复手自校订，除繁去复，排比成书，凡一百二十四卷，颜之曰《三编》，志与鲍书相接也。官事冗迫，暇晷难得，灯炧饭罢，搦管吮毫，辄自笑曰：何不惮烦也！光绪己亥秋日。[1]

《三编》辑成，当时并未刊版。1907年，他汇集多年论说，成《寄簃文存》八卷，将这篇序列入，编后又加上一段话：

此编抄撮于京邸，编订于天津、保定两郡署。见者

1 《刑案汇览三编序》，《刑法考（四）》，第2224—2226页。

谓宜公诸世，余方筹剞劂之资，旋值庚子之变，事遂中辍，忽忽又八九年矣。今日修订法律之命，屡奉明诏，律例之删除变通者已陆续施行。新定刑法草案，虽尚待考核，而事机相迫，施行恐亦不远。此编半属旧事，真所谓陈迹故纸也。芟薙之功，待诸来日，姑记其缘起于此。丁未仲冬。[1]

新理为学士的论说，旧案为中国人情之综汇。推阐前人之成说，比附旧日之案情，新的学说互相发明，融中外法理于一炉，这正是解决中国近代法律去从的关键。很可惜，沈氏约略理解的这个问题，后来又被他自己所否定，以“故纸陈迹”而置之箧簏。他虽然想“待诸来日”，但来日落了空。时至今日，这样的鸿篇巨帙，仍然束之高阁。笔者1980年代得见是篇，即发愿心，将其刊版。时光荏苒，发愿近二十年，资金无着落。虽四处呼吁，不过徒唤奈何而已。

（四）留得余生供读律

庚子之变，是中国近代史上的奇变。国难沉重，沈家本本人也和国家一样，命悬一线，差一点惨死侵略军的刀下。这次事变，对他刺激至深，有着刻骨之痛。但是，各种记述都极为简略。《墓志铭》云：

拳匪之变，萌于山东，蔓延于畿辅。民初有私习者，

1 《刑案汇览三编序》，《刑法考（四）》，第2226页。

公辄侦得其首要，重惩之。俄而朝贵多为所惑，卒不可遏。保定密迩京师，故受祸尤烈。英美教堂相继被毁。公时已升通永道，擢山西按察使，未及行而两宫西狩。联军入保，大肆搜索。某教士衔公前争郡廨之隙也，则诬公附和拳匪，百计中伤之，卒无佐验而难解。[1]

民国年间出版的龙顾山人《庚子诗鉴》，有诗一首、注一条，叙述沈氏被联军拘留原因及释放经过。现予录出：

自焚祆宇避锋机，瓜蔓宁知惹亦非。
留得余生供读律，当时台柏幸卑微。

沈子敦侍郎时官直臬，与邵民（按：廷雍，字邵民，时为直隶布政使、护理直隶总督）等同被逮。盖因其前官清河道时，有教堂在道署旁。沈恐惹拳祸，劝教士等徙出，而自焚之，以召此尤。西酋讯问时，有教士在侧。沈曰：若当日意在仇教者，君等那得留命在此。于是释之回署，仍命洋兵监守。廷等则囚于北关教堂。久之，乃宣布廷与奎正三人之罪，判即正法，由四国兵队于教士被害处行之。臬司沈罪轻于藩司，其官职卑微，然亦定有过犯革职。寻磋议改为革留，故得内用，官至法部侍郎、修订法律大臣。[2]

两处记述，前略后详，然似皆有小误。《墓志铭》认被逮之

---

1 《吴兴沈公子惇墓志铭》，《全集》第八卷，第978—979页。

2 龙顾山人：《庚子诗鉴》卷四，文海出版社，1966年，第45页。

因为“某教士衔公前争郡廨之隙也，则诬公附和拳匪，百计中伤之”，似不如《庚子诗鉴》的“沈恐惹拳祸，劝教士等徙出，而自焚之，以召此尤”为确。但是，自焚在署旁教堂的说法亦不确。据有关资料，当时是拆毁教堂。为明了沈氏被逮的前因后果，以及关押的情况，笔者将手中材料整理如下。

侵略军进入保定后，逮捕几名清朝官员，沈家本身列其中。他们不经清廷，自行判决处斩清朝官员，仅沈家本一人幸免于难。八国联军战争期间，由侵略军自行其是，任意处决清朝官员，这是绝无仅有之事。因此，叙述沈家本被逮，不能离开这次集体被逮、被斩。而要知道这次集体捕杀之因，不能不先述义和团运动期间保定的局面。

1. 混乱中的保定城

有关义和团运动期间的保定局面，笔者所见最为详细的材料，是成书于光绪二十七年八月的刘春堂所撰《畿南济变纪略》。该书第一篇《廷方伯济变事略》，记述保定情况颇详，照录如下：

> 方伯，名廷杰，字用宾，满洲正白旗人。微时家贫，尝为童子师以自给。光绪丙子成进士，由郎中简放承德府知府，荐升奉天府尹。二十四年擢直隶布政使，精勤好察，外间铢两之奸，皆知之。事必躬亲，黠吏束手。期年之间，核人材，究吏治，裁浮费，减平余，搜剔靡不至，岁省巨万。然亦有病其太刻者，属官穷愁嗟怨，谤议鼎沸。方伯毅然不摇。总督裕禄尝规之曰：“无尔将府怨。”方伯曰：“我不慑也。”行之益力。时按察使觉罗廷雍庄默静镇，不喜纷更，有长者之名。方伯意轻之，黜陟僚属，多反其所言。廷雍公不能堪，两司遂积成水火。

庚子春，省南习拳者渐众，方伯饬清苑县陈大令鸿宝查明以闻。陈大令务为调停，多方讳饰，报曰："非义和拳，乃少林会也。"方伯以其不实，命复查之。则又以保甲闻。时城内文昌宫亦潜设拳会，方伯微闻之，欲派兵搜捕。陈大令密告拳匪使避，因入告拳匪已散，请无深究。拳匪移于七圣庵，又设分会于五仙祠，聚日众而方伯不知也。三月，遂有张登之事。张登距省五十里，为省南巨埠。

初谢庄附生张玉璿为南乡望族，尝与教民构讼不得直，村民为之调停，亲诣教民谢罪，备受凌辱，忿不欲生，日思所以报之。然畜怨未有以发也。会山东义和拳蔓延直隶，乃迎师立厂，与教民格斗于张登镇，杀伤数十人，伏尸流血，远近震骇。方伯饬陈大令亲临谕解，被拘留不得返。廷雍公禀请寓津候补府陶太守式鋆来省会办，并派练军马队分统王占魁带兵两哨驻防，以资镇慑。集文武反复筹商，日久不决。方伯以陈大令仁柔寡断，非治剧才，立解其任，以署武邑县张大令炳喜调署。

张大令尝步行街市，苦口劝诫。闻省东南四十里东间村教民筑圩自保，拳匪攻之，亲往劝谕。行近十余里，忽炮声霆激，不得近而返。又往谒城守尉奎恒公，请禁旗民习拳。奎恒公曰："旗民练习拳棒，自保身家，并不滋事，君不得过问。"张大令大沮而回。

正筹议间，忽涞水县祝大令芾禀称，县东南十八里与定兴接界之高洛村拳教构衅，焚毁教堂，杀教民无算，请兵弹压。方伯禀请天津巡防营务处张观察莲芬带兵前往。匪势日炽，张观察兵单不能制。旋禀请杨协戎福同、邢协戎长春、杨协戎慕时、张协戎士翰等会防，方伯与之往复筹商，指授机宜，力主痛剿。廷雍公谓杀义民不祥，心不然之。未几，杨协戎福同阵亡于涞水县北三十里之石亭驿，舁榇旋省，谗丛毁集，皆尤其滥杀激变。惟方伯悲其忠而被祸，率文武恭迎致祭，抚柩痛哭。

已而松林店、方顺桥、北河、固城等处铁路相继焚毁。比、法工程师大惧，男女数十人议回津避乱，求兵护送。方伯商之廷雍公，廷雍公奋然作色曰："我未曾降附外夷，奈何以华兵而反为之用耶？君请自为之，我不敢与闻。"西人固请不已，卒派兵四十名护送。行至任丘之苟各庄遇匪截流，大呼"专杀洋人，中国人速远避。"华兵徐步而归。洋人登岸开枪奋击，毙匪亡算。洋人亡四名，伤数名，狼狈旋津。方伯大怒，与邢、杨、张三协戎密计大举攻剿。杨协戎歼匪于松林店，邢协戎创匪于北河、大沟等村，杀伤数百人。群匪惧，布散流言，谓邢、杨纵兵淫掠，屠戮良民。定兴县罗大令正钧，徇绅士之请见方伯，言："官军骚扰，请移调他所。"方伯怒叱之，欲乘此兵威严密搜剿。廷雍公阻诘百端。方伯曰："拳教相仇，姑可勿论。今戕杀二品大员，焚毁国家铁路，是叛逆君父，非仇视外洋也。若不严密搜拿，痛加惩讨，使匪党知所警惧，后患何堪设想。"廷雍公曰："夫拳民皆乌合之众，大兵一至，则散而归村，良莠何从区别？若纵兵剿捕，必致玉石俱焚。"两司各执其见，常盛气奋争，甚至喧哄诟詈，声彻庭闼。僚属相顾愕眙，不敢置一词。二公争执不相下，各具禀互讦于裕公。裕公批复两是之。

当是时，省城内外拳匪充斥，扬言某日举事焚毁天主堂，杀大员三人：一为方伯，一为张协戎，一为莲池书院主讲吴挚甫先生。并声称有义和拳万人约期赴都勤王，须进南门径城而过，以耀神威。方伯欲闭城不纳，列队拒击。廷雍公谓："开仗恐惊扰百姓，莫如遣人劝说，晓以不宜进城之义。"然拳匪实无入城意，不过故为空言，以恫吓官长而已。保定府知府沈家本建议，令天主教士杜保禄率教民暂避于安肃之安家庄，其城内教堂由官看守，因拆其洋楼改设巡防营务处，以免拳匪焚毁。

时拳焰日炽，方伯募马队百名列衙署以自卫。议缮城守而患无兵。或说之曰："四街水社壮丁近千名，刀矛皆备。同治七年捻匪扰直隶，曾助官守城。何不援例召之。"方伯称善。集社董与议，许给口粮。初四街水社每年由藩库领银数百两，以为津贴，行之已久。方伯莅任裁减浮费，悉革除之。社董以为言，廷雍公捐廉赔垫。由是水社皆感廷雍公而怨方伯。至是不应召，且曰："若有臬台一言，则吾辈应命立至，虽自备糗粮亦踊跃乐从。"于是廷雍公出为谕勉，社董方唯唯听命。

五月十九日，天津兵衅开，邢、杨诸军调赴前敌，城内拳匪公杀教民，官不敢问。

六月初四日，廷雍公奉檄抚用拳匪，赏顶戴助钱米。是日焚北关教堂。次日冒雨焚南关教堂。廷雍公闭城严备，派张协戎督兵弹压。教士教民数十百人焚杀净尽，无一脱者。内地会见教士见公理会火起，急携其妻子逃至刘爷庙营中求救。营官王占魁惧罪不敢留，送交拳匪，诣城内献俘。教士曰："死无所吝，但愿一见方伯。"当事者不许，仍舁出城骈戮之。由是省城纷纷立厂。不数日增至十余团，焚杀无虚日，腾煽蜚语侵方伯益急。方伯惶惧不知所为，乃出示悬赏，募人攻东闾以自解，略云："自外洋通商传教以来，恃其威强，侵凌中国。凡在臣民怀义愤。顷拳民扶义而起，与国同仇。本司多方持之，不敢轻开外衅者，盖迭奉谕旨保护教堂，仰体国家怀柔远人、辑睦邦交之意，原为顾全大局起见，非有他也。乃愚民无识，因仇教而并欲仇官，甚至讹以传讹，谓本司有信奉洋教情事。岂知本司姜桂之性，老而愈辣，何至信从夷教，污辱自甘。今兵衅既开，自当上下一心，捐弃猜嫌，同仇御侮。自出示之后，无论拳民兵勇，有能激发忠义往攻东闾者，本司捐廉赏银二千两，俟大功告克，再行赏银二千两，以示本司绝不袒护教民之意。"示既出，兵与匪围攻东闾，迄不能拔。既而有诏来京，以廷雍公代之。丁吏差役皆惮方伯明察，而喜廷雍公宽厚，更代之日，阖署相庆。

时京津一路拳匪蜂屯，虽闻方伯有募攻东闾一示，而怨终不释，争欲得而甘心焉。扬声俟方伯启行，当于中路邀之。方伯惧，求廷雍公派拳匪四人护送。沿途阻截，红巾排数十里，执旗露刃，遮舆哗噪，从者婉言谕解，仍乃达京。方伯既去，拳匪益骄，公于臬司辕门杀人，扰营务处，抄莲池书院，毁上谕，缚官长，廷雍公不能制。畿南之事遂嚣然不可复靖矣。未几联军踞省，是非大明。议者皆追思方伯之先见，而悲其蒙垢去官，不竟其用，致有此变。教士教民尤感之，虽曾募攻东闾，然皆知其计出无聊，不之咎也。[1]

直隶总督裕禄驻天津，保定事务由藩司廷杰、臬司廷雍主持。自义和团起，清朝统治集团内部，对义和团即分“剿”“抚”两派，大体上办理洋务者主剿。由于戊戌政变后，西太后立大阿哥，意在废除光绪皇帝之举，遭列强干预。因之，迎合西太后的一般守旧王公大臣，力主利用义和团的排外而主抚。受中央清廷的影响，保定这两位主政官员也在“剿”“抚”上势成水火。藩司廷杰与副将杨同福、邢长春、范天贵等主剿；臬司廷雍及城守尉奎恒等主抚。双方告到总督处，裕禄两是之，这就是保定当日的局面。

2. 自焚袄宇避锋机

《墓志铭》云，沈家本在义和团初起之时，侦得私习者即“重惩之”，据此知他属主剿派。但是《墓志铭》没有材料举证。而这篇记述，对义和团是剿是抚，看不出沈家本的明确态度。只记录了他的一件事：“令天主教士杜保禄率教民暂避于安肃之安家庄，其城内教堂由官看守，因拆其洋楼改设巡防营务处，以免拳匪焚毁。”这一记录，与《庚子诗鉴》所述相同。而且很可能《庚子诗鉴》即据此记录而来。

这段记录的关键，是他令教士离城，保护教士教民的生命，同时又拆毁教堂，使教堂变为巡防营务处。对于他的这种举动，可以仁者见仁、智者见智，做出两种相反而又合理的解释。解释不当，将使他身首异地。

一种是龙顾山人《庚子诗鉴》和上引作者的解释，“自焚袄

---

1 劳乃宣、蒋楷、刘春堂：《奉禁义和拳汇录·平原拳匪纪事·畿南济变纪略》，文海出版社，1974年，第115—120页。（以下简称《畿南济变纪略》。）

宇避锋机”，老谋深算，为避义和团盲目排外所带来的焚杀，预先将教士转移，拆毁教堂，使义和团失去打击对象。由于保护了教士教民，所以在义和团以及主抚派眼中，他是主剿派。

第二种解释适与第一种解释相反。主抚派盲目排外，支持义和团杀洋人，毁教堂。他主动拆毁教堂，与义和团毁教堂相似。按照逻辑推理，这种行动属于附和“拳匪”，因此他是主抚派。后来，教士和侵略军就是按照这种逻辑推理，推定他附和义和团而加以逮捕。[1]

总之，转移保护教士与拆毁教堂，这两种行动，在当时会引出两种不同的理解。究竟他是属于主剿派，还是属于主抚派？依笔者之见，两者都不是。他既不会附和义和团，也不会如《墓志铭》所云重惩义和团。理由如下：

首先，他是科班出身的士大夫，而且研讨法律几十年。在他的头脑中，“民”“匪”的概念是极为明确的：守法为民，藐法为匪。在儒家民本思想的熏陶下，他痛恨残民害民的治人者，同情良民的被残被害，但是“民”“匪”之分的思想惯性不可能改变。当时的义和团，根本就不受清朝法律的约束，不把清朝法律放在眼里，所作所为与法律水火不相容。因此，在他心目中，“拳”只能是“匪”而不会是“民”。即使不以“匪”视之，最少也是“乱民”而不是“良民”。明了他的思想基础，我们就能理解，他的主动拆毁教堂之举，与义和团毁教堂不能等视，他是“避锋机”，老谋深算的权宜之计，不是附和义和团。

---

1 《畿南济变纪略》“陶太守济变事略”篇中有：“时臬司为沈公家本，以首府升署者也。沈公初无纵匪情事，因谣传其子习拳，故有此变。其后卒得白，解绶去。”（第134—135页）这是另一种记录，有儿子习拳之谣传，更容易推定他附拳。

其次，他不附和义和团，而且又有转移教士、保护教士教民之举。这种举动又与义和团杀尽洋人之举正好相反。那么，他会不会站在主剿派的立场上，重惩“拳匪”呢？笔者以为，这种可能性非常之小。

在我国的传统思想中，“夷夏之辨”或“夷夏之防”是主流之一，“排外”是“夷夏之防”的必然归宿。身为传统士大夫，他不可能不受这种传统思想的影响，甚至可以说，他的身上留有这种思想的极深的烙印。受这种传统思想的影响，他在日记中经常称洋人为“鬼”“女鬼”。个人对当时社会的深切了解，以及亲属环境（至亲沈桂芬、徐筱云、汪大燮都办外交，与洋人打交道）影响，使得他不会盲目排外，但是传统的幽灵很难驱散。这是他不会重惩“拳匪”的思想基础。

现实利害关系，也使他不会一开始便重惩“拳匪”以保护教士。前面说过，当时从中央到地方，对义和团都有“剿”“抚”之分。保定更是如此。两位顶头上司因此而成水火，使他这位下属的处境十分尴尬。他是一位年已花甲、有着四十年官场阅历的官僚，在当时的情况下，知道无论开罪哪一位上司，都会带来难以预料的后果。因此，基于这样一种现实考虑，他也不会贸然站在主剿派一边，重惩“拳匪”。更何况，在保定官场中，他似乎更接近廷雍。[1]

总之，无论从思想渊源，还是从现实出发，笔者以为，对义和团，当时他都不会公开主剿，或公开主抚。侵略军入保定，教士以其拆教堂指其附拳既谬，《墓志铭》认其重惩“拳匪”似亦无据。

就在这种混乱之中，保定官场发生一次大变化。“庚子夏，

---

1 《偶存稿》卷十有《送觉罗劭民大京兆入都时将之官沈阳》五首，由此可见他与廷雍的关系。

拳变猝起，省城大乱。两司龃龉，布政使廷杰公去位，按察使觉罗廷雍公代之，总统振远全军，以保定府知府沈公家本升署按察使”[1]。

3. 升署直隶按察使任内

沈家本升署直隶按察使，似无清廷直接诏谕，而是在廷雍升任布政使后，直接暂时代理。他的儿女亲家、时任兵部尚书、后来被杀的徐筱云，六月间与沈家本几次通信谈时局，也讲到升署问题。其中六月初四日函云：

> 时局之变，实由亲贵中主谋数人昧于情势，鲁莽从事，置社稷生灵于不顾，欲以一弱敌众强，且又自绝转圜之路，祸必不测，殊可叹恨。一切情形，谅伯棠到省必已详达。

这封信谈局势，徐在八国联军战争中是主和派，对义和团主剿。信中已料到战争的结果。

六月十一日，徐对他的行止提出建议：

> 昨闻子梅（按：沈子梅，又名沈能虎）开缺，阁下升补。通永地当京津冲衢，窃为失马者喜，得马者忧也。吾兄在省，素得民心，亦为两司所倚重。此时简放遗缺，调补需时，谅上台必请留省相助，暂缓交卸，尽可能另派候补道员先署通永。

---

1 《畿南济变纪略》，第 121 页。

上年九月，他蒙召见，即定以道员尽先补用。到本年初十日，大乱之际，调他实际担任危机四伏的通永道。徐筱云劝他不要赴任，先留保定，以观事变。

六月十六日，徐又函云，北京董福祥军围东交民巷二十日，官军死亡不少，洋人死者无多；天津聂士成已阵亡，天津城可能要失守。“一、二月间，大局不可问矣。廷方伯留京，召民坐升。新任臬司远在江右，到任需时，吾兄自可暂署臬篆。通永本任断不可去也”[1]。

沈家本复徐筱云函虽不可见，但从这些信函可以看出，他升署直隶按察使，是地方临时措施，并未奉有明诏。从六月中旬起，虽然他实质上担任按察使，但不可能像廷杰那样，与廷雍分庭抗礼。廷杰一走，“地方大政一决于廷（雍）公，僚属无敢为异议者”[2]。七日，裕禄死，新总督李鸿章又远在上海，廷雍护理直督，保定事宜更由他一个人说了算。

局势的发展，确如徐筱云信中所言。京城董福祥甘军久攻使馆不下。六月十八日，侵略军侵占领了天津，接着挥兵西进，七月十二日攻占杨村，十八日占领通州，二十日进入北京。第二天，西太后挟持光绪皇帝，仓皇逃走。闰八月初三，西太后和光绪在太原发布谕旨以“直隶通永道沈家本，为山西按察使”[3]。

但是诏旨虽下，他却无法起任。原因是，此时他正在审理谭

---

1 上引信参见沈厚鋆：《徐筱云致沈家本信函五札简注》，《博古通今学贯中西的法学家》，陕西人民出版社，1992年，第466—468页。

2 《畿南济变事略》，第122页。

3 《光绪实录》卷四百七十，《清实录（五十八）》，第172页。

文焕一案。

谭文焕是天津候补道，支持义和团。慈禧逃离北京以后，对义和团改“抚”为“剿”，廷雍遵从慈禧旨意，对义和团挥动屠刀，谭文焕仍然率义和团抵抗，最后被廷雍派人捕获。“八月拳焰渐熄，廷（雍）公亦悟其不可恃。忽有天津候补道谭文焕者，率领拳民八人骑马带枪入城，寓于穿心楼西双升店，道路惊相告，人心浮动。谭文焕等往谒廷公，具言八人皆义民，魁首神术奇验，技击精娴，欲请兵东下再图。公面折之，词色甚厉。谭等知事不行辞出”[1]。廷雍召游击范天贵急追，至高阳县西十里邢家南地方，击毙七人，捉拿一人。谭文焕逃走，后逃至青县，被提督梅东益捕获。沈家本是署理臬司，审讯谭文焕是他的职责。因此，他打发眷属离开保定，先行奔赴西安，自己则留在保定，继续审理谭某，计划案结后再行觐见赴任。

有关谭案和沈家本审理谭案的材料，还可见于李鸿章九月初二日的奏疏。为使读者更明确了解本案，录引如下：

窃臣准前护督臣廷雍移交，已革直隶候补道谭文焕，号召拳众，乘机图乱。奏奉谕旨，谭文焕着即革职，严拿务获，讯明惩办。钦此。当经饬据开缺贵州提督梅东益于沧州拿获解省，饬发臬司审办。臣抵任后，饬催布政使廷雍会同署按察使沈家本迅速审究。兹据会详：缘谭文焕籍隶江西余干县，先由行伍改捐道员，被革开复，分发直隶候补。本年五月拳匪来津，该革员禀商前督臣

1 《畿南济变事略》，第 181—182 页。另：《庚子诗鉴》卷四所述大体相同。

裕禄与之联络，发给军械，拳匪遂无忌惮，讹诈烧杀，不一而足。经官军击毙多名，仍未解散。至六月中天津失守，该革员复至杨柳青勒敛粮食，为之接济。比杨柳青又失，该革员绕至独流镇，与匪曹秉义会合，觅得洋马一匹，商同曹秉义将马赴省请功，希图朦混见用。乃赴沧州设立匪军粮台，并调山东老团，先打官兵，复仇举事。讵甫至省城，即被严拿。曹秉义等匪八人格杀，并生擒只三正法。该革员幸逃得脱，经游击范天贵派队追袭，行至高阳地面，犹复拒捕，伤勇八名。更至沧州，经提督梅东益擒解到省。审明前情不讳。该布按二司看得该革员号召拳匪，肆意焚抢残杀，涂毒生民，已属罪无可逭，迨经奉拿，犹复逞凶拒捕，格杀勇丁多名，实属罪大恶极。会详请旨正法等情。前来。

臣查谭文焕本系游勇，朦捐官职，犯案革职，夤缘开复，尚复不知敛戢，犹敢朦蔽前督，纵容拳匪，残害生民，比经奉拿，辄复拒捕幸脱，实与逆匪无异。既该布按二司审明不讳，应请旨正法，以昭炯戒。准当洋兵入省，疏脱堪虞，谨遂便宜行事之旨，于拜摺后即批饬在省正法，传首被扰地方枭示，以快人心而伸法纪。[1]

办理谭案，先由护督廷雍交办，后由李鸿章交布、按两司审办，实际上是沈家本一人主办。这样的局面，他当然无法脱身。

1 故宫博物院明清档案部编：《义和团档案史料（下）》，中华书局，1959年，第726—727页。（以下简称《义和团史料》）

4. 楚囚相对集新亭

这一留，给他带来极为可怕的后果。

闰八月初八日，沈家本担任山西按察使的谕旨发布五天，李鸿章正式接任直隶总督。十二日，手谕廷雍，如侵略军入保定，各军勿得迎敌，将军械收缴，运出库款。十九日，侵略军统帅瓦德西下令攻取保定。下面摘录几则侵略军进占保定资料：

> 闰八月十九日，廷雍呈军机处：
>
> 十九日卯刻，据安州飞报，东路水程法兵坐船六七只向保定进发。旋复报称，距省不远等情。职司业已先期派保定府、清苑县出郊见其民官，劝阻入城。申刻，该府县回称，法兵官已率队四十余人乘舟前来，停泊距城五里许之刘爷庙，尚有法总兵杜以德所带马队千余名续到，商明均不入城。并呈交法国陆路统兵杜致函一件，词意尚逊，声称秋毫无犯，并无用兵之意。[1]

当时，迎接法军的保定府知府为陶式鋆，清苑县知县为吴国栋。《畿南济变纪略》“陶太守济变事略”篇中记录当日情形说：

> 闰八月，京津官民争寓书省城戚友，劝令早避，皆言联军数万，不日当大举攻保，誓欲屠城以泄忿。于是省城谣言蜂起，人心惶惑，纷纷逃遁，车马行李相属于道，城市大扰。……适李傅相有密电云：“联军不日到省，力

---

1 《义和团史料（下）》，第685—686页。

战固不可支，徒贻害百姓，莫如预将兵械撤离省城，以礼接待，曲尽地主之情，或可保全大局。"十九日有法兵数十，以查勘铁路为名，由河路来省。太守与孙观察（按：孙钟祥）率僚属绅商以礼迎至望亭村，主客欢好，具道和好之意，沿途居民观者如堵。是日驻军西关火车站，传谕四城遍插法国旗帜兼插龙旗，秋毫无犯。二十日又有法国马队约千名自新城来，众迎至北关外，驻东关大营。其带兵官为杜以德。[1]

二十日到达保定的杜以德，一改函中态度。廷雍当日禀云：

> 二十日午刻，法国杜统兵挈同欧教士等由容城县陆路率队百余名来省，随至司署拜会，当即接待，询其来意，已与昨函微异，似有久驻之志。始言兵队不入城中，继则反复其词。并云：德国、日本将联军而至，必用兵力攻取，伊等此来系为保护，迫令本日下午二点钟于四城门楼通衢街巷悉插红兰白三色旗，以免他人蹂躏，兼欲于城上置守旗之兵。

在此情况下，廷雍等只好委曲求全，同意法兵入城，但要签订协议。这是廷雍的一厢情愿，他把杜以德的口头答复当了真，居然想出了法军不进城、不扰民、公平买卖、平等相待的七条协

1 《畿南济变纪略》，第 132—133 页。

议。[1]

结果如何？可想而知。杜以德拒不签字，廷雍无计可施。就在这时，李鸿章十八日的北京函谕送达保定，解了他的围，救了他的急。李鸿章告诉他说：“顷抵京，甫经下车。据翻译委员面称，今午晤英国窦使，称赴保联军因雨迟发。规定十九日由京起程，各国队伍约合万人，系德统帅主谋，商令英提督领队，前往保府，如有官军抗拒，即痛加剿洗，鸡犬不留，如不迎敌，可派弁目执白旗相迎。西例凡议和皆用白旗止兵。彼此商定扎住之地，议明将保府现存教士及正定教士监工人等交其带还。敌队可不进城，但将城外房屋或城楼毁伤数处，以示薄惩。若如此，保全多矣。务祈严谕将士，勿轻用武挑衅，致启不测之祸。”[2]这道命令，总概起来就是：先来的法军，还不是侵略军的主力。由英军将领贾思尔带领的主力即将到来，保定城插上白旗投降。

二十二日，保定署理知府陶式鋆、观察孙钟祥等，奉命率官绅、

---

1 七条协议为：

一、承示贵军此来系专为保护省垣，并无占据城池之意。

一、承示贵军队驻扎城外，约束兵丁，不能生事。

一、承示贵军保护，须将贵国之旗与我国旗并插，有贵国之旗，无论何国来此，均有贵军门一面承管，保护无虞。

一、承示贵军兵丁如有进城者，必派一营官带领出入，并不准携带武器，以免商民惊疑。

一、承示城上下内外贵军并派兵把守。

一、承示贵军兵丁于一切食用之物公买公卖。如有兵丁滋事，准商民赴贵军前申诉查究。如商民及中国勇丁有冲犯滋事，准贵军送交地方官衙门，以事之重轻分别究治。

一、承示向本处要买办一人，为买一切食用之物。

见《义和团史料（下）》，第702—703页。读了这七条协议，笔者只想说一句：当日亏他想得出。

2 《义和团史料（下）》，第701—702页。

备礼品，迎贾思尔率领的侵略军于安肃南关。但是贾思尔不满意，要廷雍亲自出迎。翌日，廷雍即遵命，率保定文武官员，迎之于保定北关。“是日联军分驻城外各村，远近骚动”[1]。

二十五日，联军移入保定城内，分驻四城。紧接着，藩署司库被占，侵略军进入廷雍的内署。廷雍禀文记述其经过说：“昨晚（按：二十七日晚）与贾提督约定，今日十点钟在北门聚齐，会同职司，查看各处兵所，届时在城等候。讵贾思尔骑马径游四城一围，要移驻督署。职司前往拜谒，未及见面。贾提督率领英、德、意三国官兵，驰至藩署将司库把守。……忽有德国兵队多人拥入职司内署，将大门外龙旗拔去，悬挂德旗，逼迫立时退让，职司莫可如何，邀请英参赞杰尔逊来署，与之婉商，德参赞部驷亦来，乃将兵队饬去，辎重一并运往，撤去德旗。据云，宅门以内各国不许侵犯。向索凭据，亦未允给。”[2]

侵略军占据藩库，不仅库银十六万两尽失，而且在保定“设立权理司，地方刑政皆归之，华官无权”[3]。九月初二日，更严重的事情发生了，“联军约两司赴公所，先向臬司各教案，旋听回署，仅守以兵，廷藩司被留，至今未释”[4]。同时被拘的有城守尉奎恒、统带王占魁。

沈家本与廷雍等被拘后，清政府曾为之交涉。下面，笔者将《义和团档案史料》中，李鸿章与西安军机处往来电文中的有关部分

1 《畿南济变事略》，第 129 页。

2 《义和团史料（下）》，第 722 页。

3 《畿南济变记略》，第 129 页。

4 李鸿章十一日电报，见《义和团史料》下册第 742 页。《畿南济变纪略》作：“九月初一日，署按察使沈家本与廷公同时被拘。”129 页。沈家本《枕碧楼偶存稿》卷十一有“九月初一日口占”，记自己被拘。故沈、廷被拘，当为九月初一。李电误。

录出，以见当日交涉经过。电文都是九月份的，故只标明日期。

十二日，震午，李鸿章电报：

军机处：顷据盛宣怀转保定电：廷藩拘留半月方释，以纵匪为词，仍听朝廷处分。沈臬以告者无佐证，从轻。城守尉亦看官。设过拳厂庙宇尽毁。……

这个电报刚发出，又得最新信息，故震午又发电报：

西安行在军机处：昨电奏保定藩司被拘各节，顷据洋人由保回京，述现办大略。谓留省教士控告，六、七月间拳匪奉廷雍命，杀戮教士男女廿余人，百般凌虐。联军提督怒极，已将廷雍及地方官文武六员正法，臬司沈家本解送天津，与受伤教士质讯。六员除廷外，未确指何人，俟查明电奏。衙署、城垣、城门均经烧毁。闻之莫名焦愤。藩司缺应请遴员先行简放。乞代奏。

十四日，军机处复李鸿章电旨：

奉旨：李鸿章电悉。藩司廷雍经洋兵拘留。现在是否放回？着该督查明具奏。直隶藩司一缺，此时关系尤要，即着该督酌量办理，并保奏堪以胜任之员，请旨递行。……钦此。

同日，李鸿章电军机处：

西安军机处：顷据英参赞哲美生由保定问案回称，藩司廷雍、城守尉奎恒，参将王占魁庇纵拳匪，戕杀教士多人，确有证据，均拟死罪，禀经瓦统帅批饬抵偿，闻已照西法用枪击毙。署臬司沈家本留本衙门派兵看守，候发落。德、法兵仍留省城等语。是德帅欲藉以立威，无可挽救。藩司缺关紧要，应请旨遴员简放。

十六日，军机处寄李鸿章电旨：

奉旨：李鸿章震电两件（按：指十二日电）均悉。保定之事，究竟何者属实？着即查明，迅速电复。钦此。

李鸿章据传闻在当时的混乱情况下，也很难查实，因此只好风闻奏报。同日，他又有风闻，当即致电军机处：

西安军机处：盛宣怀转保定孙钟祥文电，道署教堂并非沈某派人自焚，当日拳匪纠众屡欲焚烧城内教堂，廷藩阻之不得，恐因此延烧衙署民房，故首县雇人将楼撤去，并与教士杜宝祺说明事后造还。

十七日，盛宣怀直接致电军机处：

急，西安军机处：保定孙钟祥删电：今日洋人忽将廷藩司、城守尉奎恒、王占魁等围赴城东南隅杀害。王占魁被敲死。德、法、英、意四国出有告示云：廷、奎纵庇拳匪，罪尤应杀；其沈臬职小罪轻，拟以革职等语。

顷闻沈臬被洋圈至北街福音堂，伊未知何意，务望电请傅相，竭力设法与各国言之。

十八日，军机处寄李鸿章电旨：

奉旨：李鸿章寒电悉。所奏廷雍等被害情形，实深愤懑。各国既真心和好，即使中国官员有办理不善之处自应交中国自行处分，何得侵我自主之权？该督务当向各使力为辩驳，勿使任意肆行，终致有碍和局。本日据盛宣怀电称，沈家本尚在保定北街福音堂拘留。着即迅向各使理论，务令释回，以便自行惩处。直隶藩司一缺，前已谕令保举堪以胜任之员，以备简用，着即迅速复奏，勿迟为要。钦此。[1]

笔者没有看到李鸿章"寒电"电文。据谕旨内容分析，当与盛宣怀十七日电文相似。廷雍是直隶布政使，一度护理直隶总督，是地方大员。他虽然按李鸿章之意，不放一枪便扯起白旗，将保定城拱手交给侵略军，而且在侵略军还没有到达保定之前，就擒谭文焕，同时又率军驱散包围献县天主堂近两月之义和团，以使"给自己造成一个积极反对义和团的名声"[2]，但最终谭文焕被侵略军杀害，他自己也难逃一死，死得还相当悲惨。有一种记录说他和奎恒、王占魁，被侵略军"命世袭刽子手张荣，以素日所用之

1 《义和团史料（下）》，第701—702页。

2 《北华捷报》1900年9月19日，转引自李文海等编：《义和团运动史事要录》，齐鲁书社，1986年，第407页。

斩刀戮于凤凰台下，又将三首级高悬拍照，留作纪念”[1]。

沈家本和廷雍等被拘留期间，保定官员曾竭力营救。《畿南济变纪略》“吴大令济变事略”篇记云：

九月廷公被系于北街，禁绝出入，僚属不得见，皆莫知廷公所在。大令（按：指吴国栋）一日愤然亲往省视，冒刃而入，误造某德官寓所，洋兵误以为廷公，欲困之。已而察知是大令，备茗果为谢过焉。后数日始知廷公所在，饮食服御日遣送无缺乏。与陶太守（按：指陶式鋆）等百计营救，卒不可回。[2]

怎么营救呢？同书“陈太守济变事略”篇中说：

两司被拘，太守（按：指陈以培）与陶太守、吴大令等出死力营救，密见德国翻译官部驷，诒以重金代二公请命。部驷曰：“苟得银二万两，吾能设法解救，惟功名则不敢保。”太守密遣人商之廷公，廷公曰：“时势如此，富贵本非吾愿，诚以诸君之力得免于难，虽布衣终老亦所乐也。”时藩库被拘，公私奇绌，无现银可措，而廷公朝不保夕，待救甚急，太守乃贷练饷局汇本银钞一纸计

1 孟继元编：《遗民图》。廷雍等死事时间、地点、方法说法不一。盛宣怀电文，时间为十七日，地点为城东南隅，方法为敲死。李鸿章电文：时间多次变化，地点不明，方法是枪毙。《畿南济变事略》：时间是十五日巳刻，地点是南关外戕杀教士处。《张大令日陛》篇又载：张日陛“收视尸骸，亲缝首级，血污淋漓沾襟袖。”显系被斩首。故笔者时间从盛说，地点、方法从《遗民图》。

2 《畿南济变纪略》，第140页。

五万两，持交部驷为质，容措银二万两再为购赎。部驷在西官中最为桀悍，每语事剽词怒目，华官皆懔懔畏之。谓太守曰：‘慎毋言，有敢泄此语者，吾当枪毙之。’已而廷公竟不保，太守始知为部驷所给，索钞不与。李傅相（按：指李鸿章）在京悉闻其谋，谓太守轻动公款，受人愚弄，严札切责之。太守惧，与陶太守、吴大令并窦刺史以筠、冯刺史清泰各捐廉千金，将原钞赎回。[1]

说穿了就是行贿。但是他们遇到洋无赖部驷，到头来人财两空，营救失败，还受到李鸿章的斥责。

营救无效，廷雍等最后被杀。沈家本则以三条原因，终于躲过这次劫难：一其子习拳无所据；二拆毁教堂，意不在仇教，而是避义和团烧教堂杀洋人之锋的权宜之计；三官职卑微，罪轻于廷雍。他也是被逮官员中唯一逃脱这次劫难的人。据他的孙女沈仁同回忆，处决廷雍等人之时，他曾被押赴行刑之处陪斩，[2]但不见其他材料记载，似不足为据。不管陪斩不陪斩，当时的形势十分危急，生死悬于一线，而他最后得以生还，这是历史事实。常言道，大难不死，必有后福。龙顾山人诗咏：“留得余生供读律。”这算是他的后福吧！

5. 惨淡浮云蔽碧空——囚笼之歌

他逃脱了死神，但并没有恢复自由，而是仍被监视居住在臬署中，一直到和谈告成以后。这时，已是旧历年底（1902 年）

---

1 《畿南济变纪略》，第 147—148 页。

2 沈仁同口述、沈厚铎整理：《沈家本先生二三事》，《博通大今学贯中西的法学家》，陕西人民出版社，1992 年，第 472 页。

了。从五月到十二月，保定城风云变幻。义和团奋起反抗以教堂为代表的外来侵略势力，但他们所发出的道义的愤怒，却与旧时代连结在一起。以旧时代的思想物质为后盾的正义者，无法战胜以现代思想物质为后盾的非正义者。为了自己的权位，慈禧可以宣布“抚拳”，同样，为了自己的权位，她可以宣布“剿拳”。最后，义和团终于淹没在她和侵略军联合屠杀的血泊之中。在这动荡不安的年月，沈家本这位花甲老人，身处其间，不但失去自由近四个月，而且一度危如累卵。他有多少悲愤、多少忧伤，很可惜，记录他个人这段经历的日记都已丢失，无法窥视其内心的细微活动。但是，从所留的诗歌中，我们仍然可以了解他的人格。

七月，正是京城失陷、慈禧西逃、保定局面极为混乱的岁月。他以史为题，唱出他对国家民族的哀愁、对亲贵误国的愤怒：

咏史三首（庚子七月）

秋来树树起西风，惨淡浮云蔽碧空。
晋惠有心除庆郑，本初无面见田丰。
可怜碧血沉荒野，谁识丹忱达昊穹。
狐鼠升堂鸮毁室，玉河桥畔恨河穷。

云泉相劝早抽身，尘海原多未了因。
弘景挂冠何洒落，之奇尽室不逡巡。
心萦北阙花原好，梦逐东山草自春。
偏是有田归不得，莺湖烟雨羡垂纶。

枉教国手理残枰，日下妖氛未易平。

亲贵岂真忘大义，舆人毕竟有公评。
和戎初不关洪皓，游说何曾作宋牼。
倘与旧交逢地下，一般心事未分明。[1]

九月一日，他被侵略军拘押。在北街福音堂，他与廷雍等相遇，彼此涕泪交流，为大好河山落泪。

九月初一日口占

楚囚相对集新亭，行酒三觞涕泪零。
满目河山今更异，不堪说与晋人听。[2]

重阳到了，窗外秋色与铁甲金戈相交映。他在囚笼中，生死未卜，百念俱灰，只能借酒浇愁：

重九漫题四绝句

老去悲秋怜杜老，衔杯强说客怀宽。
非关风力能吹帽，更倩何人为整冠。

算到篱东菊正芳，白衣送酒为谁忙。
爱吟陶令闲居句，尘爵虚罍耻未忘。

---

1 《偶存稿》卷十一，《全集》第七卷，第 150 页。
2 《偶存稿》卷十一，《全集》第七卷，第 150 页。

千林落叶战声鏖，铁甲金戈气正嚣。
酩酊难酬佳节好，并无风雨罢登高。

高歌坡老醉蓬莱，华发萧萧百念灰。
休说雪堂能烂醉，今朝谁倒接䍦来。[1]

廷雍被杀以后，侵略者将他从福音堂押回他的衙署，仍然派兵看守。经此生死一劫，虽然身不自由，生命危险已不必担心，做梦也觉安定了一些。但是衙署被劫掠一空，书籍零落，做饭的铁锅也被捣成碎片，就连自己珍藏七年舍不得喝的绍兴老酒，都被侵略军搜出喝光：

移居二首（十九日）

徒言玉敦与珠盘，谁使昆仑困火官。
了事偏多新吏牍，下居仍着旧儒冠。
穷猿乍得投林喜，疲马还思税鞅安。
算是今宵魂梦稳，何须苦语劝加餐。

支颐攲枕数残更，早作家书付驿程。
检点衣裘逃楚炬，评量书卷漏秦坑。
拈毫乍试长眉砚，煨粥尝支折脚铛。
闭户但寻今夜梦，去来莫再问三生。[2]

1 《偶存稿》卷十一，《全集》第七卷，第 150 页。
2 《偶存稿》卷十一，《全集》第七卷，第 151 页。

山阴酒二甕，藏弆七年矣，今夏以一瓮饷客，其一瓮竟为海外兜鍪所窃，戏题二绝

平生酒户欠三蕉，常把空杯对月招。
留得七年佳酿在，胸中垒块可能浇。

今年销夏曾供客，剧胜东坡一瓮云。
不分者边寻吏部，番教醉杀火头军。[1]

他原以为很早就可离开保定，“检点衣裘逃楚炬”，很是乐观。现实是，他一直被软禁，一月又一月，甚至过了公历元旦，仍然不得自由。据有的资料记载，中间他一度被押往天津，与教士对质。在这百无聊赖中，只有诗歌相伴。数量可观的囚诗，记录了当时的情况，也留下了他的感情生活。

闲居五首

坦然心地自安舒，陋巷何妨寂寞居。
行药每搜元化笈，问奇偶驻子云车。
鼯饥不禁跳空案，犬散难教寄远书。
羡尔冥鸿都自在，归期先及早霜初。

簿书乍喜扫无遗，诗卷携来独自披。

1 《偶存稿》卷十一，《全集》第七卷，第151页。

坐稳毡无针上苦，饭香炊岂剑头危。
风严偏觉灯光敛，月定频看树影移。
赢得者般闲意味，逍遥自在莫相疑。

堂堂岁月似奔轮，落落风期自守真。
郁郁山松终耐冷，离离涧草必逢春。
常将亹亹深深意，同踏胶胶扰扰尘。
众口悠悠乌足计，此中綷綷匪无因。

老聃名论岂真忘，舌以柔存齿折刚。
心苟能空同止水，腹缘善忍若悬囊。
颠危总赖扶持力，烦恼须寻自在方。
淮雨别风来不测，中流容与有慈航。

风尘憧扰苦相从，何术能消戚戚悰。
束缚倘逃颜跖网，优游好逐尚禽踪。
归来拟卜三间屋，觉后常听半夜钟。
帆力马蹄都悟彻，岂将浮利芥心胸。[1]

十月十四日夜雪，感赋二律，用东坡雪后书北台壁韵

寒声鼓柝杂洪纤，愁坐危城气倍严。

1 《偶存稿》卷十一，《全集》第七卷，第151—152页。

甲龂玉龙沉断水，旗描白虎肖形盐。
中宵舞势常穿户，破晓晴光乍到檐。
试踏营门寻故垒，墙头半露铁矛尖。

毕逋不见满林鸦，古道谁驰薄笨车。
画阁无人评柳絮，断桥何处访梅花。
衡茅云卧多为客，陇麦烟封半有家。
衰老争禁寒彻骨，苍茫独立手频叉。[1]

十一日戏题二绝句（是日为西国元旦）

名刺惊疑下九天，一般大字写红笺。
非关海外人情异，元日纷纷重拜年。

休言颁朔出天方，不奉三正继百王。
破晓营中齐奏乐，短衣按剑起行觞。[2]

有自都下来说近事者，率赋一绝

柴市从容成素志，孤忠终不愧宗臣。

---

1 《偶存稿》卷十一，《全集》第七卷，第152页。
2 《偶存稿》卷十一，《全集》第七卷，第153页。

春明消息传来异，道有从旁下石人。[1]

从九月初一被囚起，到十二月二十六日离开保定，这几个月，是他诗作最多的时间。这些诗，是他的心灵呼喊。忧郁、焦虑、愤怒，都在诗中得到尽情的发泄。但是，作为一位久历风霜的花甲老人，他虽然身处逆境，从诗的内容看，基本上是以一种平静的心态，面对那瞬息变幻的风云。六十而耳顺，在这耳顺之年，他似已看破尘世。

十二月二十五日，奕劻、李鸿章在《和议大纲》上画押。翌日，沈家本结束囚徒的生活，离开保定奔赴西安。

二十六日保定晓发

危城厌听戍楼刁，画旆悠悠晓色招。
指点抱阳山远近，重教苍翠看今朝。

春归十日寒犹重，一路垂杨未挂丝。
检点画梅交七九，河边渐已见流澌。[2]

七九已过，河边柳芽已发，春天到了。他快马加鞭，奔向西安。

1 《偶存稿》卷十一，《全集》第七卷，第154页。
2 《偶存稿》卷十一，《全集》第七卷，第156页。

第四章 执掌刑部

20世纪初期的中国法律改革，是中国法律史上亘古未有的变革。经过这次改革，现行法律从体系、体例到名词概念，再到精神价值，都与传统法律断裂。西方化法律取代了传统法律。“三十年来的中国法与中国法的历史脱了节，和中国社会的现实也不适合”[1]。而沈家本正是这次改革的主持人。

今天法学界所以要纪念沈家本，法学教育所以不能不讲沈家本，法学研究者所以要研究沈家本，要而言之，皆在沈家本主持了这十年的法律改革。这是沈家本七十多年生命精华之所在。自改革之日起，他和他所主持的法律改革就颇多争议。誉者视他为“法家泰斗”，熔铸中西法律、法学的巨人；毁者斥之为“抗命之臣”，

1 蔡枢衡：《中国法理自觉的发展》清华大学出版社，2005年，第29页。

自毁藩篱的罪魁。这种争论，很可能还要持续到21世纪。为使读者对中国法律史发展中的这一重要阶段，有一个全方面的认识，笔者拟将他的十年修律，先做一个鸟瞰性的概括，然后分章叙述改革中的各种问题。

一、此人端为救时来

——西行漫思

《和议大纲》告成，侵略军终于将沈家本释放。庚子年（1900年）十二月二十六日，他如脱笼之鸟，匆匆离开保定。先南下，后西行，前往西安觐见慈禧和光绪。由于已亥至辛亥（1911年）沈氏日记全失[1]，我们今天已无法窥其心态，只能从其他材料，特别是他的诗中，去体会他当时的心路。

（一）痛定心思病，须寻国手医

从保定出城，冒着凛冽的寒风，他来到定州。劫后定州，人烟稀少，市面萧条：

定州四首

（其一）

太行千里翠云翻，送我西来上古原。

1 沈厚铎先生云，“文化大革命”以前，沈氏日记是完整的，“文革”开始，将这批日记上交。“文革”结束后返回时，已残缺不全。虽经多方寻找，迄无下落。这可以算是沈氏死后的又一次劫难吧！

了了炊烟飞不断，东风吹入劫余村。

（其四）

岧峣塔影插天青，铃语劬当不忍听。

战马悲鸣乌鸟绝，夕阳残戍几人经。[1]

离开定州，来到祁州。在这里，他遇到老朋友潘江。两人秉烛夜谈，唏嘘叹息。怎样才能救治这个遍体鳞伤的国家呢？他称誉朋友的治绩，深感治理这样一个满目疮痍的国家，必须有医国之手：

祁州与潘文涛大令江夜话

荒城逢旧雨，相与话沧桑。

浩劫生魑魅，强邻尽虎狼。

谶词征古碣，磷火满颓墙。

此邑真多幸，闾阎睹小康。

停车三叹息，重见汉官仪。

吏卒喧排仗，民兵笑拥旗。

方筹清伏莽，何术起疮痍。

痛定应思痛，须寻国手医。[2]

---

1 《偶存稿》卷十一，《全集》第七卷，第 157 页。

2 《偶存稿》卷十一，《全集》第七卷，第 157 页。

除夕，他来到内邱县。在这中国传统全家人团聚的日子，他却孤零零一个人独宿客店。爆竹声中，青灯之下，老人举杯低吟：

除夕宿内邱县

今夕岁除还作客，萧条旅舍内邱城。
汴河算计程多少，一盏屠苏独自倾。

万千灯火照山城，半夜喧传爆竹声。
一样东风春意透，那堪客里听分明。[1]

虽然是过年，但时间紧迫不能停留。大年初一，他扬鞭驱马，继续赶路，当晚来到顺德府。知县王锡光是他的朋友，将他迎进自己的衙署。老朋友此时此地相会，彼此都有说不尽的惆怅：

元旦过顺德府，王次康大令锡光留宿于此

故人相见惊双鬓，容易霜华又一年。
作客偏教逢此日，不归还说为无田。
飞鸿到处来留爪，疲马长途漫着鞭。
幸是王乔凫舄驻，一尊柏酒助吟笺。[2]

行行重行行，车马来到汤阴县。这是民族英雄岳飞的故乡。

---

1 《偶存稿》卷十一，《全集》第七卷，第 157 页。
2 《偶存稿》卷十一，《全集》第七卷，第 158 页。

在杭州，他多次瞻仰岳王坟，写过《岳忠武恢复论》，驳斥岳飞即使不死也不能恢复北方领土的论调，痛斥秦桧和赵构的屈辱投降。国难沉重的时刻来到岳飞的家乡，他心潮汹涌，压抑不住的感情奔泻而出：

过汤阴县怀岳忠武

嗟昔宋中叶，厉阶生童蔡。
祸始贪燕云，孰遏女真骑。
康王渡江来，崎岖践天位。
初乃任汪黄，继更倚贼桧。
徒令诸将佐，披坚忘敌忾。
桓桓岳少保，后起监众帅。
郾城一战胜，乌珠欲引避。
太息金牌召，十年功竟弃。
痛饮黄龙府，此志伤不遂。
异哉琼山老，特论何愦愦。
谓桧实存宋，谓飞功难冀。
曷勿度其时，南北利与害。
湘湖诸盗平，内患已尽去。
诸将百战余，颇各擅才智。
韩刘杨沂中，淮海号鹰挚。
兴元久开府，璘时继兄玠。
背嵬临中原，响应河内外。
太行结民社，慷慨多忠义。
金主方偷安，不复图辟地。

国内诸宗王，乖离心携贰。
海上诸旧将，先后皆弃世。
所存独乌珠，西挫东亦惫。
列城半焚荡，曹司昧政治。
佥军更驿骚，闾阎久怨怼。
所以豪杰士，争欲及锋试。
倘用忠武谋，规略布远势。
大军取两京，壶浆父老至。
乌珠虽枭雄，久持必内溃。
一军出秦凤，关陕士凌厉。
一军出淮右，齐鲁争来会。
诸将苟一心，恢复反手易。
何为失事机，竟用画淮计。
永绝中原心，一发安可系。
吾知桧再相，曲伺帝私意。
造膝进蜚言，独力主和议。
飞死构称臣，桧亦不可制。
从此成偏安，祖业恸沦替。
瞀儒不晓事，口舌毋轻肆。
故里修明禋，祠树郁幽荟。
精忠抱遗恨，濡笔还挥涕。[1]

这是《岳忠武恢复论》的诗歌化。在沉重的国难中，他在英

1 《偶存稿》卷十一，《全集》第七卷，第159页。

雄面前濡笔挥涕，寄托了对神州陆沉的沉沉哀思，以及寻求国家崛起之路的抱负。

车辚辚，马萧萧，经过不停地行走，他终于来到开封。家人在这里等待他，全家终于在这里团聚。是梦？是幻？是真？是实？劫后复聚，会使人立刻想起杜甫的绝唱。笔者想，这位老人也当如是：

到大梁

日日望行人，行人久不至。
既至翻惊疑，还恐是梦寐。
骨肉散复聚，坐定心转悸。
离踪说不尽，约略说三四。
囊空且毋忧，身幸免罪累。
今宵旅魂安，忘此亦异地。[1]

旅魂稍安，他在开封小住。二月初五日，全家从开封出发，前往西安。在郑州，他拜谒子产祠。子产，即公孙侨，亦称公孙成子，是春秋时期著名政治家，执掌郑国国政二十多年。春秋时期的郑国，处在强国包围中。为了救时强国，子产毅然改革“刑不可知，威不可测”的旧传统，铸刑书将法律公之于世。子产是中国历史上最早的法律改革者之一。沈家本敬重他，理解他。他拜谒子产祠，同时赋诗寄托自己的心愿：

---

1 《偶存稿》卷十一，《全集》第七卷，第159页。

子产祠（在郑州）

公孙遗爱圣门推，论学原须并论才。
国小邻强交有道，此人端为救时来。[1]

子产为救时而改革传统，是沈家本效法的楷模。如果要探讨沈家本改革传统法的思想源于何时，西行路上的这首诗，当是最直接的表露。

西行途中，他还参谒了清代以不畏权势闻名的执法者——武虚谷的墓地：

武虚谷墓

虚谷才名海内知，一官下邑已惊时。
饶他缇骑鸱张甚，难免先生尽法笞。[2]

武虚谷，名亿，虚谷是他的字，又字小石，自号半石山人。乾隆朝进士，曾为博山知县。当时大学士和珅派番役捕盗，番役依仗和珅之势，横行不法，各地州县不敢过问，在博山却被武亿痛责。从歌颂武亿的执法不阿中，深深寄托了他的治国理想。

---

1 《偶存稿》卷十一，《全集》第七卷，第 160 页。
2 《偶存稿》卷十一，《全集》第七卷，第 161 页。

（二）哭奠赵舒翘

二月下旬，沈家本全家终于在风尘仆仆中到达西安。

在西安，刑部旧僚为他的脱险西来举行宴会。他回到同僚中，回到朋友中，既高兴又感叹。其时，清朝刑部一分为二：一部分在北京，审理北京案件；一部分在西安，综理全国刑名。而早在他到来之前，已经致仕的老上司薛允升，在年过八十之时，又被重新起用，担任刑部左侍郎，接着又升任刑部尚书，实际主持西安刑部事务。内阁学士戴鸿慈则为刑部左侍郎，协助薛允升处理西安刑部日常事务。前任刑部尚书赵舒翘，因被联军指为祸首，先是闲置，接着赐令自尽。

薛允升，字云阶，陕西长安县人，清末著名法学家，在刑部任职几十年。沈家本出守天津后，任刑部尚书。后因执法不阿，处斩太监李苌材等，触忤慈禧，先被降为宗人府府丞，接着致仕赋闲在家。在被慈禧重新起用担任刑部尚书时，他曾以年老力辞，遭到慈禧申斥："现在时局艰难，大小臣工，宜如何实心办事，劳瘁不辞。薛允升昨授刑部尚书，系朝廷破格擢用，自当感激图报。乃以衰病具辞，未免有意沽名；且复以暂署侍郎为请。既同办一事，宜有可供职侍郎，而不能供职尚书之理。薛允升所请收回成命之处，着不准行，并传旨中饬。嗣后如有此虚文渎请者，定即开缺重处。"[1] 这是霸王宴，不吃也得吃。八十高龄的薛允升，终于鞠躬尽瘁，为了清王朝的国祚，死于慈禧回銮途次。

到达西安后，沈家本觐见慈禧光绪，述职后等待下文。三月

1 《光绪实录》卷四百七十七，《清实录（五十八）》，第 296—297 页。

十日，谕旨："命山西按察使沈家本开缺，以三四品京堂候补。以湖南岳常澧道陈璚，为山西按察使。"[1]免去山西按察使之职，候补闲住。

候补闲住间，他来到长安县赵舒翘家中，祭奠赵舒翘。

赵舒翘，字展如，陕西长安县人。同治十三年进士，以主事分刑部，因平反河南王树汶冤狱而闻名。他精通旧律，是晚清著名法学家之一。光绪十二年后任安徽凤阳府知府、浙江布政使、江苏巡抚。光绪二十三年内调为刑部左侍郎、尚书、总署大臣、军机大臣。联军入京后，被指为祸首。初被慈禧革职为任，继定为斩监候。光绪二十七年正月初六，赐令自尽。沈家本到达西安时，已死去近两个月。

赵舒翘是沈家本的刑部同僚，而且彼此因究心律学，成为知己朋友。他不相信赵舒翘会袒护义和团，指赵舒翘为祸首而令其自尽，实在是冤枉。这一天，他来到赵氏故居大元村，哭奠以后，赋长诗为赵氏鸣冤：

大元村哭天水尚书

海内论知心，知心能有几。
与君交素淡，公庭接冠履。
沉埋簿书中，讵遑计誉毁。
君独语同僚，推许多溢美。
五马去濠州，鹏翮程三徙。

1 《光绪实录》卷四百八十一，《清实录（五十八）》，第349页。

述职来春明，欢言酌芳醴。
洎余守渤海，金阊列戟棨。
云泥分虽隔，尺素通迢递。
朝命总秋曹，执法少偏倚。
进贤陈密勿，旁采及葑菲。
闻我考绩来，相迎乃倒屣。
旧侣遍评骘，阳秋有臧否。
用法寓慈祥，设我识此旨。
一面成永诀，耿耿情何已。
妖氛起畿甸，张皇到山鬼。
亲贵诧奇术，假以雪吾耻。
君独知其非，密陈不可恃。
孤愤尼众咻，惛怓势难止。
西狩遂入秦，流离叹琐尾。
群雄益鸱张，移檄究祸始。
始祸众亲贵，误国魄应褫。
君乃罹此难，系铃铃谁解？
入觐咸阳城，出城访君里。
躯车渡澧桥，长虹跨波起。
其长丈廿四，工巨君所庀。
行人免徒涉，利济颂桑梓。
入村问君屋，方兴役又罢。
古寺一抚棺，萑兰频挥涕。
謦咳眷畴昔，浩落固如在。
万恨何时平，千龄终已矣。
拭泪强回辙，就车还嘘唏。

言之愧不文，奋笔畴为诔。[1]

这是一篇悼亡诔文，也是一首为赵氏洗刷罪名的长赋。对亡友的伤悼，对愚顽亲贵的谴责，对侵略者的抗议，都在这首长诗中发泄出来。

二、当家刑部

这次候补的时间不长，五月十四日，谕旨下达："以候补三四品京堂沈家本为光禄寺卿。"[2]

光禄寺卿为中央六部九卿之一，从三品，"掌燕劳荐飨，辨品式，稽经费"[3]，专管皇式祭品、膳食及招待酒宴，没有什么实权。西太后任命他为光禄寺卿，看来也是临时措施，大概是让他做回銮先行官，准备路上的膳食之类。

（一）身列朝班

四月二十一日，议和大局已定，慈禧下诏定于七月十九日回銮。

五月十四日，沈家本被命为光禄寺卿，二十八日即动身离开西安：

---

1 《偶存稿》卷十一，《全集》第七卷，第163—164页。

2 《光绪实录》卷四百八十三，《清实录（五十八）》，第380页。

3 赵尔巽编：《清史稿》卷一百一十五，中华书局，1977年，第3317页。

五月二十八日西安晨发

终南山翠上征鞍，雨后烟光画里看。
刘项兴亡都不管，西风送我出长安。[1]

一行很快就到了开封。他在开封住了很长时间，因为慈禧要在这里驻跸较长时间，他要为慈禧和光绪布置行宫。

直至七月二十五日，奕劻、李鸿章才与十一国代表在《辛丑条约》上签字。因此两宫回銮推迟到八月四日，十月二日才到达开封。其时，作为先行官的沈家本，则早已离开开封，差不多到达北京了。

就在慈禧到达开封后的第二天，八十高龄的薛允升，不堪路途的奔波，骑箕西去。十月初四日，谕旨命“调工部尚书张百熙为刑部尚书”，“以光禄寺卿沈家本为刑部右侍郎”。[2] 这一任命，给沈家本的人生和事业带来巨大的转折。

回銮途中，沈家本是一名恪尽职守的先行官。尽管对朝政诸多不满，对清廷下级官僚的腐败而导致的神州陆沉焦惴不安，但他始终是清廷忠心耿耿的臣属。这一点在其《筑道行》一诗中得到充分表露：

省符昨下郡，克日起周道。
列郡檄州县，州县责乡保。
挨户齐民夫，兴筑趁晴杲。

---

1 《偶存稿》卷十二，《全集》第七卷，第 164 页。

2 《光绪实录》卷四百八十八，《清实录（五十八）》，第 450—451 页。

上户多家佣，弱户寡壮佼。
畚臿走童稚，虆梩累翁媪。
赴功不言疲，忍饥岂得饱。
九重方旰食，何况在臣皂。
科敛苟可免，遑敢惜力小。
所幸风日和，秋深霜露少。
千里成夷涂，经营莫草草。
天子奉慈舆，西巡归路好。
圣仁重节俭，供亿戒苛娆。
常念民力艰，恫瘝总在抱。
纶綍颁四方，穷檐尽喻晓。
惟兹土功繁，差雇议纷扰。
举事策群力，鸠工赖亿兆。
岂欲烦吾民，吾民已枯槁。
万宝方告成，涤场农事了。
我听舆人诵，正言喻耆老。
努力勿懈怠，皇恩正浩浩。[1]

“吾民已枯槁”，他显然知道当时民穷财尽。老百姓在饥寒交迫中，为这些祸国殃民的治人者筑路，还要口颂浩浩皇恩，这是何等矛盾的心态。

十月十日，他回到战后的京城。吊死伤生，笼罩心头的是故都的情怀，劫后的余殇：

1 《偶存稿》卷十二，《全集》第七卷，165 页。

十月初十日到京杂诗

（其一）
磨驴故步迹都陈，满眼偏教百态新。
羸马今朝行得得，又随人踏软红尘。

（其六）
稾街邸舍列东城，五色旗开照日明。
南北玉河桥下路，短衣到处荷戈迎。

（其七）
惨扶丹旐恸归来，寒酹忠魂酒一杯。
荒寺孰携磨镜具，萧萧风助白杨哀。

（其八）
幼随慈母见恒河，转眼年华六十过。
回首昔时游钓地，故人零落已无多。[1]

自己已年过六十，慈母早去，故人无多，却身不由己，还要在宦海中飘浮。新的任命似乎并未增加他的激情。

（二）当家堂官

十一月二十八日，两宫还京。作为刑部大员，他第一次入值：

---

1 《偶存稿》卷十二，《全集》第七卷，第 166 页。

入直口占

入卫边兵列队齐，羽林闲杀禁门西。

晓筹依旧鸡人报，不分还来听鼓鼙。[1]

清朝中央六部，各部设尚书二人，满汉各一；设左右侍郎四人，满汉各二。尚书、侍郎都是各部堂官，统称六堂官。如果大学士、军机大臣兼职管理某一部，则该部便有七位堂官。但是不论是六堂官还是七堂官，对部政起决定作用的只有一位，称为当家堂官。

沈家本再进刑部，初为右侍郎，后为左侍郎，一直到光绪三十二年官制改革，将刑部改为法部为止。在此期间，满尚书先为贵恒，后为荣庆、奎俊、溥兴；汉尚书初为张百熙、后有葛宝华。但是，不管尚书如何变化，当家堂官都是沈家本，刑部大小事宜，皆由其主政。这是清朝光绪以后，中央官制耐人寻味的一段特殊情况。笔者引述一些资料，对此加以说明。

先看徐珂所辑《清稗类钞·爵秩类》，谓清朝中央六部：

管部及尚书、侍郎，皆各部之堂官也。……凡指麾一切者，谓之当家，部事向皆满尚书当家，汉尚书伴食而已。四侍郎则更不事事，有半月不入署者。若管部为满大学士，或汉人而兼军机，则实权在管部；若汉大学士管部，尚书则满人而兼军机，则管部绝不过问。盖视

1 《偶存稿》卷十二，《全集》第七卷，第165页。

> 乎地位势力而有异同也。然亦有侍郎当家者，赵舒翘、沈家本之在刑部，皆以深明旧律，为尚书所不及，实权乃渐集于侍郎。盖因其人而生权力也。非当家之堂官，值司官来请画稿，不敢细阅，谓之画黑稿。故有任堂官数年而不知部事为何物者。[1]

再看刘体智《异辞录》卷三：

> 本朝旧制，六部满、汉各六尚书、十二侍郎，一部六堂，常有大学士管部为七堂，虽云位尊至上，仍视乎其人而已。薛云阶、赵展如、沈子敦为刑部侍郎时，即主政部。[2]

但是，无论是野史还是笔记，这种“因其人而生权力”的侍郎当家主政的例外情况，都仅及刑部，而且仅及薛允升、赵舒翘、沈家本三人。这当是以慈禧太后为首的清朝最高决策者的有意安排，三人在刑部的任职时间，很能说明这个问题。

光绪六年（1880年），薛允升由漕运总督内调，先任刑部右侍郎，后转左侍郎，一度署理尚书，光绪十九年（1893年）升任刑部尚书。薛氏由漕督调任刑侍，显然是因为他在外任以前，曾有十多年刑部司员的阅历，以熟悉法律、善决疑狱为朝野所瞩目。在他任职刑部堂官期间，赵舒翘、沈家本均在刑部任职司员。阙后，赵舒翘外放安徽，沈家本则外放为天津知府。

---

1 徐珂：《清稗类钞·爵秩类》，中华书局，1984年，第1312—1313页。

2 刘体智：《异辞录》卷三，中华书局，1988年，第173页。

光绪二十二年（1896年），薛允升因坚持依法处决在京师庆和园肇事行凶杀人的太监张受山、李苌材，开罪慈禧太后和总管太监李连英，第二年即被借故降职为宗人府丞。在薛允升调离刑部前几个月，赵舒翘即被内召，由江苏巡抚调任刑部左侍郎。是时，刚毅以军机大臣兼刑部满尚书（刚毅出身亦为刑部司员）。第二年，刚毅调任兵部尚书，赵氏即升任刑部汉尚书，不久兼军机大臣。

光绪二十六年（1900年），慈禧太后挟光绪皇帝逃至西安，赵舒翘不久赐死。在部务无人综理之际，慈禧太后起用已经赋闲的薛允升。薛氏时已八十高龄，本不愿出山，但他既痛心河山破碎，又迫于慈禧太后的威势，最后决定出山，开始署理刑部左侍郎，在赵氏死后升任刑部尚书。第二年，慈禧太后偕光绪皇帝返京，薛氏随行，到达开封，死于途次。沈家本就在薛氏死后被立即任命为刑部左侍郎。

从以上可以看出，光绪五年（1879）以后，薛允升、赵舒翘、沈家本三人，前后衔接，在清朝刑部次第担任侍郎、尚书。如果加上他们刑部司员的职期，那么，从咸丰朝开始（薛允升咸丰六年考取进士后，即分刑部为主事），刑部从未消失过他们的身影，从而给人一个深刻的印象：清末刑部离不开这三位法律专家，他们与刑部结下了不解之缘。

时人笔记，稗官野史，三人任职情况如此。除此之外，最能说明沈家本在刑部当家主政的根据是，沈家本任侍郎时，御史潘庆澜弹劾沈家本和刑部，刑部反劾潘氏，闹出一场公案。下面将刑部密摺照录：

密陈潘庆澜参摺

谨奏为臣部办事为难，据实密陈，仰祈圣鉴事。

光绪三十年七月十三日，准军机处片交给事中潘庆澜奏，请饬部臣同僚共济一片，奉旨：刑部知道，钦此。

查原奏内称：近年刑部办事多有不满人意者，揆厥由来，刑部向有当家堂官之说，谓六堂中必有一堂系由刑部司员出身，熟悉律例者。其初意不过有一熟悉者，余五人易于讲求，非谓五人皆同备位也。况一成不易者律例，万变不测者人情。此五人者不熟律例，岂并不能人情乎？参酌历练，正可相助为理。乃积习相沿，此一人自诩专家，其五人随同画诺，甚至别有图为视同借径，而各司司员则皆奔走伺候于当家之一人，有劳相引援，有过相袒庇，又无怪其然也。第案牍浩繁，此一人者即使守洁才长，亦必有精力不及，智虑难偏之时。设有不然，何堪设想，而谓庶狱何时可平平！拟请饬下部臣，实力讲求，同僚共济，知无不言，不存意见，总期于事有益，不为积习所牵，庶民心服而民气自奋等因。抄送到部。

臣等窃维同僚共济，部臣之职分宜然；遇事纠弹，言官之指陈贵实。今该给事中潘庆澜奏请饬部臣实力讲求，同僚共济，不存意见，总期于事有益等语，系属正言庄论，业经钦奉谕者饬知，自应祗遵。

惟查臣部近年以来，切实讲求，极力整顿，臣等受恩深重，又值时事艰难，敢不黾勉同心相助为理。且职司邦宪，中外观瞻，唯有时时以矜慎为心，事事以持平为的，同深兢惕，冀免愆尤。乃该给事中，以臣部向有当家堂官之俗说，遂指为积习相沿，闪烁其词，毫无实据。其实原奏所谓一人自诩专家者，明明指臣家本言也。所谓五人随同画诺者，明明指臣奎俊、臣宝华、臣崇勋、臣孚琦，臣燏棻言也。不知臣部为天下刑名荟萃之地。事务殷繁，臣家本一人才识有限，岂能独力主持。臣奎俊等五人具有天良，咸思勉图报称，其不敢不实力讲求和衷共济者，非见功之事，乃寡过之事也。臣等身为刑官，即不求见功，有不力求寡过乎？至臣部司员，劳苦特甚，一切要差，必熟习律例之员方能充选。从无幸进。以故伺候奔走之风，不禁自熄，近年则每逢年节，臣等必传知合署僚属，毋庸到门投刺。但求尽心公事，不尚虚文。此虽末节，然亦挽回积习之一端。原奏谓各司司员伺候奔走于当家之一人，试向伺候者何人？奔走者何人？并未一一指出，挟私弹事，无隙可乘，遂变而隐约之词，任意诋毁。直若臣部堂司大小数百员，皆无一正人君子者，未免措辞过当。至于原奏所谓近年臣部办案多有不满人意之语，究意何案不满人意，又不确切指明，反复推求，大都由于会审庚谷氏一案而起耳。查此案前奉旨着都察院会同臣部审讯，据供定罪，成例昭然。乃该给事中为该衙门派审主稿之员，而于案内正犯斌启则应军而拟绞矣，其余罪止杖责之犯，则又拟流拟军矣。所引律例无一不错。该院堂官心知其非，不肯画稿，咨商到部，臣部按照律例，逐一签出咨覆。传闻该给事中倡言，臣部有心指驳，汹涌鼓动，与该院堂官负气相争，几若所拟之稿一字不可移易。幸该院堂官顾全大局，与臣部迭次熟商，始得会同奏结。案牍具在，可考而知。不意该给事中耿耿于怀。处心报复，复有此一奏，以泄私忿也。

在臣等奉职无状，致召人言。仰荷圣慈，不加谴责，惟有感恩图报，倍切讲求，以仰副圣朝慎重刑章之至意，更何敢与人争胜，妄有所陈。其所以不能已于言者，实缘臣部为刑名总汇之区，案牍之繁难，司员之清苦，为他部所未有。平时每有已得乌布之员，倦而求退者，臣等皆曲意慰留，以期相助为理。今该给事中既有意与臣部为难，将来指摘纷纭，恐尚不止于此。在臣部若果有错误，亦何能禁人之多言。然后该给事中之有意吹求，无端寻衅，则办事之员，势必人人自危，惧遭波及，或推诿或敷衍，实与部务无益。臣等顾虑及此，所以不能不将该给事中命意之所在实陈于君父之前者也。倘蒙圣明垂察，臣等不胜幸甚。所有据实密陈缘由，理合恭摺具奏，伏乞皇太后皇上圣鉴，谨奏。[1]

这是一份密摺，内容分两部分。前面是潘庆澜参劾刑部的主要内容，后面是刑部对潘氏参劾的反参劾。潘氏认为，刑部近年所办之事，之所以很多不如人意，究其原因，在于刑部司员出身的堂官，自诩专家，一人把持政务，专断擅权，其余五位堂官备位伴食，以致司员奔走伺候于当家一人，互相援引，互相包庇，部务因之日弛。这样，潘氏所劾，便由沈家本一人，而连带了刑部所有堂官和大部分司员。

刑部反劾，首先否定潘氏的刑部内专家当家的立论依据，指出，专家当家之说是“毫无实据”的“俗说”，不足为据。其次指出，由于刑部司员“劳苦特甚”，一切要差都必须由熟悉法律之司员充任，根本无由幸进。因此，潘氏指责司员奔走于当家堂官，纯

1 《刑部奏底》第 17 册，北京大学图书馆藏稿本。

属“挟私弹事”“任意诋毁。”再次，反劾潘氏因庚谷氏一案的处理不合己意，“处心报复”“以泄私忿”。最后请求清廷，对这种“有意吹求”谨慎处理，免使办事之人“人人自危”。

由法律专家主政刑部，这是清末官场的一个特色。沈家本正是以法律专家的素质，以侍郎身份而当家刑部，直至官制改革，改刑部为法部，而调任大理院正卿。

（三）整理部务

慈禧西逃，把清朝中央六部也带到西安。和其他五部相较，刑部比较特别。北京刑部，由满尚书贵桓留守，带一批司员，继续运行办公；西安刑部，由汉尚书薛允升负责，处理各省上奏案件，两宫回銮后，两地又合为一。

合署后整顿部务的第一件事，就是褒奖战乱中仍然守职尽责的人员，以资激励。褒奖奏摺比较详细地述说了当时刑部情况：

> 京师自联军入城，分占地面，步步荆棘。郎中潘江，升任詹事府庶子、前员外郎景禐、员外郎奎绵等，于八月间冒险进署，拣拾丛残，招集皂役，谆饬妥为看管。九月间在北城柏林寺设立公所，清厘积牍，郎中琦璋、俞炳辉、恩开、饶昌麟等，并各司印稿散走各员常川到所。时道路梗塞，洋兵充斥，各该员等便衣徒步，艰险备尝。十一月间，美界兵官有各国拿获案犯交刑部监禁之请。臣贵恒（按：时任刑部满尚书）乘机与之婉商，将衙署首先收回，堂司各官照常在署办事，并筹款修葺监狱。逐日均有交涉案件。各该司员提牢厅等，与洋官持平商办，尚能顾全大局，不致授权于他人。时土匪溃勇

到处抢掠，民不聊生。经臣等奏定先行正法章程，严办数十案，盗风稍戢。二十七年春间，补办大减等，统计各省有三千六百起之多，档案册籍散失不全，承办各员细心稽核，数月间即分别奏结，办理甚为妥速。上届秋审，经行在臣部奏明，与京部分办。各该员昕夕披阅，拟定勘语，呈由臣贵恒等复核，俱极妥慎。至各司承办现审案件，自二十六年十一月起，上年十一月止，共计四百九十余起。随到随结，不使案有留牍，尤属异常勤奋。

北京情况如此，西安的情况呢？

前年銮舆西幸，臣部司员随扈出京者，只郎中戈炳琦、员外郎恩润、郎中来秀、主事刘嘉斌等四员。嗣奉谕旨，令得力司员分赴行在当差，郎中武玉润、武瀛，主事段书云等，先后在途次报到。前尚书薛允升蒙恩起用，力图报称，督饬该司员等，创立公所，厘定章程。而档案无考，头绪纷繁，正若无从着手，适郎中何汝翰奔赴行在。该员部务尚称谙悉，与先到各员和衷商办，薛允升得资臂助，于是二十六年在京未办理之秋审，暨年例减等、缓决情轻案内应准留养人犯、各省已入秋审官犯、并一切军流徒犯减等，皆次第赶办，陆续奏结。时各事皆属草创，员数亦不敷分派，奏明暂设直、奉、川、陕四大股，每股兼办数司之事。各省积压未及报部及报部未复并中途遗失各案，均补送行在核办。员少事繁，几有应接不暇之势。各该司员等夙夜在公，无论奏咨均系随时核复。并因经费难筹，不克多募书手，所有摺稿册籍等件，皆亲自书写，矢勤矢慎，贻误毫无。二十七年秋朝审，奏明与京部分办，行在例案未备，幸各该司员等，熟手尚多，拟定实缓勘语，诸臻妥洽。承审钦交案件、亦均依限奏结。由西安扈跸至豫，沿途接奉速议议奏案件。络绎不绝。该司员等每至一处，往往不遑食息，即办稿缮摺，随时拜发。到开封后，薛允升因病出缺，该司员等将行在承办暨京部送往秋朝审各册，分别实缓，呈由调任侍郎戴鸿慈核定，汇开清单，克期奏结。驰驱鞅掌，终始勤劬，举因循推诿之积习，一扫而空之。[1]

通过褒奖、稳定司员之心。

另一件急办之事是处理被联军逮捕送交刑部监狱关押之人，以及被联军放走的刑部监狱的原有犯人。有人奏：

刑部尚有应办者二事：一为洋人未交地面时送部监禁之案，一为洋兵入京时开监放出各犯之案。其送部监禁之案，彼（按：指联军）自定为一二年至十年不等。又有未定年限，宛如永远监禁者。此等人犯岂能情真罪当。今闻系禁尚有五六十人，急应重问案情轻重，或收或释，以符刑律。其开监放出各犯，虽奉谕旨令各犯自行投部，究竟除官犯外，投者何人。今知如虎出柙，扰害闾阎者，类多监中放出刑部有案之人。若照前案一件（按：当为"律"）重辑，未免过于纷扰。宜就其怙恶不悛混名久著

1 《刑部奏底·酌保留京办事人员》，北京大学图书馆藏稿本。

者，访缉惩办，以靖地方。[1]

据此，刑部报告说：

查上年洋人未交地面以前，臣部首先收回衙署，照常办事。彼时各国洋人分界设立民政厅，遇有拿获土匪掳抢窃劫案犯，其送部审办者，均经臣等督饬司员逐案讯结。至情重盗犯，讯明后遵照奏定章程先行正法，随时汇案具奏。其各国自行拟定监禁期限送部寄监者，亦经臣等督饬司员逐案详核，率皆不法匪徒，均有自认供招，所拟监禁久暂，尚非漫无区别。当将原拟监禁一年以内者随时开释。现在此项人犯均已一律释放，并无存留。惟上年因收禁人犯日多，查明原拟监禁一年以上至四五年各犯共二十七名，核其情节轻重，碍难开释，仿照军流脱逃来京交直隶各州县监禁章程，将此项人犯札交顺天府转发所属州县监禁，俟限满再行核办。复经臣部于二十七年十一月间附片奏明在案。是洋人送部监禁之案，臣部业经分别清理，案牍具在，原奏乃谓系禁尚有五六十人，系属传闻之误。惟查近年臣部现审案件，虽经随到随结，而间有事关交涉之案，因由步军统领衙门据商务大臣转据各国照会送部惩办，或有待咨查，或要证未到，不得不拘禁监狱，以期质讯明确。原奏谓有未定年限，宛如永远监禁等语，或即因此而误。而不知

1 《刑部奏底·各国自行定拟监禁人犯》，北京大学图书馆藏稿本。

此等案件，并非径由洋人送部监禁也。臣等谨当督饬司员，设法从速拟结，毋任稍有枉纵。至上年因变逸出之犯，共二百七十四名口。前经臣等查明原犯罪名，分别应缉免缉，开具清单，奏奉谕旨，饬下步军统领，顺天府、五城御史，将应缉各犯，一体严拿在案。现经检查案卷，其自行投归之犯，除官犯龚照玙等业经奉旨加恩释放外，尚有待质徒犯马子恒一名，亦系自行投首。据供母老丁单，照例准其留养。其陆续拿获逸出重犯文成、鲁二、谢全海、张五共四名，均经臣部讯明后，按照原犯斩绞罪名定拟奏结。查例载"在监因变逸出自行投归，俱照原犯罪名各减一等发落；若被拿获者，仍照原犯罪名定拟"等语。是逸出监犯，仍应缉拿，例有明文。原奏竟谓"若照前案一律重缉，未免过于纷扰"，盖由不谙定例，故有此议。臣部前次奏明应缉各犯，均系案情重大，应再行文各该衙门，一体严缉务（予）究办。[1]

通过奖励司员、清理积案，使部务转入正常运转。

（四）奏请列刻薛允升《读例存疑》

薛允升不仅是清末著名法学家，同时还是沈家本一生都极为敬重的前辈。《读例存疑》是薛允升一生心血之所在，志在为《大清律例》的修改提供基本素材。早在西安，薛、沈就商讨过刊刻《读例存疑》之事。薛氏逝后，沈家本继为刑部当家，义不容辞

1 《刑部奏底·各国自行定拟监禁人犯》，北京大学图书馆藏稿本。

地挑起整理薛氏遗作之责。部务稍定，他即以刑部名义，奏请清廷，刊刻这部例学巨著：

据臣部郎中齐普、松武、饶昌麟、武瀛、恩开、来秀、武玉润、张西园、罗维垣、戈炳琦、杨履晋、王廷铨，员外郎段书云、曾鉴、魏联奎、郭昭、连培型、史履晋，主事许世英、萧之葆、周绍昌等联名呈称："名法为专门之学，始于管子而盛于申韩。自汉唐以来，代有专家，沿及国朝，相承弗替。如原任刑部尚书薛允升，律学深邃，固所谓今之名法专家也。该故尚书耄而好学，博览群书，谙习掌故，研究功令之学，融会贯通，久为中外推服。自部属荐升卿贰，前后官刑部垂四十年。退食余暇，积生平之学问心得，著有《读例存疑》共五十四卷、《汉律辑存》六卷、《唐明律合编》四十卷,、《服制备考》四卷，具征实学。而诸书之中，尤以《读例存疑》一书最为切要，于刑政大有关系。其书大旨以条例不外随时酌中、因事制宜之义。凡例之彼此抵牾，前后歧异，或应增应减，或畸重畸轻，或分晰之未明，或罪名之杂出者，俱一一疏正而会通，博引前人之说，参以持平之论，府中考厥源流，期归画一，诚巨制也。齐普、松武等旧在属官，夙聆绪论，抚读遗编，不忍听其湮没，谨择要先将《读例存疑》一书，就原稿悉心校对，缮写成帙，仰恳代为进呈御览，以彰实学等语。

臣等伏查该故尚书薛允升，久官刑曹，究心法律，耄而好学，著述等身，比之古来名法专家有过之而无不及也。曩者，钦奉谕旨，有治狱廉平之褒，是其精于律学，久在圣明洞鉴之中。该故尚书生前所著各书，具有精意，均属可传。兹据该郎中等择要先将《读例存疑》一书共五十四卷缮写成帙，合词吁请代为进呈。臣等逐卷查阅，见其择精语详，洵属有裨刑政，未便听其湮没，谨将原书进呈御览。现在臣部钦遵谕旨，开馆纂修条例，并请旨饬交律例馆，以备采择，庶编辑新例得所依据。[1]

1904年，在沈家本的亲手操持下，《读例存疑》问世。他为序如下：

商鞅改李悝之法为律，于是有律之名。自汉以来，律之外有令，有驳议，有故事，有科，有格，有式。隋则律、令、格、式并行。宋则律之外，敕、令、格、式四者皆备，而律所不备，一断以敕。初无所谓“例”也。晋于魏《刑名律》中，分为法、例、律，亦但为律之篇目，而非于律之外别之为“例”。《王制》：“必察大小之比以成之。”郑注：“已行故事曰比。”《释文》：“比，必利反，例也。”《后汉书·陈忠传》：“父宠上除汉法，溢于《甫刑》者，未施行。忠奏上二十三条，为《决事比》。”注：“比，例也。”此其为后世“例”之权舆欤？

明初，有律，有令，而律之未赅者，始有“条例”之名。弘治三年，定《问刑条例》。嘉靖时，重定为三百八十条。至万历时，复加裁定为三百八十二条。国朝因之，随时

1 《进呈薛尚书遗书摺》，《全集》第二卷，第432页。

增修。同治九年修订之本，凡条例一千八百九十二条，视万历时增至数倍，可谓繁矣。其中或律重例轻，或律轻例重，大旨在于祛恶俗，挽颓风，即一事一人，以昭惩创，故改重者为多。其改从轻者，又所以明区别而示矜恤，意至善也。第其始，病律之疏也，而增一例；继则病例之仍疏也，而又增一例。因例生例，孳乳无穷。例固密矣，究之世情万变，非例所可赅。往往因一事而定一例。不能概之事事；因一人而定一例，不能概之人人。且此例改而彼例亦因之以改。轻重既未得其平；此例改而彼例不改，轻重尤虞其偏倚。既有例，即不用律；而例所未及，则同一事而仍不能不用律。盖例太密则转疏，而疑义亦比比皆是矣。

国朝之讲求律学者，惟乾隆间海丰吴紫峰中丞坛《通考》一书，于例文之增删修改，甄核精详，其书迄于乾隆四十四年。自是以后，未有留心于斯事者。长安薛云阶大司寇，自官西曹，即研精律学，于历代之沿革，穷源竟委，观其会通。凡今律、今例之可疑者，逐条为之考论，其彼此抵牾及先后歧异者，言之尤详，积成巨册百余。家本尝与编纂之役，爬罗剔抉，参订再三。司寇复以卷帙繁重，手自芟削，勒成定本。编为《汉律辑存》《唐明律合刻》《读例存疑》《服制备考》各若干卷。洵律学之大成，而读律者之圭臬也。同人醵资，筹诸枣梨。甫议鸠工，适值庚子之变，事遂中辍。

辛丑春仲，家本述职长安，时司寇在里，复长秋官。询知所著书，惟《汉律辑存》一种，存亡未卜，余编无恙。迨銮舆将返，家本奉命先归，司寇初有乞休之意，故濒行谆谆，以所著书为托。季秋遇于大梁，言将扈跸同行，约于京邸，商榷此事。乃家本行至樊舆，遽得司寇骑箕之耗，京邸商榷之约竟不能偿矣。《唐明律合刻》诸稿，方坤吾太守连轸携往皖江，惟此《读例存疑》一编，同人携来京师，亟谋刊行。家本为之校雠一过。秋署同僚复议另缮清本，进呈御览。奉旨发交律例馆。今方奏明修改律例，一笔一削，将奉此编为准绳，庶几轻重密疏罔弗当。而向之抵牾而歧异者，咸颟若画一，无复有疑义之存。司谳者胥得所遵守焉。固不仅群玉册府之珍藏，为足荣贵也已。今夏，刻既竣，为述其大略如此。展卷披读，惜司寇之不获亲见此书之成也。[1]

薛允升是我国古代律学的殿后人，“其律学之精，殆集古今之大成，秦汉至今，一人而已”[2]。对他的著作，刑部奏摺认为：“诸书之中，尤以《读例存疑》一书最为切要，于刑政大有关系。”因此，笔者认为，《读例存疑》实为我国传统律学的殿后之作，同时还是例学的第一作。

《读例存疑》不但在律学、例学上占据重要地位，而且对晚清法律改革也起了举足轻重的作用。《大清律例》是《大清现行刑律》的滥觞，而后者是改革传统法律的结晶。亲预修订《现行刑律》的董康曾云：“《现行刑律》大致采长安薛允升读律（按：

1 《读例存疑序》，《刑法考（四）》，第 2220—2221 页。

2 李岳瑞：《春冰室野乘》，文海出版社，1967 年，第 189 页。

董文误，当为例）存疑之说。”[1] 今天，翻阅《大清现行刑律案语》，“薛云”之词，不绝于书，可为其证。因此，沈氏刊刻薛著之时，意在为修律取资，已毋庸多赘。

（五）假除弊为由，掩杀人之迹——对岑春煊的弹劾

在沈家本主政几年中，除日常部务之外，弹劾两广总督岑春煊越法杀人，是值得书写一笔的事情。沈家本一生重视官吏的守法，强调依照法律定罪量刑。光绪三十一年（1905 年）正月，岑春煊以广西桂林府全州州同刘应琛的门丁李云甫、李松甫串同诈赃之名，将两人就地处斩，然后上奏朝廷。这是一般案件，岑氏所为，显系越权。但是朝廷不责其越权，反将岑氏奏摺批交政务处。政务处将岑氏奏摺所请禁革门丁，作为一项改革，通令全国送行。沈家本等查阅岑氏奏摺，认为岑氏不但越权，而且断罪不引律例，破坏法律，任意杀戮。因此具摺弹劾岑氏，要求申明法律，慎重刑章，予岑氏应得之咎。

> [内阁抄出两广总督岑春煊片奏，门丁串役诈赃，亲提正法，并请明降谕旨，将大小衙门沿用门丁之弊永远革除等因。光绪三十一年初八日奉朱批：着政务处通饬查照办理，钦此。
>
> 原奏内称：“门丁之弊更甚于胥吏，上年抵粤，即经严札通饬，将大小官员衙署沿用签押稿案名目一律禁革。讵料仍有署广西桂林府全州州同刘荫琛，纵容门丁，串

1 董康：《中国修订法律的经过》，《董康法学文集》，中国政法大学出版社，2005 年，第 462 页。

役诈赃情事。据事主蒋志道等分呈控告，当将门丁李云甫、李松甫二名提省，并传原告蒋志道等到案，由桂林府知府吴征鳌督同谳局委员研讯。据李云甫、李松甫供认，串同书办蒋吉安，借案吓诈，得赃三起不讳。并据原告蒋志道等质讯确凿。值此禁用门丁，严防诈扰之际，非严惩一二，不足以儆效尤。当将李云甫、李松甫二犯亲提正法。该署州同刘荫琛，知情故纵，请旨即行革职，发往新疆效力。”并奏称“此等积弊，恐不独两广为然，可否仰恳明降谕旨，将大小衙门沿用门丁之弊永远革除，庶得稍肃官箴，藉苏民困”等因，具奏抄出到部。

查该督奏请禁用门丁革除积弊，持论及为正大。业经钦奉谕旨着政务处通饬照办，各省自应懔遵照办理，抑臣等更有请者，] 除恶固在用猛，而折狱贵持其平。宽纵不足戢浇风，而枉滥尤有乖治理。伏读嘉庆四年正月十六日钦奉上谕：“向来刑部引律断狱，于本律之外，多有‘不足蔽辜’‘无以示惩’及‘从重定拟’[字样。所办实未允协。罪名大小，律有明条，自应酌核案情，援引确当。务使法足蔽辜，不敢畸重畸轻，方为用法平允。今既引本律，又称不足蔽辜，从重定拟，]并有加至数等者，是仍不按律办理，又要用律例为耶？即案情内有情节比较重者，朕自可随案酌定。嗣后向刑衙门，俱行恪遵宪典，专引本律，不得于律例外又称‘不足蔽辜’及‘从重’字样。即‘虽’字、‘但’字，亦不准用”等因。当经军机大臣会同刑部议定，嗣后一切军犯，俱应各照本律例问拟，毋得声明不足蔽辜、无以示惩、从重加等，亦不得用“虽”“但”字样；并请嗣后官民人等有犯军流等罪，即照本律定拟请旨，不得以“情重”字样，擅拟改发新疆。十六年复奉谕，令问刑衙门，断罪应照奉律，饬禁“从重”字样。应请嗣后除奉特旨发遣黑龙江、新疆等处外，其余罪应军流人犯，悉照本律本例定拟。不准加重发往黑龙江、新疆等处。如有实在案情重大，罪浮于法者，仍按本律例拟罪，声明请谕旨以断罪应照本律，不得于律外从重为戒。圣训煌煌，允宜遵守。[岂容任一人之喜怒而破坏法律乎？]

[此案李云甫、李松甫以门丁串同书办，藉案吓诈得赃，自属有干法纪。如果讯明罪犯应死，即应按照律例议拟具奏。]律内载明：‘狱囚鞫问明白，至死罪者，在外听督抚审录，无冤依律拟议，法司覆勘，定议奏闻。俟有回报“应立决者”“委官处决”等语。是死罪皆应具奏，成宪昭然。[乃该督将李云甫、李松甫亲提正法，并不先行奏闻，已属现违定律。虽广西现有军务，惟该犯等既非军营获罪，又非强盗案件，断无援照就地正法章程先行处决之理。况详核案情，该犯李云甫等身充门丁，藉案诈赃，应照蠹役诈赃科断。例内载明：“蠹役恐吓索诈，计赃一百二十两绞监候；若吓致毙人命及拷打致死，应分别问拟斩绞立决。”情节各有轻重，审拟自有等差。乃该督并未讯明该犯等人已赃数若干，仅含糊叙以吓诈得赃一语，其为得赃无几可知。以索诈得赃之案，遽予以决不待时之诛，设遇案关诈赃毙命，该督又将又何惩办？总之，断罪以律例为凭。]律内载明合奏公事须依律定拟罪名，明白奏闻。[若有所规避增减，朦胧奏准，事发坐斩，定律极为森严，况从前迭奉谕旨，不准于律外加重。

乃该督审办此案，并不具引律例，事后朦胧具奏，假除弊为由，以掩盖其敢于杀人之迹；任一人之喜怒草菅人命，不复顾法律如何，祖训如何。如谓值此禁用门丁之时，非严惩一二不足以儆效尤，亦应照例科罪，于摺内声请可否从严之处，恭候圣裁。其罪名轻重，本非卧可以意为轩轾。若如该督办案，生杀皆可任意，变乱成法，悍然不顾，隐启外重内轻之渐，]此风一开，设使各省群相仿效，无论案情轻重，皆得藉口严惩[一二，率援此案，]亲提正法，[以张其杀戮之威。且一时官吏之承其风者，设皆迎合督臣之意，非武健严酷，难安其位，遂至群相效尤，将一年之中冤狱不知凡几。死者不可复生，断者不可复续。行见暴戾怨咨，]聚而成沴，甚非所以保护国脉，感召天和也。至官犯发遣新疆，去死罪只差一间，向来必须罪应军流情节较重者，始行奏请发遣。间有革职杖待之犯奉特旨改发新疆者，宸衷自有权衡，非臣下所敢专擅。故自嘉庆年间纂定不得擅拟改发新疆之例，所有一切官犯，其由革职杖徒改发新疆者，案不常见。非罪犯已至军流者，从无请发新疆之案。[今该署州同刘荫琛，既据该督讯系知情故纵，亦应取具输服供词。如果罪应军流，情节较重，自可请旨发遣新疆，以亦惩警。乃该督并未将刘荫琛照律拟罪，是不复问其罪名之轻重，]率请遣戍，殊非慎重刑章之道。

臣部职司邦宪，若不申明定律，[流弊伊于胡底。]谨恭同酌议：嗣后各省审理案件，除例应恭请王命，先行正法及强盗案内重犯，仍照章就地惩办外，其余斩绞人犯，无论监候立决，俱应按照律例议拟具奏，不得先行正法。倘有[将罪不至死之犯，竟行处决者，即以故入人死罪已决论；]至罪应军流之官犯，情节较重，拟请照向例发往新疆效力赎罪，仍恭候钦定。若罪应革职及杖徒之犯，均不准以“不足蔽辜”等词，率请从重发遣新疆，庶足以饬法纪而免冤滥。[如蒙俞允，臣部行文该督，并通行各省督抚将军都统府尹，一体遵照。所有官犯刘荫琛应令该督按律定拟，另行奏明办理。仍令将李云甫等全案供招送部以备查核。至该督办理此案，显违定例。应如何量予处分之外，恭候钦定。][1]

在慈禧回銮后的最初几年，岑春煊是极得慈禧宠信的封疆大吏，当时流传“南岑北袁”之说。这种状况，源于慈禧西逃——“那拉氏在宫中，曾对太监们说：‘想不到庚子那年的事，我闯了大乱子，但因此机会，我能提拔出两个忠臣来，一个是岑春煊、一个是袁世凯。英雄出少年，岑三在南方替我平定广东、广西的乱事；袁四在北方替我对付外国人，保守北京、天津。他们年纪都很轻，着实能干点事，二十年之内，我可以高枕无忧了。’”[2]

岑春煊在慈禧的眼中如此重要，对他的弹劾当然就要小心了。所以当时的刑部满尚书奎俊不同意上奏。沈家本以法律专家的身份在刑部当家，而对岑春煊的弹劾显然超越法律问题，所以他只好在底稿中批示：“此稿未用，因奎乐峰尚书不愿意也，姑存之。”

但是，岑春煊所为，毕竟触及重大的法律问题，所以这份奏稿经过修改，还是上奏了。不过，在上奏时，上面引录底稿中 []

1 《刑部奏底》第17册，北京大学图书馆藏稿本。

2 刘厚生：《张謇传记》，上海书店出版社，1985年版，第121页。

内的内容，已全部删除，仅修改及增加若干文字，连通全文。[1]底稿主旨是弹劾岑春煊违法越权，目的是维护法律、保护皇权，因此措辞非常严厉。而删除以后，弹劾的主旨全失，言辞和缓，成了一般性重申依法办案的章奏。

1 参见朱寿朋编：《光绪朝东华录》，中华书局，1958 年，第 5336—5338 页。（以下简称《光绪东华录》。）

第五章 吊诡时代的法律与社会

传记写到这里，已把沈家本六十年的经历作了一个比较系统的交代。沈家本之所以为传主，因他在法律、法学上的业绩而流传史册。但直到20世纪初期，也就是其生命的最后十多年主持法律改革的过程中，这些成就才得以显现。这是沈家本一生最为光辉灿烂的时期。晚清法律改革，是1840年中国社会进入近代以来的必然结果。因此必须对沈家本出生以来，也就是1840年中国进入近代以来，直至法律改革开始的法律和社会做一个总体概括，否则便无法全面理解这次改革，也无法理解沈家本何以会成为中国法律史上的关键人物。

1840年，也就是沈家本出生这一年，中国社会由古代进入近代，这是中国社会自春秋战国由奴隶制转为封建制以来的又一次社会转型。但是，这次转型与春秋战国时代的转型存在巨大的差别。春秋战国时代的转型，是中国社会内在矛盾的结果；而

1840年的转型，在很大程度上，是外力作用的结果。列强的大炮，逼使中国社会在社会条件还没有成熟的1840年由古代进入近代。

这种成因，使中国社会陷入左右支绌、进退失据的尴尬境地。一方面，社会进入了近代，出现了一些近代因素。另一方面，从国家制度（包括法律制度）到思想学术、风俗习惯，再到生产方式等等，都裹足不前，仍然停留在中世纪。就法律而言，清朝的基本法律——《大清律例》，直到法律改革前，和1840年以前并没有什么不同。用中世纪的法律去规范近代社会，这就是19世纪下半叶的中国法律与社会的现状。传统法律与近代社会脱了节，《大清律例》无法规范近代社会，传统法律陷入无法解脱的困境之中。社会不可能迁就法律，要解脱困境，就必须改革法律，这就是晚清法律改革的最为根本的原因。

那么，传统法律在哪些方面与近代社会相矛盾而陷入困境呢？学术界见仁见智，各有其说。笔者在本传记中，专辟一章，就这个问题谈点粗浅的看法。

一、"就地正法"与传统司法审判制度

（一）传统的司法审判制度

满族入主中原、统一中国以后，在总结历史经验的基础上，建立起一套完备的司法审判制度。死刑案件的审理，必须遵循严格的法律程序，以保证封建皇帝对死刑案件的终审权。

按照清朝法律的规定，京师以外的全国各地的死刑案件，都由案发地的州县进行初审，然后层层转解，申详到府（相当于府的直隶州为初审者，申详到道）、臬司、巡抚总督。经各级审转复核，拟出定罪量刑意见，最后由巡抚总督以结案报告形式向皇帝专案

具题，同时将具题副本“揭帖”咨送总揽天下刑名的刑部。皇帝将巡抚总督的具题批交刑部，由三法司核拟。三法司（主要是刑部）对案件进行复核，检查有无冤滥、定罪量刑是否准确适当。会谳后，提出共同意见，向皇帝回奏。最后，由皇帝做出终审裁决：或立决，或监候，或重审。立决者，由刑部咨文所在省，立即处死；监候者，转入第二年秋审；重审则大部分发回所在省重新审理，个别案情复杂重大的案件，也有派钦差大臣前往审理的，也有令所在省将人犯案卷解送京师，由刑部等三法司会同重新审理。

这种死刑复核审判制度，保证了皇帝手中握有对全国臣民的生杀大权，维护了皇帝的绝对权威。但是它也存在弊病，由于层层审转递解人犯，不但结案时间长（往往几年）、耗费的资财大，而且转解途中还存在安全问题。这种费时耗资的制度，适于和平安定时期，在太平天国运动爆发，全国性的大动乱年代，显然不能有效地为维护封建统治服务。以快速、省事、严厉为特征的“就地正法”，正好能弥补这种死刑复核制度的缺陷。

在专制时代，“正法”是执行死刑，特别是执行死刑中斩刑的代名词。在通常情况下，只要说将某人“正法”，人们便立即意识到将某人斩首。其实，“正法”一词，其开始使用时并无此种含意。沈家本曾对这个词进行过考证，他先引《后汉书·陈忠传》：“自今强盗为上官若它郡县所发觉，一发部吏皆正法。”然后引章怀的注解：“正法，依法也。”据此，沈氏认为：“正法犹言如律也，今以正法为专指斩罪者误。”[1]“正法”就是依照法律对罪犯定罪处刑。这种解释与传统的把“正法”作为斩刑的代名有天渊之别。

1 《日南随笔》卷三“正法”条，《全集》第七卷，第215页。

但是考证归考证，约定俗成，在人们的观念和现实生活之中，“正法”仍然是斩刑的代名词。

（二）“就地正法”制度的确立

“就地正法”，本指将罪犯抓获审清，在当地立即斩首。历代统治者，为了维护自己的统治，在严酷镇压劳动人民的反抗和政敌的斗争中，不乏“就地正法”之例。但是，把“就地正法”上升为一种制度，并在全国推行，则是清朝末年太平天国农民起义爆发以后之事：“唯就地正法一项，始自咸丰三年。时各省军兴，地方大吏，遇土匪窃发，往往先行正法，然后奏闻。”[1]

清道光三十年十二月十日（公元1851年1月11日），洪秀全领导拜上帝会聚众在广西省桂平县金田村发动了推翻清王朝统治的农民武装起义。这是一场摧毁旧秩序和维护旧秩序之间的生死斗争。军事上节节失利的腐朽王朝，面对亿万人民的反抗，只好乞灵于他的列祖列宗留给他们的法宝。两年后，亦即咸丰三年（1853年）三月十三日，“就地正法”便以清朝皇帝谕旨形式正式发布：

> 前据四川、福建等省奏陈缉匪情形，并陈宝绶等奏遣散广东各勇沿途骚扰，先后降旨谕令该督抚等认真查办，于讯明后就地正法。并饬地方官及团练、绅民，如遇此等凶徒，随时拿获，格杀勿论。现当剿办逆匪之时，各处土匪难保不乘间纠伙抢劫滋扰。若不严行惩办，何以安戢闾阎。着各直省督抚，一体饬属随时查访，实力

1　赵尔巽编：《清史稿》卷一百四十三，中华书局，1976年，第4202页。

缉拿。如有土匪啸聚成群，肆行抢劫，该地方官于捕获讯明以后，即行就地正法，以昭炯戒。并饬各属团练、绅民，合力缉拿，格杀勿论，俾凶顽皆知敛迹，地方日就乂安。至寻常盗案，仍着照例讯办，毋枉毋纵。[1]

这道谕旨的前半部分，指明"就地正法"是根据四川、福建、广东三省的请求，允许三省将抓获的"匪"和遣散的骚扰兵勇就地处决，无须按照历来的审转制度，层层转解，报告皇帝裁决。这说明了三个问题：一是在这道谕旨下达之前，"就地正法"就已经在四川、福建、广东三省部分地区执行。二是授权三省总督巡抚，对已缉获的"匪"和"散勇"实行就地正法，授权地方官和团练、绅士，对"匪"和"散勇"可以"格杀勿论"，不受法律约束。三是此时的就地正法显然不是针对军事而发的。

后半部分的变化在于：一、针对军事而发，"现当剿办逆匪之时"，说得很明确。二、旨在稳定地方统治秩序，预防"土匪"滋扰，而不是针对正面军事战场，正面军事战场另有军法。三、施行地域由三升扩展到全国所有地方。四、授权范围由总督巡抚扩大到各级地方官，团练、绅士"格杀勿论"的权限不变。

清代死刑案件，以命、盗为主。由于在全国推行"就地正法"，过去的死刑复核审转制度被破坏。申报中央、由皇帝亲自裁决的死刑案件相当有限。

命盗案件的死刑裁决权，由高度集中走向高度分散。这就是"就地正法"实施后所带来的审判制度上的变化。为了延续国祚，

1 《刑部奏案》前谕旨，北京大学图书馆藏稿本。

统治者终于自己动手破坏了自己建立的法制。这种变化的结果，是全国性的滥杀。几千年来被封建统治者奉为圭臬的“治乱世用重典”，在封建末世，被封建地主阶级最后一次付诸实践。

（三）内轻外重，地方权力失控

“内轻外重”是史学界对太平天国运动爆发之后，清王朝中央和地方权力消长所下的判断。这些权力涉及政治、军事、经济等等，其中也包括司法审判权，特别是司法审判中的“就地正法”权。

如前所述，太平天国农民起义爆发前，全国只有皇帝才握有对所有臣民的死刑裁决权。总揽天下刑名的刑部，对死刑案件也只有承旨核办拟定罪名的权力，各级地方官就更不用说了。“就地正法”实施后，各级地方官甚至乡绅、团练都可随意就地处决“盗”“匪”。这样一来，常法遭到破坏，封建中央对地方的生杀，无能制约，也无力制约。对“生杀予夺唯予一人”的皇帝来说，这是一种权力失控、权威丧失。

这种权力失控、权威丧失到了什么程度，由于没有确切的统计资料，我举两事以窥其一斑。

一是前述沈家本之父沈丙莹亲自所见而写的那首名为《三桥团》的纪事诗，他记述的是这样一件事：五十六个团丁，天晚投宿，因主人不纳，发生争吵。就为这样一件小事，团丁便挥刀杀人。杀了多少人？他没有具体说出数目。但是从“髑髅满地红模糊”看，肯定不是一二个。沈丙莹是一个受儒家仁政思想影响很深的官员，任职刑部十多年，又刚由京师外任，过去大概从未见过这种场面，所以才写出这类谴责团丁暴行的诗来。他在诗中叹息将“太阿之柄”交团丁操纵，因而使他们能随意屠杀而不受任何制裁。很显然，对于“就地正法”，他至少是持不同意见的。在“就地正法”实施的过程中，这应该是一个极为普遍的例子。这是一事。当时正是“就地正法”施行的全盛时期，团丁操生杀之柄，封建中央对生杀权完全失控。

还有一事，就是“就地正法”收缩时期，也就是全国性的大规模农民反抗被基本镇压以后，一般地方官以及团练、乡绅已经没有这种权力了。但是，各省大吏仍然有“就地正法”权。他们草菅人命，一旦苦主及其亲属鸣冤，或社会舆论谴责，官僚们便互相包庇，阻扰平反，抵制舆论。光绪初年震动朝野的三起著名冤案，便是十分典型的例子。

第一起浙案，即民间熟知的“杨乃武案”。此案发于同治末年，直至光绪初年才由刑部审清，平反结案。原审此案的浙江巡抚杨昌浚、学政胡瑞澜（侍郎衔）等一批官员，或被革职，或被流放。此案为一般人熟悉，故略。

第二起为江宁“三牌楼案”，这起冤案因光绪初年南京三牌楼发现一具无名尸体而起。按通常做法，它应交地方官查清审理。但两江总督沈葆桢却将它批给营务处总办洪汝奎，由参将胡金传经办。胡金传罗织罪名，认定这是一桩（哥老）会匪内讧互相残杀的案件。凶手是僧人绍宗及平民曲学如、张克友，死者名叫薛春芳。沈葆桢据此援引《就地正法章程》，将绍宗、曲学如处斩，割去张克友的耳朵并将他逐出江宁。沈葆祯死后，江宁地方官偶获真正凶手周五、沈鲍洪，审讯查证后，证实死者不叫薛春芳而是朱彪。由于继任两江总督刘坤一与洪汝奎私交甚密，福建籍官僚又企图维护沈葆祯名声而提出诸多质疑，案延不结。最后，由清廷派钦差薛允升等前往江宁秘密审讯，才予平反。沈葆祯已死免议，胡金传问斩，洪汝奎等一批承审官员降、革、流放有差。

第三起豫案，起于光绪五年（1879年），河南镇平县张楼被劫，抓获劫犯之一胡体安。开刀问斩时，罪犯却呼冤，声称自己不叫胡体安，真名乃王树文，系受差役蒙骗，冒名顶替胡体安。河南巡抚李鹤年、东河总督梅启照先后受命审理此案。虽然明知罪犯为无辜之王树文，真犯胡体安已经逃逸，但是为了庇护属下，仍坚持要处斩王树文。几经周折，最后案提刑部，由赵舒翘主审，才予平反。李鹤年、梅启照等一大批官员，降、革、流放有差。

这几起冤案，属命、盗、匪案，十分典型，当时震动全国。最少反映了两个问题：

第一，全国性的农民反抗斗争被镇压以后，皇帝的生杀大权仍然严重失控。各地官僚，特别是各省总督巡抚以及将军都统，由于"就地正法"施行多年，自专成习，嗜杀成性，极不愿意或者说明里暗里对抗封建中央政权对他们的干预。

官僚们自专嗜杀，草菅人命，在当时的官场中极为普遍。以处理"三牌楼案"的沈葆祯为例。在当时的督抚中，沈氏颇负盛名，福建籍官僚视之为"圣人"。但是，这个"圣人"当时就被一些人视为"恣睢好杀"[1]的魔王。绍宗、曲学如无辜被斩，冤情尚有明白之日；不明不白死在他刀下的冤魂到底有多少？《清史稿》本传说他担任两江总督后，"治尚严肃"，"尤严治盗，莅任三月，诛戮近百人，莠民屏迹"。[2]三月杀人近百，令人咋舌。野史笔记对他福建船政大臣任内的杀人事迹有一则具体记述，录之可补史稿之简："船厂有一小工窃洋匠汗衫，乃执而告之曰：'汝偷外国

1 李慈铭:《越缦堂日记》。李慈铭评价沈葆桢的全句是"沈君为林文忠婿，素有贤声，其抚江西，政绩甚著，及闽中居里，为船政大臣，恣睢好杀，声望骤损"。

2 赵尔巽编：《清史稿》卷四百十三，中华书局，1976年，第12046页。

人汗衫，太不替中国人做脸。' 遂喝令处斩。公余亦集僚属作诗钟，有一日，未终唱，忽告人曰：'我适有事。' 少顷回来再唱。遣人瞷之，则坐大堂又杀一人矣。"[1] 觥筹交错，丝竹缭耳的诗钟唱和，伴之以罪犯哀号，刀光血影的刑场决囚。截然相反的两种情景居然如此融洽，令人难于置信。儒雅风流如沈葆祯尚且如此，出身行伍的官僚们就更不难想象了。

对清廷平反上述三大冤狱，督抚们几乎都持对立情绪。以浙案为例，沈葆祯便对清廷"不冤杀匹夫匹妇，而反黜抚臣学臣"极为不满。[2] 这是当时督抚大臣的一般心态。沈葆祯如此，左宗棠也如此。[3] 以斩杀太监安得海而闻名海内的丁宝祯则最露骨。光绪二年（1877 年），浙案即将结案时，他由山东巡抚调任四川总督，进京朝觐时，他大闹刑部，公开替杨昌浚、胡瑞澜鸣不平。"丁文诚入觐，颇持正论，终不解铄金之口"[4]。

总之，各地总督、巡抚，习于自专，明里暗里对抗朝廷对各地死刑案件，特别是命盗案件审判的干预，这是一种普遍的现象。这种现象背后所隐藏的是：皇权对死刑案件的最终裁决权仍然严重失控，正常法制仍无法恢复。

第二，这几起案件反映出来的另一个问题就是清朝中央政权企图恢复旧制控制生杀大权的意图。

这种意图，在刑部审理浙案时便初露端倪。

光绪二年十二月，在刑部即将审结杨乃武案时，御史王昕曾

---

1 何刚德：《客座偶谈》卷一，山西古籍出版社，1997 年，第 120 页。

2 李慈铭：《越缦堂日记》。沈葆桢对浙案平反的不满，还可见特对詹启纶案的审理，此案审结具奏见《沈文肃公政书》。

3 杨昌浚因为杨乃武案被革职，但很快因为左宗棠奏保而重新起用。

4 刘体智：《异辞录》卷二，中华书局，1988 年，第 72 页。

给清廷上过一份奏摺，严厉指责浙江官员“徇情枉法，罔上行私，颠倒是非，至于此极”；斥责杨昌浚“狂易负气，刚愎怙终”，“藐法欺君，肆无忌惮”。并由此而推及所有地方军政大吏，指出：“大臣倘有朋比之势，朝廷不无孤立之忧”。最后提出两项建议：（1）胡瑞澜、杨昌浚犯的是“瞻徇欺罔之罪”，因此不能像对待平常办错案件那样，以“故入误入已决未决比例轻重”，而应“究出捏造真情”，“予以重惩”。（2）藉平反此案之机，扭转疆臣藐法欺君的局面，通过重惩杨昌浚、胡瑞澜，“以伸大法于天下，以垂炯戒于将来。庶大小臣工知所恐惧，而朝廷之纪纲为之一振。”[1]

这是一份很有代表性的奏摺。王昕由一省一案推及全国所有案件，由深究杨、胡推及所有督抚，反映了清朝中央官僚企图借缩小甚至收回“就地正法”权，削弱督抚权力的意向。正因为如此，它得到清廷的赞赏，在下发奏摺的谕旨中指出：“各省似此案件甚多”，并令刑部“彻底根究”浙案。这无异向各省封疆大吏发出讯号：大批类似浙案的案件，都要根究。加强中央皇权的要求，通过案件的审理而被提出。

如果说，王昕就浙案所上的弹劾还有那么一点转弯抹角的话，豫案结束后，三法司批驳河南巡抚李鹤年的奏摺就是一针见血了。与杨昌浚一样，李鹤年在刑部审结王树文案后，仍然哓哓置辩。针对他的辩词，三法司批驳李鹤年说：“拉杂行例，希图摇惑众听，颠倒是非。长外省草菅人命之风，其失犹小；启疆臣欺罔朝廷之渐，其罪实大。现在诸事内轻外重，势已积成，尚未有如斯之明目张胆，

1 《光绪东华录》，第346页。

护过饰非者。”[1]

三法司的奏稿由实际主持审理平反豫案的刑部候补郎中赵舒翘起草，但据李岳瑞云，这几句话乃当时的清流首领、都察院左副都御史张佩纶所加。李岳瑞在《春冰室野乘》中记述豫案的平反经过后说："方三法司会稿时，丰润张学士佩纶署副宪，阅疏稿竟，援笔增数语于牍尾曰：'长大吏草菅人命之风，其患犹浅；启疆臣藐视朝廷之渐，其患实深'云云。"[2]这几句与前面王昕奏摺相较，内容相似，但提出的问题却更直接、更尖锐。纵观两摺，都针对冤狱参劾督抚，但是参劾的重点不在冤狱本身。御史们担心的不是督抚们的草菅人命，即不在老百姓的生与死；目的也不在总结经验更有效地平反由督抚们所制造的冤狱。"其患犹浅"四字十分明确地表达了他们对待冤狱的态度。他们所真正担心的是"内轻外重"继续发展，皇权继续削弱。因此，他们的真正目的是要扭转"疆臣藐视朝廷"的局面，加强皇权，维护中央集权的封建专制政权。这才是问题的实质。

（四）衰世恶法

"就地正法"是一种"防盗匪之酿成乱匪，而预以治乱匪之法治盗匪"[3]的衰世恶法。按现代刑法理论，处置"盗匪"，适用一般刑法；处置"乱匪"，适用军法。为免"盗匪"进一步发展而为"乱匪"，先用治"乱匪"之法去治"盗匪"，而且在全国全面实施。因此，"就地正法"实际上是一种兼具军法和戒严法，同

1 赵舒翘：《慎斋文集》卷五。

2 李岳瑞：《春冰室野乘》，文海出版社，1967 年，第 222 页。

3 陶宝霖：《论就地正法》，《法政浅说报》第 17 期，第 3 页。

时兼具特殊预防和一般预防两种功用的特别刑事法规。

这种野蛮残酷的制度，有效地维护了在太平天国农民起义打击下摇摇欲坠的清封建王朝。但这种制度有悖于传统的儒家仁政思想；更为严重的是，这一制度的推行，破坏了清朝持续近二百年的司法审判制度，特别是死刑上报中央复核由皇帝亲自裁决的制度，削弱了皇权，带来中央和地方之间的权力冲突，利弊交织，得失相悖。其结果形成这样一种局面：坚持传统儒家仁政思想、维护皇权至上、没有军政实权的翰林御史们，一再主张取消这种制度；务实、手握地方军政大权的总督巡抚则一再要求继续适用；至高无上的皇帝和总汇天下刑名的刑部，则游离其间。“嗣军务敉平，疆吏乐其便已，相沿不改。光绪七八年间，御史胡隆洵、陈启泰等屡以为言。刑部声请饬下各省，体察情形，仍照旧例解勘，分别题奏。嗣各省督抚俱覆称地方不靖，碍难规复旧制。刑部不得已，仍酌量以限制，如实系土匪、马贼、游勇、会匪，方准先行正法，寻常强盗，不得滥引。自此章程行，沿及国变，而就地正法之制，迄未之能革”[1]。历咸、同、光、宣四朝，与清王朝同日告终。

二、领事裁判与国家法权

（一）鸦片战争前的对外交往

领事裁判权，近代中国又称治外法权。海禁初开之时，因清朝统治者不知道国际公法为何物，国人亦不知何为国际公法，故

1 赵尔巽编：《清史稿》卷一百四十三，中华书局，1976年，第4203页。

将二者混用。清末举行经济特科考试，尚有如何区分领事裁判权与治外法权之题。经过近六十年的外交，始悉二者之区别，良可慨也！

领事裁判权是一种国际政治特权，简单地说，就是一个国家的人民，在他国领土内居住，不受居住国的司法管辖，而由驻在那个国家的本国领事，对其行使裁判权。世界上，欧洲国家的远古时代有类似制度（或者，更确切地说是有类似习惯）。如希腊商人在地中海沿岸经商，即有用商人出生地法律之请求；罗马国家亦曾允许居住罗马之居民选择罗马法，或法兰克法，或伦巴第法中的任何一种参加诉讼。15 世纪时，意大利领事在荷兰、伦敦各地，英国领事在瑞典、挪威、意大利等地，都行使民刑裁判的法权。然而到了 17 世纪，随着政治的进化、国家组织的完备、法律的严密，领事裁判权遂绝迹于欧洲各国。

鸦片战争前，我国既无领事之制，亦无治外法权之说。从明代中叶起，西欧商人教士开始进入中国。但是，初来之葡萄牙人、西班牙人和荷兰人都未向中国提出法权要求。明嘉靖十四年（1535 年）和明万历十一年（1583 年），法国人和英国人已分别在东方伊斯兰教国家先后取得治外法权。但是明崇祯十年（1637 年）和清顺治十七年（1660 年）英法先后进入中国时均未向中国提出法权要求。自此以后，迄至鸦片战争的漫长时间里，虽然因清王朝推行关锁国政策，对外交往不频繁，外人来华贸易却也未曾中断过。在这种断断续续交往中，涉外刑民案时有发生，但不管哪个国家都未正式提出法权要求。清政府对这些案件的处理亦不甚为意。

总之，鸦片战争前，因海禁未开，交往尚稀，中外交涉案件虽时有发生，对国家主权并未造成重大威胁，因此法权问题，处于一种随意性的阶段。

（二）不平等条约中的领事裁判规定

西方列强在中国行使的领事裁判权制度，不是生于习惯，而是根据条约。最早表露外国领事裁判权的条约，是1843年（道光二十三年）通称《虎门条约》的《中英五口通商附粘善后条款》，该条约第六款规定：英国船只中之“水手船上人等，俟管事官与地方官先行立定禁约之后，方准上岸。倘有英人违背此条禁约，擅到内地远游者，不论系何品级，即听该地方民人捉拿，交英国管事官依情处罪，但该民人等不得擅自殴打伤害，致伤和好”[1]。因为是第一次在条约中做这种规定，词意比较含混。

清王朝对列强这种投石问路、觊觎法权的窃贼行径毫无觉察。因此接踵而来的条约，便明目张胆地将领事裁判列为其中条款。下面将中英、中美条约的有关条款列出：

《中英五口通商章程》（1843年10月8日）：

> 第十三款　倘遇有交涉词讼，管事官不能劝息，又不能将就，即移请华官公同查明其事，既得实情，即为秉公定断，免滋讼端。其英人如何科罪，由英国议定章程、法律发给管事官照办。华民如何科罪，应治以中国之法，均应照前在江南原定善后条款办理。[2]

《中美五口贸易章程》（1844年7月3日，通称《望厦条约》）：

1　王铁崖编:《中外旧约章汇编（一）》，生活·读书·新知三联书店，1957年，第35页。
2　王铁崖编:《中外旧约章汇编（一）》,生活·读书·新知三联书店,1957年版,第42页。

第二十一款　嗣后中国民人与合众国民人有争斗、词讼、交涉事件，中国民人由中国地方官捉拿审讯，照中国例治罪；合众国民人由领事等官捉拿审讯，照本国例治罪；但须两得其平，秉公断结，不得各存偏护，致启争端。[1]

这是第一次鸦片战争后，西方列强通过条约攫取清王朝法权的规定。取得这种权利的，除英美之外，尚有法国等国家。这些条款，对审判机构和适用法律做了明确的规定。清廷自此丧失了对外国侨民的法律管辖权。

但是，列强并未以此为满足。通过第二次鸦片战争，领事裁判之范围更加扩大，规定更为具体。下面将第二次鸦片战后的有关条约略予摘叙：

《中英天津条约》（1858年，咸丰八年）：

第十五款　英国属民相涉案件，不论人产，皆归英官查办。

第十六款　英国民人有犯事者，皆由英国惩办；中国人欺凌扰害英民，皆由中国地方官自行惩办。两国交涉事件，彼此均须会同公平审断，以昭允当。

第十七款　凡英国民人控告中国民人事件，应先赴领事官衙门投禀。领事官即当查明根由，先行劝息，使

1　王铁崖编：《中外旧约章汇编（一）》，生活·读书·新知三联书店，1957年版，第54—55页。

不成讼。中国民人有赴领事官告英国民人者，领事官亦应一体劝息。间有不能劝息者，即由中国地方官与领事官会同审办，公平讯断。[1]

同年之《中法天津条约》：

第三十五款　凡大法国人有怀怨挟嫌中国人者，应先呈明领事官，复加详核，竭力调停；如有中国人怀怨大法国人者，领事官亦虚心详核，为之调停。倘遇有争讼，领事官不能为之调停，即移请中国官协力办理，察核明白，秉公完结。

第三十八款　凡有大法国人与中国人争闹事件，或遇有争斗中，或一二人及多人不等，被火器及别器殴伤致毙者，系中国人，由中国官严拿审明，照中国例治罪，系大法国人，由领事官设法拘拿，迅速讯明，照大法国例治罪，其应如何治罪之处，将来大法国议定例款。如有别样情形，在本款未经分晰者，俱照此办理。因所定之例，大法国人在各口地方如有犯大小等罪，均照大法国办理。

第三十九款　大法国人在通商各口地方，如有不协争执事件，均归大法国官办理，遇有大法国人与外国人有争执情事，中国官不必过问。至大法国船在通商各口地方，中国官亦不为经理，均归大法国官及该船主自行

1　王铁崖编：《中外旧约章汇编（一）》，生活·读书·新知三联书店，1957年版，第98页。

料理。[1]

《中美天津条约》规定：

第十一款　大合众国民人在中华安分贸易办事者，当与中国人一体和好友爱，地方官必时加保护，务使身家一切安全，不使受欺辱骚扰等事。倘其屋宇、产业有被内地不法匪徒逞凶恐吓、焚毁侵害，一经领事官报明，地方官立当派拨兵役弹压驱逐，并将匪徒查拿，按律重办。倘华民与大合众国人有争斗、词讼等案，华民归中国官按律治罪；大合众国人，无论在岸上、海面，与华民欺侮骚扰、毁坏物件、殴伤损害一切非礼不合情事，应归领事等官按本国例惩办。至捉拿犯人以备质讯，或由本地方官，或由大合众国官，均无不可。

第二十七款　大合众国民人在大清国通商各港口，自因财产涉讼，由本国领事等官讯明办理；若大合众国民人在大清国与别国贸易之人因事争论者，应听两造查照各本国所立条约办理，中国官员不得过问。

第二十八款　大合众国民人因有要事向大清国地方官辩诉，先禀明领事等官，查明禀内字句明顺、事在情理者，即为转行地方官查办。大清国商民因有要事向领事等官辩诉者，准其一面禀地方官，一面到领事等官禀呈查办。倘遇有大清国人与大合众国人因事相争不能以

1　王铁崖编：《中外旧约章汇编（一）》，生活·读书·新知三联书店，1957年版，第111—112页。

和平调处者，即须两国官员查明公议察夺，更不得索取规费，并准请人到堂代传，以免言语不通，致受委曲。[1]

《中俄天津条约》：

第七条　通商处所，俄国、中国所属之人若有事故，中国官员须与俄国领事官员，或与代办俄国事务之人，会同分别办理。中国所属之人与俄国人有因人命、产业、伤害之事获罪者，应照中国律例分别科罪。俄国之人若在中国内地犯法，应行审讯治罪者，解送俄国边界地方，或俄国办事官员所驻扎之海口办理。[2]

对《中英天津条约》中的“皆由英国惩办”一句，1876年的《中英烟台条约》又特别加以明确为：“由英国领事官或他项奉派干员惩办。”而“彼此均须会同公平审断”之“会同”二字之本意，则明确为：“至中国国各口审断交涉案件，两国法律既有不同，只能视被告者为何国之人，即赴何国官员处控告；原告为何国之人，其本国官员只可赴承审官员处观审。倘观审之员以为办理未妥，可以逐细辩论，庶保各无所隅，各按本国法律审断。”该条约并明确规定：“凡遇内地各省地方或通商口岸有关系英国人命盗案件，议由英国大臣派员前往该处观审。”上海会审公堂的设置亦为此条约所规定：“前经英国议有详细章程，并添派按察司

1　王铁崖编：《中外旧约章汇编（一）》，生活·读书·新知三联书店，1957年版，第91、95页。

2　王铁崖编：《中外旧约章汇编（一）》，生活·读书·新知三联书店，1957年版，第88页。

等员在上海设立承审公堂，以便遵照和约条款办理；目下英国适将前定章程酌量修正，以归尽善。中国亦在上海设有会审衙门，办理中外交涉案件，惟所派委员审断案件，或因事权不一，或因怕招嫌怨，往往未能认真审追。兹议由总理衙门照会各国驻京大臣，应将通商口岸应如何会同总署议定承审章程妥为商办，以昭公允。”[1]

此外，1880年《中美续约附款》第四款规定："倘遇有中国人与美国人因事相争，两国官员应行审定，中国与美国允此等案件，被告系何国之人即归其本国官员审定。原告之官员于审定时，可以前往观审，承审官应以观审之礼相待。该原告之官员，如欲添传证见，或审讯、驳讯案中作证之人，可以再行传讯。倘观审之员以为办理不公，亦可逐细辩论，并详报上宪。所有案件，各审定之员均系各按本国律法办理。”[2]

日本与中国开始因同受西方列强压迫，彼此有对等互惠的领事裁判权。但是甲午战争后，对等变为不平等，互惠变成独惠。1895年4月签订的《马关条约》规定："在日本国军队驻守之地，凡有犯关涉军务之罪，均归日本军务官审判办理。”[3] 1896年7月签订的《中日通商行船条约》明确规定：

第二十款　日本在中国之人民及其所有财产物件，

---

1 王铁崖编：《中外旧约章汇编（一）》，生活·读书·新知三联书店，1957年版，第348页。

2 王铁崖编：《中外旧约章汇编（一）》，生活·读书·新知三联书店，1957年版，第380—381页。

3 王铁崖编：《中外旧约章汇编（一）》，生活·读书·新知三联书店，1957年版，第618页。

当归日本派官吏管辖。凡日本人控告日本人，或被别国人控告，均归日本妥派官吏讯断，与中国官员无涉。

第二十一款　凡中国官员或人民控告在中国之日本臣民负欠钱债等项，或争在中国财产物件等事，归日本官员讯断。凡在中国日本官员或人民控告中国臣民负欠钱债等项，或争中国人之财产物件等事，归中国官员讯断。

第二十二款　凡日本臣民被控在中国犯法，归日本官员审理，如果审出真罪，依照日本法律惩办。中国臣民被日本人在中国控告犯法，归中国官员审理，如果审出真罪，依照中国法律惩办。[1]

（三）领事裁判权的实质

以上是不平等条约中有关扩大领事裁判权的主要规定（为免繁赘，其他不平等条约中有关规定，不再列叙。大体所有西方国家对中国的条约，都有类似规定）。这些规定，概括起来，有如下几点：

1. 领事裁判权原本为与中国订有条约的外国人而立，因此凡不牵涉外国的诉讼事件，均属中国之法权，与领事裁判权无涉，由清朝官吏依清朝法律处理。

2. 依据条约规定，凡属于同一个与中国缔约国的外国人，他们彼此间的争讼纠纷，纯由该国领事裁判，或由其他该国在中国

1　王铁崖编：《中外旧约章汇编》（一），生活·读书·新知三联书店，1957 年版，第 665—666 页。

的特设法庭裁判，适用该国的法律。遇有刑事案件，清朝官府的差役虽可拘捕人犯，但是犯人必须押交犯人所属国家的官吏收领，由其处置。

3. 甲乙两国都与中国订有条约，甲国人与乙国人间产生争讼，清朝政府不能过问。这种诉讼，由甲乙两个国家的官员，依其法律处理。其法律手续如何，由甲乙两国依照它们彼此间的协定办理。

4. 如果出现与中国无约的甲国人，控告与中国有约的乙国人，即甲国人为原告，乙国人为被告，则法权属有约的乙国官员。如果被告为甲国人，原告为乙国人，则法权属于清朝官府。如果争讼的双方，都是与中国无约的外国人，则法权亦属于清朝官府，适用清朝法律。

5. 凡与中国缔约的外国人与中国人发生争讼，无论是刑事案件还是民事案件，均归被告所属国家的法庭处理，适用被告人本国的法律。这是领事裁判权中的最重要的一点。这一点的确立，使清王朝失去对外国侨民的法律管辖和制裁权。

这就是领事裁判权的实质：清王朝原有的完整法权被侵夺，丧失了对外国侨民的控制权。外国侵略分子利用这一权利，肆意欺压中国人民，而清政府却无法给予制裁。同治、光绪时期全国各地教案频发，与领事裁判权密切相关。

就字面看，领事裁判权制度中，执行法权的是各国驻中国的领事，实则并不限于领事，凡是与清朝缔约国家特别指定的官员和法院，都能执行这种领事法权。这一点，《中英烟台条约》解释《中英天津条约》第十六款中的“英国”二字为“英国领事官或其他奉派干员”即十分明确。[1]1904年（光绪三十年）英国枢密院颁布命令，特设一个“英王在华高等法庭”，上海区域的民刑初审案件，全归这个高等法庭管辖，其他各口的民刑案件，仍归各地领事法庭管理。重大案件，则须禀明上海的高等法庭，高等法庭有权随时调取领事法庭正在审理中的案件，自行处理。美国的领事裁判权，原来由美国驻京公使与各国领事执行，1906年（光绪三十二年）美国国会制定法律，设立“美国在华法庭”，在上海开庭，并轮流在广州、天津、汉口开庭。法庭开庭地点在各地的美国领事馆。美国驻各口岸的领事，对案情轻微的刑民案件，有权做出判决。新设法庭只管理重大的民刑案件，并作为领事判决的上诉法庭，法庭法官与检事长由美国任命。

（四）领事裁判权的扩大

上海会审公堂随上海租界的设立而设立。西方列强乘上海小刀会起义之机，在上海划分租界，公共租界和法租界均设有会审公堂。1868年订立的《上海洋泾浜设官会审章程》（1905年修改）规定：

公堂由清朝遴选委任同知一名，专驻洋泾浜，管理各国租界内钱债、斗殴、窃盗、词讼等案件。设立一个公馆，备置枷杖以下刑具。凡有华民控告华民以及洋商控告华民，无论钱债与交易各事，均由公堂提讯定断，并照中国常例讯断，并准其将华民刑讯管押，及发落枷杖以下罪名。

所有案件，如遇牵涉洋人必应到案者，必须由领事官会同委

1　王铁崖编：《中外旧约章汇编（一）》，生活·读书·新知三联书店，1957年，第348页。

员审问，或派洋官会审。如果案情只关系中国人，并无洋人在内，即听中国委员自行讯断，各国领事官，毋庸干预。

华洋互控案件，审断必须两得其平，按约办理，不得各怀意见。如系有领事管束之洋人，则须按条约办理；倘系无领事管束之洋人，则听委员自行审断，但仍然要邀请一个外国官员陪审。一面详报上海道查核。倘两造有不服委员所断者，准双方赴上海道及领事官处控告复审。

有领事之洋人犯罪，按约由领事惩办；其无领事之洋人，即由委员酌拟罪名，详报上海道核定，并与一有约之领事，会商酌办。至华民犯罪，即由该委员核明轻重，照例办理。[1]

会审公堂的外国会审员，是临时到堂的外国官员。清朝所派的承审委员，本为公堂之领袖，但审理案件时，常遭外国陪审委员的干涉。外国陪审员的意见，倘与承审员不合，外国陪审员并拒绝接受清朝承审官的判决。会审公堂之职权，限于中国人与外国人的诉讼，或完全关系租界内中国人的诉讼。完全关系外国人的案件，则无论原、被告双方属于同国籍之人，抑或不同国籍之人，均由领事所辖，会审公堂不得过问。

（五）难以吞咽的苦果

收回领事裁判权，是晚清变法修律最直接最重要的原因。为什么会成为变法修律的一大原因呢？除了过去诸多有关领事判权专著中所指出的领事裁判权对中国的危害之外，重要的原因，是领事裁判权直接危及清王朝的统治权。这种危害，可以概括为如

---

1 王铁崖编：《中外旧约章汇编（一）》，生活·读书·新知三联书店，1957年，第269—270页。

下三个方面：

其一，紧跟列强的炮舰，西方传教士涌入中国，遍及穷乡僻壤。传教士恃领事裁判权之护符在身，欺压百姓，不但自己不受清朝官府的约束，不受清朝法律制裁，各地入教的教民，亦恃教士之势，横行乡里。民众不堪教士、教民的欺侮，往往闹教。烧教堂、杀教士的案件，自19世纪60年代，几乎遍及全国所有省份。而每一次教案的结果，清王朝都要杀民众抵命和赔款，甚则割地。沈家本在保定教案中有实际体验，感触特别深刻。他的奏摺屡以法权为言，就是这种危害在中国的反映。

其二，中外涉讼案件。由于适用法律、司法管辖，中外皆异，领事裁判又偏袒本国人，裁判不公，致使清朝官吏手足无措，民众生命财产亦得不到应有的保障。沈家本所编《刑案汇览三编》，特置《中外交涉刑案》一卷，已痛切感受这种危害。

其三，领事裁判对清朝统治的直接危害。近代中国，由于封建主义帝国主义的双重压迫，广大民众生活在水深火热之中。民众反抗帝国主义封建主义的斗争，亦从未止息。因清王朝是造成中国国弱民穷的罪魁，因此推翻清王朝的封建专制统治，成了近代中国民众民主革命的第一目标。但是，清王朝的专制统治，剥夺了人民的言论自由权，人民不能公开发表反对清王朝封建统治的言论。因此，不受清王朝法权管辖的各口岸租界，特别是上海租界，成了民众，特别是资产阶级，鼓吹改良或革命的言论之地。康有为、梁启超的改良派，孙中山先生领导的革命派，都利用过租界。对资产阶级在租界的活动，特别是革命派的反清活动，清王朝既恼火又无可奈何！清王朝封建统治者的这种心境，在著名的上海“《苏报》案”中表露得十分清楚。

（六）收回法权的谈判

前面，笔者讲了领事裁判权的产生、性质，以及它对慈禧集团专制统治的危害。回过头来，请大家注意，慈禧任命沈家本、伍廷芳修订法律谕旨中的“按照交涉情形”这六个字。过去研究晚清法律改革者，一般都未加注意。

实际上，这几个字指的是当时商约谈判中的法权问题。

早在光绪二十七年八月十九日，清廷即派盛宣怀为办理商务事宜大臣，与英国议办通商行船各条约。谈判开始，中国方面便提出《通商行船章程》二十一款，其中第十七款要求：

> 曾定条约虽载明英国民人应按英国律例由英官定办，惟英国商民不能援引此条以为不归地方官管理，即作毋庸遵守中国律例之据。凡华民照例不准行者，英国人民亦应一律遵守，以照公允。[1]

同年十月一日（1902年1月10日）双方举行第一次谈判。英国代表马凯提出，将英国人“侨居贸易的权利由临时性的变为永久性的”。对此，盛宣怀立即加以反对，认为提出这一要求时机过早，而且只要治外法权存在一天，中国决不能答应。他说中国的法律不久即将修订，以与各国的法律更相接近，将来外国人如能像在日本一样受地方官吏的管理，即可准给这项权利。此后，马凯与盛宣怀的商约谈判在马拉松式的拉锯中艰苦进行，谕旨所

1 《辛丑和约订立以后的商约谈判》，中华书局，1994年，第13页。

说的“交涉情形”，即为此谈判。

马凯与盛宣怀经过长时间谈判毫无进展。1902年7月8日，谈判地点由上海移到武昌，清朝代表改为张之洞。由于张之洞的地位，双方很快谈妥不少条款。7月17日，双方在武昌纱厂又一次谈判，这次有关撤废领事裁判权的谈判记录，保留在海关档案中，鲜为学界所知。下面，笔者将张之洞、马凯、以及梁敦彦的对话录出：

梁敦彦：您（英方代表马凯）费了八个月时间并没有能解决什么！而在这几天内已经谈妥了很多款！人们会说盛、吕（吕海寰，中方代表之一）两位大人很慎重，而张制军（张之洞）容易说话，答应了您的一切条件！张制军说，您必须让他能有可以拿出来的东西。他提出两款来。一款是关于治外法权的。我们想修订我们的法律，我们即将指派委员研究。您是否可以同意，在我们法律修改了以后，外国人一律受中国法律的管辖。另外一款是关于传教的。从来没有纯粹的传教条约，只是在通商条约内包括关于传教的规定。您是否愿意讨论这两款而取得协议呢？

马凯：你们是否可以用书面提出呢？

张之洞：在最初几年内中国也许要聘用外国法官。

马凯：我不能讨论传教问题。法国永远不会答应，这会使整个修约受影响！

张之洞：关于传教问题，我并不想对教士严加限制。我也不愿使你为难。以前的通商条约内都没有纯粹传教的条款。

马凯（递过拟好的英文条款）：这是不是他所要求的意思？（梁敦彦朗读并翻译）。我想你们从来没有那样的条约。我也应当电告我的政府，请特准这一条放进去。我也要说明这是张制军特别要求的。

张之洞：自然你须向你的政府请示，但希望能在请示的时候说明你赞成增加这一款。

会上一致同意马凯爵士应电请英国政府授权在条约内增加一款：

中国深欲整顿本国律例以期与各西国律例改同一律，英国允愿尽力协助，以成此举，一俟查悉中国律例情形，及其审断办法，及一切相关事宜皆臻妥善，英国即允弃其治外法权。[1]

这就是光绪二十八年八月《中英续议通商行船条约》第十二款，以及与美、日、葡所订条约中，相应条款的由来。条约签订后，法律改革便与撤除领事裁判权紧密相连。直至清社倾覆，几乎所有的法律改革，都无法摆脱领事裁判权的阴影。这一点最明显不过地表现了半殖民地立法的特殊性。

三、社会经济结构的变异与传统法的困境

我国传统法律，自战国时代李悝著《法经》起，经商鞅相秦，

---

1 《辛丑和约订立以后的商约谈判》，中华书局，1994 年，第 137—139 页。

改法为律而为《秦律》后，中经汉、魏、晋、北魏、北齐，到《唐律》，成为继往开来灿然大备、自成一系、使东亚诸国深受其影响的成文法典。五代及宋明，都沿袭《唐律》。清因明制，大清律基本是大明律的翻版。就形式而言，《大清律例》基本上是一部刑法典，但其中又有民事法、程序法、行政法以及军法等规范，从而形成民刑不分、实体与程序混杂、诸法合体的结构。就内容而言，它以传统农业社会的安全运转为对象，从而特别注重对束缚人身自由的家族制度的规范。就价值而言，以维持大一统的专制帝国的稳定为归宿。因此，无论从形式，还是从内容、价值而言，传统法都与中国古代农业社会相适应。也正因为如此，传统法在中国通行两千多年而不衰。

1840年以后，中国社会变化了，已经不再是一个简单的古代农业社会。但是《大清律例》却丝毫没有变化。社会的发展要求冲破传统法的束缚。

（一）19世纪下半叶的中国社会经济结构

1840年鸦片战争以前的中国社会，是一个典型的自给自足的农业社会。家庭是农业社会里最基本的经济单位。家庭中，家长率领子弟，男耕女织，自耕而食，自织而衣，日出而作，日入而息，家庭手工业补充农业，过着田园诗般的古典生活。这种家族本位、伦理本位、重农抑商的社会，保持了闭关自守时代的社会稳定。

但是，1840年以后，海禁大开，西方列强除军事征服之外，同时向中国倾销剩余产品。"五口通商"，古老的市场被打开，传统的农业经济遭受沉重的打击。西方列强的廉价机器制造商品，通过低关税，源源不断地流入中国，进而主宰中国市场。中国的家庭手工业被窒息，农业成了西方工商业的附庸，广大民众成了外国资本家的榨取对象。古典的家庭经济破产了，家族意识幻灭了，家族的社会结构随之崩溃。

古典农业转化为近代工商业，这是社会发展的铁则。在西方列强的压迫下，中国社会既然由古代进入了近代，列强的商品输出既然无情地摧毁中国的古典农业，那么，中国社会不管是愿意还是不愿意，都必然接受这一规则。1860 年代开始的洋务运动，由军事工业开路，终于使中国社会出现第一批近代工商企业。这批分布在沿江、沿海的近代企业，其规模虽然微不足道，数量也不多，但代表了中国经济发展的趋势，导致中国社会经济结构出现历史性的大转变。商品市场经济、城市文明、世界联系性经济，逐步地取代自然经济、乡村文明以及陕隘的地域性经济，农业社会在逐步地向工商社会过渡。农业经济、西方列强的殖民经济、官僚买办经济、工商资本等等在中国这块土地上同生并长。

（二）传统法的穷困

梁启超在讨论中国法的沿革得失时，曾经指出："我国今日现行两大法典，其《大清会典》，无所谓总则，不必论矣。其《大清律例》，沿晋唐之旧，首置名例律一门，颇有合于总则之义。虽然《大清律例》之名例律，有非贯通于全律之大原则，而亦入其中者；有贯通于全律之大原则，而不入其中者。谓名例律足以包举诸律焉不得也；谓诸律悉无触背名例律焉不得也。故名例律者，有总则之名，而未能全举其实也。夫《大清律例》为发达最古，稍称完备之书，而犹若是，其它更无论矣。"[1] 用现代法理论，

---

1 梁启超：《论中国成文法编制之沿革得失》，《饮冰室文集（十六）》，中华书局，1988 年，第 59 页。

批评传统法的纲目无序。这是用现代社会的眼光所见的传统法。其实，笔者以为，就规范简单的古代农业社会而言，《大清律例》还是纲举目张的。对于复杂的近代社会，它就不免捉襟见肘、窒碍难行了。“农业文化的特征是自足安定，商业文化是交争扩展。在自足安定的社会，政府与人民的关系，只要能维持这安定的秩序为已足。要维持这一种秩序，刑罚是最有效的方法。至于个人与个人间的关系，那就涉及民事上的关系了。所谓民事上的关系，不外乎身份上的关系及财产上的关系二种。在一种纯粹的农业社会里，所有财富，绝大部分是不动产，财产的流通，根本谈不上。普通只限于家族之间原封不动的世代相承，纵有分散，亦只限于亲属邻里之间，所以不会有很多财产上的关系发生。至于身份上的关系，则在君臣父子兄弟夫妇长幼之间，全是一种层级的服从关系。这种关系一方面极其简单，一方面却极其重要，整个的社会秩序，就以此为建立之基础”[1]。这正是古代中国刑事法发达，民事法不发达，诸法可以合体的原因。

总之，“旧律是农业社会生活的规范。论精神很薄弱；论物质很粗糙；论技术很幼稚；论形式很庞杂；论内容很简单；论理论也太朴素。任何稍有法律知识而无成见的人，都会毫不犹疑断定它不能满足复杂多歧的技术的现代社会之需要”[2]。

在具体操作中，《大清律例》的最大弊端是律例并行，“有例不用律，律已多成虚文，而例遂愈滋繁碎”[3]。

清律之例文，康熙初年仅三百二十一条，追至同治年代，增

---

1 王伯琦：《近代法律思潮与中国固有文化》，清华大学出版社，2005 年，第 102 页。
2 蔡枢衡：《中国法理自觉的发展》，清华大学出版社，2005 年，第 53 页。
3 赵尔巽编：《清史稿》卷一百四十二，中华书局，1976 年，第 4186 页。

至一千八百九十二条，按照乾隆定制，例文五年一小修，十年一大修。“每届修例，第将历奉谕旨及议准臣工条奏节次编入，从未统合全书，逐条厘正”。职是之故，例与例之间，“其间前后抵触，或律外加重，或因例破律，或一事设一例，或一省一地方专一例，甚且因此例而生彼例，不惟与他部则例参差，即一例分载各门者，亦不无歧异”[1]。这样的结果是什么呢？是法制运行受阻、操作困难，为胥吏操纵司法提供了便利条件。

对清律这种弊端，戊戌变法失败后，一位仍然要求改革旧律的官员说得很生动：

> 各省理刑之官，自臬司以至知县，出身于刑部者，百人中难得一二人，全恃学律出身之幕友，为之办理案件。而幕友之中，读律实有心得、比拟加减、毫发无差者，百人中更未必能得一人。每办一案，由州县而府而司，往返驳饬，不厌再三；又有由司发交首府谳局复审者，首府不承，仍复发回本县，将案情略加修改，又复层递辗转，未及成狱，又复驳回。若幕友彼此同帮，尚可通融定案；如幕友不洽，则任情挑剔，直无限期。所以达部案件至五六年、十余年不能具题者，所在恒有。搯故展限传证，可及万里之外；部中扣限议处之条，无可捉摸。犯法者只有一人，而拖死之邻佑干证，不知凡几。州县下乡相验，科派车马酒席公馆班房之费，则乡约为之。锁拿人犯，先将其家抄抢，甚至波及四邻，则衙役

---

1 赵尔巽编：《清史稿》卷一百四十二，中华书局，1976年，第4186页。

为之。无论部中不及知，上司不及察，即本官之忠厚者，尚在梦中，而一乡已成赤地。况有犯者在监，证者在保，常川供应使费，不计年限，必致钱财性命，同归于尽。至于寻常词讼之为害，更有出人意外者。呈词到官，自代书直至本官，各省应纳之费，名目繁多，不胜枚举，全出之于告，甚至分润于原告，所以唆之使告，以图倾陷善良也。其捕风捉影，择肥而噬，藉端告状，为衙门奔走生财者，为讼棍。其颠倒是非，变幻事理，罗织多人，为衙门舞文生财者，为讼师。终日营营，惟以倾人家产为事。即以陕甘而论，词讼殷繁之处，每日收呈四五十件，以年计之，可逾万件。词讼清简之处，每日亦收呈十余件，每年数千件。小民之膏血几何，乃遭此万千虎狼咋噬百年而不尽，思之诚可哀悯，非在官驱之使然哉。[1]

这是一位地方官员的实际体验。这种状况，既然不是官员“驱之使然”，那么，显然就是法律使然。这是曾鉌请求改革法律的理由，也是法律与社会不相适应的真实写照。

关于清律中“例”的繁碎穷困、为胥吏幕友所操纵，以致与社会不适的原因，黄静嘉先生曾做过深入的探索，提出过精到的看法，笔者将他的看法照录：

1. 律被认为不能轻予更改之常经。盖各朝之律，大抵是由开国时创业的君主制定的。在这些自以为非常

1 曾鉌：《酌量变通成例疏》，《皇朝蓄艾文编》卷四，台湾学生书局，1965年，第484—485页。

“圣明”之君主，多以为律典为其斟酌至当之杰作，故纵在其自己手上，也不愿更动律条。至其后世子孙对于先王所订之律文，更以碍于“祖制不可更”，不敢妄议修改。（明太祖就以此告诫过其子孙）。且因为往昔的统治者也了解，“律典”对其朝代具有一定的政治“符号”（Political Symbol 从广义）作用。盖开创基业者一旦取得了天下，就需要种典章制度的装点，使来自“实力”（naked power）的统治权，取得正当性及合法性（legitimacy），自西汉以来，儒家的“意理”（Confucianist ideology）已居独尊，且依其建立之封建身份伦理之法秩颇能符合统治者之要求，故历代典章制度，均以儒家意理为标律典既为构成该朝代“符号”之重要部分，此其具体表现，如前述之律典的道德人伦主义及恤刑主义均是。律典既为构成该朝代“符号”之重要部分，则为了维持律典的尊严，与其“符号使用”，不嫌强调之以为立国之常经，以依附于传统的中心符号（central symbol）。因之，事实上，尽管无妨使之成为具文，但不能随便删除或修改。而律系不能修改的，因此，遂不能不有权宜之办法，乃斟酌实际情形的需要而制订条例。此所谓准情有“例”者，即：律之不备时之补充规定，以至律之规定与实情扞格时，藉例而酌为变通（修正）。

2. 此则涉及中国成文法制技术的基本问题。现代西方学者就现代（欧陆）法与中国传统法之方法论（methodology），有所谓“logic vs. analogy”之喻。即他们的方法的基础，是对事物的抽象范畴（abstract categories），故其方法为逻辑的解析（logical analysis），

> 而中国的传统心灵，则崇尚具体事物，并追求其平衡、和谐及对称，故而抗拒归纳及演绎，而趋向于“类推”方法。学者亦谓对我国固有法之方法基础，不采抽象的概括的态度，而采客观的、具体的主义。即同一罪质之犯罪，视其行为之主客体、方法、实害程度及其他情况而规定其刑。（律条中有就数量之日数、人数、赃数而为之个别规定）。繁碎之弊，也许是客观具体主义立法所不可避免的。因其为“客观具体”的严格法，故不能不在遇到具体而不完全相符的情势时，采用“比附援引”。比附援引的结果，就产生了“例”。“例者，即昔王制之比”，其方法论之基础，即为“比附援引”。而由于我国成文法制技术上的“客观具体”，是以“因一事生一例”，驯致在量不断增加，流于繁碎，参差歧异。[1]

传统法律例并行的弊端，不仅在近代社会，远在古代社会，就被一些思想家所认识。只不过古代社会，远没有近代社会严重罢了。例如，清代著名思想家袁枚就指出：“律者，万世之法也。例者，一时之事也。万世之法，有伦有要，无所喜怒于其间。一时之事，则人君有宽严之不同，卿相有仁刻之互异，而且狃于爱憎，发于仓促，难据为准。”“夫例者引彼物以肖此物，援甲事以配乙事，其能无牵合影射之虞乎？律虽繁，一童子可诵而习。至于例则朝例未刊，暮例复下，千条万端，藏诸故府，聪强之官，不能省记，一旦援引，惟吏是循。或同一书也，而轻重殊；或均一罪也，

1 黄静嘉：《沈家本年谱长编序》，见李贵连：《沈家本年谱长编》，文海出版社，1992年版，第9—11页。

而先后异，或转语以抑扬之，或深入以周内之。往往引律者多公，引例者多私。引律者直举其词，引例者曲为之证。公卿大夫，张目拱手，受其指挥，岂不可叹。”[1]

传统法在过去即有如此弊端，进入近代社会以后，它与社会的龃龉可知。改革实在是势在必行。

四、西洋法思想的传播与戊戌修律的流产

传统法律与近代社会的不适，从中国社会进入近代起，就逐渐为我们的先辈所觉察，并在19世纪90年代的变法维新运动中，进行过大胆的改革尝试。但是，这次改革因慈禧政变而流产。晚清法律改革实为这次改革的延续。

翻开厚重的历史，我们便可发现，早在1840年鸦片战争期间，林则徐就主持将瑞典法学家瓦特尔（旧译滑达尔）的《国际法》部分章节翻译成中文，稍后，魏源和徐继畬都对欧美法律制度做过介绍。这些翻译和介绍，用今天的眼光看，虽然很幼稚浅薄，而且错误很多，但对开拓人们的眼界，具有十分重要的作用。

19世纪60年代以后，伴随洋务运动的展开，西洋法律思想与哲学一起输入中国。资本主义生产方式的采用、新思想的启迪终于导致19世纪90年代的变法维新运动，以及由这个运动而来的法律改革要求。

（一）维新者的追求和探索

19世纪90年代的维新变法运动，乃中国第一次思想解放高

1 袁枚:《答金震方先生问律例书》,《小仓山房诗文集》，上海古籍出版社，1988年版，第1458—1459页。

潮。以康有为、梁启超等为代表的维新思想家们，主张采用西方资产阶级国家的政治制度，以改造清王朝的封建专制制度。封建法律制度的改造和变革，作为其中的一项内容，也被他们列入变法的日程，这是中国历史上极为悲壮的一页。维新运动由于得到光绪皇帝一定程度的支持，神州大地曾一度为之振奋。而以慈禧为首的封建顽固派，因镇压变法、斩杀维新志士而导致的国耻，却使国人永难忘怀，并将他们钉上历史的耻辱柱。

维新者们用他们当时所掌握的西方社会科学知识审查封建法制，很快发现封建法制的不合理性。“中国礼俗，其贻害民力而坐令其种日偷者，由法制学问之大，以至于饮食居处之微，几乎指不胜指”[1]。

他们批判封建君主将天下视为自己囊橐中之私产，为“竭天下之身命膏血，供其盘乐怠傲骄奢而淫杀”，制定酷毒不可思议之法以对付人民的反抗：“峻死灰复然之防，为盗赠主人之计，锢其耳目，桎其手足。压制其心思，绝其利源，窘其生计，塞蔽其智术。”“繁跪拜之仪以挫士大夫之气节，立著书之禁以缄民之口说”。他们抨击封建法制的核心封建纲常名教，指出：“三纲之摄人，足以破其胆而杀其灵魂”；三纲使全中国“室家施申转，闺闼为岸狱”；“独夫民贼，固甚乐三纲之名，一切刑律制度皆以此为率，取便已故也”。[2] 发出冲决封建纲常的网罗，取得做人的应有权利的呼喊。

---

1 严复：《原强（修订稿）》，汪征鲁、方宝川、马勇主编：《严复全集（七）》，福建教育出版社，2014年，第33页。

2 谭嗣同：《仁学　卷下》，《谭嗣同集》，生活·读书·新知三联书店，1954年版，第56—90页。

维新者们将中西法制进行比较对照，剖析其相互不同的原因：“夫自由一言，真中国历古圣贤之所深畏，从而未尝立以为教者也。彼西人之言曰：唯天生民，各具赋畀，得自由者乃为全守。故人人各得自由，国国各得自由，第务令毋相侵损而已。侵人自由者，斯为逆天理，贼人道。其杀人伤人及盗蚀人财物，皆侵人自由之极致也。故侵人自由，虽国君不能，而其刑禁章条，要皆为此设耳。”中国与西方国家，“自由既异，于是群异丛然以生。粗举一二言之：则如中国最重三纲，而西人首明平等；中国亲亲，而西人尚贤；中国以孝治天下，而西人以公治天下；中国尊主，而西人隆民；中国贵一道而同风，而西人喜党居而州处；中国多忌讳，而西人众讥评。其于财用也，中国重节流，而西人重开源；中国追淳朴，而西人求欢虞。其接物也，中国美谦屈，而西人务发舒；中国尚节文，而西人乐简易。其于为学也，中国夸多识，而西人尊新知。其于祸灾也，中国委天数，而西人恃人力”[1]。总之，西方资本主义国家，由于“以自由为体，以民主为用”，“故凡所谓耕凿陶冶，织纴树牧，上而至于官府刑政，战斗转输，凡所以保民养民之事，其精密广远，较之中国之所有所为，其相越之度，有言之而莫能信者”[2]。

他们称誉西方法律，崇尚西方资产阶级法治。略谓：

上古之刑法简，后世之刑法繁。上古以刑法辅道德

---

1 严复：《论世变之亟》，汪征鲁、方宝川、马勇主编：《严复全集（七）》，福建教育出版社，2014年，第12—13页。

2 严复：《原强（修订稿）》，汪征鲁、方宝川、马勇主编：《严复全集（七）》，福建教育出版社，2014年，第29页。

故简，后世以刑法为道德故繁。中国士夫好谈古治，见古人画象示禁刑措不用，则睪然高望，慨慕黄农虞夏之盛，欲挽末俗而趋古风。盖所重在道德，遂以刑法为卑卑无足道也。而泰西论者专重刑法，谓民智日开，各思所以保其权利，则狱讼不得不滋，法令不得不密。其崇尚刑法以为治国保家之具，尊之乃若圣经贤传。然同一法律，而中西立论相背驰至于如此者，一穷之本，一究其用故也。……

泰西素重法律，至法国拿破仑而益精密。其用刑之宽严，各随其国俗，以立之法，亦无大异。独有所谓治罪法一书，自犯人之告发，罪案之搜查，判事之预审，法廷之公判，审院之上诉，其中捕拿之法、监禁之法、质讯之法、保释之法及被告辩护之法、证人传问之法，凡一切诉讼关系之人、之文、之物件，无不有一定之法。上有所偏重，则分权于下以轻之；彼有所独轻，则立限于此以重之。务使上下彼此权衡悉平，无畸轻畸重之弊。窥其意欲使天下无冤民，朝廷无滥狱。呜呼！可谓精密也已。

余闻泰西人好论权限二字。今读西人法律诸书，见其反复推阐，亦不外所谓权限者，人无论尊卑，事无论大小，悉予之权以使之无抑，复立之限以使之无纵。胥全国上下同受治于法律之中，举所谓正名定分息争弭患，一以法行之。余观欧美大小诸国，无论君主、民主、君民共主，一言以蔽之曰：以法治国而已矣。[1]

1 黄遵宪：《日本刑法志序》，《日本国志》，文海出版社，1966年，第683—684页。

基于这种认识，维新者们在戊戌变法中，汲汲于对西法的采用，汲汲于对旧法的改造。康有为在《应诏统筹全局摺》中，便极为恳切地请求光绪皇帝设立法律局以主持立法修律，并论其必要性说："外人来者，自治其民，不与我平等之权利，实为非常之国耻。彼以我刑律太重而法规不同故也。今宜采罗马及英、美、德、法、日本之律，重行施定，不能骤行内地，亦当先行于通商各口。其民法、民律、商法、市则、舶则、讼律、军律、国际公法，西人皆极详明，既不能闭关绝市，则通商交际势不能不概予通行。然既无律法，吏民无所率从，必致更滋百弊。且各种新法，皆我所夙无，而事势所宜，可补我所未备。故宜有专司，采定各律，以定率从。"[1]不久又再次上疏请求光绪："若夫吾国法律，与万国异，故治外法权不能收复。且吾旧律，民法与刑法不分，商律与海律未备，尤非所以与万国交通也。今国会未开，宜早派大臣及专门之士，妥为辑定。"[2]并为王佑遐草拟请改律例奏疏上奏。[3]从康有为的这些议论中可以看出，他是充分了解传统阻力的，因之，仅要求在通商口岸适用新律。与此同时，出使美国大臣伍廷芳亦从美国发来电报，请改法律，刑部侍郎李端棻亦疏请删订六部则例。[4]至于在野人士报刊，更纷纷以改法修律为言。

《知新报》评论改法之理由云：

1 康有为：《应诏统筹全局摺》，姜义华、张荣华主编：《康有为全集（四）》，中国人民大学出版社，2007 年，第 19 页。

2 康有为：《请开制度局议行新政摺》，姜义华、张荣华主编：《康有为全集（四）》，中国人民大学出版社，2007 年，第 428 页。

3 康有为：《康南海自编年谱》，宏业书局，1976 年，第 45 页。

4 康有为：《康南海自编年谱》，宏业书局，1976 年，第 57 页。

凡天下君民共主之国，其已立宪法者，盖纳一国上下于法之中，而莫敢越也。中国为起睡之国，固不可以语此。然积数百年丛弊之法，而欲以治民，是南辕北辙，蒸沙而成饭也，岂可得哉？且一国之事，寄之六部；六部堂官，委之属员；属员奉职，托之胥吏；胥吏恃成法之积弊，因缘以为奸，是一国之治，皆胥吏之治也。[1]

《时务报》刊文略云：

中国现在刑法，须渐改良，俾与中国通商各国所用之刑，大略相同而后可。当今天下各国，除土尔其一国不论外，唯中国之刑最苛，与各国大相迥异。……中国刑曹，只守旧章，势必愈趋愈下。翻新革旧，虽不可过于急骤，而刑讯时所用各种惨酷之刑，必须速为扫除。并简派刑官，将《大清律例》详为考究，择其妥善，与西例相似者，悉为汇集，以为补救。[2]

（二）光绪改革的流产

在维新志士和开明官僚的推动下，光绪皇帝确有改革法律的意图。在阅读总理衙门议复伍廷芳奏疏后，他当即下令伍廷芳“博考各国律例，及日本改定新例”，迅速详填酌拟条款，汇条咨送，

1 《续论中国变政并非过激》，《知新报》1898 年第 75 期，第 3 页。
2 ［美］福士达：《整顿中国条陈》，《时务报》1897 年第 27 期，第 17—18 页。

毋得迟延，[1]大有跃跃欲试的势头。但是，光绪是一个没有实权的皇帝，有心炼石，无力回天，不敢按康有为之请，开设法律局大修法制。对此，变法失败后，梁启超曾有一段话追述其事：

> 变法必须从本原变起，斟酌中外，草定法令，勒定各衙门治事详细规则，此本原中之本原也。康有为曾屡上摺，请开制度局，将大征天下贤才，广罗万国之宪法，参以本邦之情形，大加审定，兴利除害，使之覯若画一，有条不紊，然后见之施行，然以皇上无权不能行也。[2]

光绪既受制于慈禧而未敢大改法制，然法制改革既为“本原中之本原”，又不能一毫而莫动。因之在李端棻奏请删改六部则例之后，便硬着头皮下谕，令六部自行删改，其谕略云：

> 李端棻奏请删改则例等语，各衙门咸有例案，勒为成书，覯若画一，不特易于遵行，兼可杜吏胥任意准驳之弊，法至善也。乃阅时既久，各衙门例案太繁，堂司各官，不能尽记，吏胥因缘为奸，舞文弄法，无所不至，时或舍例引案，尤多牵混附会。无论或准或驳，皆恃例案为藏身之固。是非大加删订，使之归于简易不可。着各部院堂官，督饬司员，各将该衙门旧例细心抽绎。其有语涉两歧，易滋弊混，或貌似详细，揆之情理实多窒碍者，概行删去。另定简明则例，奏准施行。一切旧例，

1 《光绪实录》卷四百二十二，《清实录（五十七）》，第526页。

2 梁启超：《戊戌政变记》，生活·读书·新知三联书店，1954年，第36—37页。

不得再行牵涉。尤不得藉口无例可援，滥引成案，致启弊端。如有事属创办，不能以成例相绳者，准该衙门随案据实声明，请旨办理。[1]

此谕尝试在传统范围内做局部改良，之后光绪又一再下谕，催促六部。但是守旧官僚们置若罔闻，仅吏、户两部做了一篇官样文章以应付这位空头皇帝。戊戌变法失败，光绪被囚，奏请删改则例的李端棻被革职，维新派改革封建法制的愿望遂告落空。

说到这里，笔者还想再啰嗦几句，讲一讲政变后被慈禧任命为湖北巡抚、以替代谭嗣同之父谭继询的曾鉌。他在赴任途中，不知高低，向慈禧上奏，继续称誉西洋法律，主张将中西法律“参互考较”，“列表绘图”，“颁行各省”，并认为这样做，“登时可以收效者，约有十端”：

洋律人命不抵，止拟监禁，则谳狱无待秋审，可以从速了结，其利一。洋律无军流徒，统归监禁，可免不法之徒到配纷纷逃脱，扰害良善，终无底止，其利二。洋律以监狱为学堂，延致各项工师，教囚制器，卖之即敷监狱之用，一年可省无数经费，其利三。囚在狱学成手艺，年满出狱，即有生计，可期多半化为善良，其利四。原被告各延律师及公证人，彼此当室辩白，不能任官袒断，官不致误，其利五。律师有费，衙门有费，统由无理者出，则凭空造诬者不敢讼，而衙门之费，亦不致任意

1 《光绪东华录》，第4148页。

诛求，漫无限制，其利六。教民守教规，见官挺立不跪，平民见官则必跪，任意扑责，犬豕不如，若照洋律变通，则平民见官亦可不跪，免致相形见绌，其利七。官设律师，则向日为害之讼师，托足无所，自然转而讲义理之言，取无愧之费，亦可化莠为良，其利八。官员不知律例，往往滥刑，照洋律变通审问之法，则刑具可以不用，其利九。百姓冤抑渐少，自不思趋归异教，保其恒业，自有恒心，其利十。[1]

这十条说得头头是道，没有什么高深的论证。这是慈禧政变后绝无仅有的一位高级官员的条陈。在这样的时候，发这样的议论，结果他还没有走到湖北，就被革职永不叙用。

（三）法学研究的萌芽及夭折

在维新运动中，维新志士除鼓吹采用西法以改造中法之外，同时注意到对法学的研究和探讨，并成立了中国最早的一个法律学会。

戊戌变法之舆论骄子梁启超，是迄今资料记载中最早提出研究法学之人。其著论略谓：

法者何？所以治其群也。大地之中，凡有血气者，莫不有群，即莫不有其群之条教部勒。大抵其群之智愈开，力愈大者，则其条教部勒愈繁。虎豹，天下之至不

1 曾鉌：《酌量变通成例疏》，见《皇朝蓄艾文编》卷四，台湾学生书局，1965年，第486页。

仁者也，而不闻自噬其同类，必其一群之中，公立此号令而不许或犯者也。何也？以为苟如是，则于吾之群有大不利也。此其理至简至浅，而天下万世之治法学者不外是矣。其条教部勒，析之愈分明，守之愈坚定者，则其族愈强，而种之权愈远。人之所以战胜禽兽，文明之国所以战胜野番，胥视此也。古之号称神圣教主、明君贤相劬劳于席突，咨磋于原庙者。其最大事业则为民定律法而已。孔子，圣之神也，而后世颂其莫大功德，在作《春秋》。文成数万，其指数千，有治据乱世之律法，有治升平世之律法，有治太平世之律法，所以示法之当变，变而日进也。秦汉以来，此学中绝。于是种族日繁，而法律日简，不足资约束；事理日变，而法律一成不易，守之无可守。因相率视法律为无物，于是所谓条教部勒者荡然矣。

泰西自希腊、罗马间，治法家之学者继轨并作，赓续不衰。百年以来，斯义益畅，乃至以十数布衣，主持天下之是非，使数十百暴主戢戢受绳墨，不敢恣所欲。而举国君民上下，权限划然，部寺省署议事办事，章程日讲日密，使世界渐进于文明大同之域，斯岂非仁人君子心力之为乎？

《春秋》之记号也，有礼义者谓之中国，无礼义者谓之夷狄。礼者何？公理而已。义者何？权限而已。今吾中国聚四万万不明公理不讲权限之人，以与西国相处，即使高城深地，坚革多粟，亦不过如猛虎之遇猎人，犹无幸焉矣。乃以如此之国势，如此之政礼，如此之人心风俗，犹嚣嚣然自居于中国而夷狄人，无怪乎西人以我为三等野番之国，谓天地间不容有此等人也。故今日非发明法律之学，不足以自存矣。

抑又闻之，世界之进无穷极也。以今日之中国视泰西，中国固为野番矣。以今日之中国视苗黎瑶獞，及非洲之黑奴、墨洲之红人、巫来由之棕色人，则中国固文明也。以苗黎诸种视禽兽，则彼诸种人固亦文明也。然则文明野番之界无定者也，以比较而成耳。今泰西诸国之自命为文明者，庸讵知数百年后，不见为野蛮之尤哉？然而文明、野番之界虽无定，其所以为文明之根原则有定。有定者何？其法律愈繁备而愈公者则愈文明，愈简陋而愈私者则愈野番而已。今泰西诸国非不知公之为美也，其仁人君子非不竭尽心力以求大功也，而于国与国、家与家、人与人，各私其私之根源，不知所以去之，是以揆诸吾圣人大同之世，所谓至繁至公之法律，终莫得而几也。故吾愿发明西人法律之学，以文明我中国；又愿发明吾圣人法律之学，以文明我地球。文明之界无尽，吾之愿亦无尽也。[1]

梁启超所论，虽未脱康有为公羊三世说的窠臼，但他指明法律为文明之标识、法律明公理定权限而为治国之具，确为切中法理。其呼唤国人发明法律之学以存中国，发明西人法律之学以文明中国，以及发明中国圣人法律之学以文明地球，新人耳目、扣人心弦。

---

1 梁启超：《论中国宜讲求法律之学》，《饮冰室文集》（一），中华书局，1988年，第93—94页。

经梁氏的提倡，中国第一个法律学会于戊戌变法之年，在维新运动最为活跃的湖南省成立。学会立有会章二十三条，其旨在“专集同人讲读律令”，通过“讲求法律，贯穿公理，浏览群书，洞识时务，以开拓胸襟，磨荡热力”。[1]据《湘学报》，当时会友为二十人。人数虽少，但是开我国民间设会研究法律之先河，其功不伟，其绩不灭。

随着戊戌变法的失败，慈禧再度垂帘，维新志士改革封建法律的理想破灭了，法律学会亦烟消云散了。但是，他们向传统挑战的勇气令人钦佩，他们的奋争，为以后中国的法律改革开辟了道路，也为近代中国法律、法学的诞生唱了开场戏。维新者们走完了他们的应走之路，而把未竟之业交给了继续谋求中国富强之路的后继者们。

---

1 《法律学会章程》，《湘报》1898 年第 60 期，第 238—239 页。

第六章 奉命修律

从光绪二十八年奉命修律，到宣统三年清社倾覆，这是沈家本生命中最为光辉灿烂的时代，也是他为后人称道的时代。他在中国法律史中的地位由此而奠定。在这十年里，他虽然仍有各种挫折，但平生以法救时治国的抱负得以施展，几十年所学得以发扬。在他的努力下，中国法律和法学终于从中世纪的野蛮落后状态中蹒跚走出。时间虽然晚了一些，但是他为现代中国法和法学奠定了基础，为二者的转型立下汗马功劳。正是这一点，使他名垂青史，成为解读中国现代法的关键人物。

一、新政与权力危机

——慈禧的西逃变法

就法律与政治、经济、道德、风俗、习惯、宗教等等的社会关系而言，导致晚清统治者做出法律改革决策的最重要的因素，莫过于政治改革。因政治改革而导致法律改革，当时的历史就是这样撰写的。因此，要明白晚清法律改革何以会在这个时候被重新提上议事日程，就必须先对法律改革前的政治改革有一个基本了解。而只有清楚法律改革只能在这个时候进行，我们才能理解沈家本风云际会，适逢其时，主持这场改革，成为今天法学界必须研究的人物。因为这场改革早于或晚于这个时候，主持这场改革的人，就很可能不是他。

我们知道，19世纪下半叶的洋务运动，从它的开展之日起，就出现激烈的“体用之争”。这一争论的展开，使政治改革逐渐为知识界所认知，由认知到接受，终于导演出1890年代的戊戌变法。

戊戌变法是一场思想解放运动，也是一场政治改革运动。不幸的是，顽固守旧掌握国家实际权力的慈禧一伙，不但不认同、接受这场可能改革中国命运的政治改革，反而发动政变，将这场改革淹没在血泊之中。

所有的统治者，都可以依仗手中的权力，去屠杀改革者，但也要为自己的倒行逆施付出代价。慈禧付出的代价，是被外国联军的大炮轰出紫禁城，同时受到剥夺她的权力、还政光绪的恫吓。对于这个掌握中国命运几十年、专横跋扈不可一世的独裁专制者来说，她的一切作为，都围绕着权力这个核心，权力之外的任何其他东西都不可能改变她的意志。联军的恫吓，正好触动了她的这根神经。在权力危机面前，她妥协了。就在逃离紫禁城五天后，这个一向不知自己有错的专制统治者，终于不得不以光绪的名义下诏罪已，承认“知人不明，皆朕一人之罪”，“自顾藐躬，负罪实深”[1]，“臣民有罪，罪在朕躬”[2]。为了挽回人心，继续维护手中的权力，十月十日又在西安下诏，令内外大臣总督巡抚条陈朝章国政、吏治民生、学校科举、兵政财政等改革事项，限两个月内具奏，准备变法。十二月十日，更以光绪的名义，发布变法诏书，极其卑下地用沾满维新志士鲜血的双手，接过维新志士的变法旗号。这是晚清变革的起点，晚清的政治改革由此而起。笔者将这篇诏书照录如次：

世有万古不易之常经，无一成不变之法治。穷变通久，见于大《易》；损益可知，著于《论语》。盖不易者三纲五常，昭然如日星之照世；而可变者令甲令乙，不妨如琴瑟之改弦。伊古以来，代有兴革，即我朝列祖列宗，因时立制，屡有异同。入关以后，已殊沈阳之时；嘉庆道光以来，岂尽雍正、乾隆之旧。大抵法积则敝，法敝则更，要归于强国利民而已。自播迁以来，皇太后宵旰焦劳，朕尤痛自刻责，深念近数十年积习相仍，因循粉饰，以致成此大衅。现正议和，一切政事，尤须切实整顿，以期渐图富强。懿训以为，取外国之长，乃可补中国之短；惩前事之失，乃可作后事之师。自丁戊以还，伪辩纵横，妄分新旧。康逆之祸，殆更甚于红拳。迄今海外逋逃，向以富有贵为等票，诱人谋逆，更藉保皇保种之妖言，为离间宫庭之计。殊不知康逆之谈新法，乃乱法也，非变法也。该逆等乘朕躬不豫，潜谋不轨。朕吁恳皇太

1 《光绪东华录》，第4536—4537页。

2 《光绪东华录》，第4614页。

后训政，乃拯朕于濒危，而锄奸于一旦。实则翦除乱逆，皇太后何尝不许更新；损益科条，朕何尝概行除旧。执中以御，择善而从，母子一心，臣民共见。今者恭承慈命，壹意振兴，严禁新旧之名，浑融中外之迹。亦我中国之弱，在于习气太深，文法太密。庸俗之吏多，豪杰之士少。文法者，庸人藉为藏身之固，而胥吏倚为牟利之符。公事以文牍相往来，而毫无实际；人才以资格相限制，而日见消磨。误国家者在一私字，困天下者在一例字。至近之学西法者，语言文学，制造机械而已，此西艺之皮毛，而非西政之本源也。居上宽，临下简，言必信，行必果，我往圣之遗训，即西人富强之始基，中国不此之务，徒学其一言一语，一技一能，而佐以瞻徇情面，自利身家之积习，舍其本源而不学，学其皮毛而又不精，天下安得富强耶？总之，法令不更，锢习不破，欲求振作，当议更张。着军机大臣，大学士、六部九卿、出使各国大臣、各省督抚，各就现在情形，参酌中西政要，举凡朝章国故，吏治民生，学校科举，军政财政，当因当革，当省当并，或取诸人，或求诸己。如何而国势始兴？如何而人才始出？如何而度支始裕？如何而武备始修？各举所知，各抒所见，通限两个月，详悉条议以闻。再由朕上禀慈谟，斟酌尽善，切实施行。自西幸太原，下诏求言，封章屡见。而今之言者率有两途。一则袭报馆之文章，一则拘书生之成见。更相笑亦更相非，两囿于偏私不化，睹其利未睹其害，一归于窒碍难行。新讲讲富强，往往自迷本始，迂儒谈正学，又往往不达事情。尔中外臣工，当鉴斯二者，酌中发论，通变达权，务极精详，以备甄择。惟是有治法，尤贵有治人。苟得其人，敝法无难于补救；苟失其人，徒法不能以自行。流俗之人，已有百短，遂不愿人有一长，以拘牵文义为认真，以奉行故事为合例。举宜兴宜革之事，皆坐废于无形之中；而旅进旅退之员，遂酿成此不治之病。欲去此弊，其本在于公尔忘私，其究归于实事求是。[1]

此论洋洋千言，除侈谈变法、痛詈康梁而外，对于如何变法，并无任何具体措施。至于“法令不更，锢习不破”中之“法令”，乃为广义的包括整个国家制度之“法”，亦即谕中所云“朝章国故，吏治民生，学科科举，军政财政”等等，非近代法学中所云狭义之“法”。尽管如此，它最终还是羞羞答答地表示要破锢习、更法令，要取外国之长、补中国之短，为晚清的政治改革，并为随之而来的变法修律，敲了开场锣鼓。

紧随这道变法诏书，慈禧还进一步做出改革姿态，于光绪二十七年三月三日，下令设立督办政务处，派庆亲王奕劻，大学士李鸿章、昆冈、荣禄、王文韶及户部尚书鹿传霖为督办政务大臣，令两江总督刘坤一、湖广总督张之洞遥为参预，将一切因革事宜，和衷商榷，悉心平议，次第奏闻，随时颁行。

同年四月十七日，下令恢复戊戌时期的经济特科；六月九日，改总理各国事务衙门为外务部；七月十六日，下令明年起废除八股科举；八月二日，下令将各省所有书院于省城改设大学堂，各府及直隶州改设中学堂，并多设蒙养学堂。八月二十日，在刘坤一、

---

1 《光绪实录》卷四百七十六，《清实录》（五十八），第 272—275 页。

张之洞变法奏疏后，再一次下旨：

> 自经播越，一载于兹。幸赖社稷之灵，还京有日。卧薪尝胆，无时可忘。推积弱所由来，恨振兴之不早。近者特设政务处，集思广益，博采群言，逐渐施行。择西法之善者，不难舍己从人；除中法之弊者，统归事求是。数月以来，兴革各事，业已降者饬行。惟其中或条目繁重，须待考求；或事属创举，须再参酌。回銮以后，尤宜分别缓急，锐意图成。兹据政务大臣荣禄等面奏变法一事，关系甚重，请重申诰诫示天下，以朝廷立意坚定，志在必行。并饬政务处以时督催，务使中外同心合力，期于必成。用是特颁懿旨，严加责成。尔中外臣工，须知国势至此，断非苟且补苴，所能拘回厄运。惟有变法自强，为国家安危之命脉。即中国民生之转机，予与皇帝为宗庙计，为臣民计，舍此更无他策。尔诸臣受恩深重，务当将行应行变通兴革诸事，力任其难。破余积习，以补时艰。[1]

在侵略军的炮口下，在权力危机中，慈禧集团终于承认，变法图强是国家安危命脉之所在。清末新政，就在这种紧锣密鼓的变法之声中开场。

这是炮口下的改革，炮口下的新政，无可奈何的选择。清末所有改革的得和失，都与这个背景紧密相关。法律改革作为政治

---

1 《光绪东华录》，第 4771 页。

改革的重要内容，就在这样一种背景下出台。

二、奉命修律

变法诏的下达，引来大小臣工的陈疏。在这些奏疏中，最著名的要数两江总督刘坤一、湖广总督张之洞，会衔于光绪二十七年五月二十七日与六月四日、五日，次第所上的三个奏摺，即名噪一时的“江楚会奏变法三摺”。三摺中的第二摺，旨在整顿中法，提出的十二条建议中，有一条为“恤刑狱”，包含九项内容，即“禁讼累、省文法、省刑责，重众证、修监羁、教工艺、恤相验，改罚锾、派专官”。第三摺旨在学习西法，其中提议制定矿律、路律、商律和交涉刑律。这些条陈，与清王朝的上述变法宗旨完全合拍，因此大得慈禧之赞誉：“事多可行，即当遵照所陈，随时设法，择要举行。”并进一步表示，还要“集思广益，博采群言，逐渐施行。择西法之善者，不难舍己从人；救中法之弊者，统归实事求是”[1]。变法修律，通过刘、张之条陈，开始提上日程。

（一）修律诏书

经过一年多的酝酿，光绪二十八年二月初二日，清廷下诏：

> 中国律例、自汉唐以来，代有增改。我朝《大清律例》一书，折衷至当，备极精详。惟是为治之道，尤贵因时制宜，今昔情势不同，非参酌适中，不能推行尽善。况

1 《光绪实录》卷四百八十六，《清实录》（五十八），第430页。

近来地利日兴，商务日广，如矿律、路律、商律等类，皆应妥议专条。着各出使大臣，查取各国通行律例，咨送外务部。并着责成袁世凯、刘坤一、张之洞，慎选熟悉中西律例者，保送数员来京，听候简派，开馆编纂，请旨审定颁行。总期切实平允，中外通行，用示通变宜民之至意。[1]

（二）三总督的保举和沈家本的简任

这道谕旨的内容，甚至很多文字均来自刘坤一、张之洞的奏摺。谕旨下达后，国外大使臣搜求各国法律，源源不断地送回国内，自不待言。国内袁世凯、刘坤一、张之洞亦很快做出反应。同月二十三日，联衔保举熟悉中西法律之员，主持修订法律。疏云：

窃维经世宰物之方，莫大乎立法。律例者，治法之统纪，而举国上下胥奉为准绳者也。我朝律例，邃密精深，本无可议，但风会既屡有迁嬗，即法制不能无变更。方今五洲开通，华洋杂处，将欲恢宏治道，举他族而纳于大同，其必自修改革例始。查泰西各国，区域虽分，而律例大都一致。其间有参差者，亦必随时考订，择善而从。如造车者之求合辙，务其推行无阻而后已。遐稽法、德，近考日本，其变法皆从改律入手。而其改革也，皆运以精心，持以毅力，坚苦恒久，而后成之。故能雄视

1 《光绪实录》卷四百九十五，《清实录（五十八）》，第537页。

全球，得伸自主之权，而进文明之治，使民益国，利赖无穷。中国自开禁互市以来，近百年矣，当其初不悉外情，不谙公法。又屡次订约，皆在用兵以后，权宜迁就，听人所为。国权既渐侵削，民利尤多亏损，浸寻至今，国威不振，几难自立。近者交涉益繁，应付愈难。教士纷来，路矿交错。游历之辈，足迹几遍国中。能商之议，乘机而图进步。我如拘素成例，不思亟为变通，则彼此情形，终多扞格。因扞格而龃龉，因龃龉而牵制，群挠众侮，我法安施，权利尽失，何以为国？惟是改定律例，事纂繁重，既非一手一足之烈，亦非一朝一夕之为。臣等再四思维，若不于创办之始，先立规模，虽由各省保送数员，窃恐品类不齐，漫无统属，势必各执意见，聚讼难行。

查刑部左侍郎沈家本久在秋曹，刑名精熟。出使美国大臣四品卿衔伍廷芳，练习洋务，西律专家。拟请简调该二员，饬令在京开设修律馆，即派该二员为之总纂。其分纂、参订各员，亦即责成该二员选举分任。伍廷芳并可遴派西国律师二三人挈以同来，拔茅连茹，汲引必当。近来日本法律学分门别类，考究亦精，而民法一门，最为西人所叹服。该国系同文之邦，其法律博士，多有能读我之会典律例者，且风土人情，与我相近，取次较易。亦可由出使日本大臣，访求该国法律博士，取其专精民法，刑法者各一人，一并延订来华，协同编绎。如此规模既立，则事有指归，人有禀承，办理自易。迨开馆之后，即就目前所亟宜改订者，择要译修，随时呈请宸鉴施行，逐渐更张，期于至善，不过数年，内治必可改观，外交必易顺手，政权、利权亦必不难次第收回，裨益时局，实非浅鲜。[1]

慈禧将此保摺留中一个多月。四月初六日才发出上谕：

> 现在通商交涉，事益繁多，着派沈家本、伍廷芳，将一切现行律例，按照交涉情形，参酌各国法律，悉心考订，妥为拟议，务期中外通行，有裨治理。俟修定呈览，候旨颁行。[2]

清廷这道简任诏旨，没有使用“修律大臣”一词。但不管是不是使用这个词，沈家本即从这道诏旨起主持修律，清末法律改革进入实际操作阶段。

---

1 《会保熟悉中西律例人员沈家本等听候简用摺》，《袁世凯奏议》卷十四，天津古籍出版社，1987 年，第 474—476 页。

2 《光绪实录》卷四百九十八，《清实录（五十八）》，第 577 页。

第七章 改重为轻，化死为生

翻译西法，改造旧法

自光绪二十八年四月，沈家本、伍廷芳奉命修律，启动晚清的法律改革，直至清社倾覆，前后时间，正好十年。这十年，细而分之，可为两段：从光绪二十八年起到光绪三十三年（1907年）止，这是新政时代的改革；从光绪三十三年到宣统三年，这是预备立宪时的立法。前一段，重在对四律的改革；后一段，重在为实行宪政制定新法。

当年参与这一过程的董康，在上世纪二三十年代，曾经著文，极为简要回忆这场改革。笔者将他的这段话录出，以为叙述沈家本十年修律之纲。

> 迨团匪乱后，两宫回跸。翌年派沈家本、伍廷芳为修订法律大臣，奏请将律例馆更名修订法律馆，派提调等职，开始进行。并择留学生章宗祥、陆宗舆、曹汝霖

充纂修，美人林某充顾问。康亦以校对，滥厕其间，最初循曩时修改故事，仅荟萃同治以来章程详看编辑（同治以后，迄未修订）。未几，伍大臣出使美国，馆中仅沈大臣一人主持。年余，政府诘问，沈大臣征求众议，康建议自宋以后，刑制日趋于重，若凌迟尤形残酷，今欲中外划一，须从改革刑制始。如蒙俞允，始知朝廷非虚应故事也。由康草拟改革刑制奏稿。凡分三项：

一、废止凌迟枭首。原拟凌迟枭首者，改为斩决；原拟斩绞立决，改为绞监候，入于秋审情实（情实者秋后勾决也）；通常斩监候，改为绞监候。

二、免除缘坐。

三、废止刺字。

奏进，俱蒙一一允行。军机大臣瞿鸿禨尝语人曰：“年来臣僚，侈谈新政，皆属皮毛，惟法律馆此奏，革除垂及千年酷虐之刑，于小民造福不浅也。”沈大臣感朝廷之嘉纳，督饬同僚，奋志进行，复公同议定办法四种：一、请支领办公费用，由户部月支银二万两；二、派员至日本廷聘顾问，并调查改革之历史，及其成绩；三、设立京师法律学堂，训练法律系各种科目，备实行新律之任使；四、调留学各国之毕业生，如江庸、王宠惠、丁士源、陈箓、朱献文，皆负优秀之物望者，亦蒙愈允。为延顾问，康衔命东航数度，计先后聘得法学博士冈田朝太郎、松冈义正、小河滋次郎、志田钾太郎，充馆中顾问暨学堂教习。乃沈大臣为人龁龁，曾裁撤大臣一职，将馆归并法部（时刑部已改法部）。嗣朝廷颁行立宪年限，复将法律馆独立。政府知斯职非沈家本不能胜任，令其复职，加派英瑞、俞廉三襄助，英瑞未就职病故。宣统三年，沈大臣兼任资政院副总裁。然率以礼教问题，为反对派所排击，先后免去本兼各职，增派宝熙、刘若曾、于式枚三人充修订法律大臣。袁项城组织内阁，起用沈家本为法部大臣。是年冬，宣统逊位，改官司法首领，旋即辞职。[1]

董康这段话，高度概括了沈家本十年修律活动。但也许是时过境迁，他的这段回忆也有一些小错。如沈家本兼任资政院副总裁，系宣统二年（1910年），因礼教问题于宣统三年初被免职。再如法律馆经费，“由户部月支银二万两”，恐怕是“岁支”而不是“月支”。这些问题，笔者在后面还要说到，这里不再赘述，这一章，先把新政时期的改革交代。

一、改律例馆为修订法律馆

袁、刘、张三人的保荐和清王朝的任命，都是沈家本和伍廷芳，但是，在清廷使命下达时，伍氏尚在驻美公使任内。当年六月八日谕旨：“赏出使美、日、秘国大臣四品卿衔道员伍廷芳，以四品京堂候补。”[2]解除出使大臣职务，等待任命。九月十五日谕旨：“候补四品京堂伍廷芳，着派充会办商务大臣，并会议各国商约事宜。”[3]同日谕军机处电伍廷芳：“伍廷芳已派充会议商约大臣，

1 董康：《中国修订法律之经过》，载《董康法学文集》，中国政法大学出版社，2005年，第461—462页。

2 《光绪实录》卷五百零一，《清实录（五十八）》，第624页。

3 《光绪实录》卷五百零五，《清实录（五十八）》，第678页。

着讯即启程，取道东洋，径到上海，妥议商约。其使馆事宜，着派参赞暂行代办。”伍氏由美国直接回到上海会议商约，一直到第二年七月十九日，得到军机处“伍廷芳现已补授商部左侍郎，着即来京供职”[1]的电谕，才启程到北京。回到北京后，十一月二十七日，谕旨：“调商部左侍郎伍廷芳，为外务部右侍郎。”[2]这时，伍氏才以外务部侍郎兼修律大臣身份，参与修律事宜。

沈家本奉命修律以后的一年多时间里，因伍廷芳尚未回国，他自己也主要从事刑部左侍郎任内事务，修订法律仅做了一些筹备事宜。这些工作主要是：奏请将刑部律例馆更名修订法律馆，拟定修订法律的办法；挑选熟悉中西法律人员担任纂辑；聘请外国法律专家担任顾问；调取毕业回国的留学生从事翻译、研究外国法律的工作；筹备经费等。这些工作进行得很慢。伍廷芳到职后，他们确定筹建修订法律馆以调取修律人员和翻译外国法律为首要任务，并请示清王朝每年拨给法律馆白银三万两，作为活动经费。经过两年的筹备，光绪三十年四月一日，修订法律馆正式开馆办事。

修订法律馆开馆初期，主要从事两项工作：

一是删削旧律。清王朝任命沈、伍修订法律的谕旨，要求将“一切现行律例”，认真加以考订。在他们受命不久，刑部亦以则例年久失修，奏请删改，以便与各国法律互相参酌。所以，考订现行法例，删削旧律成了修订法律馆开馆后的首要任务。

---

1 《光绪实录》卷五百一十九，《清实录（五十八）》，第857页。

2 《光绪实录》卷五百二十四，《清实录（五十八）》，第937页，谕旨：“外务部右侍郎伍廷芳等奏：遵旨修订法律，首以调员、译书两事为亟，请饬部岁拨经费三万两，下户部知之。”

二是翻译外国法律。任命沈、伍修律的谕旨还要求新修法律必须“参酌各国法律”。这样，翻译外交使节送回的各国法律，以备修订新律时参酌，便成了修订法律馆开馆之初的又一项重要工作。这项工作为制定新律服务，因此，沈家本对这项工作非常重视。

沈、伍合作主持修订法律馆的工作，一直到光绪三十二年四月，四月十九日，伍廷芳向清廷请假修墓。[1] 从此以后，伍氏再未参与修律。

二、翻译各国法律

外国法律的翻译，从鸦片战争起即已开始。当时，主持战事的林则徐，曾请美国传教医生伯驾（Parker）和袁德辉，据奇蒂（J. Chitty）的英译本，将瑞典法学家兼外交家瓦特尔（Vattel，旧译滑达尔）《国际法》中的部分段落，翻译成中文，定名《各国律例》。1860 年代洋务运动开始以后，适应洋务外交的需要，曾形成一股以翻译国际公法为主的小高潮。其中，法国《拿破仑法典》《新加坡刑律》等，同时被译成中文。

但是这个时代，因中国缺少现代法律词汇，翻译者又大多为外国人，所以中译外国法律法学著作，一般中国人都无法读懂，不明所以。19 世纪八九十年代，黄遵宪著《日本国志》，其中的《刑法志》系翻译注解自日本明治维新时期、移植欧美法而颁布的《刑法》和《治罪法》。由于日本与中国同洲同文，故《刑法志》所

1 《光绪实录》卷五百五十八，《清实录（五十九）》，第 396 页，谕旨：“刑部右侍郎伍廷芳，赏假修墓。”

录的日本最早颁布的这两部法律，成了法律改革前影响最大的外国法。

清廷开始修律的谕旨中，既有令出使大臣查取各国法律咨送国内之语，又有参酌各国法律而务期中外通行之令。因之，修订法律馆在改造旧律和编纂新律草案的过程中，始终把翻译各国法律列为修律之重要一项。

沈家本重视对东西各国法律的翻译，前已有述。他认定“参酌各国法律，首重翻译”。而且译书以法律为最难，语意之缓急轻重，记述之详略偏全。“抉择未精，舛讹立见”。[1]为求信达，对每种法律，均做过认真考察研究，深恐翻译失实，导致参酌失误。

在他的主持和督促之下，从光绪三十年四月一日修订法律馆开馆起，到宣统元年止，几年时间，就翻译出十几个国家的几十种法律和法学著作。

光绪三十一年三月，在《删除律例内重法摺》中，他对开馆近一年的翻译做过一次统计。计译出外国法律有：《德意志刑法》《德意志裁判法》，《俄罗斯刑法》，《日本现行刑法》《日本改正刑法》《日本陆军刑法》《日本海军刑法》《日本刑事诉讼法》《日本监狱法》《日本裁判所构成法》。法学著作则有《日本刑法义解》。正在校正的有《法兰西刑法》。[2]初期翻译，侧重刑法，且以东洋为多。此为当时翻译的一个特点。

两年以后，即光绪三十三年五月，在《修订法律情形并请归并法部大理院会同办理摺》中，他对翻译又作一次统计，计有：《法兰西刑法》《德意志刑法》《俄罗斯刑法》《和兰刑法》《意大利刑法》

1 《沥陈修订法律情形并请归并法部大理院合同办理摺》，《全集》第二卷，第448页。
2 《删除律例内重法摺》，《刑法考（四）》，第2023页。

《法兰西印刷律》《德国民事诉讼法》《日本刑法》《日本改正刑法》《日本海军刑法》《日本陆军刑法》《日本刑法论》《普鲁士司法制度》《日本裁判构成法》《日本监狱访问录》《日本新刑法草案》《法典论》《日本刑法义解》《日本监狱法》《监狱学》《狱事谭》《日本刑事诉讼法》《日本裁判所编制立法论》（按：以上所列为二十三种，但沈家本在排列上述法律后说"二十六种"）。已译而未完者有：《德意志民法》《德意志旧民事诉讼法》《比利时刑法论》《比利时监狱则》《比利时刑法》《美国刑法》《美国刑事诉讼法》《瑞士刑法》《芬兰刑法》《刑法之私法观》等十种。[1]

这次统计，包括了光绪三十一年。所译法律和著作，虽然仍以日本为多，以刑法为重，但种类、数量和国家都比以前更多、更广泛。这种情况，与配合当时新律的制定是密切相关的。

宣统元年正月二十六日，他对光绪三十三年十一月法律馆离部独立以来的翻译又做一次统计。共有：《法律名词》（以现拟民诉草案所有名词为标准）、《日本商法》《德国海商法》《英国国籍法》《美国国籍法》《德国国籍法》《奥国国籍法》《法国国籍法》《葡萄牙国籍法》《各国入籍法异同考》《比较归化法》《日本民法（未完）》《德国民法（未完）》《法国民法（未完）》《奥国民法（未完）》《西牙国籍法》《日本票据法》《美国破产法》《美国公司法论》《英国公司法论》《亲族法论》《日本加藤正治破产法论》《罗马尼亚国籍法》《意大利民法关于国籍各条》《德国改正民事诉讼法（未完）》《日本条约改正后关于外国人之办法》《德国强制执行及强制竞卖法（未完）》《日本现行民事诉讼法》《法国刑事诉讼法（未完）》《奥

1 《沥陈修订法律情形并请归并法部大理院合同办理摺》，《全集》第二卷，第448—449页。

国法院编制法》《奥国民事诉讼法（未完）》《裁判访问录》《国籍法纲要及调查员志田钾太郎意见书》《日本民事诉讼法注解》《日本刑事诉讼法论》《日本民事诉讼法论纲》《德国高等文官试验法》《德国裁判官惩戒法》《德国行政官惩戒法》《国际私法》。[1]

宣统元年十一月二十五日，沈家本等在《修订法律馆奏筹办事宜摺》中，又称译出《德国民法总则条文》《奥国亲属法条文》《法国民法总则条文》、《法国民法身份证条文》《法国民法失踪条文》《法国民法亲属条文》《奥国民事诉讼律》《德国强制执行法》《强制竞卖法》《日本法律辞典》及日本奥田义人所著《继承法》，译而未完者有《德国改正民事诉讼法》《德国破产法条文》及日本冈松参太郎所著《民法理由总则物权债权》。[2]

笔者要特别提请读者注意的是，这个时期的翻译，不但数量上大大超过前期，质量上也是前期翻译所无法比拟的。究其原因，一是日本新创法律名词大量引入，法律概念得到更新。二是思想观念的转换，加深了人们对西方近现代法的理解。三是外文原本多为清朝驻外使节通过外交途径收集购买，版本比较准确完整。四是翻译人员的外语和专业素质。这四个原因中，第四条最重要。沈家本极为重视法律的翻译，因而特别重视人才的罗致。据当时留学归国任职法律馆的江庸称，“当时东西洋学生之习政治法律归国稍有声誉者”，几乎被沈家本全部罗致法律馆从事翻译编纂工作。为使这些留学者不因资历浅不能担任高级职务而又致力于法律馆事业，馆中职员薪俸倒挂。在提调、总纂、纂修、协修这种职位系列中，“总纂薪金倍于提调，纂、协修之专任者，其薪

1 《臣馆筹办事宜缮具清单摺》，《全集》第二卷，第469—471页。
2 《修订法律馆奏筹办事宜摺》，《全集》第二卷，第480—481页。

金又倍于总纂”。[1] 在这种重金挽留下，这些从国外归来的专业留学生，全力投入。这是上乘译作得以问世的最重要原因。

三、改造旧律

改造旧律，是清末法律改革的主要任务之一。

清朝修律，按乾隆定制，律文不改动，例则五年一小修，十年一大修。修例分删例、修改、修并、移并、续纂五项。但是，《大清律例》自同治九年修订以后，就再也没有修订过。由于年久失修，因此，改革“倍觉不易”，大体按如下次序进行：

（一）删削《大清律例》中的部分条款

删除《大清律例》中部分条款，是改革旧律的第一步，也就是董康所说“循曩时修订故事”。修订法律馆正式开馆办事以后，沈家本即督同下属人员，开始进行这项工作。将“定例系一时权宜，今昔情形不同者；或业经奏定新章，而旧例无关引用者；或本条业已赅载，而别条另行复叙者，或旧例久经停止，而例内仍行存载者”全行删除。光绪三十一年三月，这一工作告竣，共删除《大清律例》中的例文三百四十四条[2]。由于这种删除，没有超越清代历届修例范围，因此上奏后，清廷全行照准。

做完这一工作之后，沈家本等原计划一气做完修改、修并、移关、续纂等项工作，全面改造《大清律例》。但由于官制改革，

1 江庸：《趋庭随笔》，文海出版社，1966 年版，第 62 页。
2 《修订法律大臣请将律例内应删各条分次开单进呈摺》，《全集》第二卷，第 434—435 页。

修订法律馆之“提调、总纂各员，有擢升外任者，有调赴他部者”，旧律改造只好中途停止。[1] 光绪三十四年修订法律馆重行组织后，《大清新刑律草案》亦已制定完毕，经沈家本等陈请，继续对旧律进行改造，最后成《大清现行刑律》（详见后）。

（二）废除重法

光绪三十一年三月，沈家本、伍廷芳向清廷上《删除律例内重法摺》，力主废除凌迟、枭首、戮尸、缘坐和刺字等重刑，阐其理由谓：

> 臣等以中国法律与各国参互考证，各国法律之精意，固不能出中律之范围，第刑制不尽相同，罪名之等差亦异。综而论之，中重而西轻者为多。盖西国从前刑法，较中国尤为惨酷，近百数年来，经律学家几经讨论，逐渐改而从轻，政治日臻美善。故中国之重法，西人每訾为不仁。其旅居中国者，皆借口于此，不受中国之约束。夫西国首重法权，随一国之疆域为界限。甲国之人侨寓乙国，即受乙国之裁制，乃独于中国不受裁制，转予我以不仁之名。此亟当幡然变计者也。方今改订商约，英、美、日、葡四国，均允中国修订法律，首先收回治外法权，实变法自强之枢纽。臣等奉命考订法律，恭绎谕旨，原以墨守旧章，授外人以口实，不如酌加甄采，可默收长驾远驭之效。现在各国法律，既已得其大凡，即应分类

1 《钦定大清现行刑律》卷首奏疏。

编纂，以期克日成书。而该馆员等佥谓，宗旨不定，则编纂无从措手，臣等窃维治国之道，以仁政为先。自来义刑法者，亦莫不谓裁之以义而推之以仁。然则刑法之当改重为轻，固今日仁政之要务，而即修订之宗旨也。

……

以上三事，皆中法之重者。以诸前人之论说，既多议其残苛。而考诸今日环球各国，又皆废而不用，且外人訾议中法之不仁者，亦惟此数端为最甚。此而不思变通，则欲彼之就我范围，不犹南辕而北辙乎？查各国修订法律，大率于新法未布，设单行法，或淘汰旧法之太甚者，或参考外国之可行者，先布告国中，以新耳目。是以略采其意，请将重法数端全行删除，以明示天下宗旨之所在。[1]

这个建议，得清廷之允准。此后，“凡死罪至斩决而止，凌迟及枭首、戮尸三项，着即永远删除。所有现行律例内凌迟、斩枭各条，俱改为斩决；其斩决各条，俱改为绞决；绞决各条，俱改为绞监候人于秋审情实；斩监候各条，俱改为绞监候，与绞候人犯仍入于秋审，分别实缓办理。至缘坐各条，除知情者仍治罪外，余着悉以宽免。其刺字等项，亦着概行革除”。这五项酷刑，至此在法律中被明令革除。

与缘坐有关，还有强盗窃案在内，“父兄不能禁约子弟为强盗，应杖一百；不能禁约子弟为盗窃，应笞四十”之条文。这是依照

1 《删除律例内重法摺》，《刑法考（四）》，第 2024、2026—2027 页。

封建宗法家庭精神而确立的亲属连带责任条款。缘坐制度是家族连带责任的集中表现，缘坐已废，这一条款已无存在之必要。因此废除重刑后不久，经他的陈请，清廷批准“将不能禁约子弟为强盗窃之犯父兄应得笞杖，概予宽免”。[1]强盗犯和窃盗犯之父兄。不再负连带责任。

（三）禁止刑讯

禁止刑讯是我国法史中的古老话题。古先民对于刑讯，不乏非之者，亦不乏是之者。非之是之，皆有其正当之理由。晚清重提禁止刑讯，其议始发于刘坤一、张之洞。光绪三十一年三月，修订法律馆奉清廷之命核议刘、张之请。沈、伍上《议覆江督等会奏恤刑狱摺》，赞同废除刑讯（有保留）。规定：审案时，除罪犯应死、证据已确而不肯供认者准许其刑讯外，凡初次讯供时及流徒以下罪名，概不准刑讯，以免冤滥。其笞杖等罪，仿照外国罚金之法，凡律例内笞五十以下者，改为罚银五钱以上，二两五钱以下。杖六十者改为罚五两，每一等加二两五钱，以次递加，至仗一百改为罚十五两而止。如无力完纳者，折为作工。应罚一两，折作工四日，以次递加，至十五两，折作工六十日而止。旗人有犯，照民人一体科断。至此项罚金折为作工之犯，嗣后即应按照新章收所习艺。至于断案，除死罪必须取具输服供词外，其徒流以下罪名，若本犯狡供不认，果系众证确凿，其证人皆系公正可信，上司层递交提复讯，皆无疑义者，即按律定拟奏咨立案。如再京控上控，均不准理。废除用刑罚逼取死罪人犯以外犯人口供的规

1 《宽免徒流加杖片》。

定。

刑讯有条件废止后，又对与此相关的三个问题，进行改革。

①盗窃罪之笞杖。旧律盗窃赃四十两以下，科罚止于笞杖。笞杖已废，此法相应改革。改革后：凡窃盗应拟笞罪者，改拟工作一月；杖六十才改拟工作两月，杖七十至一百，每等递加两月。以窃盗论，准窃盗论，及各项因盗问拟笞杖，并抢夺强盗案内拟杖者，同行此法。理由：

> 直省各案，以盗窃为最多，定律盗窃赃四十两以下科罚仅止杖笞，折责发落，久等具文。犯者以身尝试习，知国法不足畏，释放之后再犯三犯者有之，积猾叠窃者有之，结伙持械行窃者又有之。推原其故，半由于地方官不知教导，半由于定律过轻，难昭惩创。现在笞杖改折罚金，自系曲予矜全，启发其羞恶之心。第此等刑制，宜于轻罪人犯及无知犯罪者。独盗窃以攘取为事，犯罪之念蓄于平日，论赃虽有多寡之殊，诛心实无重轻之别。而此项人犯，大率游荡无业，本难期罚金之可以照纳，况竭彼盗泉充兹赃罚，揆之于理，尤未适也。罚金无力完缴，代以习艺，泰西各国名为换刑。换刑之习艺，与徒刑之习艺性质虽一，究有久暂之分。历时未久，既难望其旧染之涤除，且恐仓遽之间技艺亦未易娴熟。刑期满后，难保不复蹈故辙。考今世各国刑法盗窃之罪，法兰西处惩役，德意志外禁锢或十年以下惩役，比利时处一月以上五年以下之禁锢，英吉利处五年以下之惩役或二年以下之禁锢附加苦役及黑牢，日本处二月以下四年以下之重禁锢。其余各国大致相同，间有并科罚金者，

非通例也。[1]

此为改轻为重，清廷允准通行。

②妇女犯罪收赎。清律沿明之旧，妇女犯罪不予实决，改为收赎，且收赎银数甚微，赎满流仅四钱五分，即纳赎亦不过一两二钱。例内虽明妇女犯罪不予收赎"实发为奴"之条，但只限于"犯不孝、奸、盗及刁健翻控"等罪；且经多次修改，"有改为监禁者，有改为准其收赎一次者"。断狱之时，极难援引。沈家本等认为，国家法律，"范围全国，固不能因中外而殊科，亦不能因男女而异制"。旧律"不特与新章轻重背驰，抑且法轻易犯"；奸猾之徒，"习知妇女犯罪可邀轻典，往往与人涉讼，便令妇女出头，贿买主使"，生出无数弊端。为防微杜渐，统一国家刑制，对妇女犯罪收赎之法，作如下改革：（1）妇女犯笞杖罪，不予收赎，按照新章，一律改为罚金；（2）妇女因不孝及奸盗诈伪罪罪该遣军流徒，旧例应实发者，改为曾于本地习艺所一体工作，以十年为限；应监禁者，照原定年限亦收入本地习艺所工作；（3）其他一般案件，允许赎罪，徒一年折银二十两，每五两为一等，五徒准此递加；由徒入流，每一等加银十两，三流准此递加。遣军照满流科断，如无力缴纳赎银，"将应罚之数，照新章按银数折算时日，改习工艺"；（4）妇女犯该枷号，不论日数多寡，俱酌加五两以示区别。[2]

此亦改轻为重，得清廷允准通行。

---

1 《刑部奏变通窃盗条款摺》，《大清新法令》第一卷，商务印书馆，2011 年，第 289—290 页。

2 《刑部奏妇女犯罪收赎银数太微不足以资警戒拟请酌量变通摺》，《大清新法令》第一卷，商务印书馆，2011 年，第 290—291 页。

③宽免徒流加杖。依清律规定，五徒三流五军罪犯，到配所后均应杖责；总徒准徒之犯到配杖责一百。笞杖已废，军流徒人犯应得加杖，亦应概予宽免，到配后不再议罚。[1]

禁止刑讯，遭一般舆论之非难与司法之蔑视。代表舆论提出非难者为御史刘彭年，代表司法而蔑视之者为号称全国文明审判之地的上海会审公堂。

刘彭年反对禁止理由大体有二：(1) 外国不用刑讯，因其裁判诉讼诸法完备，有法可循；警察制度完备，证据收集充分；审判公开，有辩护人、陪审员参加。因此，"证不取供于犯人，供证确凿，罪名立定"，不必刑讯。(2) 中国与外国不同，各种规制不备。保留刑讯，"犯人虽狡，尚有畏刑之心"，取得实供，审结案件；"若骤然禁止刑讯，则无所畏惧，孰肯供吐实情？问刑衙门穷于究诘，必致积压案件，经年不结。拖累羁留，转于矜恤庶狱之法有所窒碍"。因之禁止刑讯，必待"裁判诉讼各法俱备后方可实见（现）施行"。在此之前，只有关系民事之案，刑讯才能废止不用。[2]

沈、伍等立法者立即予以驳斥：(1) 刑讯为中外法制最异之处。外国"无论各法是否俱备，无论刑事、民事大小各案，均不用刑讯"。与西方各国，"齐一法制，取彼之长补我之短"，乃是修订法律收回领事裁判权之"第一要义"。西方各国既无刑讯，中国虽然各法未备，禁止刑讯亦势在必行。(2) 禁止刑讯，亦不过"申明旧章，略为变通"而已，并非完全采用西法。旧例有"内外问刑衙门，

---

1 《宽免徒流加杖片》。

2 《修律大臣外务部右侍郎伍、刑部左侍郎沈议覆御史刘彭年停止刑讯请加详慎摺》，《全集》第二卷，第 437 页。

审办案件，务得输服供词，其有刁健坚不承招者，如犯该徒罪以上，仍具众证情状，奏请定夺”。详释“例”意：“犯供务期输服。既输服矣，则所供非由刑求得可知；徒罪以上仍具认证。有众证矣，则不得以刑逼取犯供更可知。”因此，谓禁止刑讯为全采西法，并非的论。（3）刘彭年谓中国“小民教养未孚，问官程度未逮”，故而不能废弃刑讯。新章正是出于补救此种状况，才未将刑讯全部废除。（4）刘彭年认定禁止刑讯将致犯人不肯招供，因而积压案件。难道使用刑讯“便可免积压拖累”？如此，为何“以前各省积压之案有数年数十年不结者？且有拖累无辜瘐毙多命者”？（5）刘彭年还谓“刑讯为各所窃笑”，“中国政治家久已心知其非”。若如此，为何还不“奋然禁绝”，而等待法律完备后才去禁止呢？假如各法完备以后，“群情狃于习惯，仍以去刑讯为不便”，那么，“武健严酷之风终无禁绝之一日”，又如何去收回领事裁判权呢？[1]

对上海会审公堂蹈用积习、沿用严刑、蔑视新法之举，立法者要求清廷给予应有之制裁。“立国之要领，存于法权，而法权之推暨，在乎严守”。“上海，我国之版图也；公堂，我国之官吏也”，中国官吏，在中国土地上执行中国法令，本天经地义之事。会审公堂官吏“昧于交涉，狃于故常，任情敲扑，视宪典如弁髦。是非从严参办，不足以肃纲纪”。除责令两江总督，会同江苏巡抚，认真整顿上海会审公堂，“选择品望素著，兼通中外法律者，委充会审委员”，以免再生弊端外，全国各地总督巡抚，还必须督同臬司，严饬所属州县，实力奉行禁止刑讯的新章程，“倘有阴奉阳违，仍率用刑求，妄行责打者，即令该管上司指名严参，毋

1 《修律大臣外务部右侍郎伍、刑部左侍郎沈议覆御史刘彭年停止刑讯请加详慎摺》，《全集》第二卷，第 437—439 页。

许徇隐”。[1]

法令如此，能否执行，实为一大问题，据有关资料记载，不唯上海，全国最高审判机关大理院，便仍有刑讯之举。于此可见，这种传统审讯方法，实非一纸法令之所能禁。

（四）削减死罪条目

清律死罪条目，顺治时代律例内真正死罪凡二百三十九条，杂犯斩绞仅三十六条。迨至清末，死罪凡八百四十余条，法网繁密，为中国数千年所未有。为此，沈家本诸人，向清廷上《虚拟死罪改为流徒摺》，将清律中有死罪之名、司法实践中并不执行死刑之虚文条目删除，分别改为流徒。沈家本等认为："现行律例内，其虚拟死罪而秋审拟缓者，莫如戏杀、误杀、擅杀三项。"三项犯罪，按照法理，均有不死之情，"戏杀，初无害人之意，死出意外，情节最轻；误杀，虽有害心，而死非互斗之人，亦初意之所不及；擅杀，情节轻重不等，而死者究系有罪之人"。犯罪动机和情节均有不死之理。外国法律对此"仅处惩役禁锢之刑"。《唐律》"戏杀、误杀各按其当场情形，分别徒、流，并无死罪；擅杀分勿论及徒、流、绞四等，亦不概问死罪"。现行律例，"不分戏、误、擅杀，皆照斗杀拟绞监候，秋审缓决一次，即准减流，其重者，缓决三次减流"。因此，三项犯罪"虽名为绞罪，实与流罪无殊，不过虚拟死罪之名，多费秋审一番文牍而已"。具体改为：（1）"戏杀改为徒罪；因斗误杀旁人，并擅杀各项罪人，现律应拟绞候者一律改为流罪"。改成徒、流以后，按照新章程，不再发配，收入各地罪犯习艺所，

1 《修订法律大臣奏轻罪禁用刑讯笞杖改为罚金请申明新章摺》，《大清新法令》第一卷，商务印书馆，2011 年，第 293—294 页。

罚令工作。(2) 误杀、擅杀中的误杀其人之父母兄弟等项，并擅杀二命以上，及谋故、火器擅杀各项，不准一次减等者，酌加二年；如遇情有可原或情节较重者，应俟临时酌量办理”(3)“戏伤、误伤、并擅杀，按例罪不至死者，均于本罪之递减一等”。[1]

(五) 改革行刑旧制

清代死刑执行，“各直省、府、厅、州、县，大都在城外空旷之地”；京师则在菜市口。“本示众以威，俾以怵目而警心”之意，死刑当众公开执行。沈家本认为，古圣王“明刑弼教”之义，在使用刑罚以杜绝老百姓之“残忍之端，而导之于仁爱之路”。古时“犯法者多不肖之人，为众所共恶，故其戮之也，亦必公之于众”。此之谓“刑人于市，与众弃之”。时至今日，不但“众弃”之旨全失，而且“稔恶之徒，愍不畏死，刀锯斧钺，视为故常；甚至临市之时，谩骂高歌，意态自若。转使莠民感于气类，愈长其凶暴之风；常人习见习闻，亦渐流为惨刻之行”。不但法律之“威渎不行”，而且有妨教育。特别是京师菜市口，“决囚之际，不独民人任意喧呼拥挤，即外人亦诧为奇事，升屋聚观，偶语私讥，摄影而去。既属有乖政体，并恐别酿事端”。据此理由，沈家本主张改革行刑制度，采用西方大多数国家死刑秘密执行的方法，“京师处决重囚，别设刑场一所，筑屋数椽缭以墙垣，除监视官吏巡警、弁兵外，须由承审官许可，方准入场，其余无论何项人等，一概不准入视。至各直省、府厅、州、县，向有行刑之地，应即就原处围造墙垣”，作为刑场，“不令平民闻见”。这样变通“防卫既较

1 《虚拟死罪改为流徒折》，《刑法考（四）》，第 2028—2029 页。

严密，可免意外之虞”，亦可使老百姓“罕睹惨酷情状，足以养其仁爱之心”。[1]

（六）删除奴婢律例

禁革卖买人口、删除奴婢律例之议，始于署理两江总督周馥的条陈。在该条陈中，周馥提出：无论满汉官员及军民人等，均不准再将人口进行买卖。如有违犯，不论买者卖者，均照违制律治罪。“使用奴婢，只准价雇，仍议定年限。以本人过二十五岁为限，限满听归本家。无家可归者，男子听其自立，女子由主家婚配，不得收受身价。纳妾只准媒说，务须两相情愿。不得抑勒；母家准其看视，仍当恪守妾媵名分，不许僭越”。

周氏条陈交由沈家本“参考中西，拟定办法”。沈家本认定欧美各国，尊重人格，均无买卖人口之事。为革除旧习，各国之法实可采取。为此拟定十一条办法：（1）旧律中之“契买之例”，一律作废，全部删除。不论买卖人口为奴婢，还是为妻妾、为子孙，概行永远禁止，违者治罪。（2）酌定买卖人口罪名。新律未颁前，旧律略卖、和卖人口治罪各条照旧适用，唯删去买者不知情不坐罪之文，同时增加因贫而卖子女及买者惩治之文。（3）酌改奴婢罪名。律例中“奴婢”改为“雇工”，契雇贫民子女及从前旧有之奴婢，均以雇工人论。遇有相犯，即按雇工人本律本例科断，删除奴婢干犯家长之条。（4）贫民子女只准充当雇工。贫民无力养活子女，只准写立文契，议定雇钱、年限，充当雇工，不准卖作奴婢。（5）变通旗下家奴之例。旗下家奴，概以雇工人

---

1 《变通行刑旧制议》，《刑法考（四）》，第2060—2062页。

论，不必限定年岁，伊主情愿赎放者听。若此项人等，持有新章，或欺压伊主孤幼，或盗卖主家田产，仍各照旗下家奴本律本例定罪。（6）酌量开豁汉人世仆。各省遗留的汉人世仆，所生之子孙已过三代者，概行开豁为良；如未及三代者，有犯仍照雇工办理，俟历三代后，亦一体开豁为良，旧主子孙不得刁难勒索。（7）旧时婢女，限年婚配。无至近亲属可归之旧时婢女，年纪在二十五岁以上者，由主家婚配，不得收受身价，违者照例治罪。（8）纳妾只许媒说。凡纳妾者，应凭媒说合，只用财礼接取，由妾之母家写立为妾愿书，不得再以买卖字样立契。母家准令看视，以顺人情。至亲媵名分，仍当遵守，不许僭越。（9）酌改发遣为奴之例。"发遣驻防为奴人犯不论旗民男妇,均改发极边足四千里安置。仍照新章，应发配者，发配监禁；应收所习艺者，毋庸发配，收所习艺。按其情节轻重，分别办理。如系太监及旗下家奴，仍发黑龙江交该将军严加管束"。（10）删除良贱不准为婚之律。凡雇工人与良人为婚，一概不加禁止，并于主家无涉。（11）切实执行禁止"买良为倡优"之法。责成地方官严密稽查,遇有此类案件，"务须尽法惩治，勿事姑息。[1]

这些办法虽不彻底，然已触犯王公贵族之利益，至被束置高阁。后经沈家本反复陈述，才由宪政编查馆奏请通行。制定《大清现行刑律》时，将此全行吸收。

（七）统一满汉法律

庚辛之后，孙中山先生揭起民族革命旗帜，海内外学子纷纷

1 《禁革买卖人口变通旧例议》，《刑法考（四）》，第2039—2043页。

响应，光绪三十二年，清廷行官制改革，引起满汉官僚地主之冲突。为缓和矛盾，渡过危机，光绪三十三年七月、九月清廷两次下谕化除满汉畛域，令“内外各衙门，各抒所见，将切实办法，妥议具奏，即予施行”[1]，并特令“礼部暨修订法律大臣，议定满汉通行礼制刑律，请旨颁行”[2]。

遵此旨意，沈家本于同年八月、十二月两次上书，拟定统一满汉法律之法。

沈家本据法理，论民族异法云:“为政之道，首在立法以典民。法不一则民志疑，斯一切索隐行怪之徒，皆得乘暇而蹈隙，故欲安民和众，必立法之先统于一。法一则民志自靖，举凡一切奇衺之说，自不足以惑人心。《书》曰：‘无偏无党，王道荡荡；无党无偏，王道平平一。’正谓此也。……方我朝入关之初，八旗生齿未臻繁盛，军伍有空虚之虑，差务有延误之虞。”故当时之满汉异制，乃从实际出发，“非区满人与汉人而歧视之”。现在“八旗丁口日益蕃昌，与昔日情形迥异”，早已无虑军伍差务之乏人。只有削除异法，方能“昭大信而释群疑”。[3]

这次改革，将《大清律例》中，旗人犯罪折枷各制，以及“满汉罪名畸轻畸重，及办法殊异之处”，共删除、移改、修改、修并五十条（删除律文一条，删除例文四十条，移改例文一条，修改例文七条，修并一条）。“旗人犯罪俱照民人各本律本例科断”。[4]

与此同时，司法上，对旗人案件审理也进行了改革。所有旗

1 《光绪实录》卷五百七十六，《清实录（五十九）》，第619页。
2 《光绪实录》卷五百七十九，《清实录（五十九）》，第658页。
3 《旗人遣军流徒各罪照民人实行发配折》，《刑法考（四）》，第2031—2033页。
4 《遵议满汉通行刑律折》，《全集》第二卷，第459页。

人案件，“统归各级审判厅审理，其审判厅尚未设立省份，概归各州县审理，毋庸再由理事、同知、通判等审会审”；“驻防旗人应入秋审人犯，亦请改归各督抚汇入民人秋审册内一体办理，毋庸再由各将军、都统审核”。

满洲贵族入主中原、八旗入关后，旗民即不事生产，由政府划给田地（旗地）、房屋（旗房），发给饷银，负担衣、食、住。大清律规定：旗地、旗房概不准民人典卖；违者，不但地亩房屋之价银入官，而且业主售主俱受刑罚之制裁。旗员不准在各省置买产业；违者，不但所置产业变价归旗，同样应受罚制裁。咸同之间，户部放宽对旗产的限制，允许旗民在一定的条件下与民人交换买卖，但为时不久，又予禁止。

沈家本力主废除这种过时禁令，使八旗弟自筹生计。略谓“窃维万物之生机，必周流而始能便利，未有生机阻阂，而人民能受益者也。下民之生计，贵能自养；未有生计窘迫，而上能遍给者也。是故闾阎资产，或此赢彼绌，或此有无，其中消息甚微，不能一致；全赖赢绌可以相济，有无可以相通。若相济相通之机关滞而不灵，将绌者、无者，既困守而益即于穷；赢者、有者，亦束缚而难以持久。斯贫富胥受其病。有如一地也：富者不自种，而佣人为种。贫者若不能自种，而又无佣人之资本，则日就荒芜。又如一房也：富者随时修葺，破坏无虞；贫者无力经营，一遇破坏，即日就颓废。苟不使之相济相通，其病固如是。即使之相济通，而限制太严，其机关之滞而不灵者，仍如故也。此理势之所必至，无可疑者。况乎养民之道，在乎因势利导，必使人人能自为养，而后可以无不养。若不为之筹自养之路，而但作苟且之图，则立达无方，博济亦徒存虚愿而已”。其次，开国之初，八旗丁口无多，朝廷易为供养。今日八旗生齿繁衍，人口众多，原有旗地旗房有减无增，

"人滋生而产不加增，则前人之产万不能敷后人之养"。此等厉禁，显已阻碍旗民之生存和发展。再则，此等禁令，司法中很难执行。旗民为生计所迫，往往不顾禁令，与民人"私相典卖"。暗中交易，必致"狱讼繁兴"，官府追查无据，难于审理。因之，朝廷虽为"惠爱旗民起见，然民间之私相授者仍多，终属有名无实"，反使刁猾之徒凭借此等禁令勒掯旗民，"贫乏者急不能择，再受其限制，而亏损弥多"。[1] 对旗民生计毫无实益。

最后，经他拟定并由户部核定：删除旧律中不准旗民与民人交产之条款，允许旗人房地与民人互相买卖，旗人在外省民居住营生，允许随便置房产。

（八）改革秋审制度

宣统元年八月，沈家本、俞廉三编定《现行刑律》初稿后请求重新编订《秋审条款》。理由是《秋审条款》"与刑律相辅而行"，"据律例以定罪名，即因罪名以定矜缓情实，法至善也"。但是，该书纂定于乾隆三十二年（1767 年）和四十九年（1784 年），"历时悠久，例文叠经修改，条款仍沿用至今。其原订子目四十条，大半不能概括"；而《现行刑律》，"一切罪名等次，较以前多有轻重之分"。为使将来核办秋谳有法可循，应将《秋审条款》按照现行刑律逐加厘正，藉为亭比之资"。宣统二年七月，编纂告成。通过省约旧文，纂集新事，共订定一百六十五条，比原款一百八十五条减少了二十条。

同年三月十六日，沈家本等又上书清廷，请求变通秋审复核

1 《变通旗民交产旧制摺》，《刑法考（四）》，第 2033—2037 页。。

旧制，“秋审人犯，径由按察司或提法司审勘，缮具招册后尾咨呈法部核议。其督抚存政使会审之制即行停止。朝审人犯，概由法部核议，无须奏派复核大臣；其朝审会同九卿审录之制亦即停止。至法部议定之后，刊刻招册等事，仍照旧办理”。简言之，就是停止各省的督抚布政使会审之制和中央的九卿会审制。沈家本为刑部司员时，曾有秋审处多年，深知“秋朝审一字增损，动关生死，未可以寻常文牍薄之”，也深悉会审之弊。他列举停止会审之理由说：会审之制，其初意“本为严杜构陷锻炼之弊”。现在《法院编制法》已颁布施行，各级法官经过慎重挑选，法院审判实行三审制、合议制、律师辩护制和审判公开制，“凡为被告人谋利益者无微不至，详慎之处，实无深故之虞”，构陷锻炼之弊已去，会审之制理应停止。此其一。朝廷现已明令行政不准干涉司法，若总督、巡抚、布政使和中央九卿继续会审，“是与违法干涉何异”？司法独立，会审之制亦需停止。此其二。最后，秋朝审“为录囚之成规，推勘尤宜入细”，各类案情十分复杂，法律条款繁多，“必研习有年，斯无贻误”；会审让“素未涉猎之人”负司法之重任，并“非循名责实之意”。而且，秋朝审时间短促，会审之员“无暇审思”，因此，让他们参加会审，徒具形式，毫无实际意义。[1]

这些意见和办法最后得到清廷的认可，延续二百多年的清朝秋朝审会审制度，至此得到较大的改变。

1 《秋审条款案语》。

（九）增纂新章

晚清时局之变，远非昔比。各种新事，层见叠出。旧律无法赅括，新章因之频增。由法律馆主持或参与起草者，其数颇多，今列其二：

（1）制定伪造外国银币专条

近代海禁开放以后，外币大量通行国内，由此而相应出现伪造外国货币之行为。旧律有伪造本国货币治罪条款，伪造外币则无相应的法律条文。光绪三十二月四月，沈家本向清廷上《伪造外国银币拟请设立专条摺》，主张比照伪造本国货币治罪条文，制定伪造外国货币治罪章程，以禁止伪造外国货币的行为。经参酌英、俄、法、日等国之律，“私造外国货币，均较本国处刑为轻”。故拟定：“凡伪造外国银圆行使、无论赃数、次数多寡，为首及匠人，均于奏定私铸银币章程，绞罪上减一等，拟以流三千里；其为从及铸造未成之犯，各于流罪上减一等问拟。所得流、徒罪名，仍照章收入习艺所工作。”[1] 刑罚轻于铸造本国货币罪的刑罚。这一办法，经清廷批准，作为新章程颁发施行。

（2）核定贩卖吗啡治罪专条

对贩卖、注射毒品吗啡明定科条，给予治罪，乃光绪三十三年十一月江苏巡抚陈启泰向清王朝所上的条陈。第二年六月沈家本与法部会衔，核定陈氏条陈，规定“拿获制造施打吗啡针之犯，不论杀人与否，应比照造畜蛊毒律，斩罪上酌减，为极边烟瘴安置。其贩卖吗啡之铺户，如查系未领海关专单者，亦照知情卖药律与

---

1 《伪造外国银币拟请设立专条摺》，《刑法考（四）》，第 2030—2031 页。

犯人同罪”，并查封铺户，同时令各海关严禁私贩。[1]

以上，皆为新政时期的改革。某些改革，如奴婢律的改造等，因改革的艰难，延续到预备立宪时期。为行文方便，兼使读者能一目了然，笔者把它放在这里，一并叙述。

1 《法部会奏议覆苏抚奏请定贩卖吗啡等治罪专条摺》，《大清新法令》第一卷，商务印书馆，2011 年，第 364—365 页。

第八章 大理院正卿

光绪三十二年，清廷宣布“筹备立宪”。预备立宪，就必须预备一套与过去不同的立宪法律，以便在立宪开始时实施。为适应这种“筹备立宪”的需要，法律改革由改造旧律，转入制定新律。法律馆由此重组。这就是董康氏前述的“法律馆独立”，直接隶属清廷，为立宪而拟订法律草案。

在宣布预备立宪的同时，清廷又宣布“先行厘定官制”。在官制改革中，沈家本被任命为大理院正卿。大理院是近代式最高法院。大理院正卿相当大理院的最高长官。

一、预备立宪与官制改革

1901年开始以来的新政，虽有慈禧多次切责，官僚们迎合慈禧，章奏连篇累牍，但正如军机大臣瞿鸿禨所言，这些言论“侈谈新政，皆属皮毛”（见前引董康回忆）。[1] 风声大，雨点小；说得多，做得少；有敷衍，无实效。在这种局面之下，因而有五大臣的出洋考察，光绪三十一年（1905 年）六月十四日谕旨：

> 方今时局艰难，百端待理，朝廷屡下明诏，力图变法，锐意振兴，数年以来，规模虽具而实效未彰，总由承办人员向无讲求，未能洞达原委，似此因循敷衍，何由起衰弱而救颠危。兹特简派载泽、戴鸿慈、徐世昌、端方等，随带人员，分赴东西洋各国考求一切政治，以期择善而从。[2]

这就是清末有名的五大臣（四大臣八月乘坐火车出京，遇炸。十一月第二次出京，改徐世昌为尚其亨、李盛铎，通称五大臣出洋）。翌年夏天，五大臣陆续回国，都主张“改行立宪政体，必定人心，而维国势”，认为实行君主立宪有三大利：一曰皇位永固，二曰外患渐轻，三曰内乱可弭。[3] 在他们的劝说下，慈禧终于在光绪三十二年七月十三日下达预备立宪先行厘定官制的谕旨：

> 我朝自开国以来，列圣相承，谟烈昭垂，无不因时损益，著为宪典。现在各国交通，政治法度，皆有彼此

1 瞿氏实为新政时期的核心人物，“那拉氏对于重要政务，关于改革诸事，仍特别向瞿鸿禨询问意见”。“这几年，瞿鸿禨在军机处，对于新政方面，握有大权”，见刘厚生：《张謇传记》，上海书店，1985 年，第 130、135 页。

2 故宫博物院明清档案部编：《清末筹备立宪档案史料》下册，中华书局，1979 年，第 1 页。（以下简称《立宪史料》。）

3 《立宪史料》上册，第 173—175 页。

相因之势，而我国政令积久相仍，日处阽险，忧患迫切，非广求智识，更订法制，上无以承祖宗缔造之心，下无以慰臣庶治平之望，是以前派大臣分赴各国考察政治。现载泽等回国陈奏，皆以国势不振，实由于上下相睽，内外隔阂，官不知所以保民，民不知所以卫国。而各国之所以富强者，实由于实行宪法，取决公论，君民一体，呼吸相通，博采众长，明定权限，以及筹备财用，经划政务，无不公之于黎庶。又兼各国相师，变通尽利，政通人和有来由矣。

时处今日，惟有及时详晰甄核，仿行宪政，大权统于朝廷，庶政公诸舆论，以立国家万年有道之基。但目前规制未备，民智未开，若操切从事，涂饰空文，何以对国民而昭大信。故廓清积弊，明定责成，必从官制入手，亟应先将官制分别议定，次第更张，并将各项法律详慎厘订，而又广兴教育，清理财务，整饬武备，普设巡警，使绅民明悉国政，以预备立宪基础。着内外臣工，切实振兴，力求成效，俟数年后规模初具，查看情形，参用各国成法，妥议立宪实行期限，再行宣布天下，视进步之迟速，定期限之远近。着各省将军、督抚晓谕士庶人等发愤为学，各明忠君爱国之义，合群进化之理，勿以私见害公益，勿以小忿败大谋，尊崇秩序，保守和平，以豫储立宪国民之资格，有厚望焉。[1]

1 《立宪史料》上册，第 42 页。

钦定立宪，就在这样的局面下出台。它虽然是“钦定”的，但又是被逼出来的，是国际国内各种力量斗争的结果。

翌日，慈禧又降谕旨，着派载泽、世续、那桐、荣庆、载振、奎俊、铁良、张百熙、戴鸿慈、高宝华、徐世昌、陆润庠、寿耆、袁世凯等十四人为官制编纂大臣；令端方、张之洞、升允、锡良、周馥、岑春煊选派司道大员来京随同参议；设立编制馆，作为编纂官制的专门机构，由庆亲王、首席军机大臣奕劻，文渊阁大学士孙家鼐，外务部尚书、协办大学士、军机大臣瞿鸿禨三人总司核定。官制改革转入实际操作阶段。

两个月后，以奕劻为首的官制编纂大臣将“厘定中央各衙门官制缮单进呈”。在这个奏摺中，他们认为旧官制的弊病主要是三个方面：一则权限之不分，二则职任之不明，三则名实之不符。要求按照立宪国制，以立法、行政、司法三权分立为原则，对中央官制进行改革。“立法、行政、司法三者，除立法当属议院，今日尚难实行，拟暂设资政院以为预备外，行政之事则专属之内阁各部大臣”。“司法之权则专属之法部，以大理院任审判，而法部监督之，均与行政官相对峙，而不为所节制”。[1] 简言之，就是改以军机处为政务中枢的部院制，成立以新内阁为政务中枢的内阁制。中央设资政院，代行立法之责：裁汰军机处与旧内阁，设新内阁，下分十一部，掌行政之事：“司法之权则专属之法部，以大理院任审判，由法部进行监督。”

九月二十日，经慈禧的权衡裁择，按照军机处不议、内务府不议、八旗事不议、翰林院事不议、太监事不议的五不议原则，颁布上谕，裁定奕劻等人的草案：“内阁军机处一切规制，着照

1 《立宪史料》上册，第464页。

旧行。”改组中央各部，除外务部、吏部、学部照旧外，巡警部改为民政部；户部改为度支部，以财政处并入；太常、光禄、鸿胪三寺并入礼部；改兵部为陆军部，以练兵处、太仆寺并入；改刑部为法部，专任司法；工部并入商部，改为农工商部；另设邮传部，专司轮船、铁路、电线、邮政；改理藩院为理藩部；改大理寺为大理院，专掌审判；凡十一部又一院。各部设尚书一人，侍郎二人，“不分满汉”。都察院设都御史一员、副都御史二员；六科给事中改为给事中，与御史各员缺均暂如旧；增设资政院、审计院；其余宗人府、内阁、翰林院、钦天监、銮仪卫、内务府、太医院、各旗营、侍卫处、步军统领衙门、顺天府、仓场衙门，均毋庸更改。[1]

按照这一谕旨，内阁军机处一切规制仍然是政务中枢，法部、大理院虽然专任司法和审判，但是仍隶其下；新设资政院仅为“博采群言”，而非立法机构。因此，这次官制改革，并没有完成向以“三权分立”为核心的近代政治体制的转变。但是，法部、大理院的分工、资政院的设置，却是专制政体中所没有的异体，是中国近代政治体制变革的重要环节，触动了传统体制中最保守的东西。相对旧体制来说，还是一种进步。

二、大理院正卿

就在慈禧裁定官制的九月二十日，慈禧任命各部尚书侍郎，“法部尚书着戴鸿慈补授，左侍郎仍着绍昌补授，右侍即着张仁

1 《立宪史料》上册，第471—472页。

黼补授”[1]。沈家本刑部左侍郎之职，自然撤销。

同日，谕旨“以沈家本为大理院正卿，定正卿秩正二品”。次日，又谕“以刘若曾为大理院少卿，定少卿铁正三品”[2]。和大理寺卿的品级相较，改制后的大理院卿的地位，显然提高了，但仍然低于各部尚书，仅与各部侍郎相当。作为全国最高审判机关，大理院这一近代国家机构，从开始之日起，就被最高决策者定位在行政机构之下。这种定位，多少反映了近代中国人追求司法独立的艰难。

（一）筹设大理院

受命担任大理院正卿后，沈家本第一件要做的事，就是筹设大理院。

大理院不同于大理寺，它是专任审判的全国最高审判机关。为此，他于同月二十七日会同法部尚书戴鸿慈联衔具奏，“以大理院一时未能成立，刑部原办理审案件，碍难久为延搁”，商定仍由法部暂时办理，以三个月为限，届时查酌情形，再行交代，转由大理院审办。同时请求拨给衙置及公所，以资办公。十月四日，大理院单独上奏，首明大理寺之不适于时：

> 窃维大理一官，实始于皋陶之作士，亦即成周秋官之职任。秦、汉、魏、晋，皆名廷尉。唐以大理卿掌邦国折狱祥刑之事。明臣邱浚《大学衍义补》，谓刑部、都察院、大理寺为三法司。而大理之设，则是两法司所听断，

1 《光绪东华录》，第5580页。
2 《光绪东华录》，第5582页。

冤者、疑者、情轻重者，皆得据律参较，期归至当，然后月报岁闻，请施行之，其职固重且要也。沿袭既久，名实渐乖，讯谳已等虚文，会所祗循故事，重以经费支绌，振作难期，虽有贤能，末由展其尺寸，官之失职，有自来矣。

交论最高审判机关设置的必要：

方今环海交通，强邻逼处，商约群争进步，教会遍布神州，愚民每激而内讧，利源遂因之外溢。且复借口于我之裁判法制不能完善，日谋扩张其领事裁判权。主权不伸，何以立国。故欲进文明之治，统中外而纳于大同，则大理院之设，诚为改良裁判，收回治外法权之要领。

再次，借鉴外洋规制，指出现代裁判的必具条件：

东西各国皆以大审院为全国最高之裁判所，而另立高等裁判所、地方裁判所，层累递上，以为辅翼，条理完密，秩序整齐。其大审院法庭，规模严肃，制度崇闳；监狱精良，官理有法。……今欲仿而行之，则法庭宜先设也，监狱学宜讲求也，高等裁判及地方裁判所与谳局宜次第分立也，裁判人才宜豫为储备也。

最后，为筹设大理院这一全国最高审判之所，当务之急是“调用人员，建立法庭”，二者又以“筹款尤为先著”，请求拨给二万两，以资开办。[1]

同月二十七日，上《审判权限厘定办法摺》，确定全国审判的四级三审制，以及各级审判权限。

大理院为全国最高之裁判所，“凡宗室官犯及抗拒官府并特交案件，应归其主管，高等审判厅以下不得审理；其地方审判厅初审之案又不服高等审判厅审判者，亦准上控至院为终审，即由院审结；至京外一切大辟重案，均分报法部及大理院，由大理院先行审定，再送法部覆核”。

高等审判厅不收初审案件，“凡轻罪案犯不服乡谳局，并不服地方审判厅审判者，得控至该厅为终审。其由该厅判审之案，内则分报法部及大理院，外则咨执法司以达法部，至死罪案件并分报大理院”。

地方审判厅“自流徒以至死罪、及民事讼案银价值二百两以上者，皆得收审，审实后拟定罪名；徒流案件，在内则径达法部并分报大理院，在外则详由执法司以达法部；死罪案件，在内在外，俱分报法部及大理院”。

乡谳局审理“笞杖罪名及无关人命之徒罪，并民事讼案银二百两以下”案件，“讯实以后，径自拟结，按月造册报告。在内则分报法部及大理院，在外则详执法司以备考核”。[2]

在明分各级审判权限之后，又拟定《大理院审判编制法》，对大理院以及京师各级审判厅局的设置和权限加以规范：

《大理院审判编制法》共分五节四十五条。第一节总纲（一至十六条），第二节大理院（十七至二十五条），第三节京师高等

---

1 《光绪东华录》，第5586页。

2 《光绪东华录》，第5599—5600页。

审判厅（二十六至三十一条），第四节城内外地方审判厅（三十二至三十九条），第五节城谳局（四十至四十五条）。该法实际是大理院和京师审判厅、局的组织法，因第二条规定京师各级审判厅、局由大理院直辖，故名《大理院审判编制法》。[1]

（二）部院司法权限之争

官制改革谕旨规定：法部专任司法，大理院专任审判。但是，法部所掌的司法范围，大理院所掌之审判范围，两者如何划分，官制改革大臣没有解释，谕旨也没有解释。这种含混，导致（法）部（大理）院对权限的争论。

光绪三十三年四月三日，法部尚书戴鸿慈上书慈禧，对部院的司法、审判权限进行划分，认为："司法者与审判分立，而大理院特为审判中最高之一级。盖审判权必级级独立，而后能保执法之不阿；而司法权则层层监督，而后能防专断之流弊。"法部的司法行政权，包括司法和行政两个权。具体说：

司法权："大辟之案，由大理院或执法司详之法部，以及秋、朝审大典，均听法部复核；此外，恩赦、特典，则由法部具奏。"

行政权：原定官制王大臣奏明法部官制办法规定，"法部管理民事刑事牢狱，并一切司法上之行政事务，监督大理院、直省执法司、高等审判厅、地方审判厅、乡谳局、及各厅局附设之司直局，调度检查事务"。根据这一规定，行政权"复折之曰区划权、曰调度权、曰执行权、曰任免权"。也就是说，所有"司法官吏之进退，刑杀判决之执行，厅局辖地之划分，司直警察之调度"，

1 《大理院审判编制法》，《大清新法令》第一卷，商务印书馆，2011 年，第 380—384 页。

均属法部行政权范畴。

据此，对法部、大理院的权限作如下划分：

一、大理院自定死刑之案，咨送法部核定，将人犯送法部收监，仍由大理院主稿会同具奏；其秋后人犯，于完案后移送法部监禁；朝审册本由法部核议实缓，再由法部及钦派大臣复核，黄册专由法部进呈。

一、外省秋审事宜，仍照向章办理。

一、大理院自定遣、军、流、徒之件，由大理院定稿后咨送法部，查照例章办（理）。

一、大理院自定专案，军、流以下之件，由大理院自行具奏，咨报法部备案。

一、高等审判厅、地方审判厅成立后，其死罪案件，分详部院，由大理院复核后，咨法部核定，由法部主稿，会同大理院具奏。其遣、军、流、徒以下案件，均详法部办理。

一、速议之件，外省奏请奉旨后，专由法部核议。如情罪不符者，咨交大理院，俟供勘到后，援律驳正，仍由法部具奏。

一、汇案死罪之件，外省具奏奉旨交法部议奏者，应令各省将供勘分达部院，由大理院复核，限十日咨送法部核定，即由法部具摺覆奏，如有情罪未协者，仍咨大理院驳正。

一、外省寻常军、流以下咨案，应由法部复核，笞、杖等罪，造册报部。

一、大理院官制，因检察总厅隶于法部，及请简请补员缺，皆须会商，即应会同法部具奏。其推丞及总检察，由法部会同大理院请简，推事及检察，由法部会同大理院奏补。

一、各级审判厅官制员缺，及分辖区域设立处所，由法部主稿会同大理院具奏。

一、法部监督各级审判厅、检察厅，由法部议定处分。

一、死刑由法部宣告，令该管检察官监视行刑。其检察厅未成立以前，暂由法部派员会同原审官监视行刑。[1]

这十二条办法，包揽了大理院的大部分审判权和人事权，仅仅三、四两条，大理院能自主行事。但由于清廷对这种权限的划分也不清楚，所以当即批准了法部的办法。奏摺和清单发至大理院，沈家本于四月九日上书朝廷，对法部办法以予批驳，提出自己的意见。

他指出，从他任大理院正卿后，他便多次“与法部堂官往返晤商，欲将此权限酌量定拟，合词请旨遵行”，但双方“商未就绪，而法部已自行具奏”。文辞之间，对法部流露一种不满情绪。

他接着认为，法部和大理院同属“司法之机关”，“法部所任系司法中之行政”，大理院“所掌系司法中审判”，界限分明，本无争议。在大理院刚刚成立、人员不备的情况下，他也不同意大理院立即掌握全部审判权。但是，法部所定办法，“死罪必经法部复核，秋、朝审必须法部核定”，则完全侵夺了大理院的审判权，

1 《立宪史料》下册，第 824—826 页。

这与大理院“专掌审判之本意”不相符合。此其一。至于行政用人权，外国法律教育发达，选取人才不难，所以“由司法省大臣专任其事”。考试法官由司法省主持，大理院和控诉院从旁参与。亦非完全“不预闻其事”，由司法大臣一手包办。中国“法学甫有萌芽”，能胜任审判的人才不多，大理院如不“亲加试验”，很难选用得力合格的审判人员。因此，全国各级审判厅的“用人之权”，大理院的“用人之事”，全交法部掌管，应待法律教育发达、“人才造就”之后，“今兹尚非其时”。此其二。

基于上述两方面理由，他对法部的第一、六、七、九条进行修正：

对第一条，沈家本指出：“各国裁判制度，皆以大审（理）院为全国最高裁判之地，定拟各案，惟死罪送交司法大臣执行，如情罪或有可原，则由司法大臣奏请减免，并无驳审之权。”厘定官制王大臣所定办法亦云“法部只能监督裁判，处理其司法上之行政事务，不能干涉其裁判权”。因此，规定大理院自定死刑案件，还应送法部核定，不但与各国办法相异，亦有违原定官制王大臣所定办法。照此办理，“恐贻笑外人，而治外法权（按：当为领事裁判权）之收回，迄无效果”。基于这一理由，他重新拟定通融办法：凡大理院“审定死刑之案，钞录红供奏底连摺稿送由法部复核，会划以后，系立决人犯，即送交法部收监，以便执行处决；系秋后人犯，俟会奏后移送法部监狱”。朝审案件，本为大理院“自审及京师地方审判厅以上审理之案”，“外省秋审人犯，尚须“各省自拟实缓，先行奏闻”；那么，“京师各审判衙门定拟秋后人犯”，自然应由大理院“审拟实缓”，然后“咨送法部核办，黄册则由法部进呈”。

对第六条“速议之件”，他认为：“外省重大案件，如奉朱批法部速议具奏者，自应由法部核议。”若情罪不符，咨交大理院驳正，那么，法部应会同大理院联衔具奏。

第七条“汇案死罪之件”，沈家本认为，既然汇奏案件需要大理院复判，那么，检查例案及查核减等等项，恐需时日，原定十日，时间太短，应改为“供勘到后，以二十日为限，咨送法部覆奏”。同时，案件既然由大理院驳正，大理院亦须会衔具奏。

第九条用人权问题。光绪三十二年九月二十日清王朝改革官制的谕旨说：“各部院等衙门职掌事宜及员司名缺”，由各部院堂官“自行核议，会同军机大臣奏明办理”。沈家本认为，法部所定办法，显然与这道谕旨相背。他指出，检察总厅的职掌有二：一是调查罪证，搜求证据，保护原告权利，与律师保护被告权利、为被告辩护相对立，这一职掌与审判密切相关。二是监督审判。因此，监督审判只是检察厅职掌的一个方面。由于外国的检察厅“大都附设于裁判衙门”，所以大理院的官制清单，把检察厅作为大理院下面的一个部门。虽然如此，检察厅所司毕竟“为行政事务”，因此，人员选用应待官制奏定以后，由大理院“会同法部请简请补”。至于大理院的“推丞推事等官，必须得力人员”，并经大理院试验后才能任用，不能由法部决定和试验鉴别。因此，应由大理院自行“请简请补，以一事权而免贻误”[1]。

很有意思的是，这场争论还牵动远在海外的戊戌骄子梁启超。丁文江、赵丰田主编的《梁启超年谱长编》，引录戴鸿慈当时写给梁氏的信函，以及梁氏写给他人信函时对此争论的意见。下面，我将这段文字照录：

1 《立宪史料》下册，第827—830页。

二月三十日，清廷法部尚书戴鸿慈为法部与大理院权限事，曾致书请教于先生，这也是一件值得记录的事。

客腊杪手发一函，敬问起居，并道谢感德，想邀察鉴。本日托汇丰银行转致一电，请教司法省行政事宜，与大理院审判之权限，诚恐电文简略，两署所以纠葛不清之故，执事未洞悉内容，故谨为足下详陈之。

自去年七月宣布预备立宪之旨，其后组织内阁，以各部为行政大臣，拟以察院改为立法部，以刑部改为司法省，嗣因察院御史不肯听裁，遂罢议立法一部，而刑部遂为司法衙署。惟枢密诸员，未明新学，故颁谕之始，即已含混不分疆界，（谕云，以刑部改为法部专任司法，大理寺改为大理院专任裁判。）致令部院诸员，纷纷争议，互起冲突，山阴尚书[1]力主和平，甘居退让，而沈堂（大理院卿沈家本）乃以阴柔手段，攘窃法权，一切用人行政区划审判区域事宜，不关白法部，亦并未会衔，径直上奏，惟留秋朝现审诸例案，推诸法部，自余修律大臣法律学馆，皆归一人之手，法部不过问焉。夫修律者，立法部之义务也；司法调度司法警察者，司法省之义务也；秋朝现审者，大审院之义务也。今以一人之责任，兼三权而有之，（秋审等大理院仍旧办事，不过令法部复核耳。）其不丛弊者几何？且以修律一事，即令公诸司法省，尚未符今日立宪国体制，何况立法者此人，执法者此人，

1　山阴尚书，指浙江山阴人、刑部尚书葛宝华。

委任检察局员各级审判局员者亦此人。窃恐宣布之后，译诸报章，为环球立宪国所指笑，是以不揣固陋，提议翻案，走蒙各堂采择，将调度警察两事（修律尚未敢言）实行入告，奉旨依议，是两署皆已有得旨遵办明文（院奏在前），会议数次，莫衷一是，而员司已各怀意见，城府甚深，不能复议。目下所援引为依据者，仅《日本现行法典》一部（内附裁判所构成法），其余欧西各国如何划分权限，尚未明晰。素仰我公热心为国，又复惠教谆谆，不以鄙人顽钝，用敢擅发函电，冒渎神明，伏乞将两署权限详细解释，援引欧西（日本已有）各国现行法律为典据，其留学生之擅法律学及裁判专门者，乞将衔名住址籍贯开单列示，俾呈堂察阅，以充他日各级裁判之选。再地方审判，拟由直隶、奉天、江苏三省先行试办，应如何区划地段，能否代为画策？方今考验人员无及格者，开局费用如何筹拟？日本改良之始，经济困难必视我国为尤甚，其开办从何处着手？足下薄海闻人，必有以开其鄙塞，伏惟勿吝赐教。"（光绪三十三年二月卅日戴鸿慈《致任公先生书》）

先生在当日给徐佛苏的信里讲到故事说：

京电事顷复得其来书，乃法部与大理院争权限故也。盖大理院前经入奏，将一切用人行政区划区域修律各事，皆作为该院权限，恰恰倒置也。某尚书欲与之争，而苦不能引学理及各国例以为援，故乞相助，窃计吾国人日以争权为事，诚属可耻，然此事之曲，却不在法部，而在大理院，则助之亦宜。弟处惟普国法典有之，他国无可考见，然此事以学理断之，而已足矣。公所言皆极是，望即照草一文来为盼。彼函尚言拟即于直隶、奉天、江苏三处先实行裁判独立，询弟以应如何区划地段及开局费用云云，窃思无可适用之完全法典，则虽裁判独立，于人权有何裨补，彼所问皆枝节耳。公谓何如？（光绪三十三年《与佛兄弟》）[1]

清廷对部、院的争吵大为恼火，在沈家本的奏摺后面批谕：双方“会同妥议，和衷协商，不准各执意见”[2]。

两天后，即四月十二日，又进一步采取行政措施：“调大理院正卿沈家本，为法部右侍郎；法部右侍郎张仁黼，为大理院正卿。”所以调张仁黼，是因为法部发起这次争论的主要是张氏。盛宣怀（当时丁忧在上海）派驻北京刺探政情的陶湘，曾将这次争吵密报盛宣怀：“大理院与法部因争权限事，屡烦两宫之劳顾。昨忽以沈、张对调，乃请君入瓮之意。事固高妙，而臣下之办法愈难，政治终无起色。”[3]

“和衷协商，不准各执意见”的谕旨，以及沈、张的对调，使戴、沈、张等“惶悚莫名”。经过“连日晤商”，对沈家本驳正的几条，部、院重新商定如下：

一、大理院自定死刑之案，先行钞录红供奏底，咨

1 丁文江、赵本田编：《梁启超年谱长编》，上海人民出版社，1983 年，第 370—381 页。
2 《光绪实录》卷五百七十二，《清实录（五十九）》，第 568 页。
3 《辛亥革命前后·盛宣怀档案资料选辑之一》，上海人民出版社，1979 年。

送法部复核。有无签商，于三日内片复大理院，再由院备稿，送稿会划，定期具奏。系立决人犯，即送交法部收监，以便执行处决。系秋后人犯，于定案后移送法部监禁。朝审册本由法部核定实缓后，并照旧章奏请钦派大臣复核，黄册专由法部进呈。

一、速议之件，外省奏请奉旨后，专由法部核议，如情罪不符者，咨交大理院，俟供勘到后，援律驳正，仍由法部缮摺，会同大理院具奏。

一、汇案死罪之件，外省具奏奉旨立法部议奏者，应令各省将供勘分达部院，由大理院复核，限二十日咨法部核定，即由法部具摺复奏，如有情罪未协者，仍咨大理院驳正后，再行咨部缮摺，会同大理院具奏。

一、大理院官制，拟会同法部具奏后，所有附设之总检察厅丞及检察官，由法部会同大理院分别开单请简、请补；其刑科、民科推丞，应由部院公同妥商，将大理院审判得力人员开列清单，由部会院请简，推事以下各官，即由院会部奏补，以收得人之效。

一、外省奏到部文后，应即遵照新章，将死罪案件供勘，分别咨达部院，听候在大理院复判，法部核定；如未经奏到部文之先，业已交部核议者，仍由法部照常办理，以免参差。[1]

1 《法部大理院院会奏遵旨和衷妥议部院权限摺并清单》，《大清新法令》第一卷，商务印书馆，2011年，第375—376页。

三、司法独立：勿求形式，而求精神

根据西方的三权分立标准，梁启超批评沈氏“将一切用人行政区划审判区域修建各事”，都纳入大理院权限，“恰恰倒置”，是很中肯的。但是戴鸿慈认定沈氏“以阴柔手段，攘窃法权”，恐怕也有个人成见在内。我们细读前面由他领衔的法部奏疏，他的创设修订法律院和部院权限划分意见，很难说他就不想攘权。争取，特别是争夺用人权，这是晚清官制改革的普遍现象。对于当日封建官场的这种现象，沈氏长女婿汪大燮在私人通信中，有一句近似粗鲁的评语：“今日是鬼蜮世界，举朝之上，如粪窖内蛆虫一般，活趋活嗤，不知闹些什么。”[1] 闹什么呢？闹来闹去，无非就是“权”。戴氏加“阴柔手段”于沈氏，而没有说及具体内容。细读双方条陈，关键可能就是大理院官员的简选上。沈氏以法律教育尚未发达为由，反对法部干预大理院官员人选，坚持大理院官员由大理院堂官请简请补。

由大理院自行决定大理院和各级审判厅法官的人选，这显然背离立案精神，背离三权分立说。但是，我们不能就此而得出结论，认为沈家本为权力而反对司法独立。就现有的资料看，他不但肯定司法独立，而且力促其行。只不过清朝实行的立宪，并不是西方国家那种完整意义上的立宪。所以，他所主张的司法独立，也就只能是“勿求之于形式，而求之于精神”[2] 的独立。换句话说，就是按照当时的实际情形，将司法独立精神贯注其中的独立。

光绪三十三年四月十一日，在即将调离大理院正卿之前，沈

---

1 《汪康年师友书札（一）》，上海古籍出版社，1986 年，第 910 页，

2 《裁判访问录》，《刑法考（四）》，第 2236 页。

家本进呈调查日本裁判监狱情形，具摺阐述司法独立说：

伏查司法独立与立宪关系至为密切。日本开港之初，各国领事俱有裁判之权。逮维新以来，政府日孜孜于裁判统一，不数十年，卒使侨民服从其法律之下。论者谓，国力之骤张基于立宪，其实司法独立隐收其效。方今厘定官制，钦奉懿旨，以法部专任司法，大理院专掌审判。此为司法独立之朕兆，亦即制定宪法之权舆。乃近来说者狃于故常，颇多訾议。不知司法独立非惟欧西通行之实例，亦我中国固有之良规。按：宋之提点刑狱，元之廉访司，俱专掌刑狱；即明之按察使与布政使分职而理，其初各行省未设督抚，按察一官独任刑名之事，初未尝有人节制之也。况以行政官而兼任司法，厥害有四：吏治之兴替，繄州县是系。而任是职者，卒以科举捐纳而来，律例成案夙所未谙。一旦策名仕版，盲者登途，方位罔辨，其克副明允之选者几希。即使有志修习，律义简奥既非浅涉所能领悟，且地方应办之事初非一端，冲要之区尤为纷繁。而尽责之州县，一人之身，其智力亦有所不逮，学无专精，由于官无专职。其害一。行政官易，司法官难。趋舍乃人之恒情，孰肯就难而舍易。况行政官之交接酬酢，其事孔多。方日役役于奔走伺应之中，岂复能躬亲治狱。大抵各省，首县及冲繁州县无不有委员数人为之问案。于是奸胥劣幕遂得因缘作弊，愚弄本官，坐使审判大权落于其手，永为若曹累叶衣食之需。其害二。勘转之制，本为慎重刑狱。而上官遇事驳诘，则稽延株累等弊在所不免；地方官惮于解审，便宜处分者有之，讳匿不报者有之。以中国幅员二十倍于日本，而达部之案反不逮日本二十分之一。权衡彼我，其理益显。层层牵辖，转令朝廷成宪等于弁髦。其害三。领事裁判权不过以彼之法绳彼之民。然英之于上海，德之于胶澳，华民讼案亦越俎代谋；近日本更大开法院于辽东。卧榻之旁岂容他人鼾睡，矧其为陪都重地耶？法权所在，即主权随之。以审判不同之故，予以口实，贻蔓草难图之祸。其害四。职是四者，则司法独立为及今刻不可缓之要图。顾或有谓小民之程度未敷，判官之资格未备者，此乃因循自误之谈。夫百梯之献，积自培塿；九逵之衢，肇于跬步。必待全局完备始图改辙，是永无发轫之一日矣。

这是近代中国第一份由中央官员留言，系统论证在中国实行司法独立的奏疏。这份奏疏指出使统行政管理司法的四大害处，最后得出“司法独立为及今刻不可缓之要因”。言词十分恳切。

奏摺和访问清单是给朝廷看的。为使国人了解司法独立之义，赴日调查员董康等，在清单基础上，编成《裁判访问录》。沈氏为之作序，向国人宣传司法独立：

人不能无群，有群斯有争，有争斯有讼，争讼不已，人民将失其治安，裁判者，平争讼而保安者也。顾古今中外风俗不尽同，裁判之事即不能尽同。不同者而必欲强之使同，其势必有所阂，由是阻力生焉。其在上古之世，风俗浑朴，科条简易。中古以降，风俗趋于浇漓，事日繁剧，若仍以简易之科条行之，能乎？是故自秦以来，裁判各自为法。汉有读鞫、乞鞫之律，而后世无文。《唐律》考囚不过三度，考满不承，取保放之，而今无此法。若是之类，非止一端。此古与今不能同也。

西国司法独立，无论何人皆不能干涉裁判之事，虽以君主之命，总统之权，但有赦免，而无改正。中国则由州县而道府，而司，而督抚，而部，层层辖制，不能自由。从前刑部权力颇有独立之势，而大理稽察，言官纠劾，每为所牵制，而不免掣肘。西法无刑讯，而中法以考问为常。西法虽重犯亦立而讯之，中法虽宗室亦一体长跪。此中与西之不能同也。更有相同而仍不同者，古今无论矣。但即中、西言之裁判所凭者，曰供，曰证。中法供、证兼重，有证无供，即难论决。《唐律》狱囚取服辩，今律承之。可见中法之重供，相沿已久。虽律有"众证明白即同狱成"，及"老幼不拷讯，据众证案罪"之文，特所犯在军流以下者，向来照此办理，至死罪人犯，出入甚巨，虽有此律，不常行用，盖慎之也。西法重证不重供，有证无供，虽死罪亦可论决。此又中西之同而不同者也。

方今世之崇尚西法者，未必皆能深明其法之原，本不过藉以为炫世之具，几欲步亦步，趋亦趋。而墨守先型者，又鄙薄西人，以为事事不足取。抑知西法之中，固有与古法相同者乎。如刑之宣告，即周之读书用法，汉之读鞫及论，唐之宣告犯状也。狱之调查，即周之岁终计狱，弊讼登中于天府；宋之类次大辟，奏上朝廷也。至若大司徒所属之乡、遂大夫诸官，各掌乡、遂之政教禁令，而大司寇所属之乡士、遂士、县士分主国中、遂、县之狱，与乡、遂诸大夫分职而理，此为行政官与司法官各有攸司，不若今日州县官行政、司法混合为一，尤西法与古法相同之大者。夫古法之不同于今而不行于今，非必古之法之皆可行于今，诚未必然。谓古法皆不可行于今，又岂其然。西之于中，亦犹是耳。值事穷则变之时，而仍有积重难返之势，不究其法之宗旨何如，经验何如，崇尚者或拘乎其墟，而鄙薄者终狃于其故。然则欲究其宗旨何如，经验何如，舍考察亦奚由哉。

泰西裁判之制，英、美为一派，德、法为一派，大略相同而微有不同。日本多取诸德、法，然与德、法亦不尽相同。盖立法以典民，必视乎民以为法而后可以保民。即如陪审官，实创自英。英本以自治为国，故此积最重。法改民主之后，经人民要求，亦用此制，德亦仿行，然皆不若英之出于习惯之自然。故日本不用此制，而别设检事一官。此东与西之不同者。英、美无区裁判，而德有之，日本用德制也。此西与西之不同者。凡此不同之故，亦仍视乎其国之政教风俗，有不能强之使同者。因民以为治，无古今中外一也。

中国今者方议改裁判之制，而礼教风俗不与欧美同。即日本为同洲之国，而亦不能尽同。若遽令法之悉同于彼，其有阻力也固宜然。我法之不善者当去之，当去而不去，是之为悖。彼法之善者当取之，当取而不取，是之为愚。未必熟审乎政教风俗之故，而又能通乎法理之原，虚其心，达其聪，损益而会通焉，庶不为悖且愚乎。日本斋藤参事所述裁判之制，颇称详备，凡所谓宗旨何如，经验何如，其大端已具于是。是在讲究斯法者，勿求之于形式，而求之于精神，勿淆群言，勿胶一是，化而裁之，推而行之，斯变通尽利，平争讼，保治安，阻力罔勿消，而势亦无所阂矣。古今中外之见，又何必存哉。[1]

裁判之法，不但古今不同、中西有别，即使是西方国家，也是同而不同。因此，当今中国的司法，不应求其形式，而应求其精神。勿淆群言，不胶一是，不存中外古今之见，熟审中国的政教风俗，同时贯通法理。这就是他对司法独立的理念，也可以说是他主持制定新法的理念。

但是，一种新制度的确立并不是一件容易的事情。在行政司法长期混一的中国，推行司法独立，谈何容易。张之洞就十分明确地加以反对，“此乃出自东洋学生二三人偏见，袭取日本成式，不问中国情形，故坚持司法独立之议”。在他看来，疆区不问刑名，“州县不审判，则爱民治民之实政皆无所施，以此求治，未见其可”。正是在这一片反对声中，为使国人“勿淆群言，不胶一是”，沈氏特撰《历代刑官考》，通过古今对比、中西对比，论证司法独立并不是西方特有的制度，中国古代虽然没有西方那样的司法独立，但也有类似独立的制度。他论证说：

成周官制，政刑权分。教官之属，如乡师、乡大夫、州长、党正，各掌其所属之政教禁令，此持政权者也。刑官之属，如乡士、遂士、县士、方士，各掌其所属执讼狱，此持刑权者也。其职守不相侵越，故能各尽所长，政平讼理，风俗休美，夫岂偶然。后世政刑丛于一人之身，虽兼人之资，常有不及之势，况乎人各有能有不能。长

1 《裁判访问录序》，《刑法考（四）》，第2235—2236页。

于政教者未必能深通法律，长于治狱者未必为政事之才，一心兼营，转致两无成就。吏治之日下，固非一朝一夕故也。近日欧洲制度，政刑分离，颇与周官相合。今日侈谈西政，辄谓旷古无畴，其墨守旧闻者则又极口菲薄，其亦即遗经而一考之乎！

又：

唐、宋以前，刑部不置狱而大理有狱，元不设大理寺，始于刑部置狱，此刑制中之一大关键也。夫刑部隶于尚书省，乃行政之官，大理则裁判之官。汉代刑狱掌于廷尉，尚书出纳王命而已。唐时大理断狱上刑部，覆于中书、门下。宋时刑部设审刑院，大理断天下奏狱，送审刑院，上中书，中书以奏天子。是其时中书为行政，大理为司法，刑部特于中书，大理中间作一枢纽，惟有详议纠正之职，而初不干预审判之事，其界限尚分明也。自大理裁而刑部置狱，司法、行政遂混合为一，不可复分。迨明初权归六部，设大理以稽查刑部，盖与唐宋之制造相反矣。[1]

沈氏此说，难免牵强。他自己也说："夫考古制以证今日，东西各国之制本难强合。然其中用意未尝无暗相合者。特古人不立之名，又无人推阐其说，其意或明或晦，不若今之西人喜恢张其科学以炫世人之耳目，而世人亦遂奉其说而尊为鸿宝。"很显然，

---

1 《历代刑官考》，《刑法考（四）》，第 1962、2002 页。

他不是强调说中国古代有西方那种司法独立之制，而是说，中国古代有司法独立的“用意”。希望智者去探厥这种微妙，勿淆群言，不胶一是，以为是新名词，就全看作是外来的，全部加以反对。《历代刑官考》杀青后，他在《序》中，以设之本义，司法行政混一之弊，反证司法独立之必要性：

官制之因革损益，代各不同，即一代之中，或亦先后不同。刑官之制，尤为纠纷，非覙举而详究之，不能得其变迁之故。日者钦奉明诏，改定官制，设局详议，纂为一编。在他官之当讨论者，尚不过名称之改易，案牍之区分，惟刑官之制，新旧大相径庭，其关系乎他日之政治者，得失是非，正非一言可罄也。因述历代刑官之制，粗加考论，辑为二卷，得失是非，大略可睹矣。编既成而序之曰：

《传》称："自颛顼以来，以民事命官。"《周礼》曰："设官分职，以为民极。"是则国家之设官，为民事设也。《家语·礼连篇》王肃注："官，职分也。"有一官即有一官之职分，故任是官者，必皆能各尽其职分，而后国家乃非虚设此官。此设官之本义也。稽之于古，未闻无是事而虚设一官者，亦未闻设一官而可以不事其事者，未闻任是官而不必问是官之职分当如何乃克尽者，亦未闻任是官而不必问职分之相当不相当可以漫居是官者。此理之易晓者。则请更言其弊：进取之路，升转之阶，但为人谋，不以事计，遂有无一事而增数官者，其弊一。伴食之流，窃禄之辈，不亲公牍，世亦相容，遂有作此官而不作一事者，其弊又一。不考例案，未叙年资，应对偏工，奔走无误，遂有职分不必尽而升擢可邀者，其弊又一。甲署叙劳，乙署授秩，事非所习，位在人前，遂有职分不相当而冒昧从事者，其弊又一。凡此诸弊，与设官之本义实相刺谬。在他官皆不当如此，况安民和众，其关系重要尤在刑官，而可以蹈常袭故，不思变计乎？至于禄薄筹增，多一官即多一官之俸给，度支告绌，区画为难，此又关乎国用，不可不计及者也。古者士之仕也，以行道也。故为贫而仕者，必辞尊居卑，辞富居贫。委吏乘田，孔子为之。自此义不明，而急流竞进，利禄为心，用不必才，官失其守，此治道之所以日衰也，良可慨已！若夫刑官变迁之故，苟即是编而讨论之，得失是非，亦可了然。何者与古同，何者与古异，何者古当因，何者古当革，因时损益，必得其宜，是在主之者。[1]

1 《历代刑官考自序》，《刑法考（四）》，第 1953—1954 页。

第九章

修订法律大臣

董康在《中国修订法律之经过》中说：清朝专司修订律例的律例馆，初系独立，并不归属刑部，“该馆向以九卿中曾由刑部司员出身，系诸习律例长于听断者领之。各部则例，概归其修订。如刑部侍郎缺额，即以是人充补。因刑部为刑名总汇之地，非专家不能胜任。所以刑部满汉尚书侍郎虽有六人，咸推是人为当家堂官，一切奏咨文稿，非经其画诺后，概不签署，沿为故事，不知始于何时”。律例馆后来归并刑部，改用本部秋审处司员提调，位列诸郎员之上。法律改革开始后，将律例馆更名修订法律馆。这是法律馆的由来。[1]

当时沈家本既被简任修订法律大臣，又是刑部当家侍部。按

1 董康：《中国修订法律之经过》，载《董康法学文集》，中国政法大学出版社，2005 年，第 460—461 页。

照董康的说法，修订法律馆实际上不是一个独立机构，而是附属刑部。光绪三十二年官制改革后，刑部更名法部，沈家本刑部左侍郎之职自然撤销，同时又不在法部任职，加之为人所忌恨（董康语：为人齮龁），修订法律大臣职务实际被裁撤。这时，修订法律馆怎么办？曾发生一场争论，法部戴鸿慈、张仕黼主设修订法律院、由法部主管，同时添派王公大臣参预。沈家本一度上书交待修订法律馆事，表示要退出修律。后经清廷裁断，法律馆独立，“政府知斯职非沈家本人不能胜任，令其复职”。（董康前引）从此修订法律重又开始，进入制定新法时期。

一、修订法律馆的重新组建

光绪三十二年的官制改革，对极端腐朽的清朝官僚体系来说，简直就是一场劫难。沈家本的长女婿、时任清朝驻英公使、官制改革时被任命为外务部右侍郎的汪大燮，在写给汪康年的信中说：“改官制事，非变法，实斗法，此人所共见，惟面子尚可敷衍，不得谓非本初手段，惟铮铮者怎肯罢手，后来之事，正不可知，实危局也。”[1]（“本初”为三国时期袁绍之字，汪氏用密语，指袁世凯。“铮铮”指铁良）他用极粗俗的语言描述当时的官场：“今日是鬼蜮世界，举朝上下，如粪窖内蛆虫一般，活趋活瞧，不知闹些什么。”[2]这是他在国外的观感。实际上，国内活趋活瞧的蛆虫，各自心中都很明白，他们所要瞧的、闹的是权位。在这场权位之争的闹剧中，修订法律馆亦难幸免。

1 《汪康年师友书札》，上海古籍出版社，1986年，第895页。
2 《汪康年师友书札》，上海古籍出版社，1986年，第910页。

（一）张仁黼：法律馆改为修订法律院

张仁黼，字劭予，光绪二年进士。官制改革时由工部右侍郎改法部右侍郎，因部、院司法权限之争，与沈家本对调，改任大理院正卿，就任不到二十天，即于光绪三十三年五月一日上书设修订法律院，钦派部院大臣会订。他的奏摺，大要如下：

一是说明法律改革，当采日本。其论云“法律者之国之基，致治之本。方今东西各国法学昌明，莫不具称法治”。“全球四大法系，以中国法系为最古。东渐西被，而生印度法系；播乎欧洲而有罗马法系，是为私法之始；进为日耳曼法系，是为公法之始”。“日本法律本属支那法系，而今则取法于德、法诸国，其国势乃日强”。清朝法制原本“制作美备，大径大法，超越前古”。现在，要将“支那法系蔓衍为印度、罗马、日耳曼新旧诸法系者，复会归于一大法系之中”，而成另之法治。那就不仅是含法、德，而且甄陶英、美、日本为东亚之先趋，所以日本法“足以备圣明之采择”。

将印度、罗马、日耳曼法系视为中国法系之蔓衍，这显然是天朝上国的虚骄流毒。可见，张氏对中国法与西方法的异同，并无深切的了解。

二是提出法律改革的方案，主事者一，成之者三。

主事者一是组织法之机关，他认为，东西各国三权分立，立法权均归议院。故能顺乎民情，合乎公理，而裁可之权仍在君主，既采舆论之公，亦无专断之弊。但是，中国政体不同于西方，难仿其法，只能稍取其意。彼公诸议院者，我则公诸群臣。据此，他反对过去由修订法律馆制定法律草案的办法：“修订法律，以之颁布中外，垂则万世，若仅委诸一二人之手，天下臣民，或谓朝廷有轻视法律之意。甚且谓为某某氏之法律，非出自朝廷之制作，殊非所以郑重立法之道也。”明显把矛头对准沈家本。他主张“钦派各部院堂官，一律参预修订法律事务，而以法部大理院专司其事，并选通晓中外法律人员，充纂修协修各官，将法律馆改为修订法律院，所有各员均系兼差，不作缺额，另议办事章程”。这样一来，立法便有议院之长，而无专断之弊。

成之者三是指：

明订法律宗旨。保全尊君亲上，人伦道德之国粹。他认为，国之所以立者唯民，各国之民又各有其特性。立法不能违背本国人之性。西方法学家亦多主性法之说，“故一国之法律，必合乎一国之民情风俗”。“中国文教素甲全球，数十年来礼陶乐淑，人人皆知尊君亲上，人伦道德之观念，最为发达，是乃我之国粹，中国法系即于此”。立法必以保全国粹为重，而后参以各国之法，补其不足。这就是“以支那法系为主，而辅之以罗马、日耳曼诸法系之宗旨”。

讲明法律性质，分清主法与助法。他论证说，中国过去法律，仅刑法一种，户婚、田土等列入刑法之中，法律不全，刑民不分，故为外人所指摘。所以，修订法律首先要研究法律性质的区别。法律性质的区别有四个方面：国内法与国际法、成文法与不成文法、公法与私法、主法与助法。四者不外乎国与国、国与人、人与人三种关系。国与国，属于国际公法，不在修订法律范围之内；国与人属于公法；人与人属于私法。刑法、诉讼法等属于公法，其中刑事之涉于外国人者为国际刑法。民法、商法等为私法，其中民事之涉及外国人者为国际私法。国际刑法和国际私法，是撤去领事裁判权的根本，应在各法的总则中加以规定。中国“修订法律之最要者，则在主法与助法之别，盖主法为体，助法为用，如刑法及民法为主法，而刑事诉讼法及民事诉讼法为助法是也。有主法而无助法，则徒法固不足自行，主法虽精，而助法未臻完善，其行之也就不能无弊。且也主法不可纷更，而助法则可以屡变，盖主法一有改移，则于人民权利之得失多少，罪罚之轻重出入，即相悬殊，屡事纷更，是使民无所措手足也”。他特别强调，助法是办事之次第，“人民本随时随事，听命于官”。助法之变，必将变而为善，而无淆乱听闻之惧。

编纂法律成典，研究编纂之法。法学首重系统。外人认为中国法为列记主义，原因在没有总则提挈。“故欲修订法律，必宣研究编纂之法，而法典之不可不备者，如现今之审判分立，而法院编制法寂寂无闻，此所以司法与审判权限纷议久之而后能定也”。他主张，先定民法，后定事诉讼法，以后再定刑法、刑事诉讼法等。[1]

这就是张仁黼的主张，关键之处是主事者一，即修订法律馆由谁主持，也就是由谁主持法律馆，主持新法的拟订。目的是解除沈家本主持法律改革之权。

（二）沈家本：开去修订法律差事

张仁黼条陈上达以后，沈家本立即做出反应。五月十八日上奏，赞同张氏意见，认为张氏请求“钦派部院大臣会订，而以法部、大理院专司其事，并选通晓中外法律人员充纂修协修各官，将法律馆改为修订法律院，均属切要之言”。交代前段修律情况，请求开去修订法律差事。

1 《立宪史科》下册，第833—836页。

他交代法律馆历年办理情形说："参酌各国法律，首重翻译。"从光绪三十年四月法律馆开馆以迄现在，共译外国法律和法学著二十六种，译而未完者十种（详见前）。与翻译并重的是调查。国内流传外国法政译本，由于见闻、翻译水平等原因，良莠不齐、真伪难分，因此，必须派人前往外国特别是日本调查考察。"上年奏派刑部候补郎中董康等，前赴日本考察法制，以经费未允，仅将裁判、监狱两项查明归国，而考察欧美法制，力更未及"。希望继之者能继续进行。最后，综翻译调查之全者为编纂新法，[1]法律馆"拟准齐律之目，兼采各国律意"，将新刑法草案分为总则、分则。总则已继草订完毕，"拟即清单具奏"，分则"初稿已具"，还要推勘，方能成书。

最后，恳请辞去修律之职。"伏念修律事宜关系至巨，任其责者，必于古今中外法律本原，心知其意，始能融汇群言，折衷一是。如提挈纲要不得其人，但令寻常定谳之才，与夫法政速成之选，轻率从事，恐枝节而为，顾此失彼，一知半解，扞格难通。臣学识浅薄，本未能胜此重任，加以近来精力日逊，每与馆员讨论过久，及削稿稍多，即觉心思涣散，不能凝聚，深恐审定未当，贻误匪轻，再四筹思，惟有仰恳天恩，开去臣修订法律差事，归并法部，大理院会同办理，广集众思，较有把握"[2]。拱手让出法律馆。

这份奏摺，心气似很平和。张仁黼不是要修订法律之权吗？

---

1 《清末筹备立宪档案史料》此处断句，依笔者之见，似不通。原断句为："综翻译调查之全者，则为编纂古律，叙次具有义例，名例本刑名法例之约词，与各国刑法总则无异……。"断句应在着重点上"编纂"之后，"古律"应接下句，否则不通。

2 《立宪史料》下册，第 837—838 页。

我拱手相送，你说了那么多的道理，对不对我不答腔，只交代我办过的事，表面上给人一种不争不抢、不屑一顾的印象。

实际上，沈家本非常看重法律的草拟权，特别是举朝皆不知“法”为何物的当时，对张氏争法律馆权也十分不满，我引两条资料对此加以证明。一是当年所赋的《书高丽破扇》：

> 招凉赖尔廿余年，纸断丝残忍弃捐。
> 破碎山河都不管，茫茫对此感无边。[1]

这首诗写的是破扇，抒发的是对朝政的不满。一个“忍”字，是何等的无可奈何！他是一个对国家民族负有使命感的人，希望通过“内治”，使国家民族强盛起来，由法律改革，而至内治井然，再至国家民族的强盛，这是他的理想抱负。他说不管“破碎山河”，这不是他的真实思想，他是想管，管而遭受各种非议，实在无法去管的情况下，才违心地说“不管”。“茫茫对此感无边”。在光绪三十三年，先是部院权限之争，接着又逼进一步，对法律馆提出异议，他能无所“感”吗？这首诗，书的是这件事，感的也是这件事。平静的外表中，深藏汹涌的感情波涛。

二是《历代刑法考·律令考三》引梁武帝用蔡法度修律及齐法度议修建方法之文后，沈氏按语云：“法度言‘魏、晋撰律，止关数人’。可见此事自属专门，非尽人所习。若聚无数素所不习之人参预其间，非尸位即掣肘矣，况欲征天下之人之意见乎？筑室道谋事何能成？今之名公卿颇有此种见识，真可笑也。”[2] 专家

---

1 《偶存稿》卷十二，《全集》第七卷，第 169 页。
2 《刑法考（二）》，第 905 页。

立法，这是沈家本一贯的主张。“自来立法之权必统于一方无纷歧之弊，……未闻筑室道谋而能有成者也”[1]。这是专门之学，让部院大臣、王公大臣这些法盲参与立法，尸位其间，立法事业就会付之东流。“今之名公卿颇有此种见识”，这已是点名批评“张仁黼们”了。可恨、可悲、可笑，这就是他上奏请求去修订法律差使的真实用意。

（三）戴鸿慈：特开修订法律馆

戴鸿慈，字少怀，广东南海人。光绪二年（1876年）进士，政治五大臣之一，编纂官制大臣，官制改革被命为法部尚书。

继张仁黼、沈家本之后，六月九日由戴氏领衔，法部、大理院会奏拟订法律办法。

戴氏办法大体与张氏相同。他在奏摺中，首先阐明编纂法典的重要性：立宪之精意，即以国家统治权，分配于立法、行政、司法三机关，并保障国民之公权及私权，而后国家之土地、人民、政事三者以相推相系而永固。国家相关之组织作用及国民公私权利，必须依法律规定为据，因此，编纂法典实为预备立宪最要之阶段。因此，法典编纂必须有主事之政策，行事之机关，议事之方式。

主事政策是什么呢？他列举说：普鲁士、英国两国编纂法典以守成为主，设置专门机关，经长时间讨论而成。意大利编纂法典，调和各国法典而整齐之，以统一为主；日本变政、百日维新，用法国人或德国人编纂法典，改志则用本国人，以更新为主。中国“允

---

1 《刑法考（二）》，第823页。

宜采取各国之法，编纂大清国法律全典，于守成、统一、更新三主义兼而有之”。这就是主事政策。

行事机关，即立法机关如何设置。他认为，“法典编纂，委诸一二人，固觉精神不能专注，即增加数人，亦未足当此重任”，主张特设立法机关，“应请特开修订法律馆，以示全国法律之所从出，将来无论何种法律，皆须由法律馆编纂及提议改正，以期法律之统一”。特开修订法律馆的组织办法是：按张仁黼办法，由法部、大理院专司其事，同时钦派王大臣为总裁，特派各部院堂官为会订法律大臣，各地总督、巡抚、将军为特派参订法律大臣。在这些大臣之下，法律馆设提调、一二三等纂修、总校、分校、内外调查、翻译、书记、会计各员。此外，延聘东西法律名家，参与编纂。

议事方式，即法典编纂中的讨论方式。“由修订大臣督同纂修员起草，无论何种法律，凡未经议决者，皆谓之法律草案。草案之后,各附理由书。每草案成,由会订大臣逐条议之。其有督抚、将军有参订之责，亦应随时特派司道大员来京会议，参照议院法，分议决为认可及否决两种，皆从多数为断。其否决者，必须声明正当理由，修订大臣应合纂修员改正再议，议决后由修订大臣奏诸钦派军机大臣审定，再行请旨颁布”[1]。

这就是戴氏方案。从张、戴两氏方案可以看出，他们的核心是将沈家本排除在修律之外，由法部、大理院控制立法，也就是控制他们两人手中。因为他们一为法部尚书，一为大理院正卿。

---

1 《立宪史料》下册，第840—842页。

（四）奕劻：修订法律馆仍归独立

经过近三个月，九月五日，宪政编查馆大臣奕劻等才核议上奏修订法律办法。针对戴氏为首的部、院会奏，宪政馆认为，所称主事之政策，在兼用守成、统一、更新三主义，参酌古今，以期蔚成大清法律全典，洵属至当之论，应该定为准则。对此虚项表示赞成。

但是，对实项行事之机关，则推翻戴氏等方案，并逐一加以批驳：

> 查编纂法典，与订立单行法不同。法典之大者，如民法、商法、刑法、民事诉讼法、刑事诉讼法诸种，考之各国成例，大率多或千余条，少亦数条，取材宏富，定例精严，非如单行法之可以克日成事。盖单行法不过为一事或一地方而设，法典则包含一切，关涉全国之事。故各国编纂法典，大都设立专所，不与行政官署相混，遴选国中法律专家，相与讨论，研究其范围，率以法典为限，而不及各种单行法。诚以编纂法典，事务浩繁，故不能不专一办理。
>
> 原奏所请特开修订法律馆，无论何种法律，均归编纂一节，范围太广，拟请仿照各国办法，除刑法一门，业由现在修订法律大臣沈家本奏明草案不日告成外，应以编纂民法、商法、民事诉讼法、刑事诉讼法诸法典及附属法为主。以三年为限，所有上列各项草案，一律告成。其余各项单行法，应仍由各该管衙门，拟具草案，遵照臣馆奏定章程，于草案成后，奏交臣馆，统归臣馆考核，

请旨施行，以期统一。

其所请钦派王大臣为总裁一节。查修订法律馆之设，专为编纂法典草案起见，将来尚须由臣馆核定，该馆似可无庸再由王大臣管理，免致重复。

又所请以法部、大理院专司其事一节。查立宪各国，以立法、行政、司法三项分立为第一要义。原奏亦谓立宪的精义，在以国家统治之权，分配于立法、行政、司法三机关。今若以修订法律馆归该部院管理，是以立法机关混入行政及司法机关之内，殊背三权分立之意。近世宪法学家，尝谓立法之事，必宜独立，若隶属行政或司法机关之内，必致徒徇行政及司法上之便利，而有任意规定之弊，于法律之进步实多妨碍。臣等会同商酌，拟照原奏，变通办法，请将修订法律馆仍归独立，与部院不相统属。所有修订大臣，拟请旨专派明通法律之大员二三人充任。应修各项法典，先编草案，奏交臣馆考核，一面由臣馆分咨在京各部堂官，在外各省督抚，酌立限期，订论参考，分别签注，咨覆臣馆，汇择核定，请旨颁行。

又所请以各部堂官为合订法律大臣，各督抚将军为参订法律大臣一节。查各国编纂法典，草案成后，大都由议院议决。现在资政院已奉旨设立，俟将来该院办法完全，各部各省明通法政人员，均列院中，自无庸分送各部各省讨论，即由臣馆径送资政院集议，取决后，移交臣馆，复加核定，请旨颁行，以期简捷而昭郑重。所请另加会订及参订各名目，应毋庸议。

至所请分派提调、纂修等员，及延派东西法律名家各节，自系应有之义，应俟开馆后，由该大臣等拟具章程，奏明办理。

又所称议事之方式，拟参照议院办法，分议决为认要与否决两种，皆从多数为准，其否决者，必须声明理由各节，均系正当办法，应俟将来资政院议决时，参酌办理。[1]

张、戴两氏奏疏的核心，是由法部、大理院专司立法之事，目的是排斥沈家本对法典草案的拟定权。张氏所谓“若仅委诸一二人之手，天下臣民，或谓朝廷有轻视法律之意，甚且谓为某某氏之法律”以及戴氏重复的“委诸一二人，固觉精神不能专注，即增加数人，亦未足当此重任”这些话，不要说当时，今天人们一看，也知道这是针对沈家本而发。但是，在这个核心问题上，宪政编查馆奕劻等谓：“今若以修订法律馆归该部院管理，是以立法机关混入行政及司法机关之内，殊背三权分立之义。”轻描淡写，一句话就将他们反复申说的理由，全部加以否定。

我常常怀疑，自光绪三十二年秋以来，沈家本与戴鸿慈、张仁黼之间的司法权限和法典编纂权的争论，是清末丁未政潮中的一波。然而，我无法举出他们置身其中的证据。按学界的考论，这次政潮，以瞿鸿禨、铁良、岑春煊为一派，意在摧垮奕劻、袁世凯的势力。最后，瞿、铁等失败。就沈氏而言，奕劻显然是支持他的。后来，对《大清新刑律》的争论，袁世凯则是少数几个支持新刑律的大臣之一。宣统三年，袁世凯组阁，提名沈氏担任司法大臣。这是沈氏最高官阶。就这些现象而言，沈氏显然站在

1 《立宪史料》下册，第850—851页。

奕劻、袁世凯一边。但是，沈氏长女婿汪大燮又为瞿氏学生，关系非同一般；瞿氏对沈氏前段改革亦颇为赞赏。因此，针对沈氏是否卷入这次政潮，只好存疑。而就张、沈、戴、奕四疏而论，张疏的现代法知识最为浅薄。他的法系说，如果不是出自顽固的“天朝自大狂”，简直就是一种胡说八道了。再把现代法分类当作法律性质，实在也不敢让人恭维。1907 年，稍习法学之中国人，对上述问题，都分得很清楚。而张氏却把这样的文字写入简牍上奏，实在可叹，让他主持立法，实在可忧。戴氏出洋考察过，比张氏识见略强，似然散乱浅薄。相较之下，奕劻等疏，显然高于张、戴，上引对张、戴的批驳，已见其见识。还有，他们指出，立法“若隶属行政或司法机关之内，必致徒徇行政及司法上之便利，而有任意规定之弊”。这种见解，直至现在仍有意义，所触及的仍然是立法中必须解决的问题。当然，奕劻等疏也好，张、戴之疏也好，甚至沈疏，可能都不是出自本人之手，而是出自属下参谋之笔。但这正好说明了当时留学归国的法学人才，大都流向法律馆和宪政馆。

宪政编查馆奕劻等奏疏，最后决定修订法律馆的命运。同日，谕旨：“宪政编查馆奏，请派修订法律大臣一摺。着派沈家本、俞廉三、英瑞充修订法律大臣，参考各国成法，体察中国礼教民情，会通参酌，妥慎修订，奏明办理。”[1] 第二天，又下诏：“沈家本、英瑞业经派为修订法律大臣，自应专司其事。法部右侍郎着王垿署理，大理院卿着完成署理。”[2] 修订法律馆脱离法部、大理院，沈家本法部右侍郎之职由王垿代理，专任立法，草拟立宪法典草案。

1 《光绪实录》卷五百七十九，《清实录（五十九）》，第 661 页。
2 《光绪东华录》，第 5747 页。

（五）修订法律馆的筹办

官制改革后，刑部改为法部。法律馆原由刑部律例馆改名，沈家本又是刑部当家堂官。两处兼管，并无窒碍。改名法部后，沈家本改任大理院正卿，法部无职，法律馆便失去依恃。加之官制改革，各署调用人员，法律馆人员纷纷他调，馆事无形停止运转。这就是董康《中国修订法律之经过》中所云法律馆“曾裁撤大臣”之由来。沈家本复受任命，法律馆只好再起炉灶，重新筹办。

光绪三十三年十月二日，沈家本、俞廉三（按：英瑞未就职）就法律馆筹建上疏。他们认为：“法治主义为立宪各国之所同，编纂法典，实豫备立宪之要着。”为不负朝廷之托、国民之望，拟订三条办法，并陈述理由说：

> 一、参考各国成法必先调查也。日本变法之初，调查编订，阅十五年之久而后施行。就我国今日情势言之，较诸日本，益形迫切。而事关立法，又何敢稍涉粗疏。拟一面广购各国最新法典及参考各书，多致译材，分任翻译。一面派员确查各国现行法制，并不惜重赀，延订外国法律专家，随时咨问，调查明彻。再体察中国情形，斟酌编辑，方能融会贯通，一无扞格。此为至当不易之法。
>
> 一、任用编纂各员宜专责成也。……臣等悉心酌核，拟设提调二员，由臣等督饬筹办全馆事宜。一俟慎选得人，开单请旨简派，以昭郑重。此外纂修协修各员，容臣等甄择通才，奏调到馆。任用之方，以明定课程优给薪水为主，总期有专责而无冗员。庶收指臂之助，聘

用外国法学专家，未可轻率，自当妥订合同，以防流弊。至体查中国礼教民情，所包者广，断非臣等之孤陋所能自信。拟略仿礼学馆章程，分省延聘咨议官，待以宾师之礼，用资受教。

一、馆中需用经费宜先筹定也。开办用款，如建设馆舍，添购书籍，印字机器等项，核实估计约需银二万两。常年用款，如调查、翻译、薪水、纸张、印工、饭食等项，约计每年需银十万两。库储支绌，臣等固所深知，但使可从简略，讵敢稍涉铺张？惟是立法事宜，关系全国，既非一手足之烈，亦非一朝夕之功。所有需用经费，均系再三确核，力求撙节，无可再减。拟恳天恩饬下度支部照数拨给，俾臣等有所藉手。[1]

这些办法，清廷都答应了。同月十二日，法部右参议王世琪、候补郎中董康，因沈氏奏调，被清廷简任为法律馆提调。这是法律馆具体事务的总管官。紧接着，纂修协修等也陆续调进。但是，经费却成了大问题。八国联军战后，民穷财尽，沈氏所要经费虽然不算进大，就一馆而言，也不算小。慈禧令度支部拨给，度支部无银可拨。直至十一月十四日，最后确定，照原法律馆之数，每年拨给三万两，问题才算解决。经费核实，二十七日重组的法律馆宣布开馆办事。

重组的修订法律馆分二科三处。二科分任民律、商律、刑事诉讼律、民事诉讼律之调查起草。三处：一为译书处，任编译各国法律书籍；一为编案处，任删订旧有律例及编纂各项章程；一

1 《光绪东华录》，第 5765—5766 页。

为庶务处，任文牍会计及一切杂务。以提调总司其成，另拟法律馆办事章程十四条，以明各科处职责。[1] 到宣统年间，修订法律馆已成为一个颇具规模的法典草拟机构。据宣统二年开列修订法律馆修订《现行刑律》衔名，除大臣沈家本、俞廉三外，提调官四人，总核官一人，总纂官五人，纂修官十二人，协修官十二人，校理官三人，校对官三人，集掌官二人。共四十四人。

二、出国考察，聘用外籍专家和国内调查

派员出国考察国外法制，聘请外国法律专家充当顾问，调查国内民情、商情，这是沈家本法律改革以来就已确定的方针。这一方针，既有借鉴日本明治维新以来的立法经验成分，也是衔接外来法与传统法的必由之路。

（一）考察日本法制

派员赴日本考察法制，是修订法律馆开馆时的已定措施。光绪三十一年九月，沈家本、伍廷芳曾专摺奏请派员考察日本。在这个奏摺中，他们首先阐明考察的必要性，指出：（1）仅从译作中了解各国的法制，还远远不够。要制定切合适用之法制，还必须进行实地考察。“日本改律之始，屡遣人分赴法、英、德诸邦，采取西欧法界精理，输入东瀛，然后荟萃众长，编成全典。举凡诉讼之法，裁判之方，与夫监狱之规则刑制，莫不灿然大备。用能使外国旅居之人，咸愿受其约束，而法权得以独伸，至推原致

1 《光绪东华录》，第5803页。

此之由，实得力于遣员调查居多”。（2）日本与我国同洲同文，相距甚近，最易取资。因此“亟应遴派专同前往调查，藉得与彼都人士接洽研讨”。（3）特别是诉讼审判之法，“必亲赴其法衙狱舍，细心参考，方能穷其底蕴”，以便将来新律告成，能够实际操作。其次，确定董康、王守恂、麦秩严为此次赴日人员。任务有三：（1）“调查法制刑政，并分赴各裁判所，研究鞫审事宜。按日报告，以备采择”。（2）“凡该国修订之沿革，颁布之次第，以及民事刑事之所以分判，并他项规则之关于刑政为译书内所未赅载者”，均应查其要领，带回国内。（3）日本监狱制度，久为西方国家所称颂，“尤应详细稽考”，直接绘图贴说，调查了解清楚。[1]

光绪三十二年四月，调查人员东渡，当年十二月先后后国。翌年四月，沈家本向清廷上《调查日本裁判监狱情形摺》，进呈调查清单，详细叙述了调查的经过：

窃臣于光绪三十一年九月，奏派刑部候补郎中董康、主事王守恂、麦秩严赴日本调查裁判监狱事宜，以为将来试行新律之参考，旋王守恂经巡警部奏调，复于三十二年三月奏请改派刑部郎中饶昌麟，并添派日本法科大学学生熊垓帮同调查，均蒙俞允在案。该员等于是年四月间，偕同自备资斧随往游历之刑部候补员外郎熙桢、四川綦江县知县区天相由京起程，行抵天津，饶昌麟因病折回。董康等四员相率东渡，于闰四月间始至东京。审知司法一项，端绪棼如。适学部奏派刑部员外郎

1 《光绪东华录》，第5412—5413页。

王仪通调查学务，复咨派该员襄理编辑。该国政府因吾国司法初与交涉，由司法省特派参事官斋藤十一郎、监狱局事务官小河滋次郎，导引该员等分历各处裁判所及监狱，详细参观，并于司法省及监狱协会开会讲演。……该员等将所见所闻，辑编成书，分期报告。嗣臣添擢大理，缔构伊始，佐理需人，电促该员等回国。随将未完事件移交熊垓代办，于十二月间先后回京。

王仪通在《调查日本裁判监狱报告书叙》中说，董康等人在日本"出则就斋藤、小河、冈田诸学者研究法理，入则伏案编辑，心力专注，殆无片刻"，工作十分努力。

呈送清廷的调查清草共分两部分：调查裁判清单和调查监狱清单。编入《调查日本裁判监狱报告书》的，除两个清单之外，附有《松冈义正日本裁判沿革大要》和《冈田朝太郎死刑宜止一种论》，以及沈家本的奏摺两件。

通过这次调查，沈家本坚定了司法独立的立场。他在奏摺中阐述司法独立的必要性：

司法独立与立宪，关系至为密切。日本开港之初，各国领事俱有裁判之权，逮维新以来，政府日孜孜于裁判统一，不数十年，卒使侨民服从其法律之下。论者谓国力之骤张，基于立宪，其实司法独立隐收其效。

在批驳了反对司法独立论者的种种论调以后，他列举行政兼任司法之四害，最后十分坚定地指出："司法独立为及今刻不可缓之要图。"

除《报告书》外，董康还把赴日所得，编辑成《裁判访问录》和《监狱访问录》。《裁判访问录》全书均为日本司法省参事官斋藤十一郎《日本裁判所构成法》的讲述，故该书内封标明“斋藤十一郎著”。《监狱访问录》则全部为小河滋次郎之讲演。两书讲解详尽，既有理论阐述，又有图示讲解，还有实地说明，而且经常对照中国情况，浅近而生动。沈家本亲为两书作序，对日本裁判、监狱制度大加褒誉：“日本制仿泰西，颇已改观，而彼都人士犹以为未臻尽善，仍刻意追求，此其实事求是之心，又何可及哉。”[1] 赴日调查的预期目的基本达到。检查晚清审判制度和新式监狱规则，几乎完全同于日本，赴日访问，不能说不是重要原因之一。

（二）聘请日本专家

聘请外国专家参与中国立法的发明者，不是沈家本，而是刘坤一、张之洞，在《江楚会奏变法三摺》中，他们已十分明确地提出，要聘请各国的法律专家帮助中国立法修律。在联衔会保沈家本、伍廷芳修订法律之前，张之洞还专门电商刘坤一、袁世凯，主张在保奏摺中加上“在日本访求精通法律学之博士一两人，来华助我考订法律，尤为有益”这样的内容。沈家本是这个倡议的执行者，但是，他并没有完全听从发明者的意见，而是全部聘请日本专家。日本法律专家，几乎参与晚清各种新法制定的始终。他们不但按照当时日本法律的模式，为中国草拟法律草案，而且参与立法中的新旧论争。在中国近代立法史上，这是日本法律影响中国法律的登峰造极时期。

---

1 修订法律馆印：《调查日本裁判监狱报告书》前奏疏。

在沈家本主持下，当时受聘来华协助制定新律的日本专家，前后共四人：冈田朝太郎、松冈义正、志田钾太郎、小河滋次郎。据现有的材料看，冈田朝太郎和松冈义正先来，沈家本在为冈田氏所撰的《法学通论讲义序》中说，在他创立京师法律学堂时，因教习无人，“乃赴东瀛，访求知名之士，群推冈田博士朝太郎为巨擘，重聘来华。松冈科长义正，司裁判者十五年，经验家也，亦应聘而至”。民国三年，冈田朝太郎在北京做过一次讲演，叙述他的来华经过说：光绪三十一年清朝设法典调查会，“当时即招余任编纂事，因其宗旨未确定，余虽任编纂，而不能收何等之效力”[1]。董康氏对四人来华，有一概述：“……直隶总督袁世凯、两江总督刘坤一、湖广总督张之洞，会保刑部左侍郎沈家本、出使美国大臣伍廷芳修订法律。乃奏设修订法律馆，调取研究中西法学人员，并延聘日本法学博士东京帝国大学教授冈田朝太郎，法学士东京控诉院部长松冈义正为调查员，从事编订。”光绪三十三年修订法律馆离部独立，“添聘日本法学博士志田钾太郎，小河滋次等充调查员”。[2]

董康的回忆，大体反映了当日聘用日本法律专家的情况。但是，由于年久日深，亦有小误，笔者在台湾查到沈家本一份奏疏，这份奏疏议覆翰林院侍讲学士朱福诜光绪三十三年十一月二十二日奏请慎重私法编纂选聘起草员之议。朱氏奏称：“日本修正民商法时，梅谦次郎曾拟提议合编，以改约期近，急欲颁布而不果。中国编纂法典之期后于各国，而所采主义学说不妨集各国之大成为民商法之合编。……请聘日本法学博士梅谦次郎为民商起草员，

1 《冈田博士关于吾国法典之讲演》，《法政学报》1914 年第 2 卷第 1 号，第 2 页。

2 董康：《前清法制概要》，见《法学季刊》第二卷第一期，第 66—67 页。

而以中国法学生参议。”简言之，中国法典编纂后于各国，民、商两法不应分立，而应统一为民商法典，聘请梅谦次郎起草。

沈家本、俞廉三不同意民商法典合编之议。他们认为："自法国于民法外特编商法法典，各国从而效之，均别商法于民法各自为编，诚以民法系关于私法之原则，一切人民均可适用。商法系关于商事之特例，唯商人始能适用。民法所不列者，如公司、保险、汇票、运送、海商等类，则特于商法中规定之。即民法所有而对于商人有须特别推行者，如商事保证契约利息等类，亦于商法中另行规定。凡所以保护商人之信用而补助商业之发达，皆非民法之所能从同。”所以，民商合典之说不可取法。

梅谦次郎是当时日本最著名的法学家之一，冈田氏等人的师辈。据冈田氏云，法律馆原聘梅氏，梅氏因无法长期离开日本而推荐冈田氏。沈氏议朱民所请亦云："以聘用外人至有关系，不得不加意慎重。”因此，在光绪三十四年法律馆事粗定以后，“派令臣馆提调，大理院推事董康前赴日本，详细访察。该员在日本将及半载，深悉梅谦次郎为该国政府随时顾问必不可少之人，断非能轻易聘用”。在这种情况下，“访有日本法学博士志田钾太郎为商法专家，名誉甚著，禀经臣等公同商酌，聘充臣馆调查员，电请出使日本国大臣胡惟德，妥定合同，约其来京。此外，另订旧在京师之日本法学博士冈田朝太郎、小河滋次郎，法学士松冈义正，分任刑法、民法、刑法诉讼法调查事件，以备参考”[1]。

四名日本专家，在法律馆协助制定法律，在京师法律学堂任教（还在其他法政学堂任教），与法律馆和法律学堂之官员教员

1 光绪三十四年十月初四日，沈家本俞廉三奏疏，档案藏台湾。

相处极为融洽。1910年北京法学会在财政学堂设短期法政研究所，冈田、志田即应邀义务讲说，与中国同僚共同切磋。在修律诸人遭受守旧派攻击时，冈田、松冈，均撰文反驳。特别是冈田朝太郎，不但在华时间长（1914年还在北京讲演），而且在中日两国分别出版了数量可观的汉文法学著作。现在所能见到的他的第一本汉文法学著作名为《汉文刑法总则讲义》，1906年（日本明治三十九年，清光绪三十二年）由日本有斐阁书房发行。该书虽然简单（仅七十二页），但毕竟是外国人用汉文撰写的最早的法学著作之一（笔者现在尚未发现比该书更早的外国人汉文法学著作）。第二本为《法学通论讲义》，这是冈田就京师法律学堂的讲稿加工而成书。沈氏曾为此书作序云："日本之讲求法律，著书立说者非止一家，而冈田博士之书最鸣于时，其所撰《法学通论讲义》，吾学堂诸君子女亦既而面聆之而研究之矣，同人复怂恿付梓，以广流传。博士因裒集稿本，删订成书，而问序于余。"并云："松冈科长之《讲义》亦将编定而公之世，以先睹为快。"第三本为《大清刑律草案大清违警律》，1908年北京有正书局发行。冈田在《例言》中云："本书所辑刑律草案，系由法律馆编纂，而未经确定颁布者，违警律系民政部会同修律大臣原奏，宪政编查馆审查，既经复奏颁行者。然俱系采用最进步之学理。同其主义与宗旨，故今合为一，以便学者之参考……"此处所去"刑律草案"，即为沈家本光绪三十三年上奏之第一次草案，两法草案，当经冈田之手。第四本为《刑法理由书》。据江庸云："法律馆出版《刑法理由书》，则与日人冈田朝太郎合著，但未署名耳。"[1] 为

1 《江庸自传》。除上列之外，1930年胡长清曾翻译冈田氏《日本刑法改正案评论》，由上海法学编译社出版，胡氏翻译此书，意在为当时中国修改刑法作借鉴。

两人合作产品。此外，据现有材料看，沈家本与冈田私交甚笃，切磋学术，见诸文章，如沈家本的《死刑唯一说》，即为两人探讨死刑执行方法、互有所见之作。沈氏不完全赞同冈田之见，但并不以主压宾，而是进行朋友式的商讨。

总之，受聘来华的日本专家，为法律馆起草法律草案，立说著书，教授学生，在中国近代法律的变革中，起了重要的作用。以致当时的一些人（包括某些西方人），认定法律馆制定的法律草案为“日本律”，此说非完全无因。

晚清法律改革，新法受日本影响最大，从法律新名词到法典的编纂几乎照搬日本法，这是一个不争的事实。沈家本为什么会把日本作为取法的对象呢？这里面既有社会的，也有地域的，甚至还有财力上的种种原因。

就社会原因而论，晚清法律改革距戊戌变法不过三五年时间，而且是在变法遭受镇压而导致民族危机加深的局面下提出的。因此戊戌时期所造成的社会认同，不但没有从人们的思维中消失，反而更加强烈。社会认识如此，清政府的高层官僚也是如此。其中，刘坤一、张之洞、袁世凯会保沈家本、伍廷芳修订法律的奏摺说得最明确：“近来日本法律学分门别类，考察亦精，而民法一门，最为西人所叹服，该国系同文之邦，其法律博士，多有能读我会典律例者，且风土人情，与我相近，取资较易。”[1]社会认同如此，所以法律改革一开始，取法日本便很自然地为沈家本等人所接受。

而就地域言，“我国与日本相距甚近、同洲同文，取资尤易

1 《会保熟悉中西律例人员沈家本等听候简用摺》，《袁世凯奏议》卷十四，天津古籍出版社，1987 年，第 476 页。

为力”[1]。这是沈家本等取法日本最为重要的一个原因。

沈家本等在受命修订法律之初，即负“参酌各国法律”之责。要“参酌各国法律”，就必须了解各国法律；要了解各国法律，就必须翻译各国法律。“欲明西法之宗旨，必研究西人之学，尤必编译西人之书”[2]。编译成为参酌各国法律必不可少的环节。但是，当时的翻译存在两大困难：一是翻译人才缺乏，特别是既懂英、法、德等西方国家语言又懂法律的专才极少；二是西方法律法学著作数量大，下手翻译极为不易。面对这些困难，沈家本身在其中，体会极深：“欲取欧美之法典而尽译之，无论译者之难其，且其书汗牛充栋，亦译不胜译。”如果以日本法律法学为对象，这两个困难都较易克服。（1）20世纪初年，由于留学日本热潮的出现，成千上万的知识分子东渡日本，其中学政法者为数最大。通过几年的学习，出现一批既掌握日本语言，又粗具政治法律知识的人才。“译和文又非若西文之难”，译才问题较易解决。（2）日本新法，来自西方，了解日本法律，也就了解西方各国的法律。这里要特别提出是，沈家本非常推誉日本学者学习西方的态度，不止一次地指出：

> 日本之游学欧洲者，大多学成始往，又先已通其文字，做能诵其书册，穷其学说，辨其流派，会其渊源。迨至归国之后，出其所得者，转相教授，研究之力，不少懈怠。是以名流辈出，著述日富……[3]

1 《光绪东华录》，第5413页。

2 《新译法规大全序》，《刑法考（四）》，第2242页。

3 《法学名著序》，《刑法考（四）》，第2239—2240页。

> 日本旧时制度，唐法为多，明治以后，采用欧法，不数十年，遂为强国。是岂徒慕欧法之形式而能若是哉？其君臣在上下，同心同德，发愤为雄，不惜财力以编译西人之书，以研究西人之学，弃其糟粕而撷其英华，举全国之精神，胥贯注于法律之内，故国势日强，非偶然也。[1]

既然经过日本学者的努力，日本已将西方法律的“英华”尽收其内，取法日本，就能达到目的，事半功倍，又何乐而不为呢？

最后，就财力而言，由于当时库储枯竭，修订法律馆的经费十分困难。光绪三十三年，法律馆离部独立，沈家本们请求清廷，年拨法律馆经费七万两，但清廷因财源枯竭，长期间未作答复。最后，沈家本不得不主动请求减少到三万两，才使法律馆得以运转。这笔经费，既要支付聘请日本专家的高薪，又要作为挽留任职法律馆留洋学生的酬金，还要支付前往日本考察司法以及国内派往各省调查民情风俗商事人员的费用，已是捉襟见肘。因此，就当时的财力而言，也只好以日本为主要学习对象。

基于上述原因，借鉴取法日本，几乎成了法律改革的必然选择。此外，急功近利也应该是原因之一。

（三）调查民商事习惯

对国内民商事习惯进行调查，以编定民商法典，是法律已定方针。这一工作，从光绪三十四年开始，分两个阶段进行。先调

---

1 《新译法规大全序》，《刑法考（四）》，第 2242 页。

查商事习惯，后调查民事习惯。

1. 东南各省民俗商情的调查

光绪三十四年正月二十六日，沈家本疏请调查东南民俗商情。疏云：“拟订民商法典，亟应派员亲往各省调查习惯，以资考证。查有翰林院编修朱汝珍，现充臣馆纂修，该员洞彻法理，任事精勤。拟请派令并赴东南各省，将民俗商情详细调查，随时报告，事毕即行回京。”[1]正式开始商事调查。

沈家本等对这次调查是相当重视的，不但专门奏调朱汝珍主其事，而且专门制定《法律馆调查各省商习惯条例》，就调查事项、内容、方针，用条例形式做硬性规定。《条例》分《总则》《组合及公司》《票据》《各种营业》《船舶》五章。笔者把《总则》条文录出，以见其貌。

第一章　总则

第一条　有称为商人之特别阶级否？若无之，则是否无论何人，皆得为商人？

第二条　称为商人者之范围如何？

第三条　就营某种商业，若有特别限制时，则详述之。

第四条　官吏、公吏等之营商业，有无制限？此外有无特就营某种类商业，加以制限者？

第五条　女（妻或独立之女）或未成年者，有无营商

1 《修订法律大臣沈家本等片》档案，存台湾。

业之例？若有之，则与成年男子营业之方法，有无差异？

第六条　有大商人与小卖人之别否？说明其区别之标准，及营商业之方法等，有无差异。

第七条　有小卖商人与卸卖商人之别否？若有之，亦说明其区别之标准，及营商业方法等，有无差异。

第八条　此外有商人之区别否？

第九条　有特别交易之市场否？若有之，则言其制度如何。

第十条　对于商人，特有登记否？若有之，则详言其制度。

第十一条　商人在其商业上为表示自已的名称，要用姓名否？若系不要，则言其关于用姓名的外之名称？有无制限？若有制限，则言其制限如何？又不可有无制限，详言关于商业上所用之氏名，及其他名称之制度。

第十二条　商人表示自已之名称以外，有表其商业处所之名称否？若有之之际，及关于此之制度。

第十三条　商人有为表示其商品用文字图形记号者否？若有用之者，则详言其制度。

第十四条　商人商业本据，系一种物品否？若有多种物品，则其间有无主从之关系？宜详说其制度。

第十五条　商人有记录其商业情形之账簿否？若有之，则详言其制度？

第十六条　详言关于商人在其商业上所使役者（包含商业使用人商业学徒等）之制度。

第十七条　商人在其商业上，有以他商人为代理，或居间之常设机关否？若有之，则详言其制度。

第十八条　详言商人在自己之营业上，临时使他人（不同其为商人与否）代理自己，或命名其补助自己之制度。

第十九条　商人有举其店铺商品交易上关系等一切事物，出顶与他人否？若有之，则详言其制度。

第二十条　商人间之交易，及商人非商人间交易，并非商人间之交易，其间有无差异（如利息连带及其他等）[1]。

这些名为《条例》的内容，实则为调查大纲，从总体上了解当时全国（主要是东南各省）是否已经形成商人阶层，以及商业市场、商人登记制度、商标制度、雇工、代理、抵押等，以为立法之参考。

朱汝珍等于当年三月到达上海，据《东方杂志》报道，效果似不理想：

法律馆近派编修朱汝珍，赴各省调查商习惯，本月至上海，发问题百余事，按照日本商法五编，分为五章。首总则，次组合及公司以当日本之会社，次票据以当日本之手形，次各种营业以当日本之商行为，次船舶以当日本之海商。核其所问，发问者未免隔膜，而受问者亦殊少纸片对策之能事。必厚意温词，鼓舞以颜面所在，促令开答问研究之会，商人特推专员兼聘法学家为顾问，

1　《法律馆调查各省商习惯条例》，载《东方杂志》1909 年第六卷第 8 期，第 15—16 页。

——求问题之所根据，而后综会其经历之所得，以相印证，或者有相说以解之乐。今馆员无延访之实意，商人无酬对之特别组织；馆员视商人为万能之神圣，商人视馆员为一阒之过客，则交相为伪而已。于立法宜民之意岂有毫发之补哉。[1]

出自记者之笔的《东方杂志》报道，总有夸饰之嫌，大体却是事实。花费很大气力的商事调查实效不著，这是腐败专制国家官民相隔、官员不得民众信任的必然结果，是立法的悲哀，也是国家的悲哀。但是，沈家本对这次调查似尚乐观，认为朱汝珍等，"遍历直隶、江苏、安徽、浙江、湖北、广东等省，博访周咨，究其利病，考察所得多至数十万言，馆中于各省商情具知其要"[2]。观察方位不同，结果也就相反。

2. 民事调查

商事调查之外，沈家本又准备进行民事调查，于光绪三十四年五月奏请以各省提法使、按察使兼充法律馆咨议官。咨议官除对各项法律事件应札饬各州县详查报告外，对于法律馆所派调查员还应协助调查，随时接洽。宣统二年正月，正式上奏派员调查。其论调查之必要性云：

民商法律，意在区别凡人之权利义务而尽纳于轨物之中。条理至繁，关系至重。中国幅员广远，各省地大

1 孟森：《宪政篇》，载《东方杂志》1909 年第六卷第 4 期，第 196—197 页。
2 《修订法律大臣奏编订民商各律照章派员分赴各地调查摺》，《大清新法令》第八卷，商务印书馆，2011 年，第 17 页。

物博，习倘不同。使非人情风俗洞彻无遗，恐创定法规必多窒碍。

这次调查，派馆员分往各省，同时请各省督抚指派有关司和新设调查局，造具表册，随时报告法律馆。

调查先从江苏开始，派馆员纂修许同莘前往。按照《调查民事习惯章程十条》，调查员仅到各省省会，商同各省调查局所共同进行。调查员于应行调查之件，如力所不及，应随时商请各省提法使或按察使（皆法律馆咨议官）妥办。调查员与在省绅士会晤讨论，由调查局或提法司、按察司安排，讨论时将法律馆提出问题发交研究。各地绅士无人在省，由调查局或臬司将问题发交地方官，转请绅士研究，按限答复。各处乡族规、家规，容有意美良法，调查员应采访搜集，随时寄交法律馆。各处婚书、合同、租券、借券、遗嘱等项，调查员亦应收集，各抄一件，汇寄法律馆。

笔者没有见过法律馆当日调查资料。北京大学图书馆古籍室藏《民情风俗报告书》稿本，共三十二册，记录清末天津府武清县民情风俗。从条例内容看，极似法律馆调查条例所列，有可能是直隶调查局或提法司发交的调查记录。该《报告书》采问答式，笔者引录其两项中的部分，以见当时的调查。

下为第一部第三款“职业”第四项“商”之第十一问至二十问：

十一、各该处有无商会？其所办理者何种事？其经费若何？

答：蔡村于光绪三十四年创立商务会，稽察私贩银两洋元铜元及钱铺钱票荒闭等事，本镇公约，绅商尽义务无经费。

十二、商人之普通名称若何？

答：业主称东家，管事者称掌柜，童年习学称徒弟。

十三、何种商有牙行纪记？

答：凡买卖牲畜及鸡鸭者，专有无行经记。

十四、何种商须临时当差？

答：大牙行、小牙行、秤行、斗行、杂货行、银行、粮行、鸡鸭行、席行、棉花行、米行、油行、鲜果行、脚行。

十五、有无临时市场？每年几次？约在何时？大宗多系何种物品？

答：城镇皆每月五日一开市场，其名曰集。此外则二月十八日，旧县地方有庙会，各种物品农具居多。京津及各城镇之药行，每年至春秋赴祁州买药，此一大市场也。

十六、各种市价由何处议定？

答：向来听芦台镇及天津市行，并看市面上买卖多少？

十七、何种商业有同行公议条规？

答：前所答之各行皆有条规。

十八、何种商业有资助贫穷善举之事？其办法若何？

答：无。

十九、有无专司货物买卖说合之中间人？其名为何？

答：市场交易，粮米则斗局说合，棉花则秤行说合，牲畜则牙行说合，皆名经记。

二十、有无司土地房屋买卖说合之中间人？其名为何？

答：向来说合此项买卖及书契作中，皆平日互相信心（按：当为“任”）之戚友或邻人，名曰中人。新章没有官经记，不过定议后代写官纸契券，分受中用而已。

再为《诉令事习惯报告书》第二款“民事诉讼”，第一项“原告投呈”：

一、诉讼呈状共有几种？具禀与用呈有何区别？其格式若何？

答：有呈有禀。平民用呈，其纸有横竖乌丝格。凡有职衔及有功名者用禀，其纸无乌丝格。呈禀叙事相同，呈称：具禀某人呈为某事云云，禀称：具禀某人禀为某事云云。格式不过如此。凡应交应领之件皆具状。格式与呈禀大同小异。

二、绅董适何种事件可用片送，何等事件仍须按原告式具呈？

答：绅董无片送事件，事无大小皆具禀。

三、民事诉讼有无传呈名目？由何房办理？与平常投呈办法有无相异之处？

答：无传呈名目。

四、是否人民具禀即为违式概不准理？抑但加申饬仍可准理？收呈认人有无查看合式与否之权，抑不准收？

答：具禀违式但加申饬、准理与否，须视案情缓急，收呈之人亦应查看令违式者更正，然亦看案情缓急。

如果上引调查确为直隶调查局对武清县的调查，那么当时调查确很细致，下了一番功夫。

第十章 折冲樽俎，模范列强

——新法律草案的制定

制定新律，是晚清修律的最重要任务。在未宣布仿行立宪之前，旨在适应时局；在宣布仿行立宪以后，则专为宪政。主要新法（包括草案）有如下诸端。

一、商律

重农抑商，或重本抑末，为我国传统思想，亦为我国封建法律之重要内容。由于它适应我国封闭的农业经济，行之二千余年而不衰。明末清初，有思想家代表市民利益提出“工商皆本”新命题，否定传统。然而它有如一颗彗星，随着清朝封建政权的巩固，飘然而逝。鸦片战争后，海禁大开，列强的商品输出刺激了民族工商业。早期改良主义者郑观应等曾奔走呼喊，主张发展民族商业，与列强开展“商战”。制定相应的商法由是萌芽。但是，颟顽的清廷在几十年中，对此几乎没有任何反应。迨至光绪二十五年，由于上海奸商虚设公司行铺倒骗存款，严重干扰社会秩序，两江总督刘坤一方据上海商务局之请，令江苏按察使朱之榛拟定保护办法，上奏清廷施行。对于商民开设公司钱铺，援照京城钱铺定例，规定：

无论新开旧设，均令五家联名互保，报官存案。如有侵蚀倒闭商民各款，由地方官立拿监禁，分别查封寓所资财及原籍家产，勒限两月全数完竣，起意关闭之犯，枷号两个月，杖一百，折责释放。若逾限不完，无论财主，管事人及铺伙侵吞赔折。统计数在一百二十两以下者，照诓骗财物律，计赃照窃盗论罪；至一百二十两发附近充军；一百二十两以上至三百三十两发近边；六百六十两发边远；一千两发极边足四千里充军；一千两以上发黑龙江安置，仍照章发新疆种地当差改发极边足四千里充军，到配后加枷号三个月；一万两以上，拟绞监候。均勒限一年，追赔全完，枷责释放；不完，再限一年，追赔全完，死罪减二等定拟。军流以下仍枷责发落；若不完，军流以下人犯即行发配，死罪人犯再限一年追赔；若再不完，即永远监禁。所欠银钱，勒令互保均匀给限代发，免其治罪；仍咨行本犯原籍，于家属名下追偿。如互保不愿代发，或限代发未完，拘拿到案，照准窃盗为从律减一等，杖一百，徒三年。其互保代还银钱，如本犯于监禁及到配后给还者。军流以下即行释放，死罪人犯减二等发落。若互保同时关闭。一并拘拿监追，照前治罪；未还银钱，仍于各犯家属名下严追给领。其有虚设别项行铺，侵蚀商民各款，情节相似者，亦即照此办理。[1]

这种用旧法治新事，与其说是护商，毋宁说是维护社会治安，谈不上什么商法商律。正因为如此，刘坤一与张之洞条陈变法时，才有制定商律之议。

询刘坤一、张之洞之议，清廷决定成立商部，于光绪二十九年（1903年）令载振、袁世凯（旋请开缺）、伍廷芳先订商律。载振、伍廷芳以为，商律门类繁多，非短期所能告成，而目前要图，莫如筹办各项公司，力祛往昔涣散之弊，庶商务目有起色，不致坐失利权。因之决定先订公司条例，俾商人有所遵循。同年十二月，编写商人通例九条，公司例（又称公司律）一百三十一条，合计一百四十条，上奏后定名为《钦定大清商律》颁行。[2] 此为我国有史以来之第一部商律。

自此始，又陆续制定颁布了《公司注册试办章程》（十八条）、《破产律》（六十九条）、《银行注册章程》（八条）、《大小轮船公司注册给照暂行章程》（二十条）、《运送章程》（五十六条）。其中《破产律》由商部起草，脱稿后送沈家本、伍廷芳会商，奏准以钦定本颁行。其立法之旨，在于区分公司破产之不同情形。因光绪二十五年刘坤一奏定章程，仅为惩罚倒骗奸商。然诈伪倒骗者之出于有心，与经营未善、市价不齐而亏蚀倒闭者之出于无奈，虽皆谓之破产，而情形实有不同。诈伪倒骗，洵属可恨；亏蚀倒闭，不无可原。若仅以惩罚示儆之条预防流弊，而无维持调护之意体察下情，似于保商之道犹未尽也。因此对破产有较完备之规

1 《刘坤一遗集·奏疏》卷三十一。

2 《光绪东华录》，第5132页。

定，颁行后刘坤一奏定章程即同时废止。[1]

以上商法的迅速制定和颁行，乃为当时时势之所迫，应急之法律法规。故清政府宣布预备立宪后，又有系统的商法编纂。计有：

《大清商律草案》(《志田案》)，宣统元年起陆续脱稿，由修订法律馆聘日本志田钾太郎起草，分总则、商行为、公司律、票据法、海船律五编，一千零八条。

《破产律草案》，宣统元年脱稿，修订法律馆聘日本松冈义正起草，共三百三十七条。

《保险规则草案》，由农工商部制定，计一百二十四条。

《改订大清商律草案》，宣统二年农工商部据光绪二十九年之《钦定大清商律》，参酌各地商会特别是上海总商会呈报之《商法调查案》而成，分总则、公司两编。总则下分七章：商人、商人能力、商业注册、商号、商业账簿、商业使用人、代理商。公司下分六章：总纲、无限公司、两合公司、股份有限公司、股份两合公司、罚例。全案共三百六十七条。

以上法案，虽未颁行，然清亡以后，均成后来立法机关参考之资，在中国商法史上占有一席之地。

二、《大清刑事民事诉讼法》草案

列强放弃领事裁判权之约，有查悉中国“审断办法”之句。清廷任命沈家本、伍廷芳修律亦有“按照交涉情形，参酌各国法律”之语。因之，沈家本、伍廷芳受命之后，汲汲于对司法审判之改革，

1 《光绪东华录》，第5504页。

于光绪三十二年首先制订《大清刑事民事诉讼法》草案，从而首次打破二千多年诸法合体之立法例，其论中西法例之优劣曰：

> 窃维法律一道，因时制宜，大致以刑法为体，以诉讼法为用。体不全无以标立法之宗，旨用不备无以收行法之实功。二者相因，不容偏废。
>
> 中国诉讼断狱，附见刑律，沿用唐明旧制，用意重在简括。揆诸今日情形，亟应扩充，以期详备。泰西各国诉讼之法，均系另辑专书，复析为民事、刑事二项。凡关于钱债、房屋、地亩、契约及索取赔偿者，隶诸民事裁判；关于叛逆、伪造货币官印、谋杀、故杀、强劫、窃盗、诈欺、恐吓取财及他项应遵刑律拟定者，隶诸刑事裁判。以故断狱之制秩序井然，平理之功如执符契。日本旧行中律，维新而后，踵武泰西。于明治二十三年间，先后颁行民事、刑事诉讼等法，卒使各国侨民归其钤束，借以挽回法权。推原其故，未始不由于裁判、诉讼咸得其宜。中国华洋讼案，日益繁多，外人以我审判与彼不同，时存歧视；商民又不谙外国法制，往往疑为偏袒，积不能平。每因寻常争讼细故，酿成交涉问题，比年以来，更仆难数。若不变通诉讼之法，纵令事事规仿，极力追步，真体虽充，大用未妙，于法政仍无济也。[1]

草案合刑民诉讼为一编，下分五章：总纲、刑事规则、民事

1 《修订法律大臣沈家本等奏进呈诉讼法拟请先行试办摺》，《大清新法令》第一卷，商务印书馆，2011 年，第 418—419 页。

规则、刑事民事通用规则、中外交涉案件，共计二百六十条，另附颁行例三条。

草案乃应急而订，故沈家本等亦认为它只不过是一部简明诉讼法而已。其中我法未备，为挽回法权而亟应取法各国通例者有：

> 一、宜设陪审员也。考《周礼·秋官》，司刺掌三刺之法，三刺曰讯万民，万民必皆以为可杀，然后施上服下服之刑。此法与孟子“国人杀之”之旨隐相吻合，实为陪审员之权舆。秦汉以来，不闻斯制。令东西各国行之，实与中国古法相近。诚以国家设立刑法，原欲保良善而警凶顽，然人情诪张为幻，司法者一人，知识有限，未易周知，宜赖众人为之听察，斯真伪易明。若不肖刑官，或有贿纵曲庇，任情判断及舞文诬陷等弊，尤宜纠察其是非。拟请嗣后各省会并通商巨埠及会审公堂，应延访绅富商民人等，造具陪审员清册，遇有应陪审案件，依本法临时分别试办。如地方僻小，尚无合格之人，准其暂缓，俟教育普被，一体举行。庶裁判悉秉公理，轻重胥协舆评，自无枉纵深故之虞矣。
>
> 一、宜用律师也。按律师一名代言人，日本谓之辩护士。盖人因讼对簿公庭，惶悚之下，言词每多失措，故用律师代理一切质问、对诘、覆问各事宜。各国具以法律学堂毕业者，给予文凭，充补是职。若遇重大案件，即由国家拨予律师，贫民或由救助会派律师代伸权利，不取报酬补助，于公私之交，实非浅鲜。中国近来通商各埠，已准外国律师辩案，甚至公署间亦引诸顾问之例。夫以华人诉案，借外人辩护，已觉扞格不通，即使遇有

交涉事件，请其伸诉，亦断无助他人而抑同类之理。且领事治外之权因之更形滋蔓，后患何堪设想。拟请嗣后凡各省法律学堂，俱培养律师人才，择其节操端严，法学渊深，额定律师若干员，卒业后考验合格，给予文凭。然后分拨各省，以备辩案之用。如各学堂骤难造就，即遴选各该省刑幕之合格者，拨入学堂，专精斯业。俟考取后，酌量录用，并给予官阶，以资鼓励。总之，国家多一公正之律师，即异日多一习练之承审官也。[1]

草案拟定后，清廷发交部院督抚大臣签注。以湖广总督张之洞为首的督抚大臣，以草案违背中国立法之本原，奏请废止。清廷询督抚之议，该草案遂寝。

三、《法院编制法》

光绪三十二年九月，清王朝改革官制。刑部改为法部，专掌司法；大理寺改为大理院，专掌审判。沈家本由刑部左侍郎改任大理院正卿。十月，沈家本上《审判权限厘定办法摺》，同时进呈《大理院审判编制法》。仿照日本裁判制度，将全国审判机构分为四级：乡谳局（按：京师为城谳局）、地方审判厅、高等审判厅、大理院。初步确定全国审判实行四级三审制。《大理院审判编制法》共分五节四十五条。次第为：总纲、大理院、京师高等审判厅、城内外地方审判厅、城谳局。该法实际是大理院和京师审判厅、局的

1 《修订法律大臣沈家本等奏进呈诉讼法拟请先行试办摺》，《大清新法令》第一卷，商务印书馆，2011 年，第 419 页。

组织法，因第二条规定京师各级审判厅、局由大理院直辖，故名《大理院审判编制法》，具体规定大理院和京师各级审判厅、局的设置和权限。

光绪三十三年八月，沈家本向清廷上《酌拟法院编制法缮单呈览摺》，将《法院编制法》草案呈上。该草案分十五章一百四十条，“凡机体之设备，审级之制度，官吏之职掌，监督之权限，一一赅载”。这是我国最早的一部全国性的法院组织草案，经宪政编查馆核议修正，改为十六章一百六十三条（另有附则一条），于宣统元年十二月颁行。十六章次第为：审判衙门通则、初级审判厅、地方审判厅、高等审判厅、大理院、司法年度及分配事务、法庭之开闭及秩序、审判衙门之用语、判断之评议及决议、庭丁、检察厅、推事及检察官之任用、书记官及翻译官、承发吏、法律上之辅助、司法行政之职务监督权、附则。

四、《违警律》

《违警律》由民政部主稿，会同修订法律馆共同制定。光绪三十三年八月告成，由民政部堂官会同沈家本联衔上奏。立法之旨在于“防患于细微，导民于科禁，息祸患于未萌，期秩序之共守。本历代之律意，参各国之成法、合现在之情形，拟定总则一章，罚则七章、共四十四条，另附则二条。总则为施行《违警律》之本，凡所犯之应坐罪与否，及拘留、罚金之等差，并审判之法皆隶之。罚则以保持国家政务公共危害为先，而关于往来通信、秩序、风俗、卫生、财产等皆著之，期于行政者有所依据，奏法者有所遵循，社奸宄祸乱之萌，防水火疾役之渐，纳之轨物，进于良善”[1]。第二年四月，经宪政编查馆核定，改为十章四十五条，次第为：总则、国家政务、公共危害、交通、邮电、秩序、风俗、身体、卫生、财产。经清廷允准，颁布施行。

五、《大清新刑律》

重刑轻民是中国法律的历史传统。晚清修律虽然引进西方法律，但仍未脱传统的窠臼。《大清新刑律》制订时间之长，争论之大，在某种程度上正是传统影响之结果。

据参加起草该法案之日本法学博士冈田朝太郎称，《大清新刑律》由预备案起算，共历七案。最先之草案，由修订法律馆起草，光绪三十二年春脱稿。是年秋，加派冈田等外国委员，遂全废弃之。此案为预备案，草案虽废，但第一案第二案，均予参照。第一案于光绪三十三年八月脱稿，由修订法律馆上奏。第二案于宣统元年十二月由法部、修订法律馆奏进。此案系部院督抚大臣对第一案进行签注后，法部、修订法律馆依据签注对第一案增损而成，上奏时定名《修正刑律草案》。第三案，宣统二年宪政编查馆核订第二案时，以第一案为基础加以修正而成。第四案，宣统二年冬，宪政编查馆将第三案提交资政院会议，资政院法典股对第三案修改而成。第五案，资政院三读会通过第四案总则，分则未及议毕而资政院闭会，故分则暂从第四案之分则而成者。第六案，宣统二年十二月，清廷以上谕裁定第五案之分歧而予颁布者，

1 《光绪东华录》，第 5739—5740 页。

是为《大清新刑律》钦定本[1]前后时间达六年之久。

此法案除体例上摒弃传统诸法合体，采用西方各法分立而专注于刑事之一部，并明标总则为全编之纲领，分则为各项之事例外，沈家本等在综核中西之同异、絜校新旧之短长后，对旧律做了五个方面的重大改革。

> 一曰更定刑名。自隋开皇定律，以笞、杖、徒、流、死为五刑，历唐至今因之。即泰西各国初亦未能逾此范围。迄今交通日便，流刑渐失其效，仅俄、法二国行之，至笞杖亦惟英、丹留为惩戒儿童之具。故各国刑法，死刑之次，自由刑及罚金居其多数。自由刑之名称，大致为惩役、禁锢、拘留三种。中国三流外，有充军、外遣二项，近数十年以来，此等人犯逃亡者，十居七八，安置既毫无生计，隐匿复虑滋事端，历来议者，百计图维，迄无良策。事穷则变，亦情势之自然。光绪二十九年刑部奏请删除充军名目，奉旨允准。衹以新律未经修定至今仍沿用旧例。是年刑部又议准外升山西巡抚赵尔巽条奏军遣、流徒酌改工艺。三十一年复经臣与伍廷芳议覆前两江总督刘坤一等条奏，改笞、杖为罚金，均经通行在案。是已与各国办法无异。兹拟改刑名为死刑、徒刑、拘留、罚金四种，其中徒刑分为无期、有期。无期徒刑惩役终身，以当旧律遣军，有期徒刑三等以上者，以当旧律三流，四等及五等以当旧律五徒。拘留专科轻微之犯，以当旧

1 《日本冈田博士论改正政刑律草案》，史洪智编：《日本法学博士与近代中国资料辑要》，上海人民出版社，2014 年，第 252—254 页。

律笞、杖。罚金性质之重轻，介在有期徒刑与拘留之间，实亦仍用赎金旧律也。

一曰酌减死刑。死罪之增损代各不同，唐沿隋制，太宗时简绞刑之属五十，改加役流，史志称之。宋用刑统，而历朝编敕丽于辟之属者，更仆难数，颇伤繁细。元之刑政废弛，问拟死罪者，大率永系狱中。明律斩、绞始分立决、监候，死刑阶段，自兹益密。欧美刑法，备极单简，除意大利、荷兰、瑞士等国废上死刑外，其余若法、德、英、比等国，死刑仅限于大逆、内乱、外患、谋杀、放火等项。日本承用中国刑法最久，亦止二十余条。中国死刑条目较繁，然以实际论之，历年实决人犯以命盗为最多，况秋审制度详核实缓，倍形慎重，每年实予勾决者，十不逮一，有死罪之名，而无死罪之实，特较东西各国，亦累黍之差尔。兹拟准唐律及国初并各国通例，酌减死罪，其有因囿于中国之风俗，一时难予骤减者，如强盗抢夺、发冢之类，别辑暂行章程，以存其旧。视人民程途进步，一体改从新律。顾或有谓罪重法轻，适足召乱者。不知刑罚与教育互为消长，格免之判，基于道齐，有虞画家，亦足致垂拱之治。秦法诛及偶语，何能禁胜、广之徒起于草泽。明洪武时所颁大诰，至为峻诰(酷)，及弃市之尸未移，新犯大辟者即至。征诸载籍，历历不爽。况举行警察为之防犯，并设监狱为之教养，此弊可无顾虑也。

一曰死刑唯一。旧律死刑以斩、绞分重轻，斩则有断脰之惨故重，绞则身首相属故轻，然二者俱属绝人生命之极刑，谓有重轻者，乃据炯戒之意义言之尔。查各国刑法，德、法、瑞典用斩，奥大利、匈牙利、西班牙、英、俄、美国用绞，俱系一种，惟德之斩刑通常用斧，亚鲁沙斯、庐连二州用机械，盖二州前属于法，而割畀德国者，犹存旧习也。惟军律所科死刑俱用铳杀，然其取义不同，亦非谓有轻重之别。兹拟死刑仅用绞刑一种，仍于特定之行刑场所密行之。如谋反大逆及谋杀祖父母、父母等等，俱属罪大恶极，仍用斩刑，则别辑专例通行。至开战之地颁布戒严之命令，亦可听临时处分，但此均属例外也。

一曰删除此附。考《周礼·大司寇》有县刑象于象魏之法，又《小司寇》之宪刑禁，士师之掌五禁，俱徇以木铎。又布宪执旌节，以宣布刑禁，诚以法者与民共信之物，故不惮反复申告，务使椎鲁互相警诫，实律无正条不处罚之明证。《汉书·刑法志》高帝诏：狱疑者廷尉不能决，谨具奏附所当比律令以闻，此为比附之始，然仅限之于疑狱而已。至隋著为定例，即《唐律》出罪者举重以明轻，入罪者举轻以明重者是也。《明律》改为引律比附加减定拟，现行律同。在唐神龙时，赵冬曦曾上书痛论其非，且曰死生罔由于法律，轻重必因乎爱憎，受罚者不知其然，举事者不知其法，诚为不刊之论。况定例之旨，与立宪尤为抵牾。立宪之国，立法、司法、行政三权鼎峙，若许司法者以类似之文致人于罚，是司法而兼立法矣。其弊一。人之严酷慈祥，各随禀赋而异，因律无正条而任其比附，轻重偏畸，转使审判不能统一。其弊又一。兹拟删除此律，于各刑酌定上下之限，凭审判官临时审定，并别设酌量减轻，宥恕减轻各例，以补其缺。虽无此附之条，而援引之时亦不致为定例所缚束。论者谓人情万变，断非科条数百所能赅载者。不知法律之用，简可驭繁，例如谋杀应处死刑，不必问其因奸因盗，如一事一例，恐非立法家逆臆能尽之也。

一曰惩治教育。犯罪之有无责任，俱以年龄为衡，各国刑事事丁年自十四以迄二十二不等，各随其习俗而定。中国幼年犯罪，向分七岁、十岁、十五岁为三等，则刑事丁年为十六岁以上可知。夫刑罚为最后之制裁，丁年以内乃教育之主体，非刑罚之主体。如因犯罪而拘置于监狱，薰染囚人恶习，将来矫正匪易，如责付家族，恐生性桀骜。有非父兄所能教育。且有家本贫窭无力教育者，则惩治教育为不可缓也。按惩治教育始行之于德国，管理之法略同监狱，实参以公同学校之名义，一名强迫教育，各国仿之，而英尤励行不懈，颇著成绩。兹拟采用其法，通饬各直省设立惩治场，凡幼年犯罪改用惩治处分拘置场中，视情节之重轻，定年限之长短，以冀渐收感化之效，明刑弼教，盖不外是矣。

第一案分二编五十三章三百八十七条，后附《律目考》。经历次争论修正，清廷钦定颁发之第七案计二编五十三章四百一十一条，次第为：

总则：法则、不论罪、未遂罪、累犯罪、俱发罪、共犯罪、刑名、宥减、自首、酌减、加减例、缓刑、假释、恩赦、时效、时期计算、文例。共十七章，八十八条。

分则：侵犯皇室罪、内乱罪、外患罪、妨害国交罪、漏泄机务罪、渎职罪、妨害公务罪、妨害选举罪、骚扰罪、逮捕监禁者脱逃罪、藏匿罪人及湮没证据罪、伪证及诬告罪、放火决水及妨害水利罪、危险物罪、妨害交通罪、妨害秩序罪、伪造货币罪、伪造文书及印文罪、伪造度量衡量罪、亵渎祀典及发掘坟墓罪、鸦片烟罪、赌博罪、奸非及重婚罪、妨害饮料水罪、妨害卫生罪、杀伤罪、堕胎罪、遗弃罪、私滥逮捕监禁罪、略诱及和诱罪、妨害安全信用名誉及秘密罪、盗窃及强盗罪、诈欺取财罪、侵占罪、赃物罪、毁弃损坏罪。共三十六章三百二十三条，后附《暂行章程》五条。

六、《国籍法》

晚清修律是否制定国籍法，对此学界颇有争议。

《清史稿·刑法志》有言："民律、商律、刑事诉讼律、民事诉讼律、国籍法是编纂告竣，未经核议。"[1]1957年国务院法制局法制史研究室所注《清史稿刑法志注解》认为，晚清修律并未制定国籍法，仅有《国籍条例》。笔者认为，两说均有所误。

查宣统元年正月二十六日修订法律馆筹备宪政清单，内中开列宣统元年应办事宜，有"拟订国籍条例会同外务部办理"一条。[2]再查同年十一月二十五日该馆清单，内有："拟订国籍条例，系会同外务部办理，业经宪政编查馆核奏，奉旨颁行。"所开列已办事宜亦明标"拟订国籍条例"。[3]据此颁行者为《国籍条例》。

事实上，法律馆会同外务部编纂尚未上奏前，其名为《国籍法》上奏时改为《国籍条例》，宪政馆核议和最后颁发亦为《国籍条例》。

---

1 赵尔巽编：《清史稿》卷一百四十二，中华书局，1976年，第4191页。

2 《东方杂志》宣统元年第三期。

3 《修订法律馆奏筹办事宜摺并单》，《大清新法令》第七卷，商务印书馆，2011年，第43页。

光绪三十四年八月一日宪政编查馆九年筹备宪法清单中，均无编纂《国籍法》或《国籍条例》之文。为何在几个月后，急忙要求制定国籍法呢？原来，在光绪三十四年冬，爪哇华侨被荷兰殖民者逼迫入籍。爪哇泗水埠商会会议抵制，全岛华侨商学会电禀清政府农工商部，请求阻止。上海商务总会亦连续电禀电工商部和外务部。因之有是之举。

农工商部收接电禀，即上书清廷，请求速订国籍法。法律馆当然明悉此情，故于清单中列入编纂《国籍条例》之文。而清廷在工农商部疏请后，亦于二月八日下谕，令修订法律大臣会同外务部迅速编纂国籍法，妥协具奏。

修订法律馆编订尚未奏之时，其名为《中国国籍法草案》，不分章节，全文共二十八条，另有颁行法四条。大概经与外务部会商，定名《国籍条例》。全文分四章，颁行法改为施行细则。以固有籍、入籍、出籍、变籍为纲，而独采折衷主义中注重血脉系之办法，定稿上奏。[1]二月十八日，清廷下谕："外务部会同修订法律大臣奏拟国籍条例缮单呈览一摺，着宪政编查馆迅速核议具奏。"闰二月初七日，宪政馆核议告竣，上疏陈请颁行。

经宪政馆的增损修改，颁行之《大清国籍条例》，共分五章二十四条，次第为：固有籍、入籍、出籍、复籍、附条。《施行细则》十条。后附（入复）籍呈式、（入复）籍保结式、入籍甘结式、入籍执照式、出籍呈式、出籍甘结式。

---

1 《东方杂志》1910 年第二期。

七、《大清刑事诉讼律草案》

光绪三十二年编纂之《大清刑事民事诉讼律草案》，因部院督抚大臣议其窒碍而废。三十四年后，仿行立宪之需要，诉讼法分刑事、民事重新单独修订。宣统二年十二月，沈家本、俞廉三将草案进呈，采用各国通例，以补中法之未备者厥有八端，其大旨为：

一曰诉讼用告劾程式。查诉讼程式有纠问、告劾之别。纠问式者，以审判官为诉讼主体，凡案件不必待人告诉，即由审判官亲自诉追，亲自审判，所谓不告亦理是也。告劾式者，以当事人为诉讼主体，凡诉追由当事人行之，所谓不告不理是也。在昔各国多用纠问式，今则概用告劾式。使审判官超然屹立于原告、被告之外，权衡两至，以听其成，最为得情法之平。

二曰检察提起公诉。犯罪行为与私法上之不法行为有别。不法行为不过害及私人之利益，而犯罪行为无不害国家之公安，公诉即实行刑罚权以维护国家之公安者也，非如私诉之权仅为私人而设，故提起之权，应专属于代表国家之检查官。

三曰摘发真实。其义有三：一为自由心证。证据之法，中国旧用口供，各国通例，则用众证，众证之优于口供，无待缕述。然证据而以法律豫定，则事实皆凭推测，真实反为所蔽，宜悉凭审判官自由取舍。一为直接审理。凡该案关系之人与物必行直接讯问、调查，不凭他人申报之言辞及文书，辄与断定。一为言辞辩论。于原被两造之言辞辩论而折衷听断，自经辩论之后，于被告之一造，亦可察言观色，以验其情之真伪。

四曰原、被待遇同等。同等云者非地位相同，指诉讼中关于攻击防御俾以同等便利而言。盖原告之起诉，既为谙习法律之检察官，若被告系无学识经验之人，何能与之对待，故特许被告人用辩护人及辅佐人，并为搜集有利证据，与以最终辩论之权，庶两造势力不至有所盈朒。

五曰审判公开。此本为宪政国之第一要件。盖公开法庭，许无关系之人旁听，具瞻所在，直道自彰，并可杜吏员营私玩法诸弊。

六曰当事人无处分权。查民事诉讼乃依私法上请求权，请求私权之保护者，当事人于诉讼中均得随时舍弃。惟刑事诉讼乃依公法上请求权，请求国家科刑权之适用者，其权固属国家，虽检察官不得随意处分，被告更不待言。是以近日各国立法例，除亲告罪外，不准检察官任便舍弃起诉权，不许犯人与被告人擅行私和，并在诉讼中撤回公诉。

七曰用干涉主义。民事诉讼当事人有处分权，审判官不得干涉。至刑事诉讼当事人无处分权，审判官因断定其罪之有无应干涉调查一切必要事宜，而不为当事人之辩论所拘束。

八曰三审制度。三审制度者即《法院编制法》所定，不服第一审可以提起控告而请求第二审之审判，不服第二审可以提起上控而请求第三审是也。

草案凡六编十四章五百一十五条。次第为：总则：审判衙门、当事人、诉讼行为；第一审：公诉、公判；上诉：通则、控告、上告、抗告；再理：再诉、再审、非常上告；特别诉讼程序：大理院特别权限之诉讼程序、感化教育及监禁处分程序；裁判之执行。

按宣统二年十二月宪政编查馆修正逐年筹备事宜清单，刑事诉讼律应当在宣统三年颁布。因辛亥革命爆发，清朝灭亡，故未核议颁布。

八、《大清民事诉讼律草案》

《大清民事诉讼律草案》亦于宣统二年十二月编纂告竣进呈清廷。沈家本、俞廉三将其纲要归纳为四端：

> 官署审判民事，首重权限，称之为审判权。其官署组织诸内部者，谓之编制；属诸外部者，厥有管辖。其职员资格，亦有二种：一任用资格，如考选录用等事是也；一奉职资格，如回避拒却等事是也。审判权及内部组织任用资格。及制度之事，法院编制法定之。至外部组织及奉职资格，及职务之事，民事诉讼律定之。依类相从，区划明析，而权限轇轕之弊一清，此关于审判衙门之宜规定者一也。
>
> 民事诉讼非俟人民起诉不能成立。既有起诉人，则必有相对人。起诉人一曰原告，相对人一曰被告，其受委任而从事诉讼者有诉讼代理人，其偕同而就审判者则有诉讼辅佐人。命名既殊，地位各异，惟讼廷责无旁贷，案牍绝少牵连。庶两造有平等之观，而局外免波及之虑。

至诉讼费用，必有所归，或预为征收，或事后交纳，亦关系于当事人权利义务者也。此关于当事人之宜规定者二也。

诉讼既与程序迭进，以主义言之，则有言词审理、书状审理、直接审理、间接审理诸名目；以阶级言之，则有第一审、上诉审、再审之区别。学说既更仆难终，层析亦繁复易紊。折衷取舍，允贵周祥。又若各审有公用之法，则自书状、送达、以迄诉讼记录。理属一贯，义主兼赅，必有共同之规，乃无浩翰之虑。又若各审之进行方法，自起诉以迄裁判，必须有法定准绳，乃能杜民情之诡辩。此关于通常程序之宜规定者三也。

通常诉讼，确当为先，简速次之。然遇有一种诉讼，最贵敏速，一或濡滞，受损实多。若必尽依通常办法，于保护人民之道既偏而不全，则于国家法令之尊或疑而不信。各国民事诉讼律于督促程序、证书诉讼、保全诉讼，皆另定办法，务求简捷，俾免贻误。此外如权利状态不能确定。则有公示催告程序，婚姻亲子，事关公益，不能不予法官以干涉之权，则有人事诉讼。凡此之属，皆必设特别办法乃能推行尽利。此关于特别程序之宜规定者四也。

草案共四编二十一章八百条，次第为：审判衙门：事物管辖、土地管辖、指定管辖、合意管辖、审判衙门职员之回避拒却及引避；当事人：能力、多数当事人、诉讼代理人、诉讼辅佐人、诉讼费用、诉讼担保、诉讼救助；通常诉讼程序：总则、地方审判厅之第一审诉讼程序、初级审判厅之诉讼程序、上诉程序、再审程序；

特别诉讼程序：督促程序、证书程序、保全程序、公示催告程序、人事诉讼。

此法案与刑诉草案命运相同。

九、《大清民律草案》

民法典之起草，早在光绪三十三年即已着手进行。光绪三十四年宪政编查馆九年筹备宪政事宜清单规定，从第一年（光绪三十四年）起，由修订法律馆编订民、商、刑诉、民诉诸法典，第四年宪政编查馆加以核订，第六年颁布，第八年实行。宣统继位后，筹备年限缩短，民法等规定应在宣统三年颁布，宣统四年实行。本此精神，沈家本、俞廉三督饬馆员加快起草，特聘日本大审院判事法学士松冈义正协助，选派馆员分赴各省采访民俗习惯。依据调查所得之资料，参照德国、瑞士、日本等国民法，斟酌各省报告之表册，于宣统二年冬，将全部草案编纂成书。宣统三年九月，由俞廉三等奏呈（时沈家本已辞去修订法律大臣之职）。俞氏等奏呈时，将编辑大旨列为四端：

一、注重世界最普通之法则。瀛海变通，于今为盛。凡都邑巨埠。无一非商战之场，而华侨之流寓南洋者，生齿日益繁庶，按国际私法，向据其人之本国法办理。如一遇相互之诉讼，彼执大同之成规，我守拘墟之旧习。利害相去，不可以道里计。是编为拯斯弊，凡能力之差异，买卖之规定，以及利率时效等项，悉采用普通之制，以均彼我而保公平。

二、原本后出最精之法理。学说之精进，由于学说者半，由于经验者半。推之法律，亦何莫不然，以故各国法律愈后出者，最为世人注目，义取规随，自殊剽袭，良以学问乃世界所公，并非一国所独也。是编关于法人及土地债务诸规定，采用各国新制，既原于精确之法理，自无凿枘之虞。

三、求最适于中国民情之法则。立宪国政治几无不同，而民情风俗，一则由于种族之观念，一则由于宗教之支流，则不能强令一致，在泰西大陆尚如此区分，矧其为欧亚礼教之殊，人事法缘于民情风俗而生，自不能强行规模，致贻削趾就履之诮。是编凡亲属、婚姻、继承等事，除与立宪相背酌量变通外，或取诸现行法制，或本诸经义，或参诸道德，务期整饬风纪，以维持数千年民彝于不敝。

四、期于改进上最有利益之法则。文子有言：君者盘也，民者水也，盘园水园，盘方水方。是知匡时救弊，贵在转移，拘古牵文，无裨治理。中国法制历史，大抵稗贩陈编，创例盖寡。即以私法而论，验之社交非无事例，征之条教反失定衡。改进无从，遑谋统一。是编有鉴于斯，特设债权、物权详细之区别，庶几循序渐进。冀收一道同风之益。

全书分总则、债权、物权、亲属、继承五编，三十七章。因亲属、继承二编，需会商礼学馆，故当时俞氏等仅将总则、债权、物权三编，计一千三百六十条，定名《大清民律草案》，奏呈清廷。[1]

1 《立宪史料》下册，第911—914页。

之后，武昌辛亥革命枪声打响，清王朝旋即灭亡。因之，该草案既未经宪政馆核订，亦未颁布。

十、《大清现行刑律》之编订

清光绪三十四年，《大清新刑律》草案已拟订完毕，上奏交各省签注。但是新刑律乃实行宪政之法，正式立宪又规定在九年以后。在新律未行、旧律不适于用、实行宪政前又须有章可循之时，沈家本认为，“旧律之删定，万难再缓”，建议踵续因官制改革人员调动而停止之《大清律例》的改造，完成修改、修并、移并、续纂等项工作，以竟前功，并拟定四条办法：

> 一、总目宜删除也。刑律承明之旧，以六曹分职，盖沿用《元圣政典章》及《经世大典》诸书，揆诸名义，本嫌未安，现今官制或已改名，或经归并，与前迥异，自难仍绳旧式，兹拟将吏、户、礼、兵、刑、工诸目一律删除，以昭画一。
>
> 一、刑名宜厘正也。律以笞、杖、徒、流、死为五等，而例则于流之外，复增外遣、充军二项。自光绪二十九年刑部奏请删除充军名目，改为安置，是年刑部又于议覆升任山西巡抚赵尔巽条奏，军、流、徒酌改工艺。三十一年臣家本与伍廷芳议覆前两江总督刘坤一等条奏，改笞、杖为罚金。三十二年奏请将秋审可矜人犯随案改流。三十三年臣等遵旨议定满汉同一刑制，是年法部覆奏请将例缓人犯，免入秋审等因各在案。叠届变通，渐趋宽简。质言之，即死刑、安置、工作、罚金四项

而已，而定案时因律例未改，仍复详加援引，偶一疏忽，舛误因之，似非循名核实之义。兹拟将律例内各项罪名，概从新章厘订，以免纷歧。

一、新章宜节取也。新章本为未纂定之例文，惟自同治九年以来垂四十年，通行章程，不下百有余条，阅时既久，未必尽合于今。兹拟分别去留，去为旧例所无，如毁坏电杆、私铸银圆之类，择出纂为定例，若系申明旧例，或无关议拟罪名，或所定罪名复经加减者，无庸编辑。

一、例文宜简易也。律文垂一定之制，例则因一时权宜量加增损，故列代文法之名，唐于律之外有令及格式，宋有编敕，自明以大诰会典问刑条例附入律后，律例始合而为一。历年增辑，寖而至今，几及二千条以下，科条既失之浩繁，研索自艰于日力，虽经节次删除，尚不逮十之二三。其中与现今情势未符者，或另定新章，例文已成虚设者，或系从前专例无关引用者，或彼此互见，小有出入者，不胜缕举。凡此之类，拟请酌加删并，务归简易。

经过一年多的工件，宣统元年八月，《现行刑律》初稿编订告竣。沈家本、俞廉三联衔上疏，呈进清单，共计编订律文四百一十四条，例文一千零六十六条（按：同治九年修订后的《大清律例》，计律文四百三十六条，例文一千八百九十二条）。经宪政编查馆核议，又勘二百六十条。勘正后的《现行刑律》，在缮写黄册过程中，因《法院编制法》颁布、秋审制度亦变通，又按照这两个新章程更正原有条文，修改五十七条，删除十条。经过几次反复修正，最后定本。律文三百八十九条，例文一千三百二十七条，附《禁烟条例》十二条，《秋审条例》一百六十五条。卷首除奏疏外有律目、服制图、服制。定名为《大清现行刑律》。主文删除六目之后，分为三十门，次第为：名例、职制、公式、户役、田宅、婚姻、仓库、课程、钱债、市廛、祭祀、礼制、宫卫、军政、关津、邮驿、盗贼、人命、斗殴、骂詈、诉讼、受赃、诈伪、犯奸、杂犯、捕亡、断狱、营造、河防。其中户役内之承继、分产，以及婚姻、田宅、钱债等条中，纯属民事者，不再科刑。[1]

《大清现行刑律》集晚清旧律改革之大成，被一些学者视为封建法律中最进步的一部法典。

晚清修律，为数甚巨，以上仅就主要法律法典而述其崖略。其余诸法，非本处所可括，故不赘述。

---

1 《钦定大清现行刑律》卷前奏疏。

第十一章 礼法论争

晚清立法是中国法的转折点。沈家本主持立法，以收回领事裁判权为契机，以救亡图存为目的，在农业经济仍占主导地位的状态下，移植规范工商社会的西方法，来完成中国法由传统到现代的转化。移植的新法与传统社会断裂而产生的思想冲突，不能不反映到立法的过程中。晚清立法中的各种争论，正是这种思想冲突的表现。而在所有这些争论中，围绕《刑事民事诉讼法》和《大清新刑律》的“礼法之争”最为激烈。这次论争，从文化上说，是外来法文化与传统法文化之争（或者说，是工商文化与农业文化之争）；从制度上说，是旧法与新法之争；从思想上说，是家族伦理与个人自由权利之争（或者说，是家族主义与国家主义之争）。

论者常将“礼法之争”说成是“礼治”与“法治”之争。而就当时的争论而言，此说并不尽然。依笔者之见，礼法之争中的礼，是指礼教，法即法理。当时直接参加这场争论的陈宝琛说："《新刑律草案》于无夫奸罪之宜规定与否，或主礼教，或张法理，互相非难，未有定说。"[1]法理，按照沈家本的解释，就是"法律制原理"[2]。

礼教和法理是两种不同的法律思想：前者以维护宗法家族制度，进而维护整个封建制度为目的；后者以维护"人权"进而维护资产阶级所有权和资本主义制度为目的。当时也有人称礼教派为家族主义派、国情派，法理派为国家主义派、反国情派。又由于法理派首领是沈家本，故又有沈派与反沈派之说。

在整个争论中，礼法双方都不绝对地主张礼教或法理。尤其是法理派，虽然要求以西方法律的原理和原则为价值判断，制定新律，但在他们自己所修订的新律中却保留了大量的礼教条文。参加起草《大清新刑律》的日本法学博士冈田朝太郎自己也承认，《大清新刑律》是重视礼教的。双方争论的核心问题是：用资产阶级的法理判断，《大清律例》中有关礼教的规范，诸如干名犯义、犯罪存留养亲、亲属相奸、亲属相盗、亲属相殴、故杀子孙、杀有服卑幼、妻殴夫、夫殴妻、发冢、犯奸、子孙违反教令等等条文，要不要全部列入新刑律？要列入的，又如何列入？而争论到最后，焦点则仅限于"无夫奸"和"子孙违反教令"两条。

礼教派代表人物有张之洞、劳乃宣等。

张之洞，字孝达，号香涛，河北南皮人，同治二年（1863年）进士，历任湖北、四川学政，内阁学士兼礼部侍郎。光绪初年

---

1 《陈阁学新刑律无夫奸罪说》，载《新刑律修正案汇录》，见《《桐乡劳先生乃宣遗稿》，文海出版社，1966年，第953页。

2 《论杀死奸夫》，《刑法考（四）》，第2086页。

出为山西巡抚，此后长期担任两广、湖广总督，两度署理两江总督。清末，他以湖广总督参预清廷政务处事宜，并任督办商务大臣、体仁阁大学士。调北京后，以军机大臣兼管学部，又兼督办粤汉、川汉铁路大臣，是慈禧太后最为信任的汉族大臣之一。慈禧和光绪死后，他以顾命大臣晋太子太保，死后被清廷谥为“文襄”，是礼教派的重要首领。

劳乃宣，字季瑄，号玉初，自号矩斋，又号韧叟，浙江桐乡人。同治十年(1871年)进士，为直隶省知县。光绪三十四年奉召进京，充宪政编查馆参议、政务处提调，钦选资政院硕学通儒议员。后授江宁提学使，故又称“劳提学”。宣统三年任京师大学堂总监督，袁世凯内阁学部副大臣。张勋复辟时，被任为伪法部尚书，辞未就职。他也是礼教派的首领，当时有劳党之称。

此外，还有刘廷琛(江西德化人，光绪三十四年至宣统三年任京师大学堂总监督)、陈宝琛(福建闽县人，时为宪政编查馆一等咨议官、资政院议员)，也是礼教派中的重要人物。

法理派的代表人物，自然是沈家本。修订法律馆和宪政编查馆大部分人员均站在法理派一边，如杨度等。杨度，字哲子，湖南湘潭人，举人，留日学生。资政院议决新刑律时，以宪政编查馆特派员身份，代表政府向议员解说新刑律。宣统三年以四品京堂担任奕劻内阁统计局局长，后又出任袁世凯内阁学部副大臣，袁世凯称帝时，是“筹安会”六君子之一。

法理派还有一个需要提及的是汪荣宝，字衮甫，江苏吴县人，光绪二十三年拔贡，留日学生。光绪三十三年担任清廷民政部参议，后被委协同编纂宪法。资政院议决新刑律时，他是资政院专任法典股副股长，负责审查宪政编查馆交议之法律，在议场与礼教派进行激烈辩论。

此外参加这场争论的,还有个别封建士大夫和在华外国人(如日本人冈田朝太郎、德国人赫善心等)。

一、张之洞对《刑事民事诉讼法》的批驳

——法律本原实与经术相表里

编订《刑事民事诉讼法》之议，始于光绪三十一年沈家本、伍廷芳批驳御史刘彭年的奏摺。刘彭年要求恢复当时已被明令废除的刑讯制度，同时建议制定诉讼法。沈家本等在批驳了刘彭年恢复刑讯的建议后，对他要求编订诉讼法的建议颇表赞同。但他们认为，民法和两个正式的诉讼法都必须在刑法编定后，才能制定,而在"改革伊始",又"必得诉讼法相辅而行,方能推行无碍"。因此建议以经过删削的《大清律例》为实体法，先行"编辑简明诉讼法章程"，与西方、日本"齐一法制，取彼之长补我之短"[1]。这就是《刑事民事诉讼法》编订的起因。

《刑事民事诉讼法》草案上奏后，清廷发交大臣讨论。"各督抚多议其窒碍"[2]，予以批驳。这些驳议，以张之洞光绪三十三年七月的《遵旨覆议新编刑事民事诉讼法摺》最具代表性：

> 《书》曰："士制百姓于刑之中，以教祇德。"汉臣班固有言："名家者流，原于礼官。"盖法律之设，所以纳民于轨物之中，而法律本原，实与经术相表里，其最著者为

1 《修律大臣外务部右侍郎伍、刑部左侍郎沈议覆御史刘彭年停止刑讯请加详慎摺》，《全集》第二卷，第437页。

2 赵尔巽编：《清史稿》卷一百四十二，中华书局，1977年版，第4189页。

亲亲之义，男女之别，天经地义，万古不刊。乃阅本法所纂，父子必异财，兄弟必析产，夫妇必分资；甚至妇人女子，责令到堂作证。袭西俗财产之制，坏中国名教之防，启男女平等之风，悖圣贤修齐之教，纲沦法斁，隐患实深。至于家室婚姻，为人伦之始；子孙嗣续，为宗法所关。古经今律，皆甚重之。中国旧日律例中，如果审讯之案为条例所未及，往往援三礼以证之。本法皆阙焉不及无论。勉强骤行，人情惶惑，且非圣朝明刑弼教之至意。此臣所谓于中法本原似有乖违者也。

恭绎谕旨，殷殷以现在民情风俗为念。仰见圣虑周详，曷胜钦服。夫立法固贵因时，而经国必先正本。值此环球交通之世，从前旧法自不能不量加变易。东西各国政法，可采者亦多。取其所长，补我所短，揆时度势，诚不可缓。然必须将中国民情风俗，法令源流，通筹熟计，然后量为变通，庶免官民惶惑，无所适从。外国法学家讲法律关系，亦必就政治、宗教、风俗、习惯、历史、地理，一一考证，正为此也。在法律大臣之意，变通诉讼制度。以冀撤去治外法权，其意固亦甚善。惟是各国侨民，所以不守中国法律者，半由于中国裁判之不足以服其心，半由于中国制度之不能保其身家财产。外国商民冒险远至，其本国欲尽保护之职分，不得不计其身家性命之安危。乃因各省伏莽充斥，盗贼横行，官吏虽多而不能保民，警察虽设而不能遍及，致为外人窃笑。而谓变通诉讼之法，即可就我范围，彼族能听命乎？纵使所定诉讼法条理完密，体例精详，亦必指瑕索瘢，，借端责难又安能尽餍其欲耶？矧所纂各条，按之西律，不无疏漏混淆之处。

近年与英、美、日本订立商约，彼国虽允他日弃其治外法权，然皆声明“俟查悉中国律例情形、审断办法及一切相关事宜皆臻妥善”等语。是已失之法权，不能仅恃本法为挽救，其理甚明。所谓“一切相关事宜皆臻妥善”十字，包括甚广。其外貌则似指警察完备，盗风敛戢，税捐平允，民教相安等事。其实则专视国家兵力之强弱，战守之成效以为从违。观于日本实行管束外国商民，实在光绪二十年以后可以晓然。若果不察情势，贸然举行，而自承审官、陪审员以至律师、证人等，无专门学问，无公共道德，骤欲行此规模外人貌合神离之法，势必良懦冤抑，强暴纵恣，盗已起而莫惩，案久悬而不结。此臣所谓难挽法权而转滋狱讼者也。

且西洋各国，皆先有刑法、民法，然后有刑事、民事诉讼法。即日本维新之初，亟亟于编纂法典，亦未闻诉讼法首先颁行，如刑法及治罪法俱施行于明治十五年，旧民法及民事诉讼法俱公布于明治二十三年是也。有诉讼之法，尤须有执法之官，故必裁判官权限分明，而后诉讼法推行尽利，如德国之旧诉讼法与裁判所编制法同时实行是也。中国律例，详刑事而略民事，即以刑事而论，亦与西律悬殊。综观本法所编各条，除“中外交涉”外，大抵多编纂刑法、民法以后之事，或与厘定裁判官制相辅之文。此时骤议通行，非特大碍民情风俗，且于法律原理枘凿不合。

臣惟编纂法律，有体有用，先体后用，其势乃行。现行律例以吏、户、礼、兵、刑、工分类，本沿明律之旧，官制改后，名实已乖。近年新政新法渐次增行，国际交涉日益繁重，实非旧例所能赅括。即如轮船、铁路、电报、邮政、印花、钞票，在外国莫不严妨碍交通之罪，设侵害信用之防。又如杀伤外国使臣，勾通外国军队，伪造外国通行货币，违背战时中立条规，有一于此，足碍邦交，在外国莫不特设专条，预为防范。至于商务各条之别有商法，军政各项之别有海陆军刑法，各国已为通例，未有与刑法相混者。而民法一项，尤为法律主要，与刑法并行。盖东西诸国法律皆分类编定。中国合各项法律为一编，是以参伍错综，委曲繁重。今日修改法律，自应博采东西诸国律法，详加参酌，从速厘订，而仍求合于国家政教大纲，方为妥善办法。律条订定以后，再将刑事民事诉讼法妥为议定，则由本及支，次第秩然矣。至目前审判之法，只可暂订诉讼法试办章程，亦期于民情风俗一无阻碍而后可。[1]

这部草案共二百六十条，张之洞对其中五十九条作了批驳，今录其中两条驳词（条文为诉讼法原款，按为驳文）：

第一百三十条　凡左列各项不在查封备抵之列：一、本人妻所有之物；二、本人父母兄弟姊妹及各戚属家人之物；三、本人子孙所自得之物。

按：西俗父子兄弟别籍而居，姊妹戚属皆许承产。法律因之，故财产之权各有界限。中国立教首重亲亲。

1　赵德馨主编：《张之洞全集（四）》，武汉出版社，2008 年，第 308—309 页。

定律祖父母、父母在，子孙别立户籍分异财产者有罚。且列诸十恶内不孝一项之小注。而卑幼私擅用财，又复定为专律。今以查封备抵之故，而强为分析财产，则必父子异宅，兄弟分炊，骨肉乖离，悖理甚矣。西国自罗马法以来，即以分析财产权为法律要义。近来各国编纂法典，一部民法辄千余条，财产之事居其大半。故遇查封产物之案，何产归何人所有，可以按册稽考。然夫妻财产，苟不于结婚时订明分析者，妻之私财即作为与夫共有。是夫妇财产已不能分析矣。且财产有动产、不动产之别。西律不动产以注册为凭，若动产则凡持于他人之手者，其权利即为他人所有。中国田房税契只载花户姓名，其一家之内，何人名下应分若干，在所不问。是不动产之为何人所有，尚无册籍可考，何论动产乎。即使本人财产确然可指，亦尽有不能查封备抵者。日本之法，公服祭器等概不没为官物。按之贫不鬻祭器，寒不衣祭服之例，中外同符。国家明法敕罚，原以厚风俗而正人心，中西政教各异，此法万不可行。

第二百四十二条　凡职官命妇，均可由公堂知会到堂供证

按：职官供证，本非失体，惟须视案情如何。若职守攸关，则泄漏公事，例禁綦严，岂容在堂供证。东西各国，凡官吏就其职分之事，得拒绝证言。其有不得已者，必俟上司允准。中国服官之义，亦岂有殊，此必须于本条声明者也。至命妇到堂，则必不可。春秋之义，保母不在，宵不下堂。《周礼》：凡命妇不躬坐狱讼。郑康成注以为不身坐者，必使其属若子弟。于例妇人小事

牵连，提弟兄子侄代审。如遇亏空、赔累、追赃、搜查家产、杂犯等案，将妇女提审永行禁止，所以养廉耻全名节也。以言经义则如彼，以言国法又如此。然则妇女到堂供证为万不可行之事，初不必问其为命妇与否。如实系案内紧要人证，尽可令其子侄兄弟到堂。此为名教所关，断不宜借口于男女平权之说。中西风俗各殊，此亦其一端也。[1]

二、学部对《大清新刑律草案》的驳议

——因伦制礼，准礼制刑

《大清新刑律》是清末编定新法中最重要的法律之一，也是礼教派和法理派争论最激烈的法律。

新刑律不断打破了有两千多年传统的诸法合体体系，而且广泛采纳西方资产阶级的刑法原则，和旧律相比，也有很大的变化。但是，新刑律中仍然保留不少礼教条款。沈家本自己也说，这个草案，虽然"折衷各国大同之良规，兼采近世最新之学说，仍然不戾乎我国历世相沿之礼教民情"[2]。例如：旧律之"大逆不敬"罪，仍然本"《春秋》之义"修入新律，只不过"修正文词及处分之阶级"而已；旧律"谋反"罪，新律变为"内乱"罪；旧律中卑幼杀害、伤害、加暴行于尊亲属的规定，新律都有比一般人加重处理的特

1　赵德馨主编：《张之洞全集（四）》，武汉出版社，2008年，第314、320页。

2　《修订法律大臣沈家本等奏进呈刑律分则草案摺》，《大清新法令》第一卷，商务印书馆，2011年，第521页。

别条文；杀死尊亲属者并处于唯一死刑。这些都说明，礼教条款在新律中仍然占有很大比重。

继诉讼法之后，张之洞以军机大臣兼管学部的身份，对《大清新刑律》草案再次发难。此次诘难，远甚于诉讼法。据参与当时修律的董康诸人记述，文字之争几成大狱："学部大臣张之洞，以刑法内乱罪，不处唯一死刑，指为袒庇革党，欲兴大狱，为侍郎宝熙所阻。复以奸非罪章，无和奸无夫妇女知罪明文，指为败坏礼教。"[1]江庸亦云："维时张之洞，以军机大臣兼长学部，因刑律草案无奸通无夫妇女治罪条文，以为蔑弃礼教……"[2]当时的学部奏摺，虽不能断定为张之洞手草，然依清朝惯例，他既已军机大臣兼管学部，则学部一切事务必由其做最后之决定方能施行。此奏当然不能例外。

学部批驳新刑律草案，虽经宝熙劝说，删去庇护革党之词，然在维护封建纲常伦纪上，则是守旧派的一份杰作：

> 窃维古昔圣王，因伦制礼，准礼制刑。凡刑之轻重等差，一本乎伦之秩序，礼之节文，而合乎天理人情之至者也。《书》曰："明于五刑以弼五教。"《王制》曰："凡听五刑之讼，必原父子之亲，立君臣之义以权之。"此我国立法之本也。大本不同，故立法独异。我国以立纲为教，故无礼于君父者，罪罚至重。西国以平等为教，故父子

1 董康：《前清法制概要：在本校第七届毕业典礼之演说词》，《法学季刊》1924年第2卷第2期，第67页。

2 江庸：《五十年来中国之法制》，原载申报馆编：《最近之五十年——申报馆五十年纪念》1923年，现见《清华法学》第八辑，第260页。

可以同罪，叛逆可以不死。此各因其政教习俗而异，万不能以强合者也。今将新定刑律草案与现行律例大相刺谬者，条举于左。

一、中国即制刑以明君臣之伦。故旧律于谋反大逆者，不问首从，凌迟处死。新律草案则于颠覆政府，僭窃土地者，虽为首魁，或不处以死刑。凡侵入太庙宫殿等处射箭放弹者，或科以一百圆以上之罚金。此皆罪重法轻，与君为臣纲之义大相刺谬者也。

一、中国即制刑以明父子之伦。故旧律凡殴祖父母、父母者死，殴杀子孙者杖。新律草案则凡伤害尊亲属，因而致死或笃疾者，或不科以死刑。是视父母与路人无异，与父为子纲之义大相刺谬者也。

一、中国即制刑以明夫妇之伦。故旧律妻殴夫者杖，夫殴妻者非折伤勿论。妻殴杀夫者斩，夫殴杀妻者绞。而条例中妇人有犯罪坐夫男者独多，是责备男子之意，尤重于妇人，法意极为精微。新律草案则并无妻妾殴夫之条，等之于凡人之例。是与夫为妻纲之义大相刺谬者也。

一、中国即制刑以明男女之别故。旧律犯奸者杖，行强者死。新律草案则亲属相奸与平人无别。对于未满十二岁以下之男女为猥亵之行为者，或处以三十元以上之罚金；行强者或处以二等以下有期徒刑。且曰犯奸之罪与泥饮惰眠同例，非刑罚所能为力，即无刑罚制裁，此种非行，亦未必因是增加。是足以破坏男女之别而有余也。

一、中国即制刑以明尊卑长幼之序故。旧律凡殴尊长者，加凡人一等或数等；殴杀卑幼者，减凡人一等或数等。干名犯义诸条，立法尤为严密。新律草案则并无尊长殴杀卑幼之条，等之于凡人之例。是足以破坏尊卑长幼之序而有余也。

……

窃意今日改律之要，当删繁减轻。减轻一节，已经明谕罢除凌迟、枭首等刑，而且停止刑讯，整顿监狱。朝廷仁厚恻怛之至意，已为各国所同钦，万民所共仰矣。要在内外刑官实力遵行。至于删繁一节，前此修律大臣奏请删定现行法律，实为扼要办法。拟请饬下该大臣将中国旧律旧例，逐条详审，何者应存，何者可删。再将此项新律草案，与旧有律例逐条比较。其无伤礼教只关罪名轻重者，斟酌至当，择善而从。其有关伦纪之处应全行改正，总以按切时势而仍不背于礼教为主。限期修改成书，再行请旨交宪政编查馆核议后，恭呈钦定，颁行海内，庶几收变法之益，而不贻变法之害。臣等守官学部，法律之学并非专长。岂愿好为指摘，特恐因重要数大端，罪名轻重之间，倘有失当，以致斁伦伤礼，纲纪全隳，实于世道人心，大有关系。愚虑私忧，不胜大惧，既有所见，不敢缄默自安。谨将刑律草案有妨礼教各条，摘录原文附以驳议，缮具清单，恭呈御览。[1]

清廷将学部及部院督抚大臣的签驳，连同《大清新刑律草案》

1 《光绪东华录》，第5908—5911页。

发交沈家本和法部修改。沈家本和修订法律馆在修改中，“于有关伦纪各条，恪遵谕旨，加重一等”，然后送交法部。法部尚书廷杰以“中国名教必须永远奉行勿替者，不宜因此致令纲纪荡然”，在草案正文后面又加上《附则》五条，明确规定：“大清律中，十恶、亲属容隐、干名犯义、存留养亲以及亲属相奸、相盗、相殴，并发冢、犯奸各条，均有关于伦纪礼教，未便蔑弃”。中国人犯以上罪仍照旧律办法惩处。“危害乘舆、内乱、外患及对于尊亲属有犯应处死刑者”，仍用斩刑。卑幼对尊亲属不能使用正当防卫之法。这次修改案，定名为《修正刑律草案》，宣统元年由廷杰、沈家本联名上奏。[1]

三、在旧义与新理之间的批驳与反批驳

《修正刑律草案》上奏，不但没有消除争论，反而引起更大的冲突。彼时，张之洞已经作古，礼教派失去权力和思想支柱，因而使沈家本他们敢于正面反击。据当时参加修律的江庸后来回忆说：“当刑法草案告成提交资政院议决之顷，朝野之守旧者，将法制与礼教观念混而为一，多不慊于新法，群起而讥议之。其反对最力者，为劳乃宣氏。……而守旧者，则谓语出西人，大足张其旗鼓，新律几有根本推翻之势。沈氏（家本）愤慨异常，独当其冲，著论痛驳。冈田朝太郎、松冈义正、董康及宪政编查馆法律馆诸人，亦助沈氏辞而辟之。其中以杨度氏之《论国家主义与家族主义之区别》、吴廷燮氏之《用旧说议律辩》二篇，最为

1 《法部尚书臣廷杰等跪奏为修正刑律草案告成敬缮具清单摺》，《钦定大清刑律》，“奏疏”，第17—18页。

透辟。”[1]宣统年间之报刊，亦对修律诸人之论说，详之报端。兹录《国闻报》之一则纪事，以见当时之大略：

第一次新刑律草案，为京内外大员驳议后，法律馆又加修订。目前在宪政馆会议此事时，劳乃宣与沈家本意见大忤。劳力主将大清律中，种种破碎条文，加入于新刑律中，于干犯礼教一条，夫妻相殴一条，特别从严处罚。至于何物确为名教，何事乃干犯礼教，劳亦不能指出。其所谓妻殴夫之罪，加等处罚，法律馆草案原是如此。劳犹欲加重，故沈大作驳议，洋洋数千言。非徒侈谈东西法理，且语语根据经典，足以折服新旧两学之心理。劳所争辩者，无非托礼教问题，以钳人口。沈林一又随声附和以助其焰。闻辩驳最力者，为编制局局长吴廷燮。首先提出法权问题，谓中国是否欲收回领事裁判权？收回领事裁判权，是否宜改良法律，以期中外皆可适用。若劳所持异论，为极不人道，外人岂能承认此种刑律？因此中国领事裁判权，亦永无收回之一日。而劳已闻言气沮。最后有谓礼教根源于道德，若劳所持为不道德，便可谓之非礼教。而杨度则谓礼教有国家主义与家族主义之别，中国今日究竟宜采用何等礼教？若采用家族主义，则编纂新刑律可谓多此一事；采用国家主义，则沈子敦侍郎以数十年之旧律研究，数年之新律讨论，彼反对者所持一二肤浅之议，竟可以根本以取消其

---

1 江庸：《五十年来中国之法制》，原载申报馆编：《最近之五十年——申报馆五十年纪念》1923 年，现见《清华法学》第八辑，第 260 页。

谬说也。至与之逐条辩驳者，尚枝叶争持云。[1]

（一）劳乃宣：本旧律之义，用新律之体

宣统二年，劳乃宣以《修正刑律草案》正文有违礼教，《附则》规定，旧律礼教条文另辑单行法适用中国人是“本末倒置”，向宪政编查馆上《修正刑律草案说帖》[2]，要求直接把“旧律中义关伦纪礼教诸条”，“逐一修入新刑律正文”。[3]

> 今查法律大臣会同法部奏进修正刑律草案，于义关伦常诸条，并未按照旧律修入正文。但于《附则》第二条声称：“中国宗教尊孔，向以纲常礼教为重，况奉上谕再三告诫，自应恪为遵守。如大清律中十恶、亲属容隐、干名犯义、存留养亲，以及亲属相奸、相盗、相殴，并发冢、犯奸各条，均有关于伦纪礼教，未便蔑弃。如中国人有犯以上各罪，应仍照旧律办法，另辑单行法以昭惩创”等语。窃维修订新刑律，本为筹备立宪，统一法权之计。凡中国人及在中国居住之外国人，皆应服从同一法律。是此法律本当以治中国人为主，特外国人亦在其内，不能异视耳，非专为外国人设也。今乃按照旧律，另辑中国人单行法，是视此新刑律专为外国人设矣。本末倒

1 《国闻报》，1910年2月2日第一版。

2 劳乃宣：《韧菴老人自订年谱》，文海出版社，1966年，第45页。

3 劳乃宣：《桐乡劳先生乃宣遗稿》，文海出版社，1966年，第887页。以下所引内容来自劳乃宣《修正刑律草案说帖》，载该书第885—928页。

置，莫此为甚。谓宜将旧律中义关伦常诸条，逐一修入新刑律正文之内，方为不悖上谕修改宗旨，足以维伦纪而保治安。

顾草案按语内谓：修订刑律所以为收回领事裁判权地步，刑律中有一二条为外国人所不遵奉，即无收回裁判权之实，故所修刑律专为摹仿外国为事。窃谓此论实不尽然。泰西各国凡外国人居其国中者，无不服从其国法律，而各国法律互有异同。有一事而甲国法律有罪，乙国法律无罪者，乙国之人居于甲国有犯，即应治罪，不能因其本国法律无罪而不遵也；甲国法律罪轻，乙国法律罪重者，甲国之人居于乙国有犯，即应治以重罪，不能因其本国法律罪轻而不遵也。

劳乃宣接下来并列举法国、日本、荷兰、瑞士、俄国、德国之法律条款，以表明各国法律于“弑逆”“忤逆”“犯奸”等均有相应的处罪条款，且并不尽同。而各国并未因此规定差异而行使领事裁判权，居住在何国便适用当地国家法律。

是则外国人遵奉所居国法律，不必与其本国法律相同，确有明证也。今我中国修订刑律，乃谓为收回领事裁判权地步，必尽舍其固有之礼教风俗，而一一摹仿外国，然后能行。不知各国法律彼此各异，合乎甲即悖乎乙，从乎丙即违乎丁，无论如何迁就，断不能纤悉相符。……若外国人在中国犯罪，必中国律内罪名与其本国律内罪名毫发无异，然后能遵。则同乎此国者，彼国必有违言，同乎彼国者，此国必相反对，是必穷之道也。……总之，一国之律必与各国之律处处相同，然后乃能令在国内居住之外国人遵奉，万万无此理，亦万万无此事。以此为收回领事裁判权之策，是终古无收回之望也。

考光绪二十七年英国商约第十二款云："中国深愿整顿中国律例，以期与各西国律例改同一律，英国允愿尽力协助，以成此举。一俟查悉中国律例情形及其审断办法，及一切相关事宜皆臻妥善，英国即允弃其治外法权"。日本商约第十一款"各西国"作"东西各国"，"英国"作"日本国"，余皆相同。窃谓所谓整顿本国律例，以期与东西各国改同一律者，但期大体相同，如罢除笞杖、停止刑讯、裁判独立、监狱改良之类，非必罪名条款一一相同也。罪名条款，东西各国之律本自各不相同，而谓一国之律可遍与各国条款一一相同，为理所必无之事。是"改同一律"一语，不作此解明矣。所谓"审断办法及一切相关事宜"即指民刑诉讼等律及民律、商律与法院编制法等而言。曰"查悉皆臻妥善即允弃其治外法权"，所谓"妥善"即以上所述各节，非条款一一相同谓也。是但得各国视为妥善，即有收回裁判权之望矣。故今日修订刑律，欲为收回领事裁判权地步，但当力求妥善，不必悉求相同。此确凿有凭，毫无疑义者也。今修订刑律，必尽舍其固有之礼俗，而一一摹仿外国者，其所持之说以收回领事裁判权一语为惟一无二之主张，故果于冒天下之不韪而毅然为之，以前说证之，其说不攻自破矣。收回裁判权之说既破，则于上谕内"凡我旧律义关伦常诸条不可率行变革"之宗旨，无所窒碍矣。

且夫国之有刑所以弼教，一国之民有不遵礼教者，以刑齐之，然后民不敢越。所谓礼防未然，刑禁已然，两者相辅而行，不可缺一者也。故各省签驳草案，每以维持风化立论，而按语乃指为浑道德法律为一。其论无夫奸也，有云："国家立法期于令行禁止，有法而不能行，转使民玩法而肆无忌惮。和奸之事，几于禁之无可禁，诛之不胜诛，即刑章俱在，亦只为具文。必教育普及，家庭严正，舆论之力盛，廉耻之心生，然后淫靡之风可以少衰。"又云："防遏此等丑行，尤不在法律而在教化，即列为专条亦毫无实际。"其立论在离法律与道德教化而二之，视法律为全无关于道德教化之事。惟其视法律为全无关于道德教化之事，故一味摹仿外国，而于旧律义关伦常诸条弃之如遗。外国之律有数国尊长卑幼皆平等者，有数国卑幼犯尊长有加重之条者，至尊长之于卑幼则全与凡同，毫无分别矣。今草案内卑幼犯尊长列有加重之条，非重伦常也，摹外国也。若尊长之于卑幼，则无只字异于凡人。是虽祖父而杀子孙，亦将处于死刑；祖父而致子孙轻微伤害，亦将处于三等至五等有期徒刑矣。以中国人心风俗衡之，窃恐未能允当也。今使有人于此，其在室未婚之女与人通奸，而父杀其女，以旧律论，当以奸夫抵命，而其父无罪；若按今刑律草案论之，则奸夫无罪，其父当以杀人处死刑。设使果有此事，吾恐将万众哗然，激为暴动也。非特不能维伦纪，且将无以保治安。又焉用此法律为乎？

夫法律与道德教化诚非一事，然实相为表里。必谓法律与道德教化毫不相关，实谬妄之论也。其言曰："和奸之事，几于禁之无可禁，诛之不胜诛，即刑章俱在，亦只为具文。”又曰：“防遏此等丑行，尤不在法律而在教化。”推其意，盖谓法律俱在，而犯者依然，是乃道德之教化未至，非法律所能禁，法律即为无用之具文，不如去之。然则有杀人之律，而仍有犯杀者，乃仁之教化未至也，将并杀人之律而去之乎？有盗贼之律而仍有犯盗者，乃义之教化未至也，将并盗贼之律而去之乎？鸦片烟之罪，赌博之罪，亦与奸罪同一教化未至，何以不去之乎？无夫和奸之罪，因禁之无可禁，诛之不胜诛，遂以专恃于教化为词而去之矣；有夫和奸之罪，同一禁之无可禁，诛之不胜诛也，何以不纯任教化而仍科罪乎？以子之矛陷子之盾，法律与道德教化无关之说，不攻自破矣。此说既破，则上谕内“凡我旧律义关伦常诸条不可率行变革”之宗旨，必当恪遵矣。

收回领事裁判权之说，道德法律不当浑而为一之说，乃说者恃以抵制纲常名教之说之坚垒也。今既摧陷廓清，无复余蕴矣。则旧律有关伦纪礼教各条，万无另辑中国人单行法之理，必应逐一修入刑律正文无疑矣。然旧律词意过于繁重详密，与全编体裁不合，应本旧律之义，用新律之体，每条兼举数刑，以期简括。其中详细等差一并归入另辑判决例内，期与旧律相合。今酌拟如左：

十恶

十恶之名本诸《唐律》，历代相沿，列于名例，以律例中每有关涉十恶之文。故本条虽无罪名，亦资引用。今新刑律内已无十恶诸名，则此条无关引用，似可不列。

亲属相为容隐

草案第十一章“藏匿罪人及湮灭证据之罪”其第

一百八十三条云："犯罪人或逃脱者之亲族，为犯罪或逃脱者利益计，而犯本章之罪者，免除其刑。"即与亲属容隐之律相同，无庸另辑。

干名犯义

干名犯义之律，与亲属容隐之条相为表里。证父攘羊，有乖大义，父子相隐，本乎性真，天理人情之至也。前条已具，而此条未备，殊为阙典，今拟其文曰：告尊亲属者得实处四等有期徒刑，尊亲属同自首免罪，诬告者处死刑，无期徒刑。亲属相告者得实，被告同自首免罪，卑幼处拘役。诬告者，卑幼处一等至三等有期徒刑，尊长处拘役。

犯罪存留养亲

旧律犯罪而有祖父母、父母老疾应侍者，苟非常赦所不原，死罪以下皆许留养，所以教孝也。新刑律有宥恕减轻、酌量减轻、缓刑、暂释诸条，用意至为仁厚，而无存留养亲之条，实属漏义。今拟其文曰：犯罪人祖父母、父母老疾应侍，家无次丁者，死刑以下，皆得存留养亲。

亲属相奸

亲属相奸，古称内乱、禽兽行。在中国习俗，为大犯礼教之事，故旧律定罪极重。在德国法律，亦有加重之条。若我刑律不特立专条，非所以维伦纪而防渎乱也。今拟其文曰：奸父祖妾、伯叔母、姑、姊妹、子孙之妇、兄弟之女者，处死刑，无期徒刑。其余亲属相奸者，处一等至三等有期徒刑。

亲属相盗

旧律亲属相盗，罪比凡人为轻，以亲属有同财之义而宽之也。草案第三十二章第三百六十六条及第三百七十六条为窃盗之罪，其第三百八十条云：“于本支亲属配偶者、同居亲属之间犯第三百六十六条及三百七十六条之罪者，除其刑。于其余亲属之间，犯前项所揭各条之罪者，须待告诉始论其罪。非亲属而与亲属共犯者，不得依前三项之例论。”即与亲属相盗旧律大致相同，可无庸另辑。

亲属相殴

旧律亲属相殴，卑幼殴尊长则加等，尊长殴卑幼则减等，所以重伦常，正名分，维持乎世道人心者，至为深远。今草案于伤害尊亲属之身体及对尊亲属加暴行者，均有加重于凡人专条，特于旁支尊长尚无加重明文；而尊长之于卑幼，则无论直系旁支，皆无减轻之典。是虽祖父而殴伤子孙，亦将与凡人同论也。揆诸中国礼教，殊为未协。今为补拟数条以弥其缺。其文曰：

凡伤害期功以下有服尊长之身体者，依左列分别处断：

一、因而致死、笃疾者，死刑或无期徒刑及一等有期徒刑；

二、因而致废、笃疾者，无期徒刑或一等至二等有期徒刑；

三、因而致轻微伤害者，二等至四等有期徒刑。

凡对期功以下有服尊长加暴行未至伤害者，处四等至五等有期徒刑及拘役。

凡故杀子孙处五等有期徒刑。若违犯教令，依法决罚，邂逅致死者，不为罪。

凡杀期功以下有服卑幼者，处死刑，无期徒刑或一等至四等有期徒刑。

凡伤害期功以下有服卑幼身体者，依左列分别处断：

一、因而致死、笃疾者，无期徒刑或五等以上有期徒刑；

二、因而致废疾者，二等至五等有期徒刑，

三、因而致轻微伤害者不为罪。

旧律妻殴夫者加等，夫殴妻者减等，与尊长卑幼同科，本乎夫为妻纲之义也。然夫妻有敌体之礼，与尊长卑幼略有不同。西国夫妻皆平等，日本本与中国同，今已改为平等。今草案无夫妻相犯专条，是亦视为平等也。但于中国礼俗尚不甚协。《传》曰："妻者，齐也。"又曰："妇人，伏于人也。"是于平等之中又有服从之义。考旧律妻之子殴父妾者加等，妾殴妻之子者以凡人论。此尊于彼而彼不卑于此，与夫尊于妻，而妻不卑于夫，情形最为相近，可以比拟规定。今拟条文曰：

凡妻伤害夫之身体，及加暴行未致伤害者，与卑幼对尊长同，致死者，处死刑。夫伤害妻者，照凡人处断。

发冢

草案第二百五十八条："凡损坏、遗弃盗取死体者，处二等至四等有期徒刑；若损坏、遗弃、盗取遗骨、遗发、其余棺内所藏之物者，处三等至五等有期徒刑。"……（第二百五十九条至二百六十三条）业已规定甚详，虽较旧律稍轻，亦足以示惩戒，可勿庸另辑。

犯奸

旧律和奸杖八十，有夫者杖九十，有夫本重于无夫。

今草案专列有夫奸罪，其无夫犯奸者不为罪，则失之太过矣。中国风俗视奸情之事于处女孀妇尤重，若竟不以为罪，殊不当于人心。惟有仍按旧律，分别无夫、有夫为两等，最为平允。但旧律止科杖罪，新律原草案加至四等以下有期徒刑，已为较重。迨各省签驳，又于修正草案加至三等有期徒刑，则未免太重矣。今拟有夫者仍定为四等以下有期徒刑，而无夫者定为五等有期徒刑，以昭平允。拟其文曰：

凡和奸处五等有期徒刑，有夫者处四等以下有期徒刑。

子孙违反教令

旧律子孙违犯教令者杖，屡次触犯呈请发遣者发遣，祖父母、父母呈请释回者亦有释放成案。子孙治罪之权全在祖父母、父母，实为教孝之盛轨。草案未列此条，殊非孝治天下之道。考俄国之律与中国相仿，可见为人心之所同然。今补其文曰：

凡子孙违反祖父母、父母教令及奉养有缺者，处拘役；屡次触犯者，处一等有期徒刑。皆祖父母、父母亲告乃坐。如祖父母、父母代为求请减少期限、或宽免者听。

以上为劳乃宣改革旧律之动议，以及“本旧律之义，用新律之体”的具体措施，终其一生，迄未有变。

（二）沈家本：劳说不合旧义，亦悖新理

理论上的争论，目的在于辨明新刑律有关条款之应存应废。对于劳乃宣提出的一系列修正意见，沈家本则逐一予以批驳，认

定修正意见既不合旧义，亦有悖新理。

干名犯义

此告诉之事，应于编纂《判决录》时，于诬告罪中详叙办法，不必另立专条。

犯罪存留养亲

古无罪人留养之法，北魏太和中，始著之令格。《金史·世宗纪》："大定十三年，尚书省奏，邓州民范三殴杀人当死，而亲老无侍。上曰：'在丑不争谓之孝，孝然后能养。斯人以一朝之忿忘其身，而有事亲之心乎？可论如法，其亲官与养济。'"是此法未尽合理，前人有议之者矣。又嘉庆六年，上谕论承祀，留养两条，有云："凶恶之徒，稔知法律有明条，自恃身系单丁，有犯不死，竟至逞凶肆恶。是承祀留养，非以施仁，实以长奸，转似诱人犯法"等语。是我朝祖训亦尝申言其弊，此所当敬谨寻绎者也。此法不编入草案，似尚无悖于礼教。

亲属相奸

新草案有奸有夫之妇，处三等至五等有期徒刑。较原案又加一等者，原包亲属相奸在内，但未明言耳。此等行同禽兽，固大乖礼教，然究为个人之过恶，未害及于社会，旧律重至立决，未免过严。究之，此等事何处无之，而从无人举发，法太重也。间有因他事牵连而发觉者，办案者亦多曲为声叙，由立决改监候。使非见为过重，何若是之不惮烦哉？大抵法太重，则势难行，定律转同虚设；法稍轻，则人可受，遇事尚可示惩。如有此等案件，处以三等有期徒刑，与旧法之流罪，约略相等，似亦不为过宽。应于《判决录》详定等差，毋庸另立专条。

亲属相盗、亲属相殴

此两条并在酌量减轻之列，应于《判决录》内详定等差，毋庸另立专条。其关乎殴尊亲属者，修正草案内已定有明文矣。

故杀子孙

《公羊传·僖五年》："晋侯杀其世子申生。曷为直称晋侯以杀？杀世子母弟，直称君者，甚之也。"何休注："甚之者，甚恶杀亲亲也。"又疏引《春秋》说："僖五年，晋侯杀其世子申生。襄二十六年，宋公杀其世子痤。残虐枉杀其子，是为父之道缺也。"此可见故杀子孙，实悖《春秋》之义。《康诰》称："于父不能字厥子，乃疾厥子"，在"刑兹无赦"之列。古圣于此等之人，未尝稍恕之。《唐律》："子孙违反教令，而祖父母、父母殴杀者徒一年半。以刃杀者，徒二年。故杀者，各加一等（二年、二年半）。即嫡、继、慈、养杀者，又加一等。"《明律》改一年半者为满杖，改二年及二年半者为一年，既失之太轻。其嫡、继、慈、养之致夫绝嗣者，复加之绞候，又失之过重。此本当损益者也。今试以新草案而论，凡杀人者处死刑，无期徒刑或一等有期徒刑（此专指谋故言）。如系故杀子孙，可以处一等有期徒刑，再以酌量减轻条，犯罪之事实情轻，减二等之法减之，可减为三等有期徒刑。而三等之中，又可处以最轻之三年未满，则与《唐律》之轻重亦差相等矣。此条可以明定于《判决录》内，毋庸另立专条。

杀有服卑幼

宋李綖言："风俗之薄，无甚于骨肉相残。"是同宗自相杀伤，即尊长于卑幼，亦非风俗之善者。若必明定于律文之中，亦徒见其风俗之不良耳。且谋故杀卑幼，旧律之应拟死罪者，于新草案"同凡人论"，尚无甚出入。其殴死及殴伤者，照新草案，虽与凡人同论，而按之旧法，亦无大出入。此等但当于《判决录》规定等差，不必多立专条。

妻殴夫、夫殴妻

《唐律》："殴伤妻，减凡人二等；死者，以凡人论。以刃及故杀者，亦同凡人论斩。妻殴夫，徒一年；伤重者，加凡人三等；死者，斩。"故杀亦止于斩也，与凡人罪名相去不远。《明律》："殴妻非折伤，勿论；折伤以上，减凡人二等。死者，绞；故杀亦绞。殴夫，满杖；折伤以上，加凡人三等；笃疾，绞决；死者，斩；故杀者，凌迟处死。"夫则改轻，妻则改重，遂大相径庭矣。夫妻者，齐也，有敌体之义。乃罪名之轻重，悬绝如此，实非妻齐之本旨。今酌拟办法，凡罪之至死者，无论矣。其殴伤及殴死者，即照伤害人身体条。夫从轻比，妻从重比，与凡人稍示区别，似不致大乖乎礼教。亦于《判决录》内详细规定，不必另立专条。

发冢

修正草案已有此条，在第二十章，与此条所拟大略相等，不必再补。

犯奸

无夫之妇女犯奸，欧洲法律并无治罪之文。俄律"污人名节门"，有十四岁以上，尚未及岁之女，为师、保人等及仆役诱奸一条；"违禁嫁娶门"，有奸占无夫妇女一条。前条指师、保人等言，后条指奸占言，非通常之和奸罪名也。近日学说家多主张不编入律内，此最为外人着眼之处。如必欲增入此层，恐此律必多指摘也。此事有关风化，当于教育上别筹办法，不必编入刑律之中。孔子曰："齐之以刑"，又曰："齐之以礼"，自是两事。"齐礼"中有许多设施，非空颁文告遂能收效也。后世教育之不讲，而惟刑是务，岂圣人之意哉？

子孙违犯教令

违犯教令出乎家庭，此全是教育上事。应别设感化院之类，以宏教育之方。此无关于刑事，不必规定于刑律之中。[1]

这是立法过程中，沈家本指名道姓，反驳对方观点的唯一一篇文字。在沈家本的全面驳斥后，劳乃宣撰《管见声明说帖》，放弃自己对前述几个问题的看法，赞同沈氏意见。但对于"无夫奸"和"子孙违反教令"二条，劳仍坚持己见，并反驳沈氏。

（三）编制局：法律保护人之权利，尊长不能倚法专横

沈家本反驳劳乃宣的文章文字极简，列举事实而不做阐述，态度鲜明。为进一步阐明上述礼教纲目之入律为非，宪政编查馆编制局亦著文辩驳。略谓：

1 《书劳提学新刑律草案说帖后》，《刑法考（四）》，第2283、2286页。

干名犯义

谨案：《唐律·斗讼》，立告祖父母、父母及告期亲尊长、缌麻卑幼治罪方法。明律删略卑幼一层，并为一条，正其名曰“干名犯义”，国朝因之。唐律尊卑并举，俱以得相容隐为限，尤不失平恕之意。改定之律，反就尊长一面之言，已涉偏重。然细绎律义，所谓干犯者，实指祖父母等对于他人有犯而言，故律注有“祖父母等自首者免罪”一语。其子孙之为被害人，不在此例，可以类推。现在设立审判，并附设检察官，职掌提起公诉，如尊长对于他人有犯，除亲告罪外，悉由检察起诉，本无待子孙卑幼干犯。若子孙为被害之人，则立宪之国，应以保护人之权利为主，不能听尊长之倚法专横，略宽呼吁之途，揆诸礼教，未为背驰。本草案之不设干犯之例，并非遗漏。至有犯伪证或诬告之罪，固不妨因系子孙卑幼之故，酌处以本条最重之刑也。

存留养亲

谨案：亲老丁单，留养之例，本我国教孝之特典，第应否查办，限制綦严。例如死罪之案，斗殴必共殴，须理直伤轻，死者并非独子。若谋故杀拒捕，即不在查办之列。窃赃逾贯，必须并非游荡忘亲徒流之案，仍以情节轻重为衡。军流之案，虽无不准留养明文，然历年查办者，百不见一。是留养旷例，初非尽人可得而邀。现在改良监狱，采用教诲主义，除死罪暨流遣罪，常赦所不原外，俱收本地习艺工作。则为之子者，正可藉工作所入，以供养赡之需；谓之亲者，亦可得狱官之许可，随时探视。以事实而论，留养本在可删之列。至新刑律所定刑罚，一以核实为主，其应拟死刑，及无期徒刑，在旧律本不准其留养，其一等以下徒刑，既不移乡远戍，更无待于留养。且假释之例，过刑期四分之三，可由狱官酌予释放，与从前之长年幽系不同。草案未经采入，似非漏义。（又按：新定刑事诉讼律草案，第四百八十七条：受徒刑拘役之囚，现有事故，致发生于处刑之目的外重大不利益时，得因其请求，于预定期间内，停止推行。是徒刑之囚，如遇有父母疾病危殆，无人侍奉，亦可援刑诉于一定之期限内，暂时回家奉养。特不能径作为无罪之人，较旧律限制稍严耳。）

亲属相奸

谨案：此条草案无文，盖欲赅于奸罪之内。议者增立条文，并定其文为死刑，殊于法理未协。查亲属相奸，惟德意志刑法有之。第一百七十三条："血族之间，尊长与卑幼相奸者，尊长处五年以下惩役，卑幼处二年以下禁锢。姻族之间，尊长与卑幼，及兄弟与姊妹相奸者，处二年以下禁锢。"其刑仅止惩役禁锢。窃谓此罪之不宜处死刑，其理由有三：一、私生子列入户籍，各国皆同。即先行律亦有责付奸夫收养之例。私生子虽未能等于齐民，而对于奸夫奸妇，父母之义固在也。假令亲属之间，因奸而孕，则奸妇必援例待产后百日行刑可知。既产之后，私生之子不能因亲属相奸之故，扑杀之，殄灭之，必援例责付奸夫之家属收养又可知。乃留其子，而戮其父若母，将来此子成立，终于浑浑噩噩，狉狉獉獉。无人类之知识则已，若稍有人类知识，回省己之身体成立之由，即伊父母被诛之日，试问何地自容？在朝廷尚有生成之德，在法律必欲使其跼天蹐地，长为哀哀无告之民，忍乎否乎？二、奸罪亲告乃坐，此中外通例，刑事诉讼律亲告罪，许其随时撤销，以其异于非亲告罪也。从方面观之，既许其撤销；另一方面观之，又须处于极典，其中宽严相距，不可以道里计。揆之各国，实无如此自相矛盾之立法例。三、旧律沿自隋唐，与现今之风俗人情，不尽吻合，条目虽多，半属徒法，亲属相奸，亦其一也。立宪以后，一切法律，应以实行为主，如仍蹈故辙，多立死罪条文，故令不能实行，非唯法律之威信扫地，将何以焕发立宪之精神？以上三端，亲属相奸之不应处于死刑有断然者。昔汉高祖入关，与民约法三章，杀人者死，伤人及盗抵罪。此数语最为简要。同光间，长安薛大司寇，官秋曹，治狱有声，海内奉为圭臬。居恒与人言，奸罪究与谋故杀不同，不宜科以死刑，持论多与泰西学者合。此可见法律乃专门科目，只与知者道也。

亲属相殴、妻殴夫、夫殴妻

谨案：以上条，详沈大臣说帖，兹不赘及。

犯奸

谨案：旧律犯奸一门，由杖而至斩决，以一事竟备全部之刑名，用心良苦。然历年成案，犯奸大率因他事牵连发见，其纯粹之奸案，由父母本夫亲告者，罕见其事。在国家之形式一面言，出礼入刑，未始不推法律纠正之力。自社会之实际方面言，溱洧之行，何地蔑有，特羞恶之心，人所同具，孰肯论诉公庭，自曝其闺门之丑德。此可见礼之与法，分为二事。风俗改良，端在教育，圣人耻格之说，诚千古不磨定论也。修订法律，肇于商约，为收回治外法权起见，实非采大同之制不为功。议者谓收回与否，尚有种种方面，非止刑律。继复云：近今奉天审判厅，有外国人愿来控诉，愿遵断惩罚，是时中国旧律，固未尝变更只字也。由前之论，未免视之太难；由后之论，又无乃过易。夫收回治外法权一语，乃外国人之为被告人，从我审判衙门，依法律判断之谓。若外国人之为原告，则所在地方官厅，均可申诉。《天津条约》俱在，可以复批，执此为收回治外法权之明证也。

违犯教令

谨案：《钦定宪法大纲》：臣民义务权利，非按法律所定，不加以逮捕监禁处罚。是人民之应处罚与否，以法律之有明文为断。本草案凡子之对于尊亲属，俱用特例，较旧律为详。即第三百十六条，对尊亲属加暴行未至伤害之规定，凡旧律触忤不孝各项行为，亦赅括靡遗。今于各项规定之外，复括其词曰“违犯教令”，语涉含混，并不明指其事项。与旧律之比附援引，及不应为数条，弊害相等，其为不按法律可知。夫人之禀赋不齐，以普通言之，中人以下，居其多数。如教令而是也，则可从而故违，犹可曲为之解。设教令而非也，而用法律翼助尊属强迫人子以行乱命，有是理乎？又《宪法大纲》：君上大权，总揽司法权，委任审判衙门，遵钦定法律行之。是审判衙门之审判权，乃司法官假君上之命以行者，何等郑重！旧律子孙触犯，呈送发遣，仅凭父母之一言，直以君上之大权，畀诸个人之手矣。凡此均与立宪之宗旨不符。夫家庭之间，宜以道德涵养其慈孝之风，不宜毛举细微，动绳国宪，致令天性日漓，趋于浇薄。此孟子所谓"父子之间不责善"，汉桓宽所谓"闻礼义行而刑罚中，未闻刑罚行而孝悌兴"是也。各国民法，亲权最重，遇有必要情形，本可酌施惩戒。我国现在编辑民律，自应仿照增入。总之，教令一事，属之亲权则可，属之刑律则不可。如谓游荡不务正业，迹近违犯，则违警律固有治罪专条也。至奉养有缺，已定于草案第三百三十九条，原定为三等以上有期徒刑（原案第三百三十八条第二项），嗣因湖南签注，增无期徒刑。议者所补之文，仅予拘役，反觉轻重悬殊，此殆摭拾耳闻，未暇就原案以研索之欤。[1]

综合沈家本与编制局两说，可见当日法律馆和宪政馆中诸人，上至修律大臣，下迄编纂者，对此等礼教条目，态度均极为鲜明。[2]

四、规范各异，道德与法律应否分离

——"无夫奸"与"子孙违反教令"

经沈家本与宪政馆、法律馆诸人辩驳，劳乃宣亦感所拟修正纲目欠妥，因而收回大部分修正意见。唯"无夫奸"与"违犯教令"两项，劳乃宣终认为沈家本诸人将法律与道德分离，必致危害社会治安，而断断以辩。

1 《编制局劳提学新刑律说帖驳议》，《法政浅说报》第21期，第61—66页。
2 董康等人亦有论说，从略。

(一)“无夫奸”应否入律定罪?

1. 劳乃宣:“无夫奸”是天然的犯罪

针对沈家本和编制局的论点,劳乃宣反驳说:

> 天下刑律无不本于礼教,事之合乎礼教者,彼此自相安无事,其不合礼教者,必生争端。一生争端,必妨治安,故以刑治之以泯争端,即以保治安。谓法律与礼义两不相涉,教育与用刑全不相关,皆伪言也。外国礼俗,夫妇终身相处,子女年长即应自主,不归父母管束,故夫妇之关系重于父子。有夫之妇与人通奸,其夫必不能容,必生争端。既生争端,即妨治安,故国家定以为罪。若未婚之女与人私通,他人绝不讪笑其父母,其父母亦不引为耻辱。舅姑之于寡妇,更属不能过问。故无夫妇女与人通奸,不致有生争端,即不致有妨治安,其国家之不定为罪,宜也。
>
> 中国则不然。在室之女犯奸,为家门之辱,贻笑于人,其父母视为大耻,其忿怒尤甚于夫之于妻。寡妇犯奸,其舅姑亲属之耻与怒亦等于父母之于女,断无不生争端,不妨治安之理。若不明定罪名,民心必不能服,地方必不能安。今使有处女、寡妇与人通奸,为其父母、舅姑所捉获,事发到官,官判以无罪而两释之。吾恐其父母、舅姑之羞忿无以自容,强者将剸刃,弱者将自裁,合境之民亦将哗然不服矣。果能无害于治安乎?凡有害于治安之事,即应治以刑法之事,故中国法律无夫之妇女犯奸一端,万不可不编入也。

总之，出礼入刑，中外一理。无夫妇女犯奸，在外国礼教不以为非，故不必治罪，而在中国礼教，则为大犯不韪之事。故不能不治罪，此理至明，无待巧辩。

今谓“此最为外人着眼之处，如必欲增入此层，恐此律必多指摘”。不知此亦最为中国人着眼之处，如不增入此层，此律必为中国人所指摘。畏外国人指摘，独不畏中国人指摘乎？况外国无此律无害治安，中国无此律有害治安乎？因避外人指摘致损本国治安，窃恐得不偿失也。且中国自定法律，何以畏外国人指摘乎？所以畏其指摘者，恐不能收回裁判权耳。要知裁判权之收回与否，尚有种种方面，非止刑律一端，更非止刑律中无夫奸罪一端也。如种种方面皆足收回，断不能因此一端而生阻，种种方面皆不足收回，亦不能因此一端而收效。何必先自弃礼教以媚之，而反先自扰其治安哉。夫收回裁判权之机括，其首要莫重乎审判之文明，而律文之同否，实在其次。即如近今奉天审判厅办理得宜，已有外国人愿来控诉，愿遵断惩罚，而是时中国旧律固未尝只字变更也。非其明证乎？[1]

助劳乃宣著文论说者，当时尚有内阁学士陈宝琛、山东青岛特别高等专门学堂德国教习赫善心等人。他们所论大旨与劳乃宣约略相似。

1 劳乃宣：《桐乡劳先生乃宣遗稿》，文海出版社，1966 年，第 939—942 页。

2. 杨度："无夫奸"入律定罪有四不便

"无夫奸"之不应入律定罪，资政院议场为此而爆发激烈辩论，杨度阐发新刑律宗旨，认为"无夫奸"入律有四不便：

第一、于立法上不便。国家对于国内女子犯奸之事，不外三个办法：有夫之妇，无论和奸、强奸，都在禁止之列，因为维持风化起见，此是第一种办法；然欲全国妇女都是坚贞节操，即国家亦有所不能，即如娼妓一途，各国都无禁止之法，非不知与风化有关，而事实上不能断绝，因此不仅不禁止而且为法律所允许，此是第二种办法；至于无夫妇女与人和奸，国家对此既不禁止也不允许，全采放任，此是第三种办法。如不如此，必不公平。此关于立法上的事情，不能不区别。

第二、于司法上不便。和奸必须搜求证据，而搜求证据非常费力，于审判上实有不便。

第三、于外交上不便。刑律改良，原为撤去领事裁判权之预备，若与各国原理原则不同，不能得各国之赞成，则事交涉必多阻力，因为各国刑法没有此条。如将此条加入正文，将来如中国男子女子与外国人和奸，中国要按法律办理，外国人势必不受裁判，则于撤去领事裁判权有所藉口。不如现在不加入《新刑律》之中，以为外交地步。

第四、于礼教上不便。管子云："礼义廉耻，是为四维，四维不张，国乃灭亡。"礼义廉耻是礼教的条目，但就"耻"字、"慈孝"二字而论，无夫妇女与人和奸是最可耻的事。因为可耻，所以一家人对于社会，都有名誉之关系，恐为社会所诟病。女子如有此事，其父母必深以为耻。父母既以为耻，必于平日教育上格外如意，就可以使其子女无与人和奸之事。即因教育不善，发生如此丑事，其父母引以为耻，必不肯送至审判厅判决，以致口说流传，报纸登载。假使其父母不以为耻，必欲宣布于外，使众人耳而目之。此种父母，与无耻之子女，其贤不肖之相去，其间不能以寸。如真以为耻，必秘而不宣，决不欲以国家之刑法审判之。所以，此条不加入正条，正所以养社会之廉耻，欲以维持礼教也。对于家庭父慈子孝之间，也是一种维持的方法。父母对于子女，决不欲蒙以耻辱之名，使其终身无婚嫁之望。刑律虽有此条，亦同虚设，所以国家对于此种事并不是不理，因为在教育之范围，而非在法律之范围。[1]

反对将“无夫奸”入罪的议员，在议场辩论中特别强调法律与道德原是两回事。

“这个礼教关系甚大，要想维持礼教，总要另想一个法子，不能把礼教放在《新刑律》里头维持就算了事。要是放在刑律里头维持，这个礼教就算亡了。我们是极尊信孔子的，孔子曾有两句话说‘道之以政，齐之以刑，民免而无耻；道之以德，齐之以礼，有耻且格’。可见要维持道德，要有个维持的方法，不能把道德和法律规定在一起，就说是维持道德”[2]。

“道德的范围宽，法律的范围窄，法律是国家的制裁，道德

1 李启成点校：《资政院议场会议速记录》，上海三联书店，2011 年，第 307 页。
2 李启成点校：《资政院议场会议速记录》，上海三联书店，2011 年，第 665 页。

是生于人心的，所以关系道德的事，法律并包括不住”[1]。

再以社会上存在的无夫奸的事实而论，“向来放荡不道的人要想奸人妇女，然有所忌惮而不敢公然去行的，是什么缘故呢？并不是因为法律上有杖八十的刑法，是一则怕于社会上名誉有关系，一则是因为所奸妇女他家里有男人，一定要忿恨，忿恨之极就有杀伤种种事情，所以有所忌惮。可是不逐条载明，也不至风俗一败不可收拾；就是法律定了这条，而奸无夫妇女之事也是仍然有的”[2]。

总之，属于道德上的事情，法律并不能全予解决。

3. 冈田朝太郎："无夫奸"定罪不合法理

日本人冈田朝太郎就“无夫奸”应否入罪著论阐述法律与道德之关系，最为精辟。略谓：

> 国法中处罚奸非等罪，其最宜慎重者，须划清个人道德与社会道德之界限。盖恐教育与法律混淆而为一也。然此观念，尚未完全发达之时代，往往刑律适用过广，致使政教区别不明。即以欧洲之例证之，昔耶稣教势力渐盛时代，除正当婚姻外，凡男女之间，或男子与男子，女子与女子，又或人畜之间，有为淫行者，一律科以重刑。其奸非罪名中，有单纯和奸、纳妾、乱伦、密婚、略婚、强奸、有夫奸、亲族相婚、重婚、兽婚等细目，犯者多处死刑。惟此种关系，日耳曼法与拉丁法之主义，不无少异。日耳曼法，则保护奖励正当之婚姻，其余概行处罚。而

---

1 李启成点校：《资政院议场会议速记录》，上海三联书店，2011年，第665页。

2 李启成点校：《资政院议场会议速记录》，上海三联书店，2011年，第661页。

拉丁法则不若日耳曼法之严密。虽当耶稣教势力最盛时代，亦不至于正婚以外之行为，一律处罚。两者虽有宽严之别，然于违反宗教规则之行为，一律认为犯罪，其结果遂至有夫奸以外，如寻常私通和奸等，亦以之为犯罪行为。洎乎十八世纪之末，道德宗教法律之混淆，达于极点，其反动力，遂有划清界限之说。于是法德两国，渐就旧法中删去各种奸非罪名。虽法国法系与德国法系，其删订之程度，相去甚远。然在十九世纪，所有一般法律思想，无不以属于道德范围之恶事，与属于宗教范围之罪恶，概置诸法律以外。而其现象，尤以刑律中奸非罪之变更，最为显著者也。

自兹以后，奸非罪之应属于家庭教育，个人心术所支配者，概从删减。刑法中所处罚之奸非罪，（第一）因公然实施，致污善良风俗者。（第二）以强暴实施之者。（第三）对于无完全承诺能力之人而实施者。（第四）破坏正当婚姻之效力者。（第五）足以诱引奸淫之恶习者。其余如单纯和奸、纳妾、调奸等罪，东西各国，刑律中殆至绝踪。由是观之，昔之东西诸外国，何尝不以和奸为罪。今以之置诸刑律以外者，诚以道德教育之所系，非刑律所能禁制，安用此无益之规定哉。

自刑律发达之程度观之，凡法典之进步者，概无和奸罪之规定。其沿革姑置不论，试就法理与实际，两面研究之，亦有不应规定于刑律以内者。

以法理言，凡害及社会之行为，有刑罚之效力所能及者，亦有不能及者。刑罚效力所不能及，而属教育之范围者，自不得不舍刑罚而注重教育，如对于幼者所设之感化场是。亦有刑罚效力，不如疗治效力之大者，又不得不舍刑罚而施以疗治，如对于疯癫者所设监置场是。又有暂不执行所宣告之刑罚，使犯人反省，而其效更著者，则亦不得不犹预其执行，如对于初犯者所施缓刑之制度是。以上三者，要不外刑期无刑之政策，各施以适宜之预防而已。夫寻常和奸行为，不过违反道德已耳，其害并未及于社会也。即使谓其害及于社会，然不得即据此以为比列于刑章之内，而加于刑罚之理由也。何则？刑罚者必就其性质与其分量，及其他社会一切之状态，而以其效力之能及与否为断者也。故如游荡饮食之徒、荒淫之辈，未闻刑律中定以罪名者，实以刑罚之效力，不如伦理教育宗教之为效易且大也。世无无父兄之子女，苟新民法中，严订监护制度，以补其不足，养成家庭严正之风，初等以上学堂之智育德育，日渐进步，奖励个人自制之能力，且有新闻杂志舆论，以涵养公众廉耻之心，则道德日盛，习俗自移。至是而谓无刑罚之故，致寻常和奸犯罪，日见增加，无是理也。

更以实际言其不便之处，约有四端：一曰立法，二曰检举，三曰审判，四曰外交。试先就立法论之：（一）今姑韪众议，增入寻常和奸一条，其刑罚宽严之问题，不应如旧日之处于死刑，或长期自由刑，自不待伦。然轻微处分，终不足禁制男女之私情，则仍属无益之规定耳。（二）娼妓娼妇，其初亦处女也。寻常和奸处罚，而许娼妓营业，殊不得谓为贯彻理论之法律。而禁绝娼妓，又属能言而不能行之空论。此二者立法上之不便也。

更就检举上之不便言之：（一）刑律中苟设此种罪

名，必至贫贱者不能免缧绁之累，而富贵者则搜索无从，往往幸逃法外。与刑律四民平等之原则，恰相背驰。（二）若不分贵贱老弱，凡有秽行风闻者，一律逮捕处罚，使人丧失终身之名誉幸福，实与社会上死刑无异，甚或以处刑罚故，而一家一族为社会所不齿。此又实施检举上之不便也。

且也此种犯罪，往往于秘密之秘密中行之，其留有证迹者极甚少。故不惟检举上异常困难，且审判上亦必至流于擅断之弊。

矧以国交关系言，中国将来改正条约，收回领事裁判权之际，如刑律中定有寻常和奸之条，必有倡议反对者。即幸而不至反对，而实施以后，若遇有外国人和奸案件，一律处于刑罚。在外国虽不能据法律论提出抗议，然感情既恶，恐亦不免引起外交上纷杂之问题。所得不偿所失，孰有过于此者哉。

不合法理，及实地上之不便如此之故，人亦非不知之也。而何以主张增入和奸罪者之多也。无他，中国重视伦常风化，复惑于处罚和奸，即可以维持伦常风化之空论。于是，明知为无益具文，仍哓哓置辩不已。推原其故，亦不明礼教法律之界限，且欲藉此博旧社会之虚名耳。况违反伦常，侵害社会之行为，苟为刑罚效力所不及，其适用必至困难。人民若知法律为有名无实之具，则刑律之威信扫地，必至因此无益之条项，而蔑视全体之法则。故增入和奸一条之具文，其弊犹小；失刑律全体之威信，其弊何可胜言耶？东西各国，亦认和奸为宗教上、道德上之罪恶，且进而认为妨害社会之罪恶，原与中国无异。然其刑律中，概无和奸罪之规定者，岂偶然哉？泥于礼教，不明法理，其法决非完全之法。矧以资政院为中国立法机关，一言一字，皆为世界各国所注视。苟因此无益之问题，致贻笑柄于环球法学界中，是岂仅资政院之耻耶？[1]

（二）“子孙违反教令”如何制裁

劳乃宣反驳“子孙违反教令”不应入刑律之论，略谓：

《周官》八刑，一曰不孝之刑。俄国刑法亦有呈送忤逆之条。谓违犯教令全是教育之事，无关刑民事件，殆不其然。感化院之类，天下千余州县，一时何能遍设。若子孙触忤祖父母、父母，官府无惩治之法，祖若父无呈送之所，实为大拂民情之事。且律中即有此条，于收回裁判权决无干碍。何也？呈送出于其祖其父，若外国人不以子孙违犯为罪，尽可不来呈送。此条存于律中，于彼固毫无妨损也。此条甚有关系，仍应照增，万不可删。[2]

资政院因会期已满，对此条未作辩论。舌战虽免，笔战难消。

1 《冈田博士论刑律不宜增入和奸罪之罚则》，史洪才编：《日本法学博士与近代中国资料辑要（1898—1919）》，上海人民出版社，2014年，第246—248页。

2 劳乃宣：《声明管见说帖》，《桐乡劳先生乃宣遗稿》，文海出版社，1966年，第94—95页。

法派反驳说：

违反教令之事项，应属于民律，不应置诸刑律。此各国大同之原则。即将上奏之民律，亲权内之惩罚权，仿照各国，父母在必要之范围内，将其子女呈送初级审判厅，处六月以下惩戒处分。民律中既定有惩戒之权，遇有违犯教令之事，即可由父母临时行使此权。立宪各国法律，无不分析刑事民事。民事之条款，断不宜牵人刑事之内。且教令之义过涉广漠。若教令系事之大者，例如教令不许杀人放火、强奸抢夺，而其子故犯，则自有杀人放火强奸抢夺等条，可科违犯罪，已在吸收之列。如教令系事之小者，例如父母教令其入甲之学校，而其子违犯入乙之学校，遇此情形，并无受刑事追诉之理由。若谓违犯教令，专以矫正子之游荡不务正业者而议，则违警律固有治罪之专条。[1]

日本冈田博士著论专辩此条不入刑律之理由：

律文所用“教令”字样范围过广，不能辨识入于罪之行为与出于罪之行为，是其一。祖父母、父母教令权限未经明定，若其所命彼此不一致时，不能判断子孙行为之有无犯罪，是其二。若将一切违犯教令之行为科以刑罚，是逾越法刑范围而侵入伦常范围者，若斟酌取舍，

1 《董科员青岛赫教习说帖驳议》，《法政浅说报》第 17 期，第 34 页。

或罚或不罚，殆将刑律视为具文，理论与实地两不合宜，是其三。祖父母、父母在民法上分别享有亲权以及惩戒权，于其权内本可督责子孙之行为，无须用刑事之制裁，是其四。……总之，祖父母、父母于伦常有教令之力，于人道有慈爱之情，于法律有惩戒之权，不藉刑律之威力也。[1]

松冈义正著文则专论此条应入民律，而不应规定于刑律。理由略谓：

子有恶习，得据惩戒而矫正之。故各国民律，概准亲权人（即父母）于养育及教育之必要范围内，自行惩戒其子。或经审判衙门之许可，送入惩戒场。（日本民法第八八二条、法民法第三七五条至第三八二条、意民法第二二二条、西班牙民法第一五四至一五七条、荷兰民法第三五七至三五九条、德民法第一六三一条等。）送入惩戒场办法及惩戒制度，各国不同。若以日本言之，审判衙门据亲权人之申请，准以六个月以下之范围内，将服亲权之子（独立营生计之成年人不服亲权）送入惩戒场。亲权人如欲缩短在场期间，可以随时申请。惩戒场以各府县之感化院充之。民律中所以设此项规定者，因此非国家刑罚权之发动，乃亲权之作用故耳。[2]

---

1 《论大清新刑律重视礼教》，《法学会杂志》1911 年第一卷第 3 期，第 6 页。

2 《松冈判事书劳提学新刑律说帖后》，《法政浅学报》第 17 期，第 29—30 页。

五、国家主义与家族主义

——新旧法律的原理与原则

宣统二年九月一日，资政院召集议员正式开会。十一月，议员议决新刑律，宪政编查馆派员代表政府，到议场说明新刑律的立法宗旨，争论由民间转入议场。而且因特派员的演讲，在法律原理原则上首起冲突，争辩不休。

（一）杨度的国家主义理论

杨度作为宪政编查馆特派员，到资政院议场代表政府阐明新刑律的宗旨。他在演说中指出：旧律的原理原则与现在预备立宪的宗旨不符，按照“立宪的原则，立法、司法是分开独立的”，司法审判的依据是法律。但是旧律的援引比附原则正好与这一立宪原则相反。“是使司法之时而有立法之意”，“司法包含立法”。其次，立宪国“既许人民之自由，即不可不有一种正当的法律以防范之。其所以防范者，使其自由于法律之中，不得自由于法律之外，而正当的法律必须有正当条文。因此国内宪政进行之时，必须使一切法律都与宪政相符合。所以，旧律既不适用，不能不改用新刑律”。

从国际方面看，世界各国的法典，如果原理原则相同，审判上就“彼此互相尊重国权”，服从所在国的审判。“如那一国法律与各国原理原则相违背，则外国人在其国中不能遵守本国（即所在国）法律”。中国领事裁判权的产生，原因正在于此，“我国数十年来教案层见叠出，此理由全在自己的法律与世界共同法律原理原则不相符合以致如此”。现在，各国既然承认中国改良法律便撤去领事裁判权，我们就要趁此机会，先用各国共同的法律原理原则，改良自己的法律与审判制度，“然后可以根据条约，使他撤去领事裁判权”。

要立宪，要撤去领事裁判权，就必须制定适于立宪，适于撤去领事裁判权的新法律。按照这种需要而制定的新法律，就不能不与旧律产生“精神上主义上之分别”。分别在什么地方呢？他认为：两者的区别主要在于旧律依据家族主义，新律依据国家主义。

他论证说：所谓家族主义，就是以家族为本位的国家制度。国家“以家族为本位，对于家族的犯罪，就是对于国家的犯罪；国家须维持家族的制度，才能有所凭借，以维持社会”。家族制度的特点是严定家族内部的尊卑等级。据此精神法律规定，家族内一人犯罪，诛及父母，连坐族长。“国家为维持家族制度，即不能不使家长对于朝廷负责任。其诛九族夷三族就是使他对于朝廷负责任的意思”。家长既然要对朝廷负其责任，朝廷“在法律上就不能不与之特别之权，并将立法权司法权均付其家族，以使其责任益为完全，所以有家法之说。所谓家法者，即家长所立之法，此即国家与家长以立法之权”。形成这种制度的原因是什么呢？因为国家“要恃家族制度，以保护国家与治安，故并立司法之权以付与家长。故家长对于一家之中，可以行其专制之手段，有无上之权柄”。这种制度通行的结果，造成家庭成员没有独立的人格，“无论四五十岁之儿子，对于七八十岁之父母，丝毫不敢违犯”。

所谓国家主义，则正好与家族主义相反。它是以个人为本位的国家制度，“国家对于人民有教之之法，有养之之法。即人民对于国家亦不能不负责任。其对于外，则当举国皆兵以御外侮，对于内则保全安宁之秩序。必使人人生计发达，能力发达，然后国家日臻发达，而社会也相安于无事”。人民对国家负担义务，国家给人民自由的权利。所以，“各国法律对于人民有成年不成年之别”。在没有成年以前，他对国家的一切权利义务，交给家长代替行使；成年后，家长就把这些权利义务还给他本人，由他本人行使，不能代替。

根据进化论，杨度认为，一切国家都有家族制度的阶段。历史上所有国家的政治法律都经历过家族主义支配的时代。区别仅在于，有的国家制度发达较早，很快由家族主义进至国家主义；有的发达很迟，到现在还是家族主义。中国就是国家主义发达很迟的国家。

他阐述中国国家主义发达很迟的原因说：中国古代“无所谓国际”的概念，国家就是天下，天下就是国家，国家与国际的概念混而为一。各代封建帝王“只要维持社会，即足以保国家之治安，并无世界竞争之必要”。所以家族制度在那个时代，是适于统治的制度。正因为这样，所以“二千多年之法律，均本于秦”。这种家族制度的封建法律，完全能够达到维护社会治安的目的，所以国家主义在中国迟迟不能发达。

历史发展到现在，国家与国际的概念大明。列强的侵入，严重威胁中国的存亡。家族主义已不适于国家的治理。国家主义不发达，造成了中国的贫穷落后。变家族主义而为国家主义，是中国由弱转强的迫切需要。

他具体分析说：号称四亿人口的中国，为什么不能和外国相抗？原因就在于这四亿人口“只能算四万万人，不能算四万万国民”。他们“都是对于家族负责任，并非对于国家负责任”。四亿人分两种：家长和家人。家长对家人负有特别的权利义务，家人又分两类：男子和女子，女子附属于男子，她们“不仅对于国家不负责任，即对于家庭亦不负责任”。家庭义务全由家长一人负担。

所以，人口虽有四亿，但是“自国家观之，所与国家直接者亦不过是少数之家长而已。其余家人概与国家无关系也”。

这少数家长，不管是做工还是经商，都有家庭负累。他们更多的是尽家庭的义务，负养活妻和子的责任，而不是尽国家的义务，负国家兴亡的责任。他特别论述家长中做官吏的部分，指出：这些人为官作吏，按道理他们对国家负有义不容辞的责任；但其实不然，他们“与其说对国家负责任，无宁说对家族负责任”。他论证说：人们所痛恨责备的贪官污吏，他们为什么会贪污呢？“无非是有妻、子之累，内顾之忧”。他们做官的宗旨是尽家族的义务，取得养活妻、子的资财。因此“只要得几文钱以之养家足矣，与国家本无关系也”。但是，如果按照家族主义的观点，这种贪官还不能十分责备，“因为他对于国家虽是贪官污吏，而对于家族都是个慈父孝子、贤兄悌弟”。

总之，由于中国大多数人对于国家没有直接的权利义务关系，对国家兴亡不负责任，少数家长虽有责任，但又力所不及，为官作吏的家长，虽为贪官污吏，但又是慈父孝子，贤兄悌弟，所以中国虽号称四亿人口，也不能与外国相抗而屡战屡败，“中国之坏，就由于慈父孝子，贤兄悌弟之太多，而忠臣之太少”。

家族主义的弊病如此之大，所以从国家的前途出发，必须将国家主义作为改定法制的宗旨，以便使家长由慈父孝子、贤兄悌弟变为国之忠臣，使家人有独立生计、独立能力。国家给他们“营业居处言论等等自由，使其对国家负责任”。这样，他们就由“人”进到了“国民”。新刑律正是本此宗旨，减少了家族制度的条文，使之向国家主义转变。[1]

1 李启成点校：《资政院议场会议速记录》，上海三联书店，2011 年，第 303—306 页。

杨度的资政院议场演说，为耸人观听，不免语疵笔累，说话过头，致为御史所参劾。此为枝叶，而非本意。而其演说后所作论文《论国家主义与家族主义之区别》，是江庸认为最为透彻的二篇之一，录之如次：

近日宪政馆因讨论新刑律而牵及礼教问题，持论者谓法律是否与礼教相关，以此为争论之点。度以为无论何国之法律，未有不与其礼教相关者，此问题殆不足论，所当论者，今日中国之治国，究竟应用何种礼教之一问题而已。则姑舍法律而言礼教。论者若以为中国礼教之节目，乃天经地义之所不能移。有之则为中华，无之则为夷狄；有之则为人类，无之则为禽兽，中国有此数千年之礼教，此其所以为中国，为人类；东西洋各国无之，是夷狄也，是禽兽也。不仅其所谓文化者非文化，即其无礼教之法律亦非法律，不可仿效，以贻用夷变夏之讥。进而论之，即宪政亦违背礼教之政，决不可行。如以此论为前提，则度惟有缄口结舌，不敢赞一辞，以恭听主持礼教者之议论而已。

若不敢为此极端之论，而曰东而洋各国并非夷狄、禽兽，亦自有其礼教，不过与我不同，彼以其礼教以入彼之法律，我亦其礼教以入我之法律，二者皆是，不必相同也。如以此论为前提，则已明认各国，亦有其礼，亦有其教矣。夫礼教非夷狄、禽兽所能有也，且礼教之为物，有是而无非者也。既明认彼与我各有礼教，即明认彼与我各有其是。夫天下事，岂有两是者？况礼教为人、禽之界，而可谓人、禽皆是乎？宋儒有言：人禽之间决无中立，若非我人而彼禽，则必彼人而我禽。以此难论者，不知何词以对？然则礼教问题直成一不可解决之问题矣。不仅不可解决，且其以礼教为天经地义不可稍移之说，已觉脚跟摇动，不能牢固，何也？天下必无两种相反之天经地义而皆可谓之是者也。由是而言，则礼教并不能谓之天经地义，不过治民之一政策而已，审时变之所宜，应以何种政策治其民者，即以何礼教治其民，一切政治、法律、教育皆视之以为转移，无所谓一成而不可变者。

此义既明，然后论中国与各国礼教何以不同，即论中国与各国政策何以不同。

中国数千年来，分立之时少，而统一之时多。言治国者少，言天下者多。既曰天下，则无与国之并立，无对外之竞争，但求内部之安宁，已称平治矣。而于毫无界限之天下，不可不勉为界限以范围之，以免散漫而不可治。于是为设家族之界，使家自为团，族自为群，各自谋其生活，因其天然之长幼而为之立家长焉。家长之权利义务皆比家人为重。家人全体坐食，家长一人谋食，此其义务也。白首之儿，一切行动，听命于黄耇之父，此其权利也。国家法律亦本此意。家人有罪，家长连坐，此其义务也。有所谓家法者，家长可以自行其立法权，以拟具条文，又可于神堂祖祠之地自行其司法权以处分子弟，国家皆不问之，此其权利也。于是，天子治官，官治家长，家长治家人，以此求家庭之统一，即以谋社会之安定，故中国之礼教与法律，皆以家族主义为精神者也。

各国则不然，自其有国以来，无一日不与他国并立，与其分一国之人而为无数家以竞于内，不如合一国之人而为一家以竞于外。必使人人有独立之生计，以尽纳税之义务，成年以后，不被养于家长也；必使人人有营业、居住等之自由权利，成年以后，不被养于家长也。而未成年之时，则教育之义务、管理之权利，皆属于家长，故其家族主义亦未全行扫除，特以之为养成国民基础之地耳，成年以后，则变家人而为国民矣。以君主立宪国论之，则国君如家长，而全国之民，人人皆为家人而直接管理之，必不许间接之家长以代行其立法、司法之权也。于是上下一心，以谋对外，人人有生计，则其国富，人人有能力，则其国强。其所以为教育如此，故各国之礼教与法律，皆以国家主义为精神者也。

以此义告论者，论者若曰：吾宁舍国家主义而言家族主义，则度亦不敢赞一辞。若圆通其辞曰：中国与列强并立，日即于危，非国家主义，不足自立，然中国固有之礼教亦不必变也，则取人之国家主义，留我之家族主义，并行不悖，不亦可乎？度以为倘能如此，岂不尽善而无如其相冲突也。试举冲突之事实以论之。

国家主义之国，必使国民直接于国家而不间接于国家。以此眼光观今中国，乃直接者至少而间接者至多，虽有四万万人，而实无一国民也。一国之人，但可分为二级：一曰家长，一曰家人。家人之中，又分二种：一为男家人，乃家长之所豢养而管束之者也；一为女家人，又家人中之附属品，无丝毫之能力以坐食者也。此二种家人皆与国家无丝毫之关系，义务不及其身，权利不及其身，但无生计、无能力，以为社会之蠹、国家之蠹而已。而其家长，则为家人生计所迫，出而谋食于外。其为商为工不论矣。至于为官，则不仅于国家有权利义务之关系，且为国家治理人民，而与以权利义务之人。然以服官之心，则自始即为家族而来。虽曰有职务，而其心则非对国家负义务者，而实为对家族负义务者。若其财利能仰事父母、俯畜妻子，则廉者超然引去，人奉之以高名；贪者进取无厌，以求子孙长久之计，于是卖爵以求一日之偿，避瘠趋肥，询差询缺，不以为耻。而人亦不耻之者，彼此皆为家族而来，互相慰留，如商业之求利。然国家既以家族主义治民，即不能以此等行为为耻。何也？此等人在社会虽或加以贪官污吏之名，而在家庭实有慈父令兄之德。家庭主义社会，岂能于慈父令兄而加以毁辞耶？然以国家主义论之，多数之家人，不能为国家生一丝毫之财，办一丝毫之事。少数之家长，则又以办国家之事而生家庭之财。贤者于生财以外，仍或办事，不肖者生财而已，何办事之可言！于是国家设官非以治民，特为家长养家耳。有家人之重累在后，何能责官吏之不贪？一家哭，何如一路哭。此各国所绝无之事，而在中国则为难能可贵之名言。此无他，家族主义为之也。全国无一国民，又无一为国事而来之官，国乌得而不弱，乌得而不贫？今欲转弱为强，则必自使官吏能尽心国事始；欲官吏尽心国事，则必自去其家人之累始。欲去其家人累，则必自使有独立之生计能力始。欲使有独立之生计能力，则必自与之以营业、居住、言论各种自由权利，及迫之以纳税、当兵之义务始。欲与之此种权利，迫之以此种之义务，则必自使之出于家人登于国民始。假令如此，是与国家主义日行日近，而与家族主义日行日远也。故此二主义者，不两立之道，无并行之法者也。所谓不两立、无并行者，非谓此存而彼绝，特多少之成分耳。英美各国之家族主义不过十分之二，日本则犹十分之三，中国则实十分之八九。留此不改，则无论如何布宪法、改官制，皆为虚文。全国之中，其为多数家人坐食被养如故；不过少数之家长，出而为官吏议员，以谋其家庭之生计，国事之愈益腐败，国势之愈益贫弱，可断言也。故此问题者，非区区一刑律之问题，更非区区刑律中一二条文字句之问题，乃中国积弱之根本原因，而此后存亡所关之大问题也。

于此而论新刑律，国家之欲改此律，决非欲布此律，以为新政之装饰品也。必以大清旧律之不足以发达其国民，振兴其国家，而后为此也。而所派修律大臣又在老成典型之列，数十年旧律之经验，数年新律之讨论，论者所举浅薄之义，彼岂不知。然竟如此定稿者，岂非本国家改律之意，弃旧主义而从新主义乎？今以事外之人，绝无讨论，贸然指摘，欲复其旧，则国家改律，岂不多事？反不如仍用旧律，首尾贯注，全篇一辙，犹为完备。不必别订新律而又琐琐补苴，劳而少功也。度所论者不止法律一端，以为政治、法、教育等，皆应有一定之宗旨以为改良之本，若如今时不新不旧而欲求进行，是鞭其速行而缚其足也。即刑律以论刑，亦复如此。今馆中宜先讨论宗旨，若以为家族主义不可废，国家主义不可行，则宁废新律而用旧律，且不惟新律当废，宪政中所应废者甚多也。若以为应采国家主义，则家族主义决无并行之道。而今之新刑律实以国家主义为其精神，即宪政之精神也，必宜从原稿所订，而不得以反对宪政精神加入之。故今所先决者，采用国家主义乎，用家族主义乎？一言可以定之，无须多辩也。[1]

（二）劳乃宣的三种生计法律说

杨度的议场演说，引来礼教派的大哗。劳乃宣除当场质问辩难外，同时撰文痛批，并由此而提出三种生计产生三种法律的理论。他论证说：

> 法律何自生乎？生于政体。政体何自生乎？生于礼教。礼教何自生乎？生于风俗。风俗何自生乎？生于生计。宇内人民生计，其大类有三：曰农桑，曰猎牧，曰工商。农桑之国，田有定地，居有定所，死徙不出其乡，一家之人，男耕女织，主伯亚旅，同操一业，而听命于父兄。故父兄为家督而家法以立。是家法者农桑之国风俗之大本也。其礼教政体皆自家法而生。君之于臣，如父之于子，其分严而其情亲，一切法律皆以维持家法为重。家家之家治，而一国之国治矣。所谓人人亲其亲长其长而天下平是也。猎牧之国，结队野处，逐水草而徙居，非以兵法部勒不能胥匡以生，故人人服从于兵法之下，是兵法

1　杨度：《论国家主义与家族主义之区别》，载刘晴波主编：《杨度集》，湖南人民出版社，2008年，第528—532页。

者，猎牧之国风俗之人本也。其礼教政体，皆自兵法而生。君之于臣如将帅之于士卒，其分严而情不甚亲，一切法律皆与兵法相表里。所谓约束径易行君臣简可久，皆用兵之道也。工商之国，人不家食，群居于市，非有市政不能相安。故人人服从于商法之下。是商法者工商之国风俗之大本也。其礼教政体皆自商法而生，君之于臣如肆主之于佣侩，其情亲而分不甚严。君主之国如一家之商业，民主之国如合资之公司，一切法律皆与商法相里表。凡所为尚平等重契约，权利义务相为报酬，皆商家性质也。

《记》曰："中国戎夷五方之民，皆有性也，不可推移。"又曰："广谷大川异制，民生其间者异俗。"修其教不易其俗，齐其政不易其宜。是故风俗者法律之母也，立法而不因其俗，其凿枘也必矣。中国农桑之国也，故政治从家法；朔方牧之国也，故政治从兵法；欧美工商之国也，故政治从商法。若以中国家法政治治朔方，以朔方兵法政治治欧美，不待智者而知其不可行也。今欲以欧美之商法政治治中国，抑独可行之无弊乎？汉唐之臣服朔方也，从其猎牧兵法之旧，不以中国家法之治治之，元魏辽金元之入主中国也，自以猎牧兵法之旧治其种人，而以中国家法之治治华夏之民，凡以因其俗焉尔。我朝龙兴东土，兼耕猎以立国，故八旗之制兼家法兵法而有之。定鼎之后，以兵法御朔漠，而以家法治中原，正圣人之善于因也。法律之不能与风俗相违，非数千年来实地试验，确有成绩，不容以空言理想凭空臆断者哉。

今中国诚贫弱矣，说者乃归咎于家法政治之不善，谓一国之民，但知其家不知其国。欲破坏依古以来家法之治，而以欧美尚平等重权利之道易之，未始不出于救时之苦心。然而误矣。夫中国之民但知有家不知有国，果由于家法政治而然哉？试思春秋之世，正家法政治极盛之时也，而列国之民无不知爱其国者。晋侯之获于秦也，卫侯之将背晋也，皆朝国人而问之，国人莫不忘身以殉其上。弦高之犒师也，越民之事吴也，国人莫不毁家以卫其国。家法政治之下，民何尝不爱其国哉？然则今日民之不知爱国也何故？则秦以来专制政体之所造成也。秦并天下，焚诗书以愚其民，销锋镝以弱其民，一国政权悉操诸官吏之手，而人民不得预闻：田野小氓，任耰锄供租税之外，不复知有国家之事；其爱情之所施，一家之外无所用也。则其但知有家不知有国也，不亦宜乎。今乃谓民之不爱国由于专爱家，必先禁其爱家，乃能令其爱国，亦非揣其本之论矣。且欧美之民，何尝不爱其家哉。近人之论有云：东亚之民，以一家为单位，故与国为间接而爱国之情疏；西欧之民，以个人为单位，故与国为直接而爱国之情切。则亦不然。彼以西人子壮则出分，为个人独立之证，而忘其尚有夫妇同居，不得目之为个人也。今使有一夫一妇而生二子，则四人为一家，中西所同也。而二子者各娶妇。在中国则子妇皆从父母，以六人为一家，西国则子妇分居而为三家矣。二子者又生四孙，又可娶妇。在中国则十四人，仍为一家，而西国则分七家矣。盖中国之家以父子为范围，西国之家以夫妇为范围，西国之一家，犹中国之所谓一房。而其有家则一也。今西人诚人人知爱国矣，而其爱国之所由来，则由于深明家国一体之理，知非保国无以保家，其爱国也正其所以爱家也。乃推广爱家之心以爱国，非破坏爱家之心以爱国也。而其所以人人深明家国一体之理，则由于立宪政体，人人得预闻国事，是以人人与国家休戚相关，而爱国之心自有不能已者。今中国已预备立宪矣，地方自治之规，国民代表之制，次第发生矣。假以岁月，加以提撕，家国一体之理渐明于天下，天下之人皆知保国正所以保家，则推知其爱家之心，而爱国之心将有油然而生，不期然而然者。是上之人惟恐其不爱家也。今乃谓必破坏家族主义乃能成就国民主义，不亦慎乎？

且夫三代以上之法，正家族主义、国民主义并重者也。封建世禄固为家族主义矣，井田学校非国民主义乎？寓兵于农非今日宇内所最崇拜、最推重、人人皆兵之军国民主义乎？是今之所谓新法，其法理之原，固我国之所固有也。修其废坠，进以变通，不待外求而道在是矣。何必震于他人之赫赫，而皇皇焉弃其所学而学之哉。

至于一家之范，此限于父子，彼限于夫妇，则沿乎风俗，本乎生计，有未可强同者。然人子爱亲之心则根于天性，中外所同。西国以孝亲著称之人亦所恒有，有依恋其亲而终身不娶妻者，有寻亲于万里之外者，近且有家制复兴论，极端主张家族制度之学说出焉，亦可见人心之同。然不以方隅习俗限矣。人方欲复兴家族制度，我乃欲举我国固有之家族制度而破坏之，亦可谓不善变矣。然则居今日而谈变法，将何适之从哉？曰：本乎我国固有之家族主义，修而明之，扩而充之，以期渐进于国民主义，事半功倍，莫逾乎是。

劳乃宣以生计生风俗、生礼教、生政体、生法律立论，以农桑、猎牧、工商三种生计，而分环球法律为家法、军法、商法三类，坚持按照中国的农桑国情，制定符合这种国情的法律。这种理想在思维逻辑上显得很严密，但是，当时的中国还是海禁大开前的农桑之国吗？农桑之国能不能变为工商之国？在这问题上，劳乃宣便无法回答掌握了进化论的法理派。孟森曾著论指出，劳氏此论毫无进化之思想。若照劳氏所论，则猎牧终不可进于农桑，农桑终不可进于工商。是无异谓野蛮终不可进于文明，贫弱终不可进于富强。亦无异谓吴越古为蛮夷，前人之开拓文化为有罪，满洲近改行省，今日之变更旧制为非宜。他并针对劳乃宣对杨度破除家族制度之曲解，论证破除家族并非破家，乃在由开放家族主义之法律，生趋重国民主义之政体；由国民主义之政体，生独立自由之礼教；由独立自由之礼教，生勇往进取之风俗；由勇往进取之风俗，生分歧发达之生计。最后，导致人人自立，国家富强。否则，家族之制不破，亲属仍以名义相累，有财力者为百口之所嘬，其不材者耗亲属之资力；胁亲属之名分，惧亲属以连带之耻辱；以旧礼教之名，桎梏人之手足，禁锢人之耳目，戕贼人之心思。国家无有不危之理。[1]

（三）董康的新律合于国情辩

守旧者曰新刑律偏重外国，蔑视中国古有之伦常，或谓抄袭

1　孟森：《新刑律修正案汇录书后》，载《法政杂志》1911 年第 3 期，第 33—36 页。

日本成法。果真如此吗？董康列举条文，逐条辩析说：

总则：

第一条第二项，原本唐律，今之东西各国皆无。

第二条，世界之通例，并非模范一国。

第三条至第八条，于交通繁盛之时代，必不可少，俱根本于法理上，及实际而定，并非拘泥一国之例。

第十条，采用立宪国之通例。

第十一条，采先教后刑之义。

第十二条，各国古来之定法。

第十三条，律贵诛心，中国有之，外国有之。

第十五条及第十六条，《尚书》眚灾肆赦之意。又第十五条，与现行律“夜无故入人家，主人登时杀者勿论”之意同。

第十七条及第十八条，与现行律未行未成各条用意同，特现行律逐条规定，草案则设为总例，以简驭繁耳。

第十九条至第二十二条，《尚书》怙终贼刑之意。

第二十三条至第二十八条，采取各国最新之制，并非模范一国。至第二十三条第三款至第五款，乃本草案所创设，以备世界之模范者。

第二十九条至第三十六条，中外大同小异。

第三十七条，于自由刑纯取中国徒刑制度，于死刑用绞之一种，系采死刑惟一之学说。

第三十九条及第四十条，与现行律同。、

第五十条，于耄年特加宥恤，乃保存周官以来旧制。

第五十一条至第五十三条，自首减轻，乃中国固有之法，为各国所模范者。

第五十四条及第五十五条，采取各国通例，并非模范一国。

第六十三条至第六十七条，采取各国通例，并非模范一国。

第六十八条，恩赦亦各国通例，唯中国数赦，应以临时条款，分别查办。

第六十九条至第七十六条之规定，揭在刑律内者，德国有之，法及日本均无。

第八十一条及第八十二条，本现行律。

第八十七条，以医者之检定为凭，并不拘泥立法例。

分则：

第八十九条、第九十一条、第九十四条、第九十六条，皆为尊视皇室起见，中国特有之规定，外国不尽从同，草案之用意实在此。

第一百三十六条，本草案所创设，为各国所无。

其余关于御物罪、对尊亲属罪、发掘坟墓罪、略诱和诱罪等，均较各国为重，若详审比挈，即知诸条仍根据旧律，并非模范一国。此外系中国之创设。而足以模范他国者。如度量衡罪、选举罪之类，亦复不少。而漫谓为舍本国之良法，求之外国，或谓钞袭日本刑法者，是殆未就本草案全体寻绎之也。[1]

---

1 《董科员辩刑律草案不必模范外国》，《法政浅说报》第 15 期，第 21—24 页。

总之，新刑律草案四百余条，俱根据《大清律例》，参以各国刑法，权衡其重轻，用意在先教后刑，皆以忠孝为本，亦即古先哲王之刑期无刑也。无背吾国之良法美意，合于现时之国情。[1]

（四）吴廷燮的旧律不合今日国情

董康之立论，在以新律不违礼教而替新律辩解。至吴廷燮则直斥旧法律礼教不足以存中国，亦即旧法律礼教不合今日之国情，转而批驳守旧者用旧说议新律之顽冥不化。其论旧律不足以存中国说：

> 今之所谓法律礼教，实不足以存中国也，且以速亡也。何以言其然？曰：宋亡于金元，明亡于我朝，高丽亡于日本，越南、缅甸及类今所谓法律礼教之诸回部，皆亡于欧族是也。故曰：旧律者，亡唐宋明者也，不可再亡也。闻之者曰：安得是异论？曰：是不足异也。旧律者，沿于唐明，其本则秦律也。秦以一人之私制天下，而又恐天下之不利于己也，则制为重家族之律，以系凡民之心，而可以为所欲为。其弊也，家族之义盛，国民之义亡，知有家而不知有国，知有己而不知有人（唐宋明诸臣，争门户而不忠于国，今议还国债，筹军费而不集者，皆坐此）。富者私其财，贫者私其力，视易姓改朔也，若逆旅之送过客。苟有守旧法而来者，无害我之自私自利者，则君之而已。步改社屋，殷之肤敏，祼将于京，举

---

1 《董科员青岛赫教习说帖驳议》，《法政浅说报》第18期。

所谓名教纲常，无不扫地。而犹曰我之礼教固在，且以之讥刺人，此纯皇帝所以责钱谦益，有"一生谈节义，两姓事君王"之诮也。此非苛论，庚子顺民是也。所幸兵事仅及京城东三省，设遍各省将如何？故凡自外域而入中土者，其初未受今法律之束缚，则上下联合，君臣豁达，通一国之人，集一国之事，故有所向无敌之概。及已习于今之法律，则聚者散，公者私，千百万户如千百万国，虽无敌国外患之来，而已有不可终日之势。

今人谓中国人情不能合于公者，要皆其法律为之也。岂惟法律，即宋明以来，所谓之礼教，亦如是也。今不改律则已，已议改正，不深体东西各邦之律，而墨守唐宋明亡国之律，此大不可者也。且非独此也，日本之变法也，朝鲜绝之曰：此禽兽夷狄也，不可与通。今日本存乎？高丽存乎？不甚究强弱之本，而空谈今之所谓礼教，曰：我有伦常。是谓人无伦常也，是又一高丽也。《鲁论》曰："道之以德，齐之以礼，有耻且格。"不闻尚刑也。否则汉唐宋之重内竖，固曰厚男女之别也，然适以取亡。南朝亦亡于受鲜卑之姓者，是皆可证也。故曰：守今之所谓法律，不足以存中国，且以速亡则。[1]

守旧者断断于礼教，其用意在拥礼教以求虚名，而置国家安危于不顾。职是之故，吴氏更进而痛论之曰：

1 《吴参议守今之法律不足存中国说》，《法政浅说报》第18期，第43—44页；第19期，第45—47页。

忠于谋国者，争实而不争名。善乎郭侍郎之言曰：亡宋明者，然争名者也。法律者，政治之本也。法律不变，政治未有能变者也，议新律而用旧说，犹之楚而北其辕也。旧说之背商约、戾宪政，夫人而知之矣。而不敢抗议者，避碍礼教之虚名也。吾今而断之曰：用旧说议新律，不止背商约、碍宪政，且阻进步而危大局也。宋明远矣，以近六十年事征之：道光中英约事定，祁𡎴诸臣，请变军器，新武备，而议者挠之。同治中，总理各国事务衙门疏令京员肄业同文馆，讲各国政治法律各学，而议者又挠之。光绪初，李文忠、刘壮肃创开铁路、练海陆军诸议，而议者仍挠之。假令道光末造，已变军器、新武备，则必无粤匪之乱。倭文端诸公不阻总署之议，则清流不以习西学为耻，其功效必先于日本。文忠诸人铁路之议早行，则今者交通便利，军备完整，何图不成？倭文端以理学名臣，大阻新学，其言中国名教礼俗之重，亦略与今争新律者相仿。由今言之，文端与阻铁路诸人，不可谓非误国也。是数说者，皆阻国家之进步者也。自甲午以前，各国即右日而左我，谓日用各国法律也。今日俄协约，大势日孤，设我又背弃商约曰：我不能用各国同一之律例，以坏其之风俗礼教。尊己卑人如此，谁复与我联者。晚近士大夫，好高谈名义，不顾国家之急。曾文正天津之案曰：敢得罪于清议，不敢贻忧于君父。今燮敢曰：愿得罪空谈名教之人，不敢阻国家之进步，成大局之孤立。宋明诸臣，既已亡其国矣。诚不欲郭侍郎诸人，复抱痛于九泉也。且议者所学诸条，皆不常见之案，其常见者，则又不能尽究。而愿视如昔时之拒开同文馆，拒开铁路，如临大敌者何也？好名也，好名而不究其实也。宋明诸臣执郝经，杀袁崇焕，陈新甲阻南迁，皆坐此好名之念也，真可为痛哭者矣。[1]

此即为江庸追忆吴氏最为透辟之文。全文综论鸦片战争后守旧者之误国，认定劳乃宣等所论为道咸以来守旧思想之滥觞，确为当时之力作。

（五）崔云松的新律法理源于近世科学说

吴氏力排旧说，从政治上阐明旧说与新律之矛盾。然则，法理上二者如何枘凿不入？新旧法律之法理又如何界定？旧律为何不适于用？对此，崔云松著论略谓：

吾国自尧舜时有书契以来，无论国家政治，个人事业，皆以伦理道德为惟一之标准。凡典章所规定，人文所讴歌，千条万绪，归于伦理。而实行伦理之方法，则为二大形式：一曰礼，二曰刑。礼示民以行伦理之矩矱，刑则加民以反伦理之制裁。二者相辅而行，一则于积极处行之，一则于消极处行之。非礼不可以治国，无刑亦不可以治国，二者同为国家之大典。旧律滥觞于李悝，大成于有唐，至国朝而益臻完密。一部《大清律例》，条文虽至数千百条，其所以孕育而发生之者，抽象的伦理道德而已，礼之反面而已。如何谓之犯罪？如何始加以

1 《吴参议用旧说议律辩》，《法政浅说报》第19期，第47—48页。

刑罚？皆以伦理道德为标准，以定问刑定罪之观念。新律仿自世界各文明国之法律，所据之原理原则，多源于近出科学应用之法理，而非出于各国遗传之事物。公例发明，推之人类社会而皆准。故为世界立法家所采用，吾国新刑律不过其中之一而已。以犯罪观念与刑罚对象可以见其同异优劣：

一、犯罪观念。旧律为辅伦理礼制之进行，犯罪不过一伦理礼制之反影而已。人有行为不善，其实害虽有如何之大，危险虽有如何之重，意思苟不反乎伦理礼制，国家即不得而罪之；脱于伦理礼制稍一相忤，此其罪放之四海无能逃者。故他罪皆可减赦，而十恶大罪其中无论如何情节，皆死之而后已。且刑罚适用时，不论如何性质，而以其人之身份伦理为断，夫妇之别，官民之等，良贱之分，主仆之位，族制师承等，杀人虽同，而刑罚有大相悬殊者。律首载服制赎罪之图，与法理绝不相涉。在各国刑法家观之，诚有百思而不得其解者。而吾国以伦理为根据，结果必至于此，无足怪者。新律之观念以生物学为根据，人类社会乃复细胞的动物，保护共同生活，为人生之第一义。个人之生活竞争，超出于范围以外，社会受其侵害者，始谓之犯罪。德法派谓之反社会性，又曰危险性；伊法派谓之恶性，苟其人之性质危险耶，未遂亦为罪，过失亦为罪。徒罪一科，旧律定为三年者，新律则延长十五年焉。苟其人之性质不反乎社会耶，虽杀人抵罚以五百元以下之罚金，甚至刑罚不即执行，期满而刑即消除焉。且旧律注重于伦理如何，无论民刑事件官吏惩戒，皆规定于一编之中。新律既以危险为标准，关于危险者则有刑，关于赔偿者则归于民法。民事以实害为主，故以财产恢复之。刑事基本在危险，财产乌能使复耶，故不能不另编民法者。犯罪观念之不同，有不得不然者也。

一、刑罚对象。以理由而加入以刑罚，则曰犯罪。犯罪以何见之，则曰行为。就行为而加以刑罚，此新旧律所同然。所不同者，问此行为自何发生之一问题而已。旧律谓之偶然，新律谓之因果。来源既异，故处分不能不殊也。盖吾国推重儒家哲理，以人性为善，数千年如一日，故曰：天降下民皆有恒性；又曰三代之民直道而行。以此原理推演，谓人类无不善者，一时教化未孚，不幸犯罪不过一时之失，非其人性之不善也。刑罚所加，恶其罪非恶其人，故只就其行为对象而已足，刑罚之轻重，视犯罪之大小而应报之。死本一也，曰斩曰绞；辱本一也，曰笞曰杖；赃本一也，曰钱曰两。无不量其行而应之以刑罚。甚有出人意表外者，如情罪重时，行刑则加刀数，杀人子使人绝嗣者，则亦阉加害者之子，使伊绝嗣，应报如此，置令人不禁捧腹。且行为犯罪乃一时之不幸，故有赎罪之刑，脱以其人之性质为根据，区区数金，乌可赎者。新律据生物学之法则，谓人类之性质无不由二大因果律所造成，一曰遗传，二曰社会。犯人或因祖先所遗传之恶件，及社会四围之驯染，使之有不得不然者，故于恶性可矫正者。行为之犯罪虽大，不可以刑罚加之，如犹豫行刑不论罪等章之规定是。恶性有不可矫正者，必用社会之排除方法，如累犯科重刑、长期徒刑等章之规定是。且刑量规定，皆设以最上限与最下限，任判官临时之酌量。与旧律绝对之规定者原多相反。此根本不同之所致也。[1]

总之，新旧二律各有系统之组织，稍有掺杂，法理即不能通。古之社会若无殊于今之社会，则古之制度学理，可推行于今日也无疑。今之社会日趋复杂，旧律大部分久已不适社会之所用。不知改图、国安不危？

（六）编制局的国家主义保护人权论

中国旧律，以义务为本位，国人在旧律之下，无所谓权利。杨度破家族主义之旨，即在将旧律之义务本位，改造为权利本位。编制局就此进一步指出，国家主义，就是保护人权，乃立宪之始基：

历观各国进化之理，均由家族主义而至于国家主义。国家主义者，即保护人权是也。诚以人生于世，与国家有直接之关系，故亦称曰国民，对于国家有应尽之义务。国家对于国民，有应予之权利。然人权之说，并非始自泰西。按《康浩》称："于父不能字厥子，乃疾厥子。"在"刑兹无赦"之列。《白虎通》亦云："父杀其子当诛。"何以为？天地之性人为贵，人皆天所生也，托父母之气而生耳。王者以养长而教之，故父不得专也。凡此均天赋人权之权舆，特后人罔知诵言，遂令古义湮晦耳。极国家主义之利，国步纵底于艰危，而群策群力，可渐图恢复，

1 崔云松：《新刑律争论之感言》，《国风报》1910年第一卷第30期。

不致受灭亡之实祸。充家族主义之弊，急公奉上，不敌其自私自利之心。且有执“抚我则后，虐我则仇”之说，视易服改朔为故常。民气消阻，振起无由，未始非宋元以来空谈名教之流有以中之也。今（新刑律）草案，除对于尊亲有犯特别规定外，凡旧律故杀子孙、干名犯义、违犯教令，及亲属相殴等条，概从删节，其隐寓保护人权之意，维持家族主义，而使渐进于国家主义者，用心良苦。夫保护人权，乃立宪之始基。议者不察，痛事诋諆，其反刑律乎？抑藉反对刑律以反对立宪乎？德宗景皇帝谆谆以立宪诰诫中外，薄海同钦。逮我皇上入承大统，叠次儆戒廷臣，克成先志。凡与宪政有关系者，在廷百僚，应如何兢兢业业，集合众志，律底于成。乃坚持旧说，以为排击之资，试问何以慰先帝在天之灵也。[1]

六、劳乃宣为《新刑律修正案》与资政院议员的辩论

宣统二年十一月，资政院即将开议新刑律。是时，《修正刑律草案》已由宪政编查馆核定，改名《大清新刑律》后（正文后面的《附则》改名《暂行章程》）送交资政院。

（一）劳乃宣的《新刑律修正案》

针对宪政编查馆核定的《大清新刑律》，劳乃宣以资政院硕

1 《编制局校订新刑律意见书》，《国风报》1910 年第一卷第 32 期，第 95—96 页。

学通儒议员、第三股股长身份，邀集一百零五名亲贵议员，向资政院提交《新刑律修正案》，倡议修改、移改、复修、增纂有关礼教条款十三条又二项。在新刑律已有的礼教条款的基础上，增加和加重卑幼对尊长、妻对夫杀害伤害等罪的刑罚，减轻尊长对卑幼、夫对妻杀害伤害等罪的刑罚，更全面地维护亲亲尊尊的纲常名教。这些条款是：

增纂八条又一项：

凡故杀子孙者，处四等以下有期徒刑，若违犯教令依法决罚，邂逅致死者，不为罪。

凡杀期功以下有服尊长者处死刑、无期徒刑。

凡伤害期功以下有服尊长者，依左列分别处断：

一、因而致死笃疾者，死刑、无期徒刑或一等有期徒刑。

二、因而致废疾者，无期徒刑或一等至二等有期徒刑。

三、因而致轻微伤害者，二等至四等有期徒刑。

凡杀期功以下有服卑幼者，处死刑、无期徒刑，或一等至二等有期徒刑。

凡伤害期功以下有服卑幼者，依左列分别处断：

一、因而致死笃疾者，无期徒刑或一等以下有期徒刑。

二、因而致废疾者，二等以下有期徒刑。

三、因而致轻微伤害者，不为罪。

凡妻伤害夫及加强暴未至伤害者，与卑幼对尊长同，至死者处死刑；夫伤害妻者，照凡人科断。

凡对期功以下尊长加强暴未至伤害者，处四等以下有期徒刑、拘役。

凡直系尊亲属正当之教令而故违犯者，处拘役。

本律内有关服制诸条，应按服制轻重分别等差，皆于另辑判决例内详之。

修改两条又一项：

将第三百一十一条修改为：

凡对尊亲属加强暴未致伤害者处二等至四等有期徒刑。

（修改前的刑罚为："处三等至五等有期徒刑，或五百元以下五十元以上罚金"）

将第三百一十九条修改为：

凡因过失致尊亲属死伤者依左列分别处断：

一、因而致死笃疾者，三等至五等有期徒刑。

二、因而致废疾者，四等以下有期徒刑拘役。

三、因而致轻微伤害者，五等有期徒刑拘役。

（删去了原一、二、三款后面的："或一千元以下一百元以上罚金"，"或五百元以下罚金"，"或二百元以下罚金"字样）

将第二百八十八条第二项改为：

第二百八十三条之罪，待其本夫告诉，如其夫外出，待其夫之直系尊亲属告诉，始论其罪。若本夫及其夫之尊亲属事前纵容，或事后得利，私行和解者，虽告诉不为审理。

（第二百八十三条为："凡和奸有夫之妇者处四等以下有期徒刑或拘役；其相奸者同"。第二百八十八条第二项修改前没有"如其夫外出，待其夫之直系尊亲属告诉"和"及其夫之尊亲属"字样）

移改两条：

将《暂行章程》第五条"凡对尊亲属有犯不得适用正当防卫之例"移入正文第二章正当防卫之后。第二章第十五条正当防卫的原文为："凡对于现在不正之侵害，出于防卫自己或他人权利之行为不为罪。"

将《暂行章程》第四条修改后移入正文第三十三章和奸有夫妇女条后。修改后的条款为"凡和奸无夫妇女者（原文为：凡犯第二百八十三条之罪为无夫妇女者）处五等有期徒刑或（原文无"或"）拘役（原文此处有"或一百元以下罚金"），其相奸者同；前项之犯罪须待直系尊亲属之告诉乃论（删原文"其罪"两字），若尊亲属事前纵容或事后得利私行和解者，虽告诉不为审理"。

修复一条：

这一条原为《修正刑律草案》中《附则》之第一条，宪政编查馆核订时删除，修复后列在《暂行章程》中。这一条内容是："本律因犯罪之情节轻重不同，故每条仿照各国兼举数刑，以求适合之审判。但实行之前，仍酌照旧律，略分详细等差，另辑判决例以资援引而免歧误。”[1]

宪政馆案《大清新刑律》交资政院后，资政院法典股收集议员们的评议说帖，对原案审查修改。不但劳氏修正案未被采纳，连原案中的《暂行章程》也被删除。然后将此修改案交资政院议场由议员议决。其时，沈家本为资政院副总裁、议场副议长。他以古稀之年，每天出席会议，多次主持辩论，“力谋通过，煞费经营”，“力排众议，始终维持”。[2]最后，由于资政院会期届满，议场仅议决了《新刑律》总则，分则未及开议。因此，礼法双方亦仅争论了修正案中的子孙对尊长的侵害是否适用正当防卫，以及无夫奸是否定罪科刑两条。

（二）子孙对尊长能否适用正当防卫的辩论

在新刑律草案的按语中，沈家本等解释说：正当防卫在中国古代法律中即已有之。唐律明律的“夜无故入人家”条，即“含有正当防卫之意”。正当防卫是指“对于不正之加害，防卫自己或他人之权利所必要之行为”。这种行为是正当行为，所以“刑律不得而罚之”。这种正当防卫的行为，“不以何等行为为限，凡系防卫所必要之行为，于审判上一切皆不论罪”，“他人”是指防卫者以外受“加害”的其他任何人。只要防卫者发现“他人”正在被加害，就可以代“他人”“执行防卫之劳”。但是，不论是为自身或为他人防卫，防卫者“所用方法，不得逾越防卫所必要的

---

1 劳乃宣：《新刑律修正案》，《桐乡劳先生乃宣遗稿》，文海出版社，1966年，第1036—1050页。

2 《吴兴沈子惇先生追悼会记事》，见《法学会杂志》第1卷第6期，“杂录”第1—4页。

程度，变为以暴易暴”。[1]

由于对加害人的身份没有作出规定，部院督抚大臣在签驳中提出很多意见。法部尚书廷杰在《修正刑律草案》的《附则》中加入“凡对尊亲属有犯，不得适用正当防卫之例”，以此限制第十五条正当防卫加害人的范围。宪政编查馆核订，将它列入《暂行章程》第五条，原文未动。

杨度在解释这一条时说 ：“因为刑律本有正当防卫之例，今既对尊亲属不得适用，是谓防卫为不正当，而尊亲属无论何种行为皆为正当。”但天下情形复杂，既有为父而不慈者，也有为子而不孝者。父子之间的行为“坐定父之一面为正当，子之一面必不正当”，就是宋儒“天下无不是的父母”的说教。但从国家的观点看，宋儒的学说不完全。“国家刑法，是君主对于全国人民一种之限制。父杀其子，君主治以不慈之罪，子杀其父，君主治以不孝之罪”。由法律而断，既不偏为人之子者，也不偏为人之父者。只有这样，“始为公平”。所以不列入刑律正文。但中国的风俗习惯，现在不能完全如此而行，因此，在《暂行章程》中仍按旧律，加入卑幼不得使用正当防卫之条。[2]

资政院法典股审查，认为《暂行章程》没有存在的理由，全部予以删除。这一条不但没有按礼教派之意加入正文，连过渡性使用也被取消。

议场议决这条时，劳乃宣首先提出要按他们的修正案，将这条加入刑律正文。他们认为 ：一般人正当防卫应当不加罪。可是，对于尊亲属，小杖则受，大杖则走，子孙不可有正当之防卫以防

1 《新刑律草案》按语，《大清新法令》第一卷，商务印书馆，2011 年，第 479 页。
2 李启成点校 ：《资政院议场会议速记录》，上海三联书店，2011 年，第 307—308 页。

卫其尊亲属。

法派反驳说："子弟在幼稚时代，尊亲得干涉其行为。"这是尊长对卑幼的管束，而不是侵害。侵害是指平常人对平常人，两者有区别。至于尊亲对子弟"或是打或是骂"，可以说是一种侵害行为，但不能说是不正当之侵害。所以不能写人刑律中。他们质问礼教派：你们认为子弟"对于尊亲属不应当用正当防卫"，那么你们能否举出尊亲属杀伤子弟的不正当侵害行为的例子呢？

礼教派回答说，怎么没有例子，瞽叟杀舜就是不正之侵害。如果舜因为防卫自己，把瞽叟杀了或伤了，那就是不孝。

法派反问：那么"舜用正当防卫没有"呢？既然瞽叟没有杀舜，舜也没有使用正当防卫，那么就"不能援以为事实上之法例"。"法律订定之后，子弟有不法行为，国家有法律代为管束，用不着尊亲属杀之"。总之，家庭父子之间的行为，应该纳入国家法律的范围，而不容许超越国家的范围另行立法。因此，子孙对尊长不得使用正当防卫不应另立专条，写入刑律。

双方在议场各执所见，争论不休，互不让步，最后表决。结果，赞成劳乃宣意见的仅少数人，甚至"倡议的赞成人有三十人以上，表决赞成人倒只二十人"[1]。礼教派失败，法派胜利。

（三）"无夫奸"应否定罪科刑的辩论

和奸无夫妇女，是礼法斗争的整个过程中双方争论最激烈的问题。议场议决时，引来一场更激烈的斗争。

（1）礼教派认为："无夫奸，中国社会普通的心理，都以为

1 李启成点校：《资政院议场会议速记录》，上海三联书店，2011 年，第 611—614 页。

应当有罪”。因此，国家法律必须规定无夫奸为有罪，以制止无夫妇女与人和奸，防止社会风气的败坏。

法派认为“这一条万不能加入正文”。理由是：

现在民法未定，家庭中的关系还没有确定。例如妾的问题，按立宪通则，不允许纳妾。但我国事实上很多人有妾。如果以后民法按照立宪原则修订，“不认纳妾”，这样妾便“等于无夫妇女，而非正式婚姻，即等于和奸，若刑律定人无夫奸有罪一条”，那么将来纳妾的人也就有罪了。

其次，怕无夫奸不定罪会使社会风气败坏，事实上是不可能的。地方上放荡不道者诚然有之，但他们必须偷偷摸摸。为什么要这样呢？他们不是怕旧律中杖八十的刑罚，而是怕自己的名誉，怕妇女家中男人的杀伤。因此，法律纵然不写这一条，“也不至风俗一败不可收拾。就是法律定了这条，而奸无夫妇女之事也是仍然有的”。旧律规定无夫奸有罪，但各地很少发案，正说明法律有这一条也是具文。

再从司法看，这种罪既然是和奸，男女双方就一定都同意。在审判时，双方口供相同，纵然口供不同，也找不到证人。而且和奸要加罪，审清楚后，加谁的罪呢？不管加男方还是加女方，都“未免不均不平”。因此，规定了这条，审判上反生出种种扰乱。

（2）法派从家庭教育与法律的关系出发，指出：无夫奸虽然可以亲告罪而写入刑法，用国家法律来维持社会风化，但是“实不如他的父兄以教训子弟之方法禁止他之为愈”。何况，就是法律没有这种条文，他们的父兄也要尽这个责任。保全风化，责任全在家庭和社会教育，并不在国家有无这条法律。所以没有必要将无夫奸写入刑律。礼教派反驳说，你们认为无夫奸只“关乎教育，不关乎刑法”，如果这样，“男女都可以和奸，和奸以后生下子女，又可以和奸。要是以此为家庭教育，无论什么事，杀人放火都可以教育了”。

法派说，认为“私生子多秉戾气，将来必不是好人”，这是“迂谬”之论。“古来私生子为贤哲者亦属不少，未必非私生子即尽是好人”。《周礼》载：“仲春之月，男女私会，奔者不禁。”可见古时不认无夫奸为有罪，“若谓不定无夫奸之罪便悖于礼教”，请问，你们以后怎样去解释《周礼》？

礼派接着提出：中国女子知识程度不足，不知道什么是“平等”“自由”，对无夫奸，“若法律不加维持”，不但不能保全社会治安，也不能保全女子“自由”。甚至认为，即便以后女子知识程度到了，无夫奸仍然要定罪，“政体无论专制立宪，教育无论发达与否，断不能使全国人民皆圣贤。尚全国皆圣贤。则自无犯罪之人，不必定此法律矣”。

法派反驳说，无夫奸在法律上之有罪与否，由各国的“历史国情上产生出来，并不是因为程度不程度平权不平权”。中国旧律无夫奸有罪，但犯者不知有多少，外国程度比我们高，奸无夫之妇者也不知有多少。可见程度之说，与无夫奸之应否定罪毫无关系，女子知识程度足与不足，都不应定罪。

（3）礼派认为：伦理道德是刑法上的根本，舍伦理教育而讲刑法，还算什么刑法呢？法派说，我们极主张礼教，但是“不能把礼教放在刑律里头维持就算了事”，礼教靠“放在刑律里头维持，这个礼教就算亡了”。因此，“不能把道德与法律规定在一起，就说是维持道德”。“道德的范围宽，法律的范围窄。法律是国家的制裁，道德是生于人心的。所系道德的事，法律并包括不住”。

他们还认为，中国“自有法家以来，这个礼教就算亡了”。因为自三代以后刑名之学兴，“刑法参杂于道德之内。刑法既参杂于道德之内，则所谓道德者不过姑息而已。所以后来中国只有法律，并没有礼教”。现在，你们要提倡礼教，办法就是不要把礼教规定在法律之内。

总之，他们认为，无夫奸在道德上是天然的罪名，但由于事情暧昧很难提起公诉，“所以法律上不问。若是定了有罪，国家立法上就不得其平”[1]。

争论持续五个钟头，双方意见始终无法统一，最后只得付诸表决。结果多数人赞成无夫和奸有罪，礼教派胜利。

（四）新刑律的颁布与刘廷琛的弹劾

资政院闭会以后，军机大臣奕劻、毓朗、那桐、徐世昌，会同资政院总裁溥伦、副总裁沈家本，将新刑律总则奏交清廷。他们以议员“当场表决，多数从同”为由，请求将总则颁发。[2]但是，奕劻等与沈家本等对第十一条和第五十条存在争议。第十一条原文“凡未满十五岁者之行为不为罪，但因其情节得命以感化教育”。奕劻等主张将“十五岁”改为“十二岁”，资政院则坚持“十五岁”。第五十条奕劻等要求改为“喑哑人或未满十六岁人或满八十岁人犯罪者，得减本刑一等或二等”，增加了“或未满十六岁人”字样。资政院则不同意增加。与此同时，宪政编查馆将新刑律分则奏上，请求不再等待资政院第二次会议议决，先将分则颁布。

宣统二年十二月二十五日（1911 年 2 月），清廷下谕，将《新刑律》总则、分则及暂行章程全行颁布。总则之第十一条“十五岁”

1　李启成点校：《资政院议会会议速记录》，上海三联书店，2011 年，第 655—665 页。

2　《资政院会奏议决新刑律总则缮单请旨裁夺摺》，《大清新法令》第十卷，商务印书馆，2011 年，第 247—249 页。

改为“十二岁”；第五十条加上“或未满十六岁人”字样。[1]

但是礼法两派的争论仍在继续进行。宣统三年二月，京师大学堂总监督刘廷琛上书清廷，略谓：政治与时变通，纲常万古不易，法律可随世局推移而改，因修改法律而毁灭纲常则大不可。政治坏其祸在亡国，有神州陆沉之惧；纲常坏其祸在亡天下，有人道灭绝之忧。法律馆所修新律，不但刑律不合吾国礼俗，即将上奏之民律稿本，亦显违父子之名分，溃男女之大防。新律既导人不孝，亦导人败节，如若颁布施行，将使天理民彝澌灭寖尽，乱臣贼子接踵而起。指斥法律大臣离经叛道，置本国之风俗于不问，专取欧美平等之法。并请清廷再定国是。不问新律可行不可行，先论礼教可废不可废。“断不容法律馆阳奉朝廷尊崇礼教之旨，而阴破纲常自行其是；天命未改，岂容抗命之臣。该大臣倘再行拒改，即重治以违旨之罪。”[2] 霍然欲藉专制皇权之威，置修律诸人于死地，以成其挽救天下人道之志。

在强大的压力下，沈家本再也无法安于其位，终于辞去修订法律大臣和资政院副总裁之职，回到法部侍郎本任。

1 《清实录 · 宣统政纪》，中华书局，1987 年，第 847—848 页。

2 《立宪史料》下册，第 888—889 页。

第十二章 近代法学与法学教育的奠基

建立近代中国法学与法学教育，是时代的要求，也是20世纪初年沈家本主持修订法律时，对中国法学和法律教育所做的重大贡献之一。

法学，又称法律学或法律科学。我国古代有“刑名法术之学”（或称“刑名之学”），后来又有“律学”。“法学”一词，最早见之于南齐孔稚珪《请置律学助教表》，内云：“寻古之名流，多有法学。”[1]但其含义，不同于近代之“法学”。

在沈家本的著述中，“法学”与“律学”通用，没有区分。在他看来，中国古代不但有法学，而且法学的发源远在虞舜时代，“虞廷尚有皋陶，周室尚有苏公，此古之法家并是专门之学，故

1 转引自《寄簃文存二编·法学名著序》，见《历代刑法考（四）》，中华书局，1987年，第2239页。

法学重焉”[1]。皋陶是中国最早的法学家。

沈家本非常重视法学和法律教育。他认为，一个国家的政治和学术相辅相成，关系密切，不可分割。政治的好坏与学术的兴衰，影响着国家的盛与衰。二帝（尧舜）三王（禹、汤、文武），“政与学为一途”，促进国家的强盛。任何一个国家、一个朝代，都应“本一代之治以为学”，同时又要“本一代之学以为治”。如果“政与学分”，所学非所用，所用非所学，治理不好国家，国家当然不会强盛。[2]法学与政治的关系更是如此，“律学明而刑罚中，于政治关系甚大”。古今中外，都以法学的兴盛，而达法律的昌明，以法律的昌明而达国家的最终治理。《管子》曰：“不法法则事毋常，法不法则令不行。”治国不可无法，有法而不善，等于无法。既然“法”对国家的治理是如此重要，那么“议法者欲明乎事理之当然，而究其精意之所在，法学之讲求，乌可缓乎”[3]！这种认识，正是他在垂暮之年，仍然为中国近代法学和法学教育的兴起而努力不懈的动力。

一、法学盛衰说

“法学”一词古已有之。虽然在沈家本的话语中，“法学”与“律学”未加区分，但是就像古代“法治”不同于近现代“法治”一样，古代法学（律学）也无法与近现代“法学”划上等号。在构建中国近现代法学的过程中，首先必须从理论上沟通二者的关系。

1 《法学盛衰说》，《刑法考（四）》，第 2141 页。
2 《政法类典序》，《刑法考（四）》，第 2241 页。
3 《法学名著序》，《刑法考（四）》，第 2239 页。

为此，沈家本从总结古代法学入手，解决这个问题。

《法学盛衰说》是沈家本总结我国古代法学（律学）的兴衰，以及古代法学与政治关系的一篇重要论作。其目的在于引起国人，特别是当权者重视法学对国家治理的作用，从而重视法学研究。该文收入《寄簃文存》，现予录出：

孔子言道政、齐刑，而必进之以德、礼，是制治之原，不偏重乎法，然亦不能废法而不用。虞廷尚有皋陶，周室尚有苏公，此古之法家，并是专门之学，故法学重焉。自商鞅以刻薄之资行其法，寡恩积怨而人心以离；李斯行督责之令，而二世以亡，人或薄法学为不足尚。然此用法之过，而岂法之过哉！汉改秦苛法，萧何修律，虽以李悝之法为本，而秦法亦采之。然惠帝除夷族之法，文帝除诽谤妖言之法、除肉刑，景帝减笞法，其时人民安乐，几致刑措。用法而行之以仁恕之心，法何尝有弊？尝考法学之盛衰，而推求其故矣。

按法学者流，出于理官。自李悝著《法经》，其后则有商鞅、申不害、处子、慎到、韩非、游棣子诸人，并有著作列在《汉志》法家。是战国之时，此学最盛。迨李斯相秦，议请“史官非秦记皆烧之，非博士官所职，天下敢有藏《诗》《书》百家语者，悉诣守、尉杂烧之。”“若欲学法令者，以吏为师。”自是法令之书藏于官府，天下之士阨于闻见。斯时朝廷之上，方以法为尚，而四海之内必有不屑以吏为师者，而此学亦遂衰。

汉兴，虽弛秦厉禁，而积习已久，未能遂改，外郡之学律令者，必诣京师，又必于丞相府。《文翁传》：“乃选郡县小吏开敏有材者张叔等十余人，亲自饬厉，遣诣京师，受业博士，或学律令。"《严延年传》："延年少学法律丞相府，归为郡吏"。此其证也。叔孙通秦时以文字征为博士。而在汉时，益律所不及《傍章》十八篇。于定国学法于父。可以见汉人不皆以吏为师。《郑崇传》："为高密大族。父宾，明法令，为御史"，亦必非师于吏者。丙吉治律令，黄霸少学律令，莫能详其所从学。然当时此学之未尽歇绝，犹有李悝之流风余韵也。其后叔孙宣、郭令卿、马融、郑玄诸儒，章句十有余家，家数十万言，合二万六千二百七十二条，七百七十三万二千二百余言。郑氏括囊大典，网罗众家，犹为此学，尤可见此学为当时所重，故弟子之传此学者，亦实繁有徒。法学之兴，于斯为盛。

其后晋之杜预与贾充等定律令，预为之注解，其奏语谓所注皆网罗法意。是其参取汉代诸家章句，而又不专主一家，故能撷其精要。同时张斐亦为之注，其表之所列，胥律义之要旨。自是，杜、张二家律注，遂行于世。下逮宋、梁、陈，南朝言法律者王植、蔡法度之徒，咸遵守之。北朝法学源流莫考，观于北齐新令采用魏、晋故事，则亦源于魏、晋。北齐河清中，法令明审，科条简要，又敕仕门之子弟常讲习之，故齐人多晓法律。隋《开皇律》不承用周而参取齐。《唐律》本诸《开皇》，世咸以为得中，后之治律者咸宗之。溯自魏、晋以下，流派递衍，至是而集其成。此法学之所以盛也。

宋承《唐律》，通法学者代有其人。盖自魏置律博士一官，下及唐、宋，或隶大理，或隶国学，虽员额多寡不同，而国家既设此一途，士之讲求法律者，亦视为当学之务，传授不绝于世。迨元废此官，而法学自此衰矣。明设讲读律令之律，研究法学之书，世所知者约数十家，或传或不传，盖无人重视之故也。本朝讲究此学而为世所推重者不过数人。国无专科，群相鄙弃。纪文达编纂《四库全书》，政书类法令之属，仅收二部，存目仅收五部。其按语谓刑为盛世所不能废，而亦盛世所不尚，所录略存梗概，不求备也。夫《四库目录》乃奉命撰述之书，天下趋向之所属，今创此论于上，下之人从风而靡，此法之所以日衰也。

夫盛衰之故，非偶然也。清明之世，其法多平；陵夷之世，其法多颇。则法之盛衰，与政之治忽，实息息相通。然当学之盛也，不能必政之皆盛；而当学之衰也，可决其政之必衰。试观七国之时，法学初盛之时也，乃约纵连横，兵连祸结，而并于秦。汉末之时，法学再盛之时也，桓、灵不德，阉寺肆虐，而篡于魏；北齐之时，法学亦盛，而齐祚不永，凡疑法学之无裨于世。然而秦尚督责，法敝秦亡。隋逞淫威，法坏隋灭。世之自丧其法者，其成效又如是。然则有极善之法，仍在乎学之行、不行而已。学之行也，萧何造律，而有文景之刑措；武德修律，而有贞观之治。及其不行也，马、郑之学盛于下，而党锢之祸作于上；泰始之制颁于上，而八王之乱作于下。有法而不守，有学而不用，则法为虚器，而学亦等于卮言。此固旷观百世，默验治乱之原，有足令人太息痛哭者矣！

吾独不解，骫法之人，往往即为定法之人。梁武诏定律令，缓权贵而急黎庶；隋文诏除惨刑，而猜忌任智。至于殿庭杀人，稽诸史册，不胜枚举。法立而不守，而辄曰法之不足尚，此固古今之大病也。自来势要寡识之人，大抵不知法学为何事，欲其守法，或反破坏之。此法之所以难行，而学之所以衰也。是在提倡宗风，俾法学由衰而盛，庶几天下之士，群知讨论，将人人有法学之思想，一法立而天下共守之，而世局亦随法学为转移。法学之盛，馨香祝之矣。[1]

这是沈氏著述中一篇十分重要的论说。套用时下的说法，这是奠定中国近现代法学的担纲之作。这篇论说（还有这个时期发表的《法学会杂志序》《法学名著序》《设律博士议》《裁判访问录序》《大清律例讲义序》《法学通论讲义序》等），通过系统总结中国古代法学（律学），通过法学（律学）与政治的分析研究，得出三个重要结论：

第一，“法学之盛衰，与政之治忽，实息息相通”。法学与政治如何相通呢？根据他对中国历史的考察，两者的逻辑关系不是法学盛政必治，而是“当学之盛也，不能必政之皆盛，而当学之衰也，可决其政之必衰”。这个结论的用词十分谨慎。一个“皆”字，表明法学盛，政可能盛，也可能不盛；一个“决”字，表明法学衰，政必衰。这是他考察学术与政治的微妙关系，同时也是他置身学术与政治几十年所悟的结论。古代法学与政治的关系如此，自他以后的现代法学与政治的关系又何尝不是这样呢？

1 《法学盛衰说》，《刑法考（四）》，第 2141—2144 页。

第二，法学与政治为什么会有这种奇特的内在逻辑关系呢？他的结论是，“有法而不守，有学而不用”。国之强，政之治，需要善法，善法需要法学。法学不盛，何来善法？没有善法，又何来政治国强？这就是学衰政必衰的原因。但是，法学盛而不行，有学而不用，同样没有善法，同样不能达到政治国强的目的。学盛政不能皆盛的原因在此。法为虚器，学为卮言，一语道破了历史上的治乱兴衰。

第三，造成有学不行而至学衰，有法不守而至法坏的原因何在呢？在对历史和现实做了深刻的反思后，他结论说：“自来势要寡识之人，大抵不知法学为何事，欲其守法，或反破坏之，此法之所以难行，而学之所以衰也。”时至今日，这个结论仍然是至理名言。如果说，由他开创的中国近现代法学，在近百年的时间里，仍然有多次起落兴衰的话，其责任仍在“势要寡识”者身上。他开近代法学研究之风，希望天下之人群知讨论，希望中国人人有法学思想，使中国法学由衰转盛，世局也随法学的这种变迁而转移。但是他又不能不把他的希望和期待寄托在“势要”者身上，希望“势要”之人不是“寡识”之人。这是中国社会的悲哀，也是中国法治的悲哀。

二、兴学明法，政平讼理

沈氏认为，中国古代法学（律学）自元代废除律博士，造成“国无专科，群相鄙弃”[1]，到晚清末造，几成绝学。清朝乾隆年间，纪昀奉命主持编纂《四库全书》，“稗官小说悉入搜罗”[2]，但是关

1 《法学盛衰说》，《刑法考（四）》，第2143页。

2 《薛大司寇遗稿序》，《刑法考（四）》，第2223页。

系国治民生的法令，则以“刑为盛世所不能废，而亦盛世所不尚”，多遭摈弃。政法类法令之书，仅收《唐律疏议》和《大清律例》两部，“存目仅收五部”，略存梗概而已。[1]纪昀是著名学者，《四库全书》又是官修文献，左右士大夫的趋向。他言发于斯，“是直诏天下以法令为不必学”[2]。于是天下士大夫更不肯留心于法学，资料湮没，人财缺乏。“近代讲求法律之学者，海内牢落，偶有前人旧帙，又苦于传述无人，遂至散失，并姓氏亦归湮没”[3]。

沈家本认为，有清二百多年，讲求法律之学者只有两个人。一位是乾隆时期的吴坛（字紫峰），他熟悉法律，续修《文献通考》时，“于例文之增删修改，甄核精详”。另一位是薛允升，他“自官西曹，即研精律学”，对历代法律的沿革，“穷源竟委，观其令通”，对今律、今例中相互矛盾、先后歧异者，“逐条为之考论”，汇集而成《汉律辑存》《唐明律合刻》《读例存疑》《服制备考》等鸿篇巨帙，“洵律学之大成，而读律者之圭臬也”。[4]至于学派，因“世之从事斯学者实鲜”，社会上更不存在法学的分支流派，唯“官西曹者，职守所关，尚多相与讨论”。[5]光绪初年，刑部职司所关，有陕、豫两派。豫派中陈稚侬、田雨田名声最著；陕派中薛允升自成一大家，赵舒翘、张成勋、吉同钧亦其中之佼佼者。光绪末年，豫派渐衰，陕派亦寥落无人，执法者也不研究法学了。

沈家本痛惜中国法学的衰落，“法律之学，世皆懵暗，自古已非，积习相仍，于今为甚”。势要寡识者不重视，定法骩法，

1 《法学盛衰说》，《刑法考（四）》，第 2143 页。
2 《书四库全书提要政书类后》，《刑法考（四）》，第 2276 页。
3 《广汇全书跋》，《刑法考（四）》，第 2272 页。
4 《读例存疑序》，《刑法考（四）》，第 2222 页。
5 《大清律例讲义序》，《刑法考（四）》，第 2231 页。

弃之如履；学者不但如纪昀等，视之为可有可无，轻于摈弃；即如魏源这样具史才、史识之人，“亦以刑法为不足纪”，在编纂《元史新编》时，将《刑法志》全部删除，甚至连本传中有关刑法者亦“轻予摈斥，不复讨论”。[1]风气所趋，法学不仅无人研究，而且，由于资料散失，“有志者无书可考，欲求其是非之真而不可得”；浅见者“一切摒弃而不知讲求”。发展下去，“将举世无一明法之人”。[2]治理国家，“政平讼理”，将成为一句空话。

沈家本呼吁复兴中国法学，并为中国近现代法学的创立做了初步理论上的论证。

首先，古先圣哲无不重视法律法学。他论证说：“虞廷命官，士与司徒并重，恤刑施刑，反复丁宁。”文王“明德慎罚，罔敢知于庶狱。周公《立政》一书，与《无逸》相表里，尤惓惓于苏公之敬狱。孔子言道政齐刑，又言道德齐礼，乃谓政刑之当进之以德礼，方臻郅治耳。非谓政刑之竟可置为后图也。故又言礼乐不兴则刑罚不中，刑罚不中则民无所措手足。是刑罚之中不中，关于民者若斯之重要”[3]。唐虞三代，治化如此之隆，尚需法律相辅，可见法学在圣王之世，并非可有可无。

三代及孔子之外，沈家本特别推崇《管子》。“《管子》曰‘不法法则事毋常，法不法则令不行’，此言国不可无法，有法而不善，与无法等。然则议法者欲明乎事理之当然，而究其精意之所在，法学之讲求，乌可缓乎”[4]！正因为法学如此重要，所以，汉代马融、

1 《元史新编跋》，《刑法考（四）》，第2259页。

2 《书四库全书提要政书类后》，《刑法考（四）》，第2275页。

3 《书四库全书提要政书类后》，《刑法考（四）》，第2275页。

4 《法学名著序》，《刑法考（四）》，第2239页。

郑玄这样的儒家大师，也为律作注。

其次，法学促进了西方国家的强盛，中国欲效法西方，不能不重视法学。沈家本认为，西方资本主义国家的强盛，与法学的发达密切相关。“泰西各国当中土周秦之世，学术称盛，而希腊、罗马亦师儒相望，已为后世诸家专门之祖。十九世纪以来科学大明，而研精政法者，复朋兴辈作，乃能有今日之强盛”[1]。西方国家如此，东邻日本也是如此。日本旧时制度“唐法为多”，明治以后，采用欧法。君臣上下，同心同德，发愤为雄，不惜财力，“编译西人之书”，“研究西人之学”，“举全国之精神，胥贯注于法律之内”，弃其糟粕，取其精华。几十年间，便成为世界强国。[2]

效法日本，采用西法，从而使中国富强起来，这是沈家本的理想。“今者五洲悬绝，梯航毕通，译寄象鞮，交错若织，列国政教之殊途，质文之异尚，使节所至，亦既见之，且往往能言之。此固天地气运日开，为前古未见之变局，人不得而诋为虚妄矣。惟是智力日出，方有进无已。天演物竞，强胜乎？弱胜乎？不待明者而决之。然则处今日之变，通列国之邮，规时势，度本末，幡然改计，发愤为雄，将必取人之长以补吾之短”[3]。改革政治，改革法律，与西方国家并驾齐驱。

他赞美西方法学，推崇西方的政治，指出自从孟德斯鸠等发明法理，立说著书，风行于世之后，西方学者递衍，流派繁多，经过反复讨论推寻，从而使“新理日出，得以改革其政治，保安

1 《政法类典序》，《刑法考（四）》，第 2241 页。

2 《新译法规大全序》，《刑法考（四）》，第 2242 页。

3 《政法类典序》，《刑法考（四）》，第 2241 页。

其人民”[1]。在法治学说的推动下，西方国家的政事，“纯以法治，三权分立，互相维持”[2]，国家治理得井井有条。

他希望中国走西方国家走过的老路，也实行法治。为此，他批驳当时流行的实行法治其流弊“必入于申韩”的论调。指出：西方资本主义国家的法治，与申韩之学根本不同，“申韩之学以刻核为宗旨，持威相劫，实专制之尤；泰西之学，以保护治安为宗旨，人人有自由之便利，仍人人不得稍越法律之范围。二者相衡，判然各别”[3]。因此，论者把西方法学法治，比作申韩之学，说明他们完全不懂二者宗旨之区别。此外，即使是申韩之学，也不能一概摒弃。“法令为政治得失之所系”，申韩刑名法术之学，固然“刻薄寡恩，非帝王之道”，为“圣世所不取”，但是“即其言以考其行”，可为后代借鉴。[4]不仅如此，其中某些东西今天仍然有其价值，如商鞅变法，使“二男分异，将使人人有自立之才力，庶不惰而后不贫，此实强民之本计”[5]。怎么能将申韩之学全部加以否定呢?

总之，西方国家以重视法学而致国家富强。中国既然欲步西方后尘，就必须重视法学。

第三，法律乃民命之所系，其用甚重，其义至精，法学不兴，则法律不明。法律不明，则民不堪命。如果说前面两个方面，沈家本是从整体上从宏观上来论证兴学明法的重要性的话，那么，在这里，他是从法律本身的作用，从微观上说明法学在治理国家中的重要性。

---

1 《法学会杂志序》，《刑法考（四）》，第2244页。

2 《法学名著序》，《刑法考（四）》，第2239页。

3 《法学名著序》，《刑法考（四）》，第2240页。

4 《书四库全书提要政书类后》，《刑法考（四）》，第2276页。

5 《历代刑法考·律令考》，《刑法考（二）》，第847页。

几十年的司法实践，使沈家本深深体会到，法律之学是一门既重要又深奥的学问。早在19世纪80年代《重刻唐律疏议序》中，他就极为深刻地指出："律者，民命之所系也，其用甚重而其义至精也。根极于天理民彝，称量于人情事故，非穷理无以察情伪之端，非清心无以祛意见之妄。设使手操三尺，不知深切究明，而但取办于临时之检按，一案之误，动累数人，一例之差，贻害数世，岂不大可惧哉。"[1]正因为法律之义如此之精，法律之用如此之重，所以，他才不厌其烦地提醒清朝统治者，同时呼吁国人重视法学，研究法律，"深求其源"，"精思其理"，不要草率从事，以免贻害国家和人民。

以法理而论，"吾国旧学，自成法系，精微之处，仁至义尽，新学要旨，已在包涵之内，乌可弁髦等视，不复研求。新学往往从旧学推演而出，事变愈多，法理愈密。然大要总不外情理二字。无论旧学新学，不能舍情理而别为法也。所贵融会而贯通之，保守经常，革除弊俗，旧不俱废，新亦当参，但期推行尽利，正未可持门户之见也"[2]。又以立法而言，"法之修也，不可不审，不可不明。而欲法之审，法之明，不可不穷其理。而欲穷其理，舍讲学又奚由哉"[3]。以大清律为例："《律例》一书，将欲考其沿革，穷其义例，辨其同异，权其轻重，是非讲不为功。今试进司牧之自负能名、幕府之素称老手者，举《律例》而周咨焉；其阅历非不深也，其办案非不精核也。若夫历代之沿革，亦尝考订之乎？法经之义例，亦尝推阐之乎？律与律之同异，例与例之同异，律

1 《重刻唐律疏议序》，《刑法考（四）》，第2307页。
2 《法学名著序》，《刑法考（四）》，第2240页。
3 《法学通论序》，《刑法考（四）》，第2234页。

与例之同异，亦尝参稽而明辨之乎？律轻例重之故，律重例轻之故，古律与今律重轻之故，此律与彼律重轻之故，亦尝博综而审定之乎？将皆逊谢不遑曰：未也。夫不明沿革，必至修一例而贻害无穷；不明义例，必至断一案而情法失当。不明同异，必至援引不衷，于是，甲罪用乙例，乙罪用甲例；不明重轻，必至权衡不得其平，重者失之轻，轻者失之重。”[1]一句话，不明其中奥秘，就不能科学地对它进行增删移并，也不能据以正确断狱。而他自己，则正因为对法学有极深的造诣，对《大清律例》下过极大的功夫，所以，《大清律例》在他的主持下改造为《现行刑律》后，才能被时人称誉为当时最进步的法律。

再以刑法而论，“刑名关系重要，其事之蕃变，每千头万绪，其理之细密，如茧丝牛毛”，律文稍作改动，便关系人的生死，执法者如果“不寻绎前人之成说，参考旧日之案情，但凭一己之心思，一时之见解，心矜则愎，气燥则浮，必至差以毫厘，谬以千里。往往一案之误，一例之差，而贻害无穷”[2]。法学关系百姓之身家性命如此之重，国家不能不予重视。

总之，法学是一门极其深奥的专门学，“非博观约取，其论说必不能详，非极深研几，其精蕴必不能罄。此固非积数十寒暑之功候，不能有所成就。若第浅尝而猎取之，遂欲折衷群言，推行一世，难矣”[3]。它关系国家的安危，人民的死生。不明法，国无以为治；不审法，民无以为存。政平讼理，赖法之明。因此，讲求法学，兴明法学，刻不容缓。

---

1 《大清律例讲义序》，《刑法考（四）》，第 2232 页。

2 《刑案汇览三编序》，《刑法考（四）》，第 2225 页。

3 《法学名著序》，《刑法考（四）》，第 2240 页。

三、沟通新旧，融会中西

近代西学东渐，学术界同时出现新旧，或中西之争。法学界也是如此，新旧、中西门户甚深。针对这种门户之见，沈家本在《浙江留京同学录序》中，阐明他的见解：

> 方今学之大势分为二派。守旧图新，各执其是，分驰并骛，时相倾轧。世方以为患，而非患也。旧有旧之是，新有新之是。究其真是，何旧何新？守旧者思以学济天下之变，非得真是，变安能济也？图新者思以学定天下之局，非得真是，局莫可定也。世运推演，真是必出，倾轧者方将融化矣，故曰非患也。浮嚣之习，中于人心，汪洋恣肆，其议论时轶乎名教纲常之外。狂澜横溢，堤防将溃。然成括小才，适以贾祸，士之稍明事势者，必不蹈此习。世方以此为患，而非患也。士之大患则利禄之心胜，而学问之心诎也。夫士之学将为世用，何必以利禄为疚！且国家方悬利禄以相招，又何必为士讳。抑知心不可两涉，两涉其途，将并一途亦不能达其所至。此患之分其功修者也，其患犹小。若充其利禄之心，将所以保其利禄之方，必无所不至；所以穷其利禄之事，必无所不为。败坏风气，贻祸生民。此患之丧其德性者也，其患实大。昔者科举之所以为世诟病者，其大患即在于以利禄诱天下之人，天下之人亦群相驰骛，于利禄之中而迁流不知所届。今废科举而兴学堂，乌可不除此患哉？子张学干禄，夫子告之以寡尤寡悔。然则君子之学以谋

道也，其出而用世以行道也。

因此，他的结论是，学不分新旧中西。新学旧学，中学西学本身无可厚非，关键是为什么去学。“有利禄之心者流俗之学也，无利禄之心者君子之学也”[1]。

旧有旧之是，新有新之是。不论旧学还是新学，学者只要不以利禄为心，认真探究，都能从中悟出救国救民的“真是”。这就是他反对门户之见，对待中西学说的态度。

> 今者法治之说，洋溢乎四表，方兴未艾。朝廷设馆，编纂法学诸书，将改弦而更张之矣。乃世之学者，新旧纷拿，各分门户，何哉？夫吾国旧学，自成法系，精微之处，仁至义尽，新学要旨，已在包涵之内，乌可弁髦等视，不复研求。新学往往从旧学推演而出，事变愈多，法理愈密。然大要总不外情理二字。无论旧学新学，不能舍情理而别为法也。所贵融会而贯通之，保守经常，革除弊俗，旧不俱废，新亦当参，但期推行尽利，正未可持门户之见也。[2]

从这种态度出发，他对两派都提出批评：

> 方今世之崇尚西法者，未必皆能深明其法之原，本不过藉以为炫世之具，几欲步亦步，趋亦趋。而墨守先

1 《偶存稿》卷五，《全集》第七卷，第 80 页。

2 《法学名著序》，《刑法考（四）》，第 2240 页。

型者，又鄙薄西人，以为事事不足取。……夫古法之不同于今而不行于今，非必古法之不若今，或且古胜于今。而今之人习乎今之法，一言古而反以为泥古，并古胜于今者，而亦议之。谓古法之皆可行于今，诚未必然；谓古法皆不可行于今，又岂其然！西之于中，亦犹是耳。值事穷则变之时，而仍有积重难返之势，不究其法之宗旨何如，经验何如，崇尚者或拘乎其虚，而鄙薄者终狃于其故。……若遽令法之悉同于彼，其有阻力也固宜。然我法之不善者当去之，当去而不去，是为之悖；彼法之善者当取之，当取而不取，是为之愚。夫必熟审乎政教风俗之故，而又能通乎法理之原，虚其心，达其聪，损益而会通焉，庶不为悖且愚乎！[1]

为了消除法学界内部的门户之见，沈家本曾举大量例子，论证“西法之中，固有与古法相同者”[2]，希望法学界能消除门户之见，融会中西，建设兴盛的中国近现代法学。

如法治学说，他指出：法治并不是西方的独创。《管子》就有“立法以典民则祥，离法而治则不祥”；又“以法治国，则举措而已”；还有“先王之治国也，使法择人不自举也。使法量功不自度也”。这些都“与今日西人学说流派颇相近”，因此西方学说中的法治主义，中国古代早有人持论，只不过宗旨不同罢了。

审判方法也是如此，西方的“如刑之宣告，即周之读书用法，汉之读鞫乃论，唐之宣告犯状也；狱之调查，即周之岁终计狱，

1 《裁判访问录序》，《刑法考（四）》，第2235—2236页。

2 《裁判访问录序》，《刑法考（四）》，第2236页。

弊讼登中于天府，宋之类次大辟奏上朝廷也”。至于司法独立之说，“至若大司徒所属之乡士、遂士、县士，分主国中遂县之狱，与乡遂诸大夫分职而理，此为行政官与司法官各有攸司，不若今日州县官行政、司法混合为一”，更与西法相似。[1]

在监狱制度上，中国古代监狱亦以感化为宗旨，如“夏台”若游观之台，“羑见”若闾里，“囹圄”使人幽闭思愆，改恶为善。这些都与西方监狱的宗旨相同。西方监狱的“囚人运动场即古人游观之意”；西方监狱的“衣食洁而居处安，即古人闾里之意”；西方监狱设教诲室以渐启罪犯之悔悟，“更设假出狱之律，许其自新，又古人幽闭思愆改善得原之意也”。[2]

西方各国的禁锢服役之制，也与《周官》所记载的圜土之法相似。圜土之法不仅实行于中国古代，北宋蔡京也曾采苏颂之议而行之，罪犯“昼居作，夜置圜土”。因此，不能把禁锢服役之制，妄斥为西法，也不能因其为蔡京所行而“因人废言”。[3]

陪审制也不是西方的新发明，“考《周礼·秋官》，司刺掌三刺之法，三刺曰刺万民，万民必皆以为可杀，然后施上服下服之刑。此法与孟子‘国人杀之’旨相吻合，实为陪审员之权舆”[4]。

西方的罪刑法定原则，亦可在我国古法中窥其端倪。“《周礼·大司寇》有悬刑象于象魏之法，又《小司寇》之宪刑禁，士师之掌五禁，俱徇以木铎。又布宪执旌节以宣布刑禁”。这些都是“法无正条不处罚之明证”。[5]

---

1 《裁判访问录序》，《刑法考（四）》，第 2236 页

2 《监狱访问录序》，《刑法考（四）》，第 2237 页。

3 《历代刑法考·分考》，《刑法考（四）》，第 321—325 页。

4 《进呈诉讼法拟请先行试办摺》。

5 《进呈刑律草案摺》。

在改革刑罚、采用西方罚金制时，他考证我国的刑罚制度后指出，罚金在西汉以前，是古代的“常法”，与后来的赎刑制不同。赎刑在汉武帝时才开始实行，“下逮魏晋六代，南朝并承用斯法，北朝魏及齐并有赎而无罚金，隋唐承之，于是罚金之名无复有用之者”。后人湮灭了古代的良法，今人不加考察，把它看作是西法所仅有，然后又以“欧人之法不宜于中华”而加以诋毁。他反问道，反对者为什么不就“故籍而一考之”，便断然下结论呢？[1]

再以西方父子异居而言，早在商鞅变法时，就有二男分异之规定，这是国家使人民富强的本计。西方的“父子异居，实具此意”。只不过中国以后不行商鞅之法而已，怎么能说“彼法之异于中国”呢？[2]

法律思想上，中学与西学也有很多相同之处。他举证说：“罚弗及嗣，即文王罪人不拿之法也；宥过无大，刑故无小，即《康诰》非眚惟终，非终惟眚之意也。‘与其杀不辜，宁失不经’二语，尤为用刑者之所当寻绎。”这些思想，都与西方法律的宗旨“暗合”。可见，西方法律之思想宗旨，都已包藏在“圣人之言”中。[3]鄙薄西学，浅视中法，以学术根源上说是不懂西学，不明古法。

以上所举，是沈家本为沟通新旧所认定的中法与西法相同或相似之大要。他要求法学界化除成见，不要各执其是，对古今中外法律之本原，“融会而贯通之”，“保守经常，革除弊俗，旧不俱废，新亦当参”，[4]使中国的法律之学日益昌明。这是他对中西学说的

1 《历代刑法考·分考》，《刑法考（一）》，第328—331页。
2 《历代刑法考·律令考》，《刑法考（二）》，第845页。
3 《历代刑法考·总考》，《刑法考（一）》，第11页。
4 《法学名著序》，《刑法考（四）》，第2240页。

根本态度，也是他对当时法学界的期望。“法之修也，不可不审，不可不明。而欲法之审，法之明，不可不穷其理。而欲穷其理，舍讲学又奚由哉”[1]。

四、设律博士议

光绪三十二年，清王朝进行官制改革。为使法律之学成为专门之学，沈家本以魏晋以来即有的“律博士”一职为依据，力主恢复从元代以后即被中断的设置律博士的传统，在新官制中，增设律博士一职。他并为此撰写《设律博士议》一文，阐明法律之学非俗吏所得而通晓，制定法律、解释法律、适用法律，执行法律，都必须是受过专门训练的人士。

> 《魏书·卫觊传》：“觊奏曰：‘《九章》之律，自古所传，断定刑罪，其意微妙，百里长吏，皆宜知律。刑法者，国家之所贵重，而私议之所轻贱；狱吏者，百姓之所悬命，而选用之所卑下。王政之弊，未必不由此也。请置律博士，转相教授。’事遂施行。”《晋书·职官志》：“廷尉，主刑法狱讼，属官有正、监、评，并有律博士员。”《宋书·百官志》：“廷尉，律博士一人。”《南齐书》同。《隋书·百官志》：“廷尉卿，梁国初建曰大理。天监四年，置胄子律博士，位视员外郎。陈承梁，皆循其制。胄子律博士，六百石。”《魏书·官氏志》：“律博士，第六品中。”《隋书·百官志》：“后

1 《法学通论讲义序》，《刑法考（四）》，第 2233 页。

齐，大理寺律博士四人，明法掾二十四人。隋，律博士八人，明法二十人。"《唐六典》："国子监，律学博士一人，从八品下。助教一人，从九品上。律学博士掌教文武官八品以下及庶人子之为生者。以律令为专业，格式法例亦兼习之。助教，掌佐博士之职。"注："《晋百官志》：'廷尉官属，有律博士员。东晋、宋、齐并同。梁天监四年，廷尉官属，置胄子律博士，位视员外郎第三班。陈律博士，秩六百石，品第八。后魏初，律博士第六品；太和二十二年，为第九品上。北齐，大理寺官属有律博士八人，正九品上。皇朝省，置一人，移属国学。'"《唐书·百官志》："武德初隶国子监，寻废。贞观六年复置。显庆三年又废，以博士以下隶大理寺。龙朔二年复置，有学二十人，典学二人。元和初，东都置学生五人。"《旧唐书·职官志》："学生五十人。"《宋史·百官志》："国子监律学博士二人，掌传授法律及校试之事。"此历代律博士之官制也。其品秩人数，多寡高下虽不尽同，而上自曹魏，下迄赵宋，盖越千余年。此律学之所以不绝于世也。

尝考《周官·大司寇》："正月之吉，始和，布刑于邦国都鄙。乃县刑象之法于象魏，使万民观刑象，挟日而敛之。"夫县之象魏而纵民观，则平日之集众思而成此法，其机并讨论研究可知矣。又有州长以下诸官，属民读法。故其时未尝有律学之名，而人人知法。洎乎世道陵夷，不遵先王之法，而法亦日即于销亡，泯泯棼棼之习，遂无从而整齐之。于是法家者流，目击当时之情形，各就其所学而作书，李悝《法经》，其最著者也。当是之时，学者颇众。自秦焚《诗》《书》百家之言，法令以吏为师。

汉代承之，此制未改。士之不能低首下心于吏者，遂不屑为此学。然当时之法家者流，或父传其子，或师传其弟，习此学者，人尚不少。马、郑经学大儒，犹为律章句。其余诸家章句，各自为书，转相传授，学者遂多矣。

董卓之乱，海内鼎沸，生民涂炭，人士凋零。卫觊于是有设律博士之请。自是之后，迄于赵宋，代有此官。虽历代当局之人，或视为重要，或视为具文，所见不同，难归一致。然赖有此一官，而律学一线之延，遂绵绵不绝。宋神宗置律学，苏轼有“读书万卷不读律，致君尧舜终无术”之讽。苏氏于安石新法，概以为非，故并此讥之，而究非通论也。自元代不设此官，而律学遂微。朝廷屡诏修律，迄于无成。明承于元，此官遂废。然《明律》有讲读律令之文，凡官、民咸当服习。是明虽不设此官，律令固未尝不讲求也。夫国家设一官以示天下，天下之士，方知从事于此学。功令所垂，趋向随之。必上以为重，而后天下群以为重。未闻有上轻视之，而天下反重视之者。然则律博士一官，其所系甚重，而不可无者也。

法律为专门之学，非俗吏之所能通晓，必有专门之人，斯其析理也精而密，其创制也公而允。以至公至允之法律，而运以至精至密之心思，则法安有不善者！及其施行也，仍以至精至密之心思，用此至公至允之法律，则其论决又安有不善者！此设官之微意也。议官制者，其主持之。[1]

1 《设律博士议》，《刑法考（四）》，第2058—2060页。

律博士就是律学家，也就是古代的法学家。沈家本希望在中央官制中设置律博士，这种律博士显然已不是古代的律博上，而是现代法学家。在中央官僚的编制上，呼吁给法学家一个位置，以便这些法学家专力现代法的研究，在近代法史上，这是破天荒之举。尽管在论证中，依据的是古代资料（用今天时髦的话讲是利用本土资源），穿着旧式的袍，演出新的场面，而且他的建议最终也未被当局采纳，但他的昌明中国近现代法学的良苦用心，仍然值得我们敬佩。

五、创建、主持京师法律学堂

京师法律学堂是适应法律改革的需要而创立的新式法律教育机构，在中国近代法律教育史上占有重要地位，沈家本是其发起者和主持者。在《法学通论讲义序》中，沈氏曾简略叙述过学堂的创办经过："余恭膺简命，偕新会伍秩庸侍郎修订法律，并参用欧美科条，开馆编纂。伍侍郎曰：'法律成而无讲求法律之人，施行必多阻阂，非专设学堂培养人才不可。'余与馆中同人，佥韪其议，于是奏请拨款，设立法律学堂。"[1]

这是一个大概情况。其过程大体如下：

由伍廷芳的提议，光绪三十一年三月十三日，沈、伍向清廷上《删除律例内重法摺》。摺后附片一提出："新律修订，亟应储备裁判人才。宜在京师设一法律学堂，考取各部属员入堂肄业，毕业后派往各省，为佐理新政、分治地方之用。"向朝廷提出在

1 《法学通论讲义序》，《刑法考（四）》，第2233页。

京师开办法律学堂的意向。附片二提出："在各省已办之课吏馆内，添造讲堂，专设仕学速成科目。自候补道府以至佐杂，年在四十以内者，均令入堂肄业；本地绅士亦准附学听讲。课程参照大学堂法律学门所列科目，及日本现设之政法速成科。"选派明习法律人员及外国游学毕业者，充当教员，分门讲授，以六个月为一学期，三学期毕业，经过考试，造册咨送中央，以备察核。[1]

在取得朝廷的认可后，三月二十日，沈家本正式上章请设法律学堂：

> 窃臣等奉命现行律例按照交涉情形、参酌各国法律、悉心考订。开馆以来，与编译各员旦夕讨论。深虑新律既定，各省未豫储用律之才，则徒法不能自行，终属无补。当此各国交通，情事万变，外人足迹遍于行省，民教龃龉。方其起衅之始，多因地方官不谙外国法律，以致办理失宜，酿成要案，将来铁轨四达，虽腹地奥区，无异通商口岸。一切新政，如路矿、商标、税务等事，办法稍歧，诘难立至，无一不赖有法律以维持之。然则弭无形之患，伸自主之权，利害所关，匪细故也。至于查照通商条约议收治外法权，尤现在修律本意。亟应广储裁判人才，以备应用。查学务大臣《奏定学堂章程》内，列有政法科大学，然须豫备科及各省高等学堂毕业学生升入。现在豫科甫设，计专科之成，为期尚远；进士仕学等馆，其取义在明澈中外大局，于各项政事皆能知其大要，法律仅

1 《学务大臣议复专设法律学堂并各省课吏馆添设仕学速成科摺》，《大清新法令》第三卷，商务印书馆，2011年，第390—391页。

属普通科学之一，断难深造；出洋游学毕业法科者虽不乏人，而未谙中国情形，亦多扞格。伏思为学之道，贵具本原。各国法律之得失，既当研厥精微互相比较，而于本国法制沿革以及风俗习惯，尤当融会贯通，心知其意。两汉经师多娴律令，唐宋取士皆有明法一科。在古人为援经饰治之征符，在今日为内政外交之枢纽。将欲强国利民，推行无阻，非专设学堂，多储人材不可。日本变法之初，设速成司法学校，令官绅每日入校数时，专习欧美司法行政之学。昔年在校学员，现居显秩者颇不乏人。宜略仿其意，在京师设一法律学堂，考取各部属员在堂肄习，毕业后派往各省，为佐理新政，分治地方之用。开办之始，暂由臣等经理，俟新律告竣，再行请旨派员专司其事。不揣固陋，谨拟办法三端，为我皇太后、皇上陈之：一曰定课程。查大学堂章程内，法律学门所列科目，其主课为：法律原理学、大清律例要义、中国历代刑律、中国古今历代法制考、东西各国法制比较、各国宪法、各国民法及民事诉讼法、各国刑法及刑事诉讼法、各国商法、交涉法、泰西各国法。其补助课为：各国行政机关学、全国人民财用学、国家财政学。颇为赅备。即照所定学科，酌量损益，分延中外教习，逐日讲授。惟大学堂章程系四年毕业。拟多加授课钟点，改为三年毕业。另立速成科，习刑律、诉讼、裁判等法，限一年半毕业。一曰筹经费。常年经费，如堂舍租金、教习薪水、暨购买书籍、器具、饮食、杂用等项，力求撙节，每年约需银四万两。值此库储支绌，不敢请拨部款。应由各省督抚分筹拨济，大省约解三千两，中小省约解二千两，便可集事。分之见少，在各省尚不甚难。此项毕业学员，日后专为各省办事。现在育才之费，仰给群力，于义亦合。至开办经费约需银三万两，请归户部筹拨。一曰广任用。近日仕途猥杂，各省候补人员，文理未通者指不胜屈，虽有课吏馆之设，而督抚事繁，未能躬亲督察，几至有名无实，遇有要政，本省无可用之人，不得不调诸他省。在平日已有乏才之患，将来新律颁行，需才更亟，非多得晓律意者不能行之无弊。应将学律各员，于毕业后，请简派大臣详加考验，分别等差。其列优等者交部带领引见，按照原官品级，以道府直隶州知州知县等官请旨录用，庶几学适于用，用其所学，于时政殊有裨益。[1]

同年七月，经学部核议，京师法律学堂开始筹建。经过一年多的筹备，光绪三十二年九月，中国近代第一所中央官办法律专门学校——京师法律学堂正式开学。《法律学堂章程》"设学总义章""学科程度章"规定：

本学堂以造就已仕人员，研精中外法律，各具政治智识，足资应用为宗旨。并养成裁判人才，期收速效。本此目的，三年课程如下：

第一年：大清律例及唐明律、现行法制及历代法制沿革、法学通论、经济通论、国法学、罗马法、民法、刑法、

1 《修订法律大臣伍沈会奏请专设法律学堂摺》，《东方杂志》1905年第二卷第8期，第173—175页。

外国文、体操。

第二年：宪法、刑法、民法、商法、民事诉讼法、刑事诉讼法、裁判所编制法、国际公法、行政法、监狱学、诉讼实习、外国文、体操。

第三年：民法、商法、大清公司律、大清破产律、民事诉讼法、刑事诉讼法、国际私法、行政法、财政通论、诉讼实习、外国文、体操。

速成科一年半的课程则有：大清律例及唐明律。现行法制及历代法制沿革、法学通论、宪法大意、刑法、民法要论、商法要论、大清公司律、大清破产律、民刑诉讼法、裁判所编制法、国际法、监狱学、诉讼实习。[1]

根据农工商部印刷科刊印的《京师法律学堂第一次同学录》，法律学堂职员有：

管理大臣：沈家本

提调：董康（教务提调）、曹汝霖（前教务提调）、王仪通（文案提调）、许受衡（前文案提调）、周绍昌（庶务提调）。

监学：吴尚廉、熙祯、张元节。

管理员：章震福（藏书楼管理员）。

教员：冈田朝太郎、松冈义正、吉同钧、姚大荣、汪有龄、钱承志、江庸、张孝栘。

这本名录，内列学生二百四十六人，年龄最大的瑞麟，当时已五十三岁，最小的仅十八岁。

---

1 《东方杂志》1906年第三卷第10期，第250—255页。

现在所能见到的京师法律学堂授课内容的记录有两种，一为熊元翰所编《京师法律学堂笔记》，一为汪庚年所编《京师法律学堂讲义》。据这两种资料，当时授课人主要是日本教习。如《京师法律学堂讲义》（1911年5月京师法学汇编社发行，二十二册）载明授课人和课程有：冈田朝太郎讲授法学通论、宪法、行政法、大清刑法总则、大清刑法分则、大清法院编制法、刑事诉讼法。松冈义正讲授民法总则、物权法总论、债权法各论、亲族法、相续法（继承法）、民事诉讼法、破产法。志田钾太郎讲授商行为法、会社法（公司法）、手形法（有价证券法）、船舶法（海商法）、国际私法。岩井尊文讲授国法学、国际法。小河滋次郎讲授监狱学、大清监狱律。只有理财学、经济学未注明讲授人。上述记述与熊元翰的《京师法律学堂笔记》大体相同。从这两种资料看，当时京师法律学堂的授课人，日本教习起了主导作用。

从光绪三十二年起到宣统三年止，京师法律学堂创办仅几年时间，“毕业者近千人，一时称盛”[1]。

六、北京法学会、《法学会杂志》

中国最早的法学学术团体出现在戊戌变法期间。在维新思潮的推动下，梁启超、谭嗣同、唐才常等，在长沙组建“法律学会”和“公法学会”。两个学会当时都开展过一些活动，但是时间很短。政变发生后，随即消失。

北京法学会是中国近代第一个全国性的法学学术团体，它与

1 赵尔巽编：《清史稿》卷四百四十三，中华书局，1977年，第12448页。

修订法律馆、京师法律学堂都有着密不可分的关系。宣统二年冬，法律馆员和法律学堂汪有龄（子健），江庸（翊云）、汪宋园、陈鲤庭、王璞川、熊飏咨等，筹议法学会，就商沈家本。沈氏极为赞成，并捐款相助。同年十一月，法学会成立，沈家本被当时的法学界推为首任会长，汪有龄总理会务。第二年春，又在法学会下设法学研究所。五月，《法学会杂志》创刊。

学会以法学界同人为主体，研究所以法为研究对象，杂志以对中外法律的研究为内容，从而形成一个比较完整的法律人团体。开办之初，研究所举办讲演会，杂志按月连出五期，到武昌起义暂停。沈家本、杨荫杭、许世英、徐谦、冈田朝太郎、志田钾太郎、小河滋次郎等的许多重要论说，都在这几期刊发出来。

中华民国成立后，北京法学会恢复活动，《法学会杂志》复刊。在复刊第一卷第一号上，沈家本撰《法学会杂志序》一文，古稀老翁对中国近现代法学寄托无限的希望：

自李悝著《法经》而法学兴。秦时以吏为师，天下之习法学者，群集于丞相之府。西汉因之，东汉不用秦法，士之习法学者聚徒讲授。如郭弘习小杜律，郭躬传其父业，讲授徒众常数百人；吴雄三世为法名家；陈咸以律令传为家业，其后宠、忠皆典刑法。至为律章句者凡十余家，郑康成以大儒犹为此学。是时虽无法学会之名，而其传授不替，徒众颇广，固甚盛也。

近世纪欧洲学者孟德斯鸠之伦，发明法理，立说著书，风行于世。一时学者递衍，流派各持其是。遂相与设立协会推寻，新理日出，得以改革其政治。流风所披，渐及东海，法学会称极盛焉。吾国近十年来，亦渐知采用东西法律。余从事斯役，延访名流，分司编辑；聘东方博士相与讨论讲求；复创设法律学堂以造就人才；中国法学于焉萌芽。庚戌之冬，汪君子健、江君翊云、汪君乐园、陈君鲤庭、王君璞川、熊君飏咨诸君，勾合同志，筹设法学会，来质于余。余喜法学之甫有萌芽者，渐见滋生也，亟赞成之，并捐资为之助，而属江君子健总其成。子健热心毅力，订章程筹经费，规模略具，力图进行，乃议设法政研究所及编辑杂志以导其先。辛亥春，研究所既成立，而杂志亦于是年五月出版。乃八月以后，国事扰攘，事遂中辍，良可惜也。今同人等重行组织，斯会乃复成立，而杂志亦获赓续刊行。

余虽老病侵寻，不获于法学界有所贡献，而窃喜斯会之已废而复举也，因述其缘起如此。异日法学昌明，巨子辈出，得与东西各先进国媲美者，斯会实为之先河矣。七十三叟沈家本。[1]

法学昌明，巨子辈出，最后使中国法学与东西各国相媲美，暮年老翁的胸怀跃然纸上。

1912 年岁末，沈钧儒先生等发起创刊的《法政杂志》，曾就民国成立后的北京法学会活动加以叙述：

前年北京司法、立法及法学各界沈家本君辈，于京

1 《法学会杂志序》，《法学会杂志》1913 年第一卷第一号，第 1—2 页。

中设立法学会，促法制与法学之进步。已发杂志五期，因去秋武汉起义，事业暂行中止。现值民国成立，该会会员云集京师，大图发展。特假座化石桥专门学校，开成立大会。前司法总长王宠惠，及现总长许世英，大理院长章宗祥，法制局长施愚，及北京法界重要人物，多数出席，讨论进行方法。分为三项：一发行法学杂志，由深通中西法学之会员担任纂述。每期择最重要之问题，求学理上实例上之解决，引起国民法学研究之兴味。一设立法政学校，分设法制经济各科，设立专门大学，各级延聘中外教员，养成专门人才。一设立法学讲演会，联系法界有关系之人，分门担任，以图法律思想之进步。其规模办法，非徒继续前业，其精神上实质上均大有发展。[1]

三项措施，第一项复刊《法学会杂志》，1913年付诸实施。第二项设立法政学校，亦付实施，朝阳大学即在汪有龄等人的组织下成立，延至1949年，改为中国政法大学，后并入现在的中国人民大学。第三项讲演会，因资料阙如，无法决其是否进行。但据第一、二项推理，初期曾经举行当属可信。不仅如此，据《法学会杂志》复刊第一卷第六号《法学会福建支部会员姓氏录》，各省（最少福建省）尚有支部。

---

1 《北京法学会的发展》，《法政杂志》第二卷第四号。

七、翻译、整理中外法律和法学著作

沈家本自奉命修订法律起，就重视对西方法律和法学著作的翻译和研究工作。“将欲明西法之宗旨，必研究西人之学，尤必编译西人之书”。“欲究各国之政治，必先考各国政治之书。非亲见之不能得其详，非亲见而精译之不能举其要”。[1] 他称誉明治维新时期的日本学者博观约取的严谨作风，要求翻译人员不仅要精通外文，而且必须有政治法律的专门知识：“政治之要，非深于政治者不能知，译政治之书，非深于政治者不能通其义。”[2] 只有具备政治法律专门知识，又深通外文之人，才能搜讨众作，鉴别去取，翻译出上乘之作。京师法律学堂的课程表中，三年都规定外文课程，原因便在于此。

在翻译的具体方法上，沈家本主张先从日本的著作着手。主要原因是日本与中国相邻，著作易得；文字相近，易于翻译。“各国法学各自为书，浩若烟海，译才难得，吾国中不多见”[3]；“日本则我同洲、同种、同文之国，译和文又非若西文之难也”[4]，所以翻译日著和翻译西著相比，往往事半功倍。

在这种思想的指导下，当时的翻译工作成效很大，几年时间，就将世界主要资本主义国家的主要法律翻译出来，同时，还翻译出一批法学著作（详见前），为西方法律和法学在中国的传播作出了重大贡献。

---

1 《新译法规大全序》，《刑法考（四）》，第 2242 页。

2 《政法类典序》，《刑法考（四）》，第 2241 页。

3 《法学名著序》，《刑法考（四）》，第 2239 页。

4 《新译法规大全序》，《刑法考（四）》，第 2242 页。

除广译东西各国法律之书外，沈家本对甄别“我国旧文”[1]、整理我国法律文化遗产，也作出了巨大的贡献。

沈氏十分重视对我国法律经典的整理，早在担任修订法律大臣之前即已开始这一工作，主持法律改革以后，更是孜孜以求。收集在《寄簃文存》中的“序”和“跋”以及“书后”，绝大部分都是为搜求整理的法律古籍而作，粗略统计，即有《重刻唐律疏议序》《重刻明律序》《宋刑统赋序》《无冤录序》《王穆伯新注无冤录序》《通行章程序》《读例存疑序》《薛大司寇遗稿序》《钞本唐律疏议跋》《唐律释文跋》《常熟瞿氏宋本律文附音义跋》《刑统赋解跋》《粗解刑统赋跋》《刑统赋疏跋》《钞本元典章跋》《元史新编跋》《大诰跋》《范永銮重刊大明律跋》《万历大明律跋》《日本享保本明律跋》《律疏附例跋》《顺治律跋》《雍正律刻本跋》《雍正三年修律黄册跋》《雍正七年续纂条例黄册跋》《广汇全书跋》《律例根源跋》《书钞本律文十二卷音义一卷后》等等。

这些“序”“跋”和“书后”，处处流露出他对我国传统典籍的眷念，表明他为整理这些典籍所付出的心血。下面，笔者把他的一篇“跋”和一封信录出，以见他的良苦用心。在《日本享保本明律跋》中，沈氏指出：

> 国朝律例承于前明，而《明律》传本世不多觏。余所见者，仅有嘉靖本、隆庆本、万历十三年本、三十八年本、笺释本，单行《问刑条例》则有崇祯本外，此又有日本本。其书刊于享保七年，故称为“享保本”。《问刑条

1 《日本享保本明律跋》，《刑法考（四）》，第2264页。

例》别自为卷，不分隶于各律之后，每条间有旁注，语亦简略。不知为何人所之辑。其条例无万历新例，疑出于嘉靖本也。彼国学者颇珍贵此书，归国库发售，近东游者往往携一编归，亦遂有流入中国者。吾友董绶金奉使东渡，曾观其国库所藏书，《明律》有六十余种之多，可为巨观。考《明史·艺文志》，所收讲律之书不过十余种，即范氏天一阁所藏之本有为《志》所未录者，知其遗落者多矣。

窃尝怪自来好古之士，搜讨前人遗籍，每于风云月露之词，游戏应酬之作，什袭而珍藏之，或且登诸梨枣，而有关掌故者多不关心，法家之书尤所屏弃。抑知历代之因革损益，以及法系之源流，非取其遗籍参稽而会通之，不能深明其故。好学之士，考求往事而图籍散亡，多以为恨。海外之人乃能刊布流传，其所见为何如哉！孙渊如复元本《唐律疏议》，风行于世，洵为独具深心者矣。光绪戊申，法律馆复桐乡沈氏所藏《明律》，将以为学者参稽会通之助，非徒作商彝、周鼎观也。此本为许君溯伊所藏，昨出相示，与余所藏本同，爰书数语而归之。[1]

“抑知历代之因革损益，以及法系之源流，非取其遗籍参稽而会通之，不能深明其故”。这短短的一句话，表露了他的深沉的历史责任感。正是这种责任感的驱动，所以才能使他搜求不舍。

---

1 《日本享保本明律跋》，《刑法考（四）》，第 2264 页。

他给缪荃孙的信就是一个佐证：

> 小山仁兄同年大人执事：
>
> 凉风天末，辄忆故人，惟揪敛吉羊，纂著宏博为祝。比来喜有弓旌之责，想不久当可命驾。闲云复出，旧雨重逢，把袂有期，深慰饥渴。恳者，尊处《庆元条法事类》一书，弟欲得之，以资考证，敢请分神代觅书手照缮一部寄下，佣值若干？函便示知，再当如数奉缴。琐读不安，容俟晤谢。专肃，敬候道履。年愚弟沈家本顿首。[1]

这是一封专门索求《庆元条法事类》之函。董康也屡次提及他对本书的索求："《庆元条法》已刻数册，……沈惇老属转借长者原本另缮，以踵其功，务祈检出，径寄王书衡处。是叩。""《庆元条法事类》已函知沈惇翁矣。"[2] 可见，为得《庆元条法》这一典籍，他不仅亲商缪荃孙，还与董康、王式通（书衡）往返商讨。

修订法律时期，也是沈家本著述极为丰富的时期。这个时期的著述，无论是考证还是论说，大都围绕修订法律而发。主要有：

《寄簃文存》八卷。光绪三十三年由沈家本手订，是他在修订法律时期的论文汇集。该书的《小引》说："癸卯岁（1903 年），奉命修订律例，不得不研究法律之编。乃年齿日颓，不能深求学理，偶有论说，不过一隅之见。出示同人，尚不相菲薄，群来索观。儿子辈怂恿排印，以代钞胥。因取近日论说，及向日参考之所及者，益以自治奏牍数篇，都为八卷，付诸印工。"此书由修订法律馆

---

1 缪荃孙：《艺风堂友朋书札》，上海古籍出版社，1980 年，第 220 页。
2 缪荃孙：《艺风堂友朋书札》，上海古籍出版社，1980 年，第 443 页。

印刷刊行。

《寄簃文存二编》上、下卷。宣统三年由沈家本手订出版。《自志》说："余承乏修订法律馆，与同人讨论之际，陈议遂多，索者踵武，钞胥不给。儿辈怂恿排印，于丁未（1907年）冬编为八卷，颜曰《寄簃文存》，'存'之云者，尚待论定也。戊申（1908年）以后，又得文若干编，益以旧稿，汇为二编。"此书亦由修订法律馆印刷刊行。

《寄簃文存三编》。沈家本去世后，于1914年由《法学会杂志》刊出，共有文章七编。《墓志铭》说，沈家本生前已刊有"《寄簃文存》八卷又二编二卷"，三编未列。但是，沈家本逝世于1913年夏天，距刊出时间不远。因此，从时间上说，《三编》当为他生前编定。

以上《寄簃文存》及二编、三编（以下简称自订《八卷》《二编》《三编》），约在民国十八年（1929年）刊印《沈寄簃先生遗书》时，重新编订，经过增删，统一定为《寄簃文存八卷》。其变化情况如下：

卷一（《沈寄簃先生遗书·寄簃文存八卷》，下同）：将自订《八卷》之卷一、《二编》卷上之"奏议"汇集，删去其中之《殴毙杀死伊父义不当仇人议》一文。全卷共十二篇，定名为"奏议"。

卷二：自订《八卷》卷二为《律目考》，整理时删除。汇集自订《八卷》中之卷五、卷六"论"。全卷为"论"七篇。

卷三：自订《八卷》之卷三为《充军考》上、中、下，整理时删除，将自订《八卷》卷一和《二编》卷上及《三编》中之"说"汇集，全卷共集"说"八篇。

卷四为"考""释""学断"三类九篇。"考"一编，原为《三编》中之《比部考》，"释"四篇，由《二编》卷下和《三编》中的"释"汇集而成。"学断"为《墓志铭》中所云"未刊"之"学断录"，共四篇。

卷五为“笺”“补”“书”“答问”四类，共六篇。“笺”一篇，为自订《八卷》之卷八（仅一篇）；“补”为《二编》卷上之《补洗冤录四则》；“书”为《二编》卷下之《与戴尚书论监狱书》；“答问”汇集《二编》卷下和自订《八卷》之卷六，以及《法学会杂志》第三期文章各一篇。

卷六为“序”，共二十一篇。其中有自订《八卷》卷四中的十三篇，《二编》卷下有六篇，《三编》有一篇，以及复刊《法学会杂志》第一卷第一号所刊之《法学会杂志序》一文。

卷七为“跋”，共十三篇。来自自订《八卷》卷七和《二编》卷下。

卷八为“跋”和“书后”，共十四篇。“跋”八篇，来自自订《八卷》中之卷七和《二编》中之卷下。“书后”六篇，由自订《八卷》卷六和《二编》卷下有关篇汇集而成。

据《墓志铭》云：沈家本逝世前，已刊著作仅《刺字集》二卷，《历代刑官考》二卷，《寄簃文存》八卷，又《二编》二卷。未刊有《历代刑法考》三十八卷，《汉律摭遗》二十二卷，《明大诰峻令考》一卷，《明律目笺》三卷，《律例偶笺》三卷，《驳稿汇存》一卷，《雪堂公牍》一卷，《奏谳汇存》一卷，《压线编》一卷，《学断录》一卷，《文字狱》一卷，《刑案汇览三编》一百卷，《读律校勘记》五卷，《秋谳须知》十卷，《日南读书记》十八卷，《说文引经异同》二十五卷又《附录》一卷，《史记琐言》三卷，《汉书琐言》六卷，《后汉书琐言》三卷，《续汉书志琐言》三卷，《三国志琐言》四卷，《三国志校勘记》七卷，《汉书侯国郡县表》一卷，《李善文选注引书目》六卷，《古今官名异同考》一卷，《枕碧楼偶存稿》八卷，《日南随笔》八卷，《枕碧楼诗稿》六卷，《古书目三编》八卷。此外，还有《周官书名考古》一卷，《借书记》一卷，《奇姓汇钞》一卷，

《金井杂志》一卷，《寄簃文存三编》一卷。

这些著作，在他死后重新进行整理，经过整理刊印的《沈寄簃先生遗书》分甲、乙两编。甲编为法学著作，分《历代刑法考》和《寄簃文存》两大类。《历代刑法考》下分：《总考》四卷，《分考》十七卷，《赦考》十二卷，《律令》九卷，《狱考》一卷，《刑具考》一卷，《行刑之制》一卷，《死刑之数》一卷，《唐死罪种类》一卷，《充军考》一卷，《盐法私矾私茶酒禁同居丁年考》合一卷，《律目考》一卷，《汉律摭遗》二十二卷，《明律目笺》二卷，《明大诰峻令考》一卷，《历代刑官考》二卷。甲编目录之后，注明未刊书稿尚有：《秋谳须知》十卷，《律例偶笺》三卷，《律例杂说》二卷，《读律校勘记》五卷，《奏谳汇存》一卷，《驳稿汇存》一卷。《雪堂公牍》一卷，《压线编》一卷，《刺字集》二卷（此书生前已刊，薛允升并为之作序），《文字狱》一卷，《刑案汇览三编》一百卷（现藏稿本为一百二十六卷），《借书记》一卷，《周官书名考》一卷，《奇姓汇钞》一卷，《吴兴琐语》一卷，《金井杂志》一卷。这些著作，绝大部分为法学著作。

乙编不属法学著作，计为：《诸史琐言》（包括：《史记琐言》三卷，《汉书琐言》五卷，《后汉书琐言》三卷，《续汉书志琐言》一卷，《三国志琐言》四卷），《古书目四种》（包括：《三国志注书目》二卷，《世说注书目》三卷，《续汉书志注书目》三卷，《文选李善注书目》六卷），《日南随笔》八卷，《枕碧楼偶存稿》十二卷。除《文选李善注书目》六卷注明为“嗣出”者外，乙编中注明“嗣出”的尚有《说文引经异同》二十六卷《附录》二卷，《日南读书记》十八卷，《三国志校勘记》六卷，《汉书侯国郡县表》一卷，《古今官名异同考》一卷。

除此之外，宣统元年，沈家本整理他的祖父、父亲和两个弟弟的遗作，成《沈氏家集》，刊刻印行。《家集》对研究沈家本的家世颇有参考价值。《家集》中的沈丙莹著述，对研究咸、同时期贵州苗民起义，亦有史料价值。

1912年，沈家本还编辑刊刻了《枕碧楼丛书》。这套丛书，是他搜集整理的古籍，共分十二种：《南轩易说》《内外服制通释》《刑统赋解》《粗解刑统赋》《别本刑统赋解》《刑统赋疏》《无冤录》《河汾旅话》《河南集》《花溪集》《来鹤亭诗集》《玉斗山人集》。这些古籍，有一大部分是法学古籍。

第十三章 斗室蠖居

——枕碧楼中理旧稿

宣统二年十二月二十五日（1911年1月25日），清廷谕旨："资政院议决《新刑律》总则会同军机大臣具奏缮单呈览请旨裁夺一摺。《新刑律》总则第十一条之'十五岁'着改为'十二岁'；第五十条'或满八十岁人'之上，着加'或未满十六岁人'字样。余依议。又据宪政编查馆奏，《新刑律》分则并暂行章程，资政院未及议决，应否遵限颁布缮单呈览请旨办理一摺。《新刑律》颁布年限，定自先朝筹备宪政清单，现在开设议院之期已经缩短，《新刑律》尤为宪政重要之端，是以续行修正清单亦定为本年颁布，事关筹备年限，实属不可缓行。着将《新刑律》总则、分则暨暂行章程先行颁布，以备实行。俟明年资政院开会，仍可提议修正，具奏请旨，用符协赞之义。并着修订法律大臣按照《新刑律》

迅即编辑《判决例》及《施行细则》，以为将来实行之预备。”[1]《大清新刑律》最终由上谕颁布，从而结束礼法两派对条文的争论。

但是，礼法矛盾并未解决，礼法冲突甚至超越观念上的门户之分，进入政治上的攻击。沈家本作为法派领袖，首当其冲，遭到礼派的弹劾。大学堂总监督刘廷琛在奏摺中认为：“伏维皇上孝治天下，而新律导人不孝，皇上旌表节烈，而新律导人败节。该法律大臣受恩深重，曾习诗书，亦何至叛道离经若此。”并进而扬言：“断未有朝廷明崇礼教，该馆阴破纲常，擅违谕旨，自行其是；天命未改，岂容抗命之臣，该大臣恐不能当此重咎。”[2]语气咄咄逼人，把新旧观念分歧纳入政治攻击。险恶的政局，终于使疾病缠身的老翁决心退出是非旋涡，提出辞呈。宣统三年二月二十二日（1911年3月22日），清廷下谕：“以大学士世续为资政院总裁，学部右侍郎李家驹为资政院副总裁。命法部左侍郎沈家本回任，以大理院少卿刘若曾为修订法律大臣。”[3]免去了他的资政院副总裁和修订法律大臣职务，从而结束了他的法律改革生涯。

同年四月十日，奕劻内阁成立。沈家本的法部左侍郎一职亦随新内阁成立而自行去职。八月十日，武昌起义爆发。九月十一日，清廷解散奕劻的“皇族内阁”，十九日，命袁世凯组阁。九月二十六日，袁记“责任内阁”成立，闲处几个月的老翁入阁充任司法大臣。十二月二十五日，南北和议告成后，清廷隆裕太后偕同幼帝溥仪，在紫禁城乾清宫颁布退位诏书。沈家本以司法大

1 《清实录·宣统政纪》，中华书局，1987年，第847—848页。

2 《立宪史料》下册，第888—889页。

3 《清实录·宣统政纪》，中华书局，1987年，第886页。

臣的身份，参加了末代王朝，同时也是二千多年封建王朝的最后一次典礼。时任袁世凯参议的唐在礼，护卫各位国务大臣前往乾清宫参加接奉皇帝退位诏书的仪式。他在《辛亥前后的袁世凯》一文中回忆当时的情况时说："我到了乾清宫以后，各位国务大臣也陆续到齐。袁世凯自从丁字街遇炸未中之后，就奏请清廷给假，允其在私邸养病办公，不入朝，他奏请由外务大臣胡惟德代表入朝。所以接诏书那天，仍旧是胡代表袁带领着各国务大臣入宫。其中有民政大臣赵秉钧、度支大臣绍英、陆军大臣王士珍、海军大臣谭学衡、学部大臣唐景崇、司法大臣沈家本、邮传大臣梁士诒、农工商大臣熙彦、理藩大臣达寿等，连同我们四个侍卫武官，共十四人。……隆裕出来之前，先出来两个太监分站在两边，然后隆裕才出来，溥仪随着也出来了。胡惟德领着我们鞠了三个躬。这是大臣们上朝改变礼节的第一次。……胡惟德说完话以后，隆裕就退朝了。隆裕领着溥仪走在前面，太监跟着。这时胡也领着我们走出来，大家一时都没有言语，走出宫门，上了马车，直奔石大人胡同外交大楼而去。"[1]他一生向皇帝跪地叩头，最后以三鞠躬告别这末代王朝。

清帝退位，他脱下清朝大臣的袍服，但仍然是袁世凯政府的法部龙头。而早在南京临时政府成立之时，南方政府就有请他出任司法总长之议。沈家本在日记中写道："罗石帆来。石帆言，伊侄在沪，去年冬仲即有信来言，南方有举余为司法长之说，此次究竟不知如何？甚矣，虚名之累人也。"[2]从现有资料看，此说发自章炳麟。章氏在其回国后的《宣言》中，品藻时贤，认为民

1 吴长翼主编：《八十三天皇帝梦》，文史资料出版社，1985 年，第 96—97 页。

2 《壬子日记》二月初七日条，《全集》第七卷，第 859 页。

国政府，“总理莫宜于宋教仁，邮传莫宜于汤寿潜，学部莫宜于蔡元培，其张謇任财政，伍廷芳任外交，则皆众所公推，不待论也。海陆军主干者，军人汇总当有所推，非儒人所能定。若求法部，惟有仍任沈家本，为能斟酌适宜耳”[1]。

南北统一后，依据《临时约法》，袁世凯电南京，以唐绍仪为国务总理，提交参议院同意后正式任命。二月十一日、十七日，分别任命王宠惠、徐谦任司法总长、次长。三月十五日，王宠惠到京。二十一、二十二两日，沈家本将法部事务交代完毕。二十四日，王宠惠、徐谦到金井胡同枕碧楼拜会沈氏。他终于在七十三岁高龄退出政界。四月五日，他最后将京师法律学堂的事务交代。[2]

不久，唐绍仪辞职，经参议员公举，陆征祥出任总理。在陆征祥组阁过程中，沈氏出山复掌司法之议重起。沈氏在日记中有详细记述：

> （五月）二十四日。闻国务总长中同盟会之蔡（元培）、宋（教仁）、王（宠惠）、王（正廷）皆决意辞职。在做个人之意尚肯留，而惧同盟会者不允也。手枪炸弹时之可危，有不得不辞之势。司法无人，又有拟及余者。
>
> 二十七日。馨吾来，言国务，同盟会人总统留之不得，不得不另访替人。与陆总理拟四人：孙毓筠、胡瑛、沈秉堃，而欲以司法属余。陆因与余不识，托馨吾转致此意。余婉谢之，久病未愈，实难再出应世事。

1　汤志钧编：《章太炎政论选集（下）》，中华书局，1977年，第529页。

2　《壬子日记》，《全集》第七卷，第861页。

二十八日。张杏生来，仍是馨吾属来谈项者，并言参议院可不到，国务院亦不必常到，可在总其大成。余仍以疾辞。

二十九日。施伯彝来，乃陆子兴属来。余告以病不任事。伯彝见余病状，亦不甚怂恿。段芝泉来，总统属来劝驾。余仍以病辞。连日政界人来，言语过多，气急之症益甚。

六月初一日。晴。黄昏，斗华自馨吾处归，复以不入耳之言来相劝勉。无如余病体之不能支持乎？

初二日。余托言赴西山养病，客皆不见。是晚，杏生又来探口气。二儿见之，告以病不能行。杏生言，只好敦请仲和。[1]

为避不入耳之言，而托言赴西山养病，病中老翁不再涉足政界已是无可挽回。最后，他荐许世英自代，只接受了“总统法律顾问状”，挂一个法律顾问的虚衔。陆内阁接纳了他的意见，任命许世英为司法总长。

他避开尘世，在枕碧楼小园中，与春桃夏荷秋菊冬梅为伴，以楼中千卷典籍为乐：

小园诗二十四首

（其二十三）

名都赫赫走英豪，病骨支离不耐劳。

1 《壬子日记》，《全集》第七卷，第864页。

独许闭门观物变，高吟坡句首频搔。

（其二十四）

与世无争许自由，蠖居安稳阅春秋。

小楼藏得书千卷，闲里光阴相对酬。[1]

衰病老翁能够离开官场，但是不能离开他心爱的典籍。“自正月无事以来，纂《汉律摭遗》二十二卷，今日方毕事。然其中尚多未备，著述不易言也”[2]。杀青后，他自序云：

自商鞅变法相秦孝公而秦以强，秦人世守其法，是秦先世所用者，商鞅之法也。始皇并天下，专任刑罚，以刻削毋仁恩和义为宗旨，而未尽变秦先世之法，是始皇之所用者个，亦商鞅之法也。鞅之法，受之李悝。悝之法，撰次诸国，岂遂无三代先王之法存于其中者乎？鞅之变者，牧司连坐之法，二男分异之法，末利怠贫收孥之法，余仍悝法也。然则商鞅之法，岂遂无三代先王之法存于其中者乎？迨李斯创焚书之议，敢偶语《诗》《书》者弃市，是古非今者族，法之烦苛，莫此为甚。其后复行督责之令，民不堪命，而秦以亡，非尽由商鞅之法。商鞅之法，固李悝之法也。汉兴，约法三章，蠲削烦苛，然不足以御奸。萧何于是攈摭秦法，取其宜于时者，作律九章，其三章何所增，其六章即李悝之《法经》也。是

1 《偶存稿》卷十二，《全集》第七卷，第176页。

2 《壬子日记》“六月二十九”日条，《全集》第七卷，第866页。

汉法亦本于李悝而参之以秦法，非取秦法而全袭之也。今试以《周官》考之：先请原于八议，决事本于八成，受狱即士师之受中，案比即司徒之大比，读鞫者小司寇之读书也，乞鞫者朝士之听治也，过失不坐，三宥之法也，年未满八岁、八十以上非手杀人不坐，三赦之法也。其他之合于周法者，难偻指数。先郑、后郑注《周官》，并举汉法以为比况，可见《汉律》正多古意，非犹为三代先王之法之留遗者乎。历代之律存于今者唯《唐律》，而古今律之得其中者亦唯《唐律》，谓其尚得三代先王之遗意也。《唐律》之承用汉律者不可枚举，有轻重略相等者，有轻重不尽同者。试取相较，而得失之数可藉以证厥是非，是则求《唐律》之根源，更不可不研究夫《汉律》矣。惜《汉律》久亡，其散见于史传者，百不存一。然使搜罗排比，分条比类，按律为篇，其大凡亦可得而考见焉。

同治、光绪之间，长安薛大司寇曾纂《汉律辑存》一书，业经写定，将付手民。庚子之变，为某舍人所得，匿不肯出，百计图之，竟未珠还，良可惋惜。巴陵杜贵墀有《汉律辑证》六卷，颇称详备，然尚阙遗。近富平张大令鹏一有《汉律类纂》一书，编次亦未分明。壬子之春，键户养疴，斗室枯坐，因取杜、张二书，重为编次，以律为纲，逐条分入。目之可考者取诸《晋志》，事之可证者取诸《史记》及班、范二书，他书之可以相质者，亦采附焉。诸书所引律、令，往往相淆，盖由各律中本各有令，引之者遂不尽别白。如《金布律》见于《晋志》，而诸书所引则《金布令》为多。今于律、令二者亦不能详为区别，若二郑注之所称，今时固难定其为律、为令也。龄颓气茶，时须卧息，穷竟日之力，所获无多。自春徂夏，今又秋气初悲，甫克毕事，凡得二十二卷。虽未足遂为三代先王之法，世有稽古之士，其或有取于斯。壬子立秋后三日，七十三叟沈家本。[1]

写完《汉律摭遗》，老翁并未停笔。八月，《法学会杂志》复刊，他又欣然命笔为之作序（上章已引）。十月，颈项疼痛，项后发现筋疙瘩。但是，他仍不辍笔，取出珍藏的《刑统赋疏》，一页页、一字字校对。以后，又是《说文引经异同》《河南集》《河汾旅话》《文选书目》，一册又一册，一函又一函。垂暮老翁，有如春蚕吐丝，力图将他最后一根细丝留给这个世界：

雪后初晴

云气收层宇，晴光动远林。
园庭晨雪沍，灯火夜寒深。
问字车声杳，催诗钵韵沉。
静中领佳趣，长此息尘心。[2]

寒夜孤灯注视着这位风烛残年的老人，看着他耗尽生命的最后能量，发出快乐的火焰。

政局更加混乱。陆征祥内阁到九月即告结束，代之以赵秉钧内阁。1913 年春，宋教仁被暗杀于上海，举国哗然。已经不问

1 《汉律摭遗自序》，《刑法考》，第 1365—1366 页。
2 《偶存稿》卷十二，《全集》第七卷，第 176 页。

世事的老人，面对这种政局，不禁感慨万千：

梦中作

可怜破碎旧山河，对此茫茫百感多。
漫说沐猴为项羽，竞夸功狗是萧何。
相如白璧能完否？范蠡黄金铸几何？
处仲壮心还未已，铁如意击唾壶歌。[1]

他关注国事，但是已无力涉足，不过偶然书之而已。真正的着眼点是典籍：

自题癸丑日记

颓龄住人海，闭户谢胶扰。
蠖居斗室中，见闻遂简少。
典籍聊自娱，神荼畏勤讨。
春归渐和煦，晴窗理旧稿。
故闻启新得，意解贵明了。
说之不厌详，疑义乃通晓。
世事偶然书，亦足备参考。
倦来便静坐，冥心澹物表。[2]

1 《偶存稿》卷十二，《全集》第七卷，第 177 页。
2 《偶存稿》卷十二，《全集》第七卷，第 177 页。

春天的阳光照着枕碧楼，老人静静地读，静静地写，剔抉爬罗，不厌其烦。春天即将过去，《枕碧楼丛书》终于整理完毕。《丛书》共十二种：

《南轩易说》倦圃曹氏旧钞本；

《内外服制通释》绣谷吴氏旧钞本；

《刑统赋解》毗陵董氏旧钞本；

《粗解刑统赋》璜川吴氏旧钞本；

《别本刑统赋解》此本从上本分出；

《刑统赋疏》江阴缪氏钞本；

《无冤录》朝鲜钞本；

《河汾旅话》旧钞本；

《河南集》日照许氏钞本；

《花溪集》日本旧钞本；

《来鹤亭诗集》四库馆旧钞本；

《玉斗山人集》四库馆旧钞本。

这不是简单地将估计汇而成之的《丛书》。在这十二种古籍中，老人对其中的《别本刑统赋解》《刑统赋疏》《河南集》《花溪集》《来鹤亭诗集》《玉斗山人集》等六种，不但题跋，而且写出详细校语，给《南轩易说》作校勘记，为《无冤录》撰序，为《内外服制通释》《刑统赋解》《河汾旅话》题跋。整理完毕后，他又为之总序曰：

天下之物，以有用于世为贵。世苟知之，知而能用之，使物果足以副所用，则遂为有用之物矣。若有用之物而置诸无用之地，乌足贵？今夫书，物之至贵者也；藏书，又名之至贵者也。挟至贵之名，储至贵之物，天下称之，而其病则有二焉。一失之贪多。贪多则鉴别不精，真伪杂糅。《四库全书存目》所鉴别而灼见其伪者，不知凡几。不肖书估，捏造以牟重利，而藏书家不察焉。此藏书家蒙其诟，其病人受之。一失之固秘。固秘则孤本旧钞视为希有，什袭惟恐有失，不以示人。即或著诸目录，以炫他人，而原书则庋之深宫严宇之中，虽至友亦不获一睹。此正所谓有用之物，置诸无用之地者，而病书受之，而人亦未尝不蒙其诟也。

夫书之用，可以考古制、征故事、决群疑。其为一家之言，则古人之微言大义时亦存焉。丁部之集，尤易销亡，发潜阐幽，后人责也。窃谓藏书之家有二便焉：举藏本之精要者，叙厥源流，编成目录，风行于世。好学之士，得就目录中择其所必用者，乞代迻写，不惮烦渎，力任钞胥。由是一家之书，可变而为数家之书，且可为数十百家之书，流传遂广。则此书不第为世知，并为世用矣。此其便一也。传写固佳，刊刻尤善。其为宏编巨帙，集赀固难，若数卷之书，以致十数卷之书，算字无多，匀工尚易。一付剞劂，则孤者不孤，秘者不秘。以一人好书之心，推之天下人好书之心，其心至公，其事斯溥。寻常之深藏固秘而等于无用者，如是则皆有用矣。此其便二也。夫私诸一人，不若公诸天下人，此理直显然者也。私诸一人而设遇刀兵水火之劫，归于无何有之乡，虽欲私之而不可得，此事之难料者也，则何若公诸天下？或此亡而彼存，或彼亡而此存，犹可希冀长留天壤，岂非幸事哉！

余抱此愿久矣。庚戌、辛亥之间，始检旧藏钞本，陆续付刊。初意仿知不足斋之例，分若干集。世变猝来，此事多阻，蹉跎岁月，仅成此编。凡得书十二种，皆旧钞本世所罕见者，庶以免固秘之病。龄颓神衰，赓续无力，姑存此虚愿而已。岁在癸丑，暮春之初，七十四叟沈家本。[1]

这就是枕碧楼中残年老翁的心态气度，最后的生活写照。他想继续写下去，整理下去，把平生所积献给后人，为异日中国法学的昌明再尽心力。但是，自然规律不让他在“晴窗”中将“旧稿”理完。在传统的端阳之节（1913年6月9日），他终于在枕碧楼溘然去世。

噩耗传出，法界同悲。临时大总统袁世凯下令：

前法部正首领沈家本精研法律，夙擅专长，自政体改革以来，赞助共和，勤劳尤著。兹闻患病身故，凡我国民，同深惋惜，应由国务院核议给恤，以彰察报。此令。[2]

根据袁世凯的命令，国务院拨给抚恤费一千元。此外，袁世凯还派遣自己的侍卫武官萧星恒到沈家本灵前致祭。其祭文曰：

立国大地，植体民生。古今礼法，弭患消争。谁为先觉，厥有老成。讣书惊展，涕泪交并。君习庭闻，秉性醇粹。茗雪盟心，曾闵厉志。……遭时多故，辗转湘黔。士衡入洛，方朔为郎。潜心律令，远溯汉唐。亭疑

1 《枕碧楼丛书序》，《全集》第八卷，第333页。

2 《政府公报》第397号（1913年6月14日），第8页。

传古，令誉锵洋。……如法家言，纵横座右。我伤外侮，我忧陆沉。法尚大同，道在知今。盱衡当代，此事谁任。知君劬学，海内所钦。荐君于朝，从事厘革。君集专家，导言迻译。初获会同，终罄奥颐。退管千豪，岁华十易。共和肇始，政体聿新。国重司法，属望于君。君耽著作，以疾自陈。杜门两载，长邈音尘……

司法总长许世英，原是他的下属，祭文云：

天赋我公，资秉专一。竟委穷源，劬学无匹。疑谳亭平，郎潜诸述。精析毫芒，力殚梳栉。亚铅欧椠，环海逮通。法系有四，罗马独隆。大秦以西，扶桑之东。斠若画一，炳焉大同。人尚改弦，我病墨守、新旧相形，醯鸡刍狗。畴通其邮，畴发其蔀。变发萌芽，岁在辛丑。荐公修律，始于项城。公任厥事，剂其重轻。极刑首去，苛制胥平。群言广挹，六法躬成。公务开来，育才是亟。举烛尚明，索涂挺植。延师东瀛，设校京师。浩浩万流，拳拳一得。公学大昌，前规后随。公志未竟，心余力衰。伏案忘老，键户箴时。独存灵光，待放明夷。今与世辞，名传国史。遗书待刊，责在后死。造象植碑，永历千祀……

司法部次长江庸送来挽联：

修刑律力排众议兴学校乐育群英耗先生毕世苦心身后只留公论在；

德望为中外所倾学术则古今一贯问国家百年大计眼

前尚有老成无。

他的学生唐治鉴的挽联则是：

任支那法系于一身合周汉唐元明以迄清朝酌古准今岂徒考据词章融通国粹；

识世界大同之主义参英美法德日而成新律治内安外宜乎环瀛裨海洋溢声名。

北京法学会全体会员送来哀诔：

民国二年六月九日，吴兴沈子惇先生考终京师。先生精研法学，沟通中外，著述之富，髦期不倦，培植后进，成就尤多，觥觥巨行，举世所仰，固已无待扬榷。庚戌之冬，本会甫议草创，先生即蠲金督促；本年杂志赓续发行，重赐弁言，其所以维持之者至矣。胡图龙蛇绝笔，哲人萎落，一瞑弗视，神归于穆。哀哉！同人不文，谨据诔词。其词曰：

茫茫宇宙，世运推移。欧风东渐，畴导先机？惟公宏达，审其精微。纂修法典，镕铸东西。法以蕲治，策以驭时。万目睽睽，争相诃讥。公曰斯学，今甫树基。爰辟校舍，广取师资。灌输新理，渐息群疑。不为古囿，不畏俗嗤。巍然一老，后进之师。法学泰斗，非公而谁？范蠡铸金，平原修丝。公神已往，公泽弗衰。谨抒毫素，以诏来兹。[1]

7月13日，京师法界召开追悼会，约二百人云集湖广会馆。与会者中，有的专程来自济南、天津、保定。伍廷芳适在京师，亦往致唁。追悼会由江庸主持，司法总长许世英、大理院长章宗祥讲话。章宗祥追述了沈家本的一生，特别是就任修订法律大臣以后的业绩。[2]

该年秋冬，临时大总统袁世凯下令，在司法部为沈家本立碑，以示纪念。碑文由铨叙局撰写，袁世凯核定。文曰：

吾国号礼治国，历代沿袭之律，未必悉中于今日之用。清德宗有鉴于此，特于光绪二十八年二月，诏举娴习中西律例者编纂法典。于是，直隶、两江、湖广总督首荐法部左侍郎沈君家本于朝。越二年四月，君于京师开修订法律馆，广延各国法学名家及吾国之习东西法与老于秋曹者为之佐。未逾时，译成法、俄、德、日各法律书数十编，则犁然知异同之原，与改革缓急之计。乃请先去旧律之过当者：曰凌迟，曰枭首，曰戮尸，曰缘坐，曰刺字，俾天下咸晓然于缓刑之意。又请设法律学堂，以课吏士，使他日有所取材。又请废《大清律》，改颁《现行律》各条，以济新陈递嬗之穷。而新律粲焉粗备，纲举目张，循序渐进，删繁补漏，镕旧铸新。于光绪三十三

1　以上祭文、挽联等，见李贵连：《沈家本年谱长编》，成文出版社，1992年版，第398—400页。

2　《吴兴沈子惇先生追悼会记事》，《法学会杂志》第1卷第6期，“杂录”第2页。

年八月成《新刑律》总则十七章；十一月成《新刑律》分则三十六章；宣统二年十二月，成《民事诉讼律》四编、《刑事诉讼律》六编。当时，一孔之儒，非议丛起。或疑祖宗成法不当变，或恐法宽不足以防奸，或恐与中国习俗龃龉。君反复讨论，究之以精心，而持之以毅力，盖有百变而不渝者。当清之末季，所兴作者众矣，上下交替，卒泄沓无所就，惟君之制作，历层累曲折而终底于成。其后，君虽解任去，然后之人犹得循君所制，掇拾而赓续之。迨国体猝更，凡百草创，而至繁至重之典法司日夕所承用者，大抵仍君之旧。乌虖！君之有造于吾国，岂浅尠哉！君于宣统三年冬为法部大臣，赞成共和。民国成立，为法部正首领，旋引退。民国二年五月，以疾卒于家。乃下所司议所以报功者，佥曰：君之修订法律，革历朝之秕制，而主轻刑；采列国之成规，以蕲合辙，实伯夷降典以来所未有，不可以湮没勿彰。夫革秕制而主轻刑，则可以生死属绝，使感化寓乎惩戒，而发展其人民保障之能，民之福也；采成规以蕲合辙，则可以一道同风，使法权宏及版图，而恢张其国势平均之渐，邦之荣也。有斯二者，可以刊石纪功，垂诸不朽矣！君为官治绩甚著，所著书凡数十类，皆见于家乘，不具书，书其尤重要者以示来世。

中华民国二年　月　日大总统撰[1]

---

1 《前法部正首领沈君之碑》，见《政府公报》第560号（1913年11月22日），第10页。按：笔者多年未见此碑文，故原稿阙如。1999年10月，被俞江博士（在读）发现，即予转告，故校样时得以录入。附记于此，并致谢意。

1914年，沈家本的子孙将灵柩运回浙江，葬于吴兴县（民国后，归安、乌程两县合并为吴兴县）渡善桥。袁世凯为其墓题词：

法学匡时为国重，
高名垂后以书传。

1999年北京大学燕北园寓次

后　记

在新闻媒体一片迎接即将到来的新千年、新世纪的喧嚣声中，在旧千年、旧世纪的最后一天，我终于在寂寞中校完本书的最后一页清样。仰望浑浊的天空，面对案前的一杯清茶、一支秃笔、一堆旧书，心绪茫茫，思潮汹涌。

我走进中国法律史，走进中国近代法和沈家本研究，可以说纯属偶然，并不是我个人的特别爱好。在这中间，我的导师，北京大学已故张国华教授起了关键作用。1978 年，“文化大革命”刚刚结束。是他，将我从湖北最偏僻的山区招收到他的门下，成了他的弟子。是他，在十多年的时间里，耳提面命，将我这个先天不足、后天失调的驽钝之人，推上学术研究之路。是他，在中国法学学术研究极度荒芜之时，便高瞻远瞩，为我的研究方向定位——由研究沈家本而至整个中国近代法。是他，在出版社不愿意为无名小辈单独署名出书的情况下，毅然在《沈家本年谱初编》

上署名，从而使我的这本处女作得以问世。林学院、中关园、镜春园，给我留下终身难忘的记忆。岁月流逝，先师和师母在尚不应作古之年，便已作古。他们飘然而去，回到他们出生之地，去陪伴他们的先辈，去陪伴湘江之水，而留下我们继续苦苦摸索。

在先师的指导下，我的研究由此起步，从硕士论文《清末修订法律中的礼法之争》，到本书完稿。按先师的意旨，我原拟就沈氏做四个方面的研究，出版四本书：一为沈家本年谱，一为沈家本传，一为沈家本法律思想研究，一为沈家本思想资料汇编。二十多年过去了，年谱算是勉强交了卷，北京大学出版社和台湾成文出版社分别将《年谱初编》和《长编》出版。1980 年代中，我开始撰写沈传，交中国政法大学出版社。1989 年，纸型都已打好，但因出版社经费困难，不再出版。当时没有今天所盛行的损失赔偿，我也没有提这个要求，出版社把纸型给了我，我便接受了。后来，我转找光明日报出版社，由该社提供书号，我自费找印刷厂印刷发行。书名询中国政法大学刘广安教授之见，改为《沈家本与中国法律现代化》。本书就是在这样的基础上撰写完成的。至于沈氏思想研究，1980 年代撰写了近十万字，但因种种原因，现在仍是一堆废纸。有这样的遭遇，所以第四项计划我早就断了念头。学术研究总是前后传承，我已年过半百，这一项就留给后来者吧。虽然这有点辜负先师之望，但是，时也，运也，命也，我无法，也不想与之相抗。在世纪之末，法律出版社既有出版沈传之举，我就将此书献给先师，告慰他在天之灵，同时请求他对不才弟子的宽恕。

我出生在粤东山区，祖祖辈辈与黄土打交道，并没有沈家本先生那样的书香家世。我的命运本应和我的祖辈一样。但 1960 年代，靠了共产党领导下的新制度，加上本人“逃离山村”、改变祖辈命运的强烈愿望，我终于考上大学。没有学者梦，更没有名人梦，只有读点书出人头地的想法。不幸的是，我刚进大学不久，就碰上“史无前例”，没有读什么书就毕业了。因此，虽然名之为法律系的本科毕业生，实际上并不知道法为何物。毕业后，我被分配到比家乡更为偏僻的山区法院工作。在那“无法无天”的年代，我虽然在法院工作，法为何物，仍然是不知其然，更不要说沈家本其人了。为了弥补这种先天不足，到北大后，我只好拼命。但是，而立之年早过，拖家带口，读书又谈何容易？因此，当研究方向确定后，我是诚惶诚恐，如履薄冰，如临深渊。研究心得，虽然朋友们不相菲薄，也不敢自信，更不敢自诩。路漫漫其修远，求索而已。

自古以来，人们常用“江郎才尽”评各种论作。由于先天不足、后天失调，我自己从不敢自比“江郎”。“才尽”之前的“江郎”毕竟有才，而我自始就是无才。本书校阅一过，连自己也不尽满意。我常说，法律这个东西太冰冷，必须给予人文关怀，法学论作要有人文温暖。本书想竭力如此，但是读到校样，仍然觉得冰冷、呆板。原因何在？无才故也。因此，本书只能作为一个引子，希望有才气、对沈氏研究又有兴趣的后来者，写出生动活泼、温暖人心的新的沈家本传。

本书撰写动议于1998年春，总编辑贾京平先生与我君子协定，当年9月交稿。暑假，我全力以赴，冀期践约。不想9月结束，仅撰八章。得贾先生和责任编辑董晶晶小姐宽容，延至今年暑假，才草草杀青。董小姐很负责任，10月底便告知阅看清样。不想家中又出了事，我的儿子在美国伤于市虎。我把清样交给俞江博士（在读），请他校对，即匆匆离国，时为11月6日。迨回国后，又因诸务缠身，延至今日，始克校完。

本书撰写，得力于沈家本先生的后裔沈厚铎先生甚多。当他得知我的计划后，便无偿将保存一个多世纪的沈氏日记和盘托出。沈氏主持的法律改革，虽为“伯夷降典以来所未有”，但是他的生平行事记录，实在太少。就撰写传记而言，传主的日记实在是不可多得的材料。谨借本书出版之机，向厚铎兄表达我的谢意。

本书的出版，还得力于诸多朋友，在此，我不一一致谢了。但是，我要特别提及为本书作序的黄静嘉先生。他们的支持鼓励，是我无法用言词来表达的。

最后，我还要提到我的妻子王志辉女士。她现在正在万里之外的美国北卡罗来纳州的医院里，陪伴我那神志昏迷的儿子。一个年过半百，连ABC都不懂的妇女，在异国他乡，天天孤零零地呼唤儿子的名字，而让我回国完成应做的工作。每思及此，我便不禁热泪盈眶。女人是软弱的，但是母亲是最坚强的。为自己的儿女，母亲什么都可以付出。正是她的坚强，她的付出，才能使我在比较平静的心态下，完成本书的最后工作。

李贵连

1999年12月31日下午六时

完稿于北京大学燕北园寓次